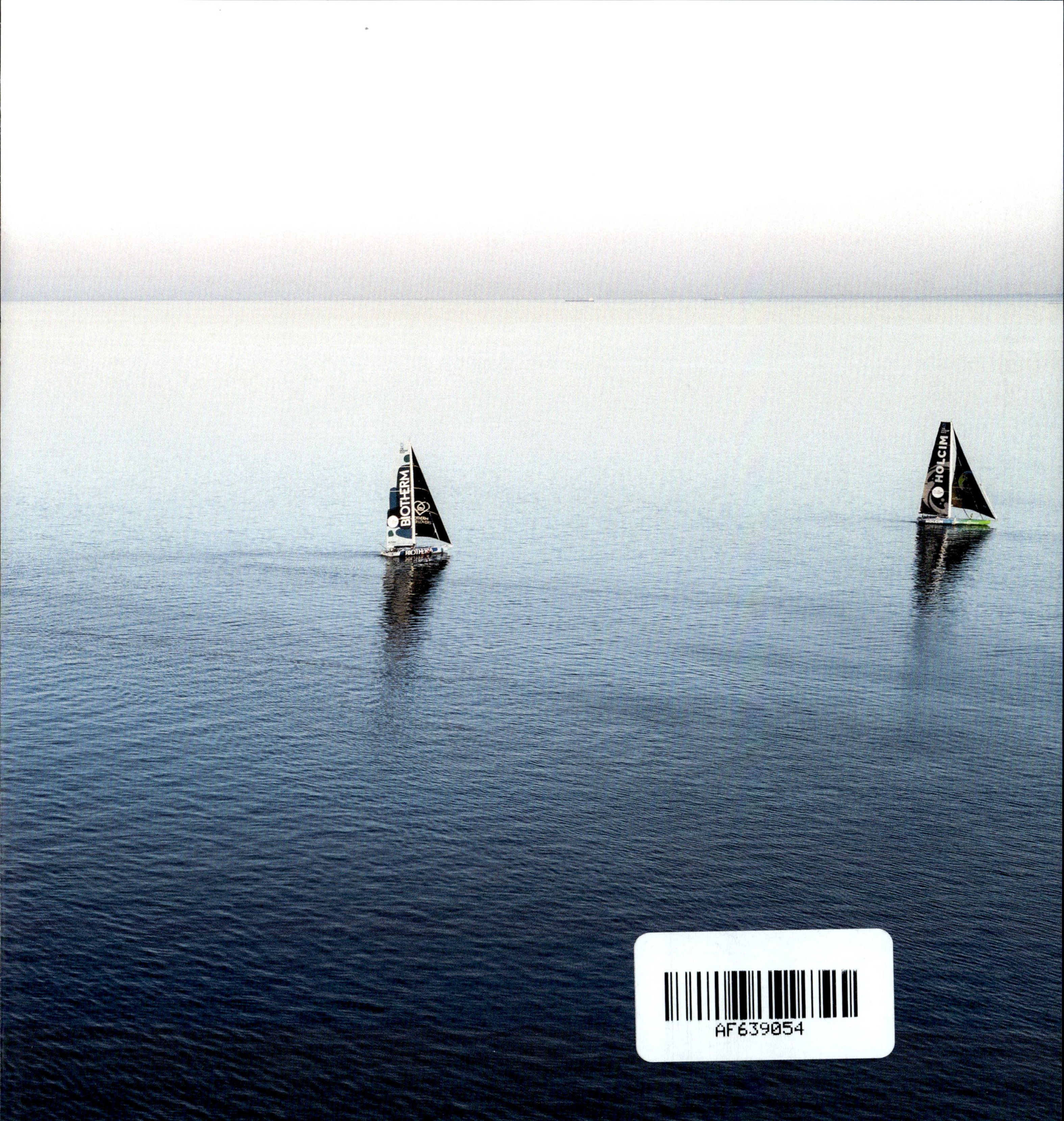
BIOTHERM
HOLCIM

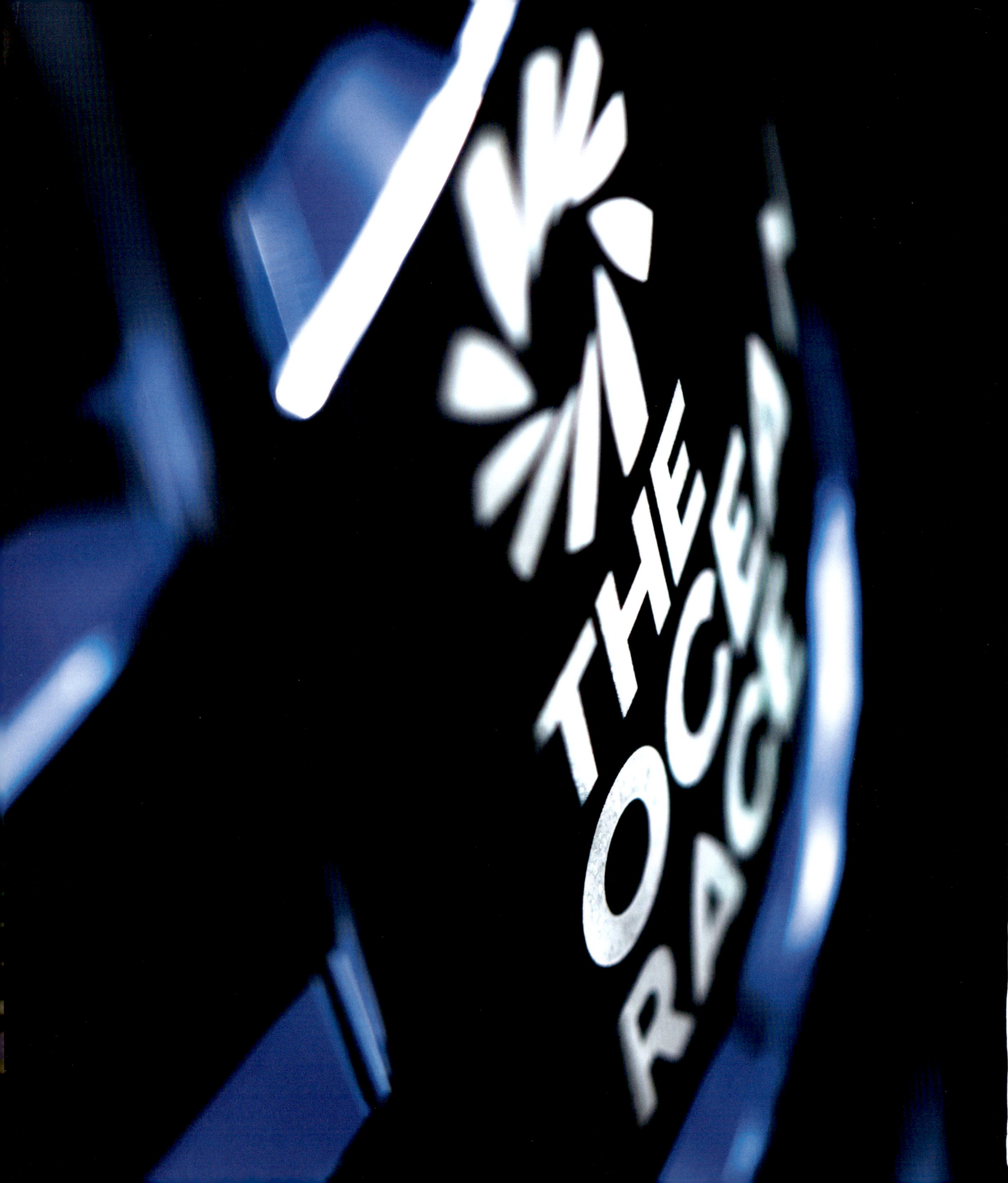
THE

DELIUS KLASING

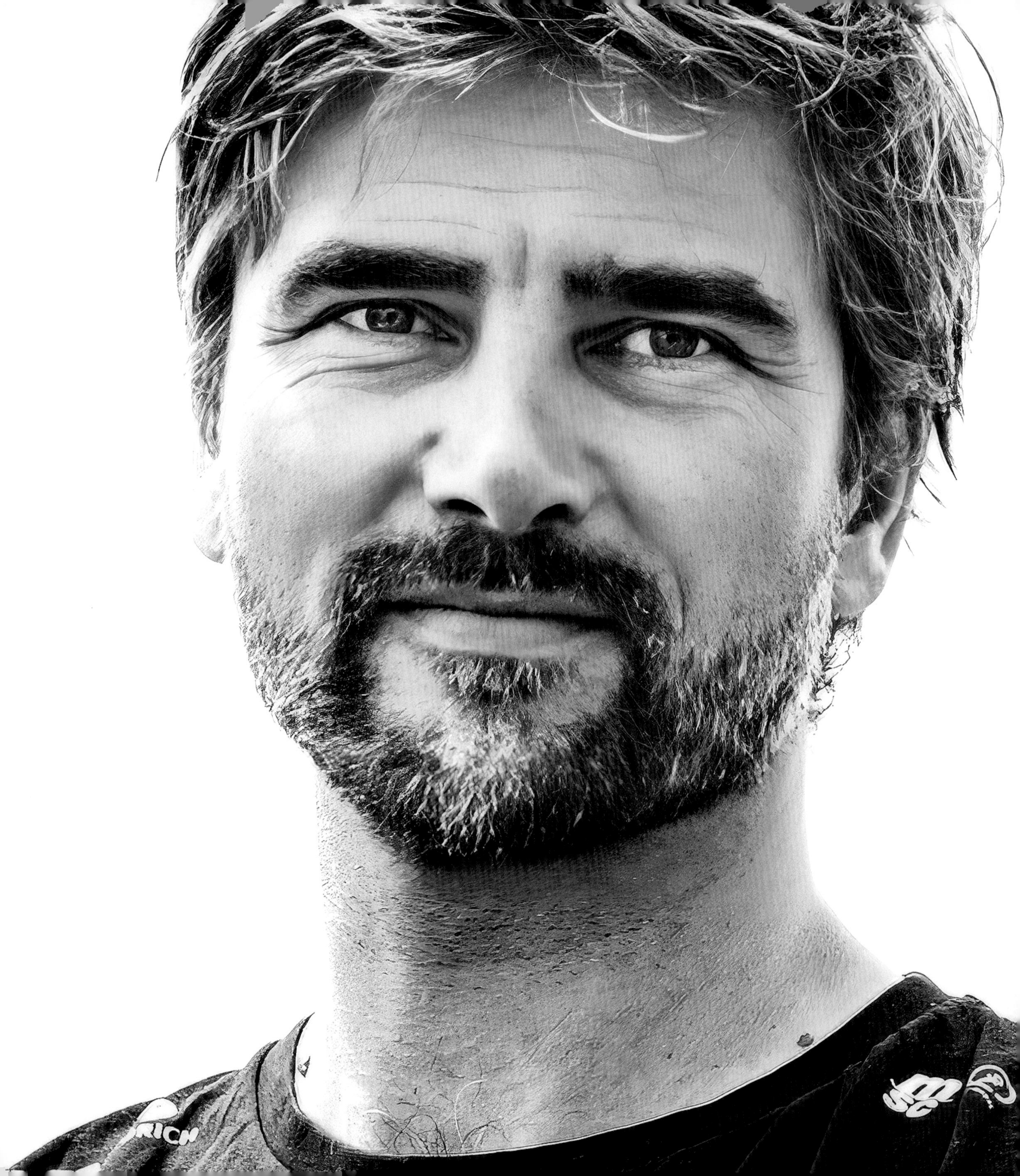

Jochen Rieker

Boris Herrmann und das Rennen um die Welt

Mit Team Malizia im Ocean Race

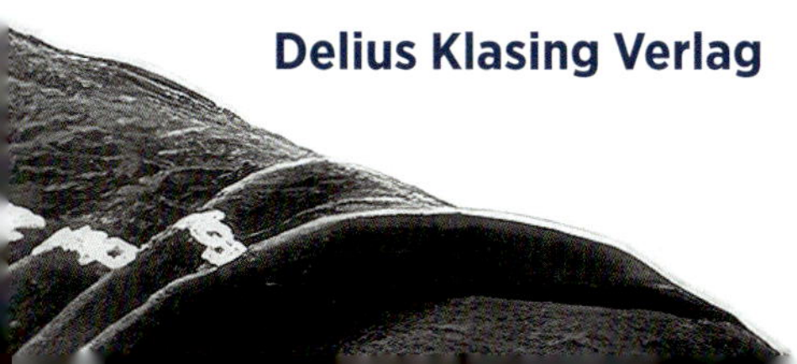

Delius Klasing Verlag

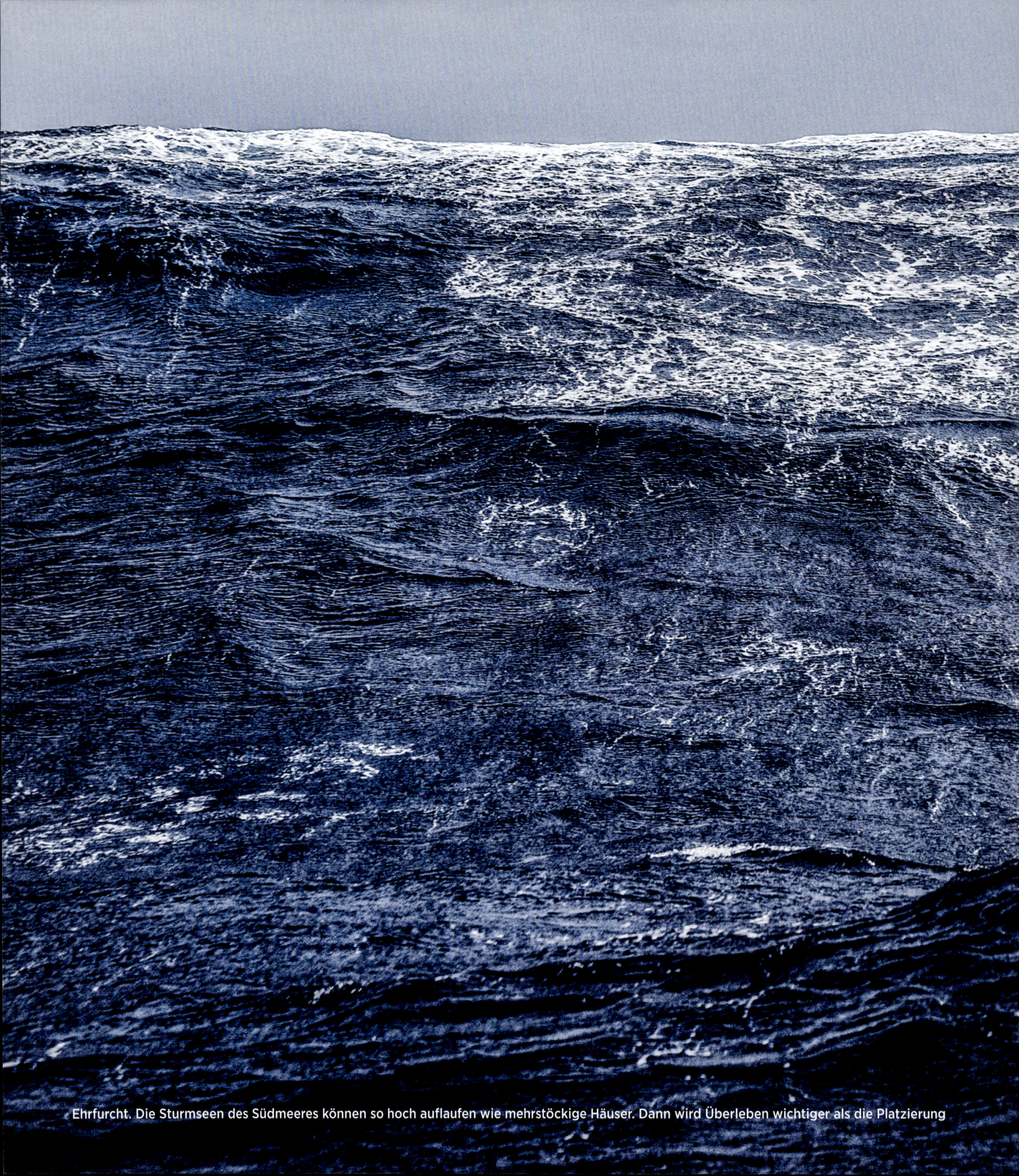

Ehrfurcht. Die Sturmseen des Südmeeres können so hoch auflaufen wie mehrstöckige Häuser. Dann wird Überleben wichtiger als die Platzierung

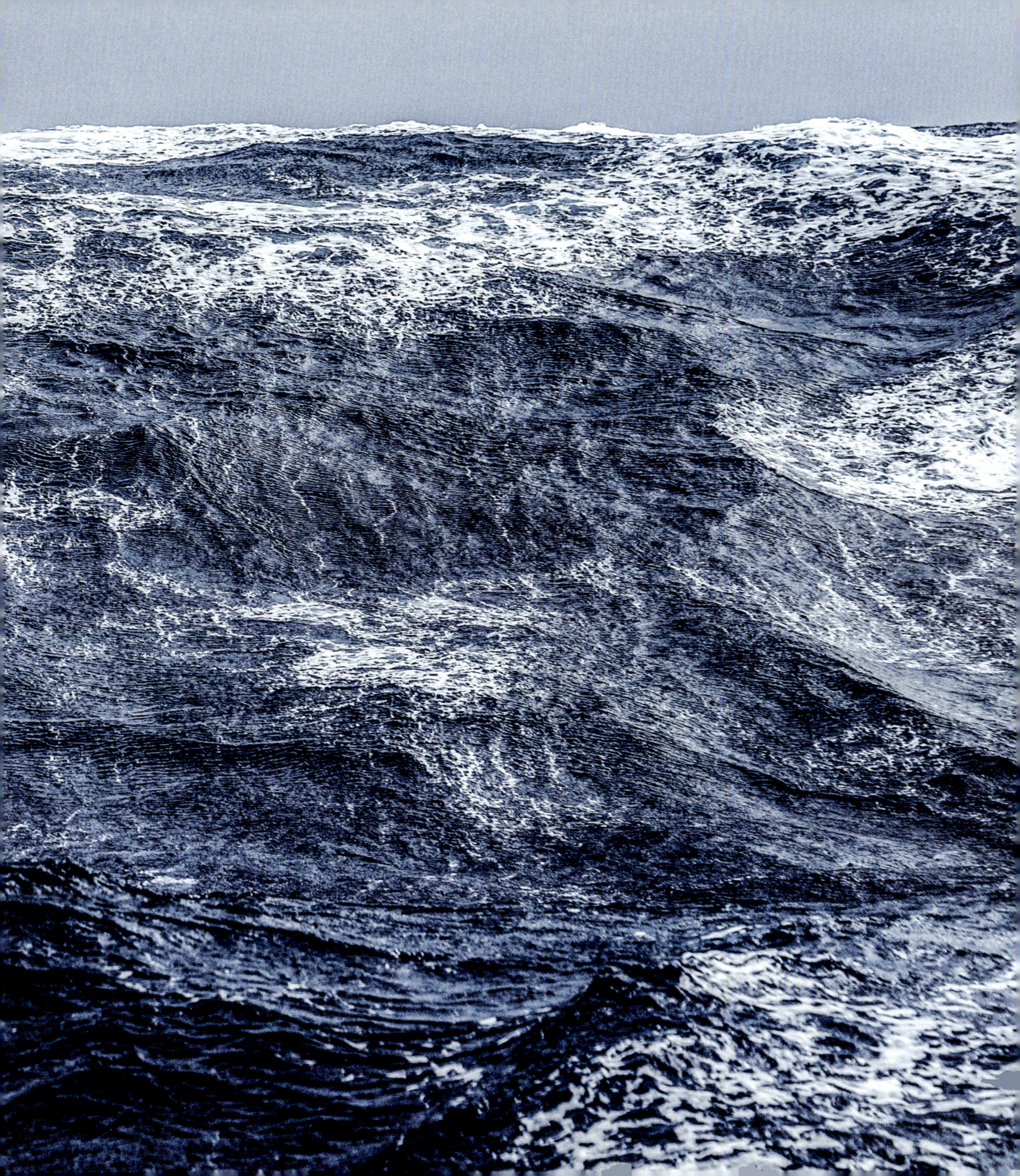

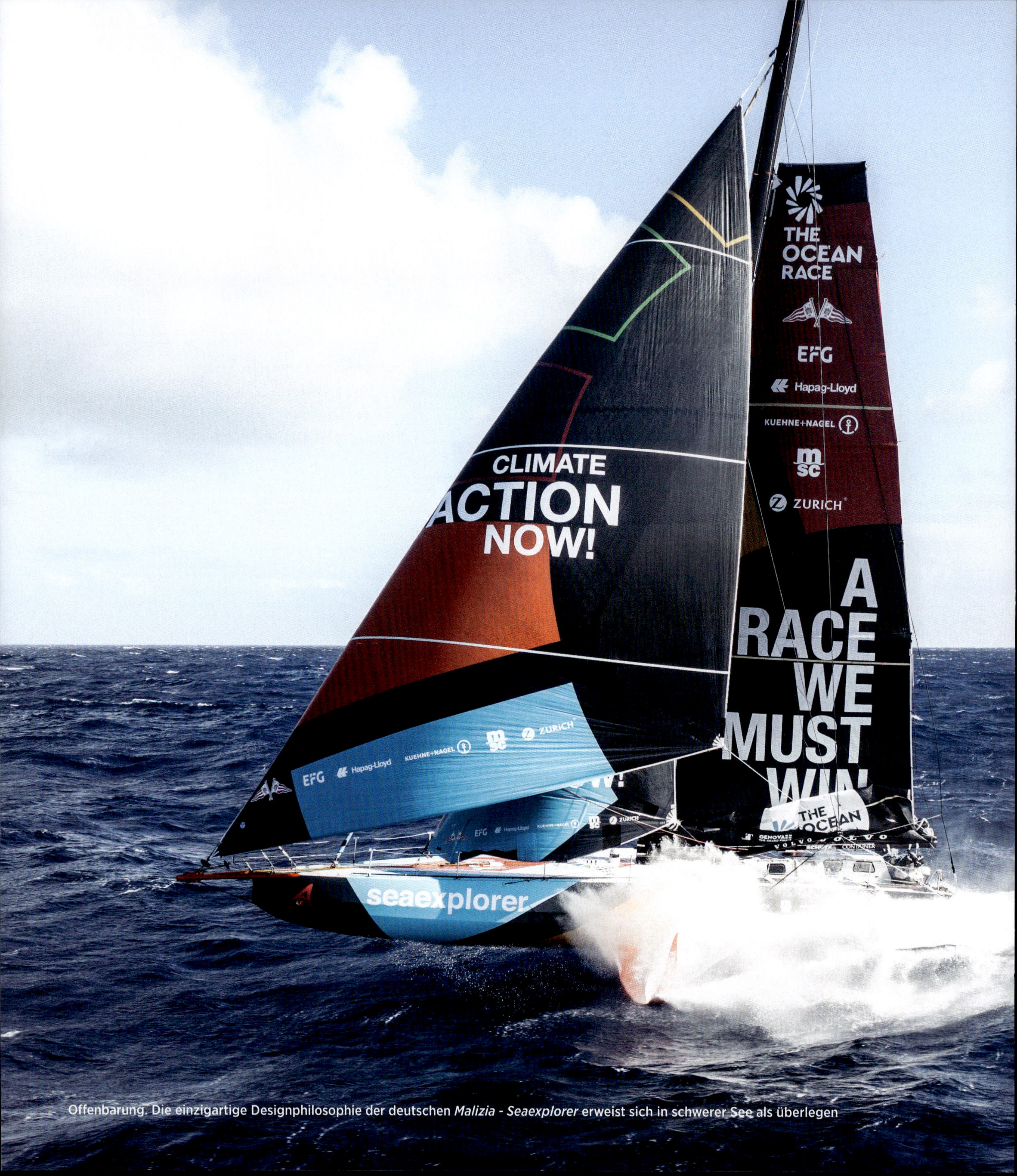

Offenbarung. Die einzigartige Designphilosophie der deutschen *Malizia - Seaexplorer* erweist sich in schwerer See als überlegen

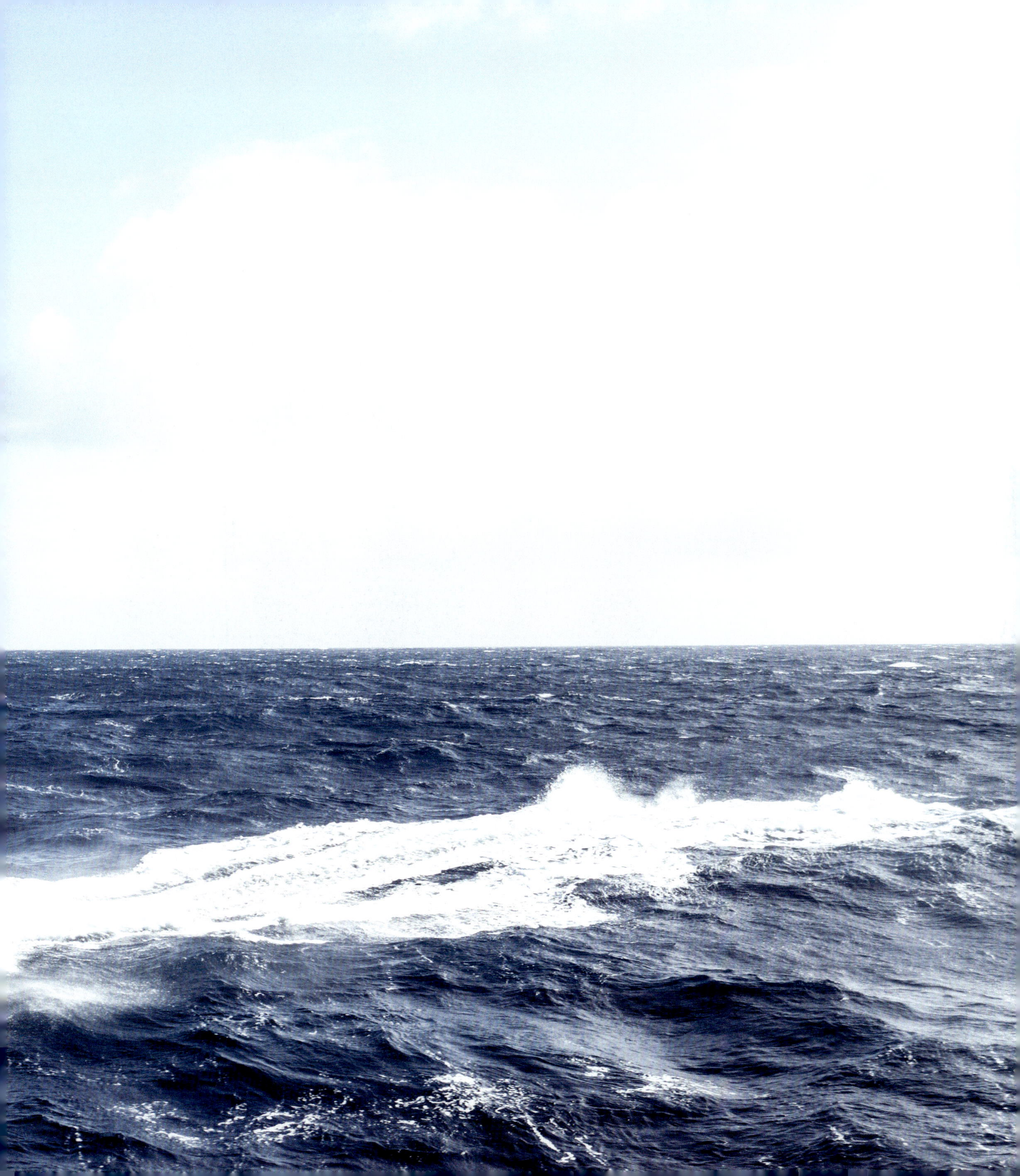

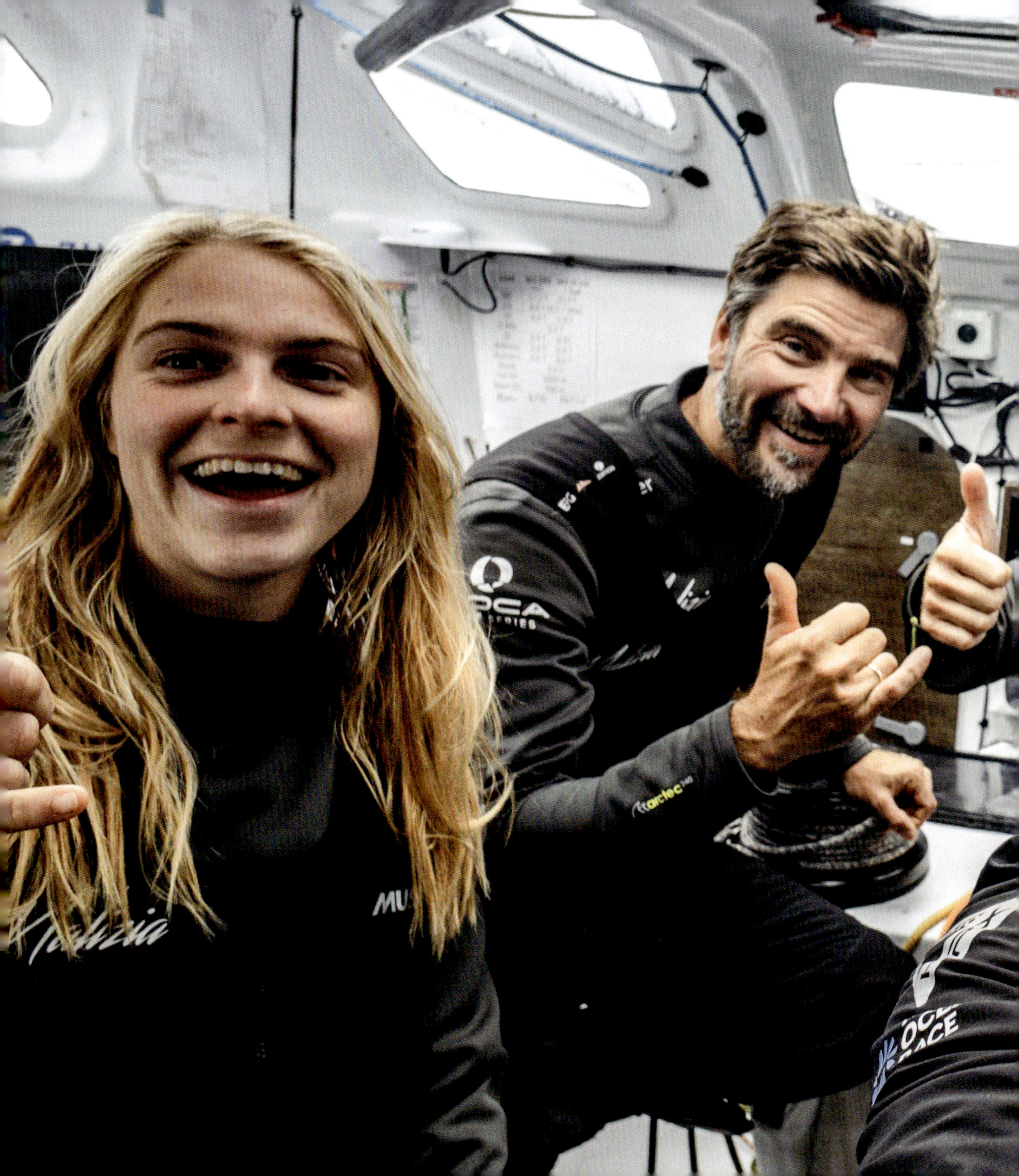

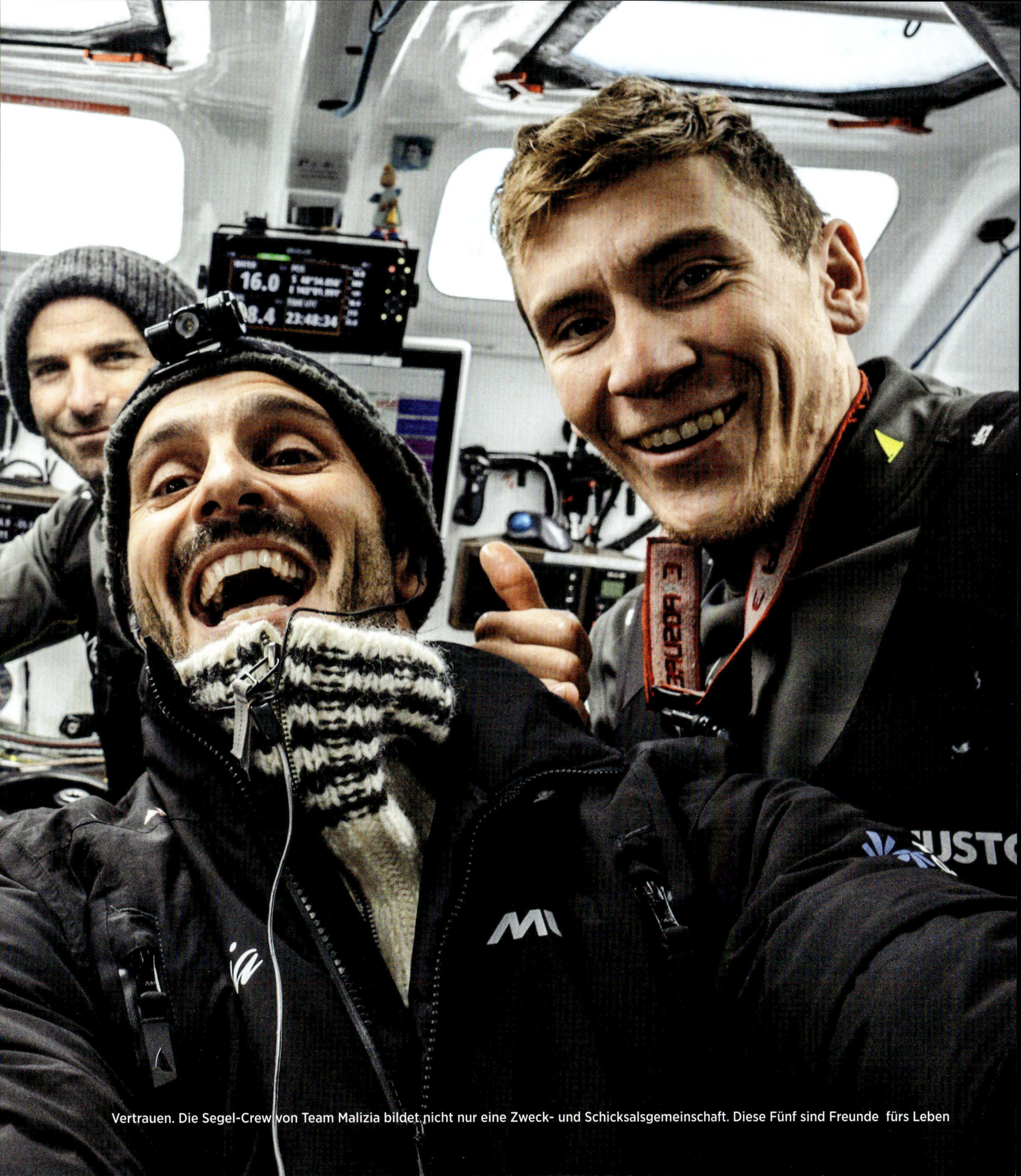

Vertrauen. Die Segel-Crew von Team Malizia bildet nicht nur eine Zweck- und Schicksalsgemeinschaft. Diese Fünf sind Freunde fürs Leben

Inhalt

Vorwort > Boris Herrmann über seine wichtigsten Erlebnisse und Erkenntnisse bei The Ocean Race

Kurs > Kurzcharakteristik aller Etappen um die Erde

Team > Porträts der Protagonisten an Bord von *Malizia* und ihrer vielen Helfer im Hintergrund

Wettbewerber > Was die vier Konkurrenten und ihre Boote so besonders macht

Überflieger > *Malizia – Seaexplorer* ist die schnellste Hochseeyacht aller Zeiten. Warum eigentlich?

Entwicklung > Wie ein moderner Imoca 60 entsteht – und wie er weiterentwickelt wird

Leg Zero > Die bisher härteste Bewährungsprobe für Malizia-Teamchefin Holly Cova

Leg 1 > Alicante – Kapverden: Böen in Orkanstärke gleich zum Auftakt

Leg 2 > Kapverden – Kapstadt: *Guyots* Taktik-Poker, *Malizias* Starkwind-Stärke, *Holcims* zweiter Sieg

Leg 3 > Kapstadt – Itajaí: Die Etappe der Leiden und der Moment von *Malizias* unfassbarem Comeback

Wachstum > Wie Psychologin Anje-Marijcke van Boxtel 11th Hour Racing auf Erfolgskurs bringt

Leg 4 > Itajaí – Newport: Ein Nordatlantik-Sturm, zwei Mastbrüche, ein neuer Name auf dem Podest

Schmerz > Wie Robert Stanjek die brutalen Rückschläge im Team Guyot erlebt. Ein Interview von Tatjana Pokorny

Leg 5 > Newport – Aarhus: Rekorde im Stundentakt und ein Bestwert, der sprachlos macht

Leg 6 > Aarhus – Kiel – Den Haag: Die kürzeste Etappe und ein Fly-by mit spektakulärer Flugschau

Überwindung > Wie Rekord-Teilnehmerin Abby Ehler die Härten der Imocas wegsteckt. Ihr Gespräch mit Tatjana

Leg 7 > Ein Crash entscheidet das Rennen und *Malizia* in der letzten Nacht die letzte Etappe

Triumph > Wie Skipper Charlie Enright den lang ersehnten Sieg im Ocean Race erlebt

Leg 8 > Rolling Home: Warum das Ende des Rennens nur der Anfang von etwas Neuem ist

Zahlen & Fakten > Alle Ergebnisse, alle Zeiten, alle Distanzen von The Ocean Race 2022/23

12
16
18
30
48
60
68
72
82
92
112
116
126
130
140
Pokorny 146
148
156
158
162

Träume!

Was bleibt, wenn man ein großes Ziel erreicht, einen Traum verwirklicht? Für Boris Herrmann sind es enge Freunde, echte Vertraute, mächtige Bilder – und dieses Buch. Ein sehr persönlicher Rückblick auf The Ocean Race 2022/23

▶ Es ist Sonntag. Der letzte Tag des Ocean Race, unserer Weltreise als Familie, des bisher größten Projekts von Team Malizia und für mich das Ende einer der bewegendsten Phasen in meinem Leben. Alle anderen sind in den letzten Tagen bereits abgereist, *Malizia – Seaexplorer* gestern spät in die Abenddämmerung auf See entschwunden. Für mich viele Momente mit zugeschnürter Kehle. Irgendwie will man nicht wahrhaben, dass es nun vorbei ist.

Das nächste Abenteuer wird für mich deutlich schwerer. Da draußen allein Probleme und Momente meistern, wie wir sie zu fünft geschafft haben? Ich habe darüber so oft nachgedacht während Etappe drei – und mit Rosie oder Antoine konnte ich auch offen darüber sprechen. Noch so ein Geschenk dieses vergangenen Rennens: Freunde zu finden, die verstehen, warum man manchmal ganz tief zweifelt. Wir haben zusammen so viele Krisen gemeistert und daraus eine so starke Gemeinschaft geformt, dass es für alle schwer ist, das jetzt hinter uns zu lassen.

Es ist absolut still in der Bibliothek des Monaco Yacht Clubs, wo ich die letzten zwei Stunden ruhig dasitze, wartend auf die Fahrt zum Flughafen und damit auf die finale Abreise.

Lilli, meine Hündin, streckt auf den Holzbohlen der Bibliothek alle Viere von sich und schaut mir zu, wie ich mich vor den Bücherregalen verliere. Ich habe schon immer Segelbücher geliebt und verschlungen. Über meine Airpods höre ich skandinavischen Jazz, bin ganz in meiner Blase. Plötzlich überkommt mich der Wunsch, hier unendlich Zeit zu haben. Mich in und mit den Büchern in die Welt der Reisen und Abenteuer zu vertiefen, ganz allein. Schüchtern hoffe ich, vielleicht auch eines meiner eigenen Segelbücher hier zu entdecken. Ich weiß, dass ein Buch von uns mal hier stand – und nehme mir fest vor, diesen neuen Band bald mit einer schönen Widmung einzureihen.

»Ich bin allein im Regattamodus um die Welt gesegelt, und ich will es wieder tun. Aber dieses Rennen in dieser Konstellation – es war anders, besonders«

Eigentlich hat alles für mich mit Büchern angefangen: Als Teenager verschlang ich die gesamte Delius Klasing Bibliothek einschließlich vieler antiquarischer Exemplare. Vor dem inneren Auge des verträumten Schülers aus der kleinen Stadt entstanden Landschaften und Bilder: Patagonien und Alaska, Schottland, die Südsee, Kap Hoorn, der Southern Ocean. Nun endet alles mit Büchern. Sie sind das, was bleibt von alldem. Und mit etwas Glück wird dieses Buch auch in 50 Jahren noch hier stehen oder in irgendeiner Schulbibliothek. Und ein kleines Mädchen wird die Geschichten von Rosie lesen und selbst den Wunsch verspüren, eines Tages die Festmacher loszuwerfen und die Schoten dichtzuholen. Die Reiseliteratur ist wie das Meer selbst: eine Unendlichkeit von Bildern und Sehnsüchten, eine Vorstellung von grenzenloser Freiheit und eines spirituellen Sich-Erhebens über die Profanität des normalen Lebens, eines

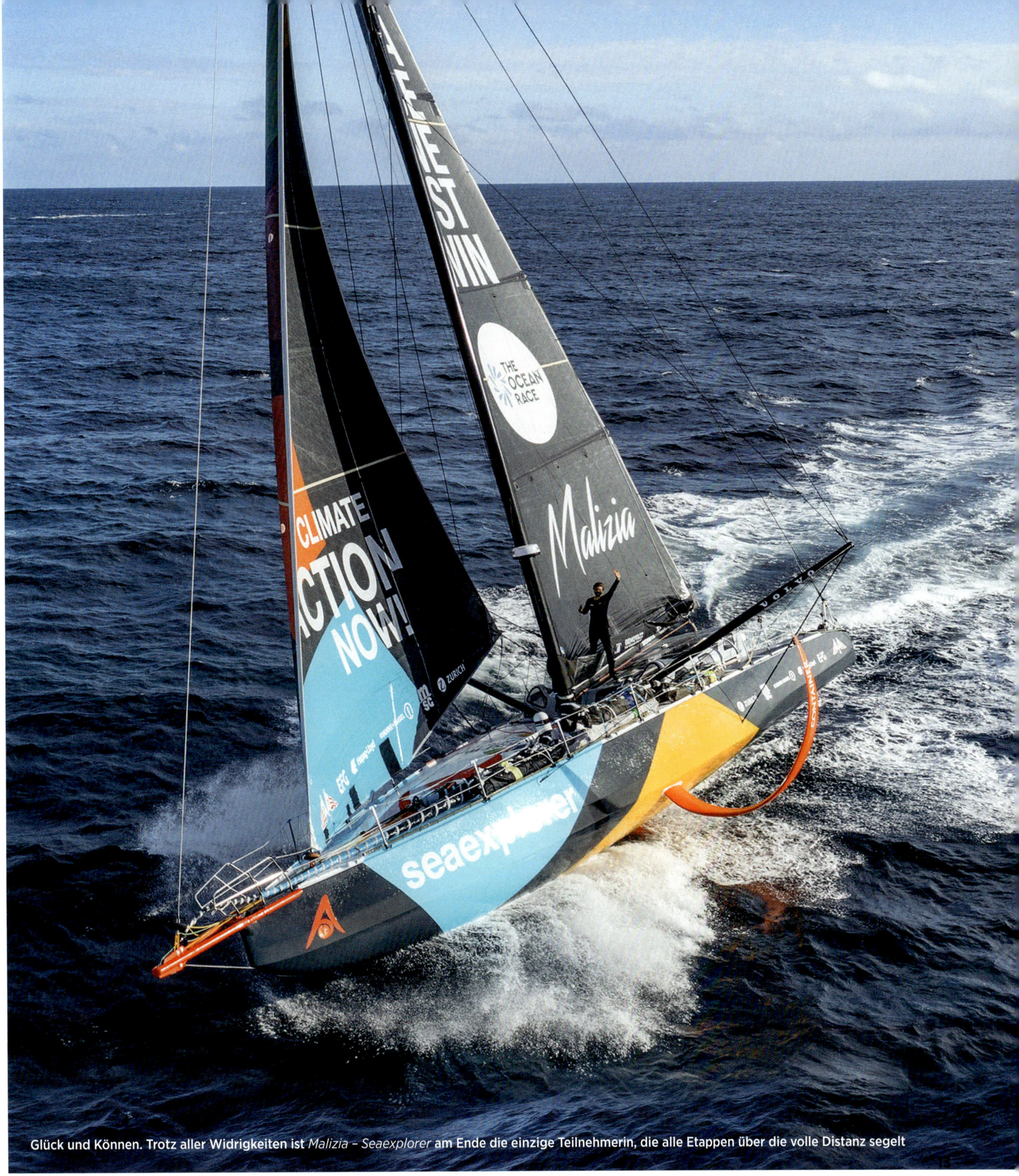

Glück und Können. Trotz aller Widrigkeiten ist *Malizia – Seaexplorer* am Ende die einzige Teilnehmerin, die alle Etappen über die volle Distanz segelt

Hinausgeleitens aus den Zonen des Lärms in eine stille Welt voller Verheißung und zeitloser Bedeutung.

Mein Blick wandert zwischen den wunderschönen maritimen Möbeln, den Büchern, Schiffsmodellen und dem blauen Mittelmeer hin und her. Es ist ein Ort, an dem die Augen in die Ferne schweifen können – und damit die Gedanken von allen Fesseln befreien. Der starke Kaffee und der meditative Jazz helfen, den Gedankenstrom Fahrt aufzunehmen zu lassen.

In diesem kurzen Moment segele ich noch ein letztes Mal über alle Meere. Ich sehe das unendlich tiefe Blau des Mittelmeers von Etappe sieben: Wenn die Sonne über spiegelglatter See im Zenit steht und man vom Bug aus nach unten schauend das Gefühl hat, mit den Sonnenstrahlen in die Tiefe des Meeres stürzen zu können. Man meint dann, einige hundert Meter tief die Lichtbündel im Meer zu sehen, auch wenn es nur 10, 20 Meter sein mögen. Delfine kommen dazu. Das Ganze erinnert mich an meine erste Weltumseglung mit Felix – da haben wir so etwas vor der Küste Argentiniens erlebt.

Ich segele gedanklich weiter zu Etappe fünf, in die Ostsee. Um zwei Uhr morgens kehrt das Licht langsam zurück. So stelle ich mir den Nachthimmel in einer Wüste vor. Einige Stunden später, um 5 Uhr morgens, strahlt die dänische Küste so satt grün im Morgenlicht wie kein anderes Land auf dieser Erde grün sein kann. Wir sind 0,8 Seemeilen hinter *Holcim* und schneller. Leichte Böen kommen vom Land. Wir sind konzentriert und im Flow. Wir wissen nicht, was *Holcim* hat oder verbirgt, aber wir sind schneller. Um 6 Uhr sind es nur noch 0,4 Meilen Abstand. Die hügelige Landschaft, die sich für mich so sehr nach Heimat anfühlt, zieht sanft und langsam direkt neben uns vorbei. Dies könnte auch die Eckernförder Bucht sein, wo ich immer kitefoilen gehe. Das Wasser zeigt wegen der geringen Tiefe und der Seegrasfelder auf dem Sandgrund tausend Schattierungen blau, grün, türkis.

Ich bin in Schottland, wo wir zwei Tage vorher während der gleichen Etappe durch sturmverwehte Klippen gerast sind. Dazu gab es einen Schluck Talisker Storm. Wie bang ich vor Etappe drei bei 60 Knoten Wind vor unserem Schiff in Kapstadt stehe und beobachte, wie die weißen Wolkenkrallen des Cape Docters, dieses berüchtigten Ostwinds, Ungutes verheißend den Tafelberg runter zeigen, von der Abendsonne majestätisch angeleuchtet. Der dunkelste Landschaftseindruck war Patagonien, die Le-Maire-Straße: Nebel und Sturm von vorn. Sehen konnte man fast nichts.

Eine Unendlichkeit von Bildern fließt vor meinem inneren Auge vorbei. Ich bin froh, dass dieses Buch einige von ihnen festhält. Aber die wichtigsten Bilder sind die, die unsere Fantasie zum Leben erweckt und die so zu einer Geschichte mit Bedeutung werden.

»Träumen und zum Träumen anregen. Das ist es, was wir wollen«

In unserer Welt des besinnungslosen digitalen Bilderkonsums und dem Abhandenkommen der Fähigkeit, sich wirklich so sehr auf eine Sache einzulassen, dass etwas in uns zum Schwingen kommt, ist dieses Buch auch eine Form des Aktivismus gegen den oberflächlichen Lärm da draußen. Bitte, lest wieder mehr Bücher und erlaubt euch die Zeit zum Träumen. Das ist es, was ich mir für mich selbst wünsche, für die nächste Zeit: Träumen und zum Träumen anregen. Das ist es, was wir wollen. Viel Spaß dabei!

»Die wichtigsten Bilder sind die, die unsere Fantasie zum Leben erweckt und die so zu einer Geschichte mit Bedeutung werden«

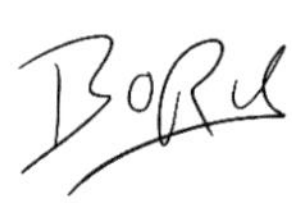

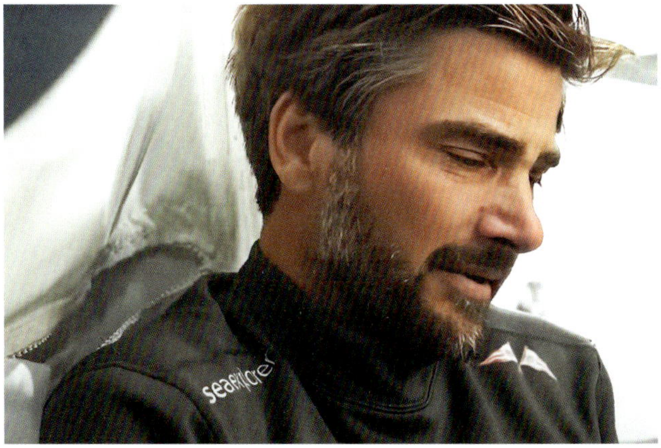

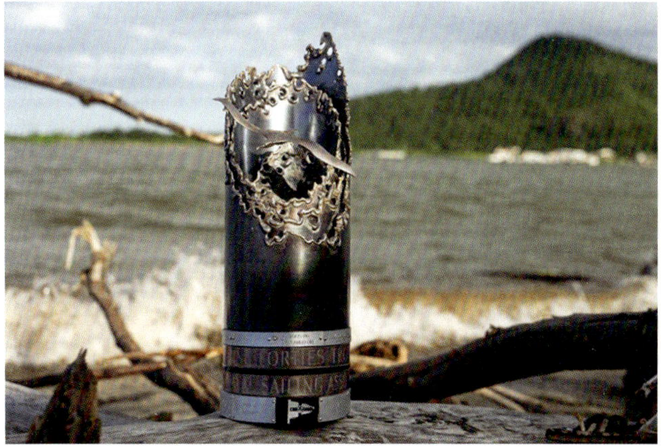

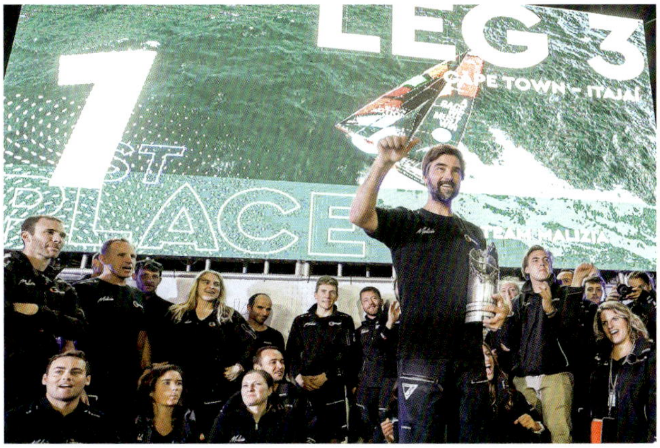

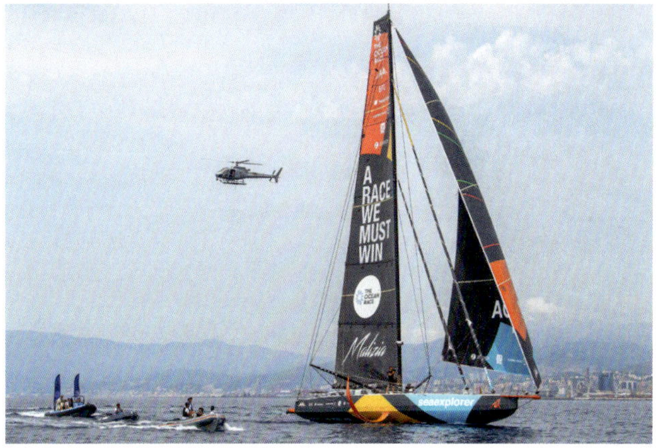

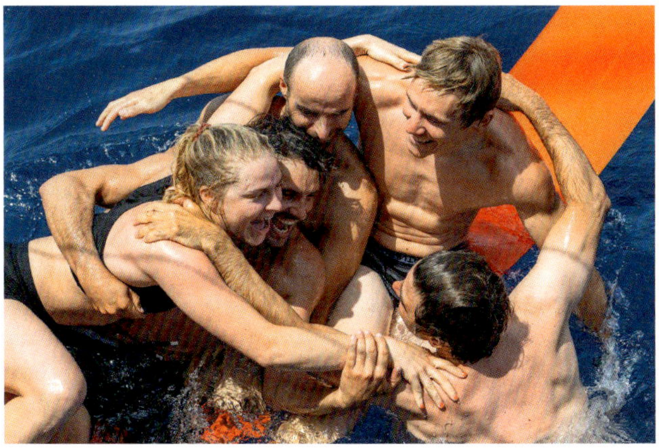

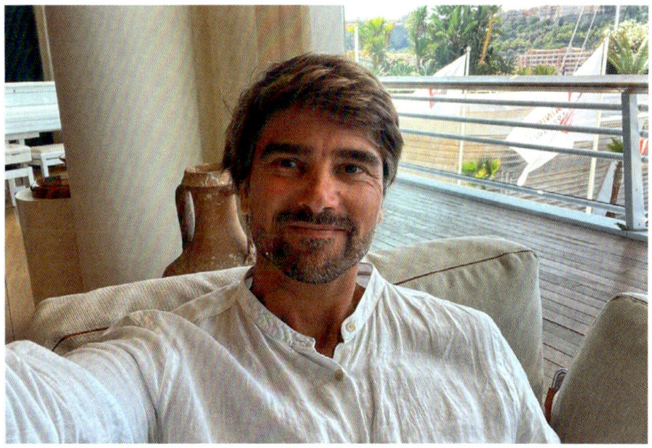

An Tag drei der Königsetappe erlebt Boris Herrmann seinen dunkelsten Moment. Ein Spalt im Mast bedroht alles, worauf er jahrelang hingearbeitet hatte. Es fließen auch Tränen. Doch zusammen mit seiner Crew wendet der Skipper das Blatt – und gewinnt gar das fast verloren geglaubte Teilstück des Rennens. Auch auf der letzten Etappe triumphiert Team Malizia – und feiert auf dem Foil. Eine Woche später schreibt der Hamburger, inzwischen entspannt und reflektiert nach Tagen des Trubels, in der Bibliothek des Yacht Clubs von Monaco das Vorwort zu diesem Buch

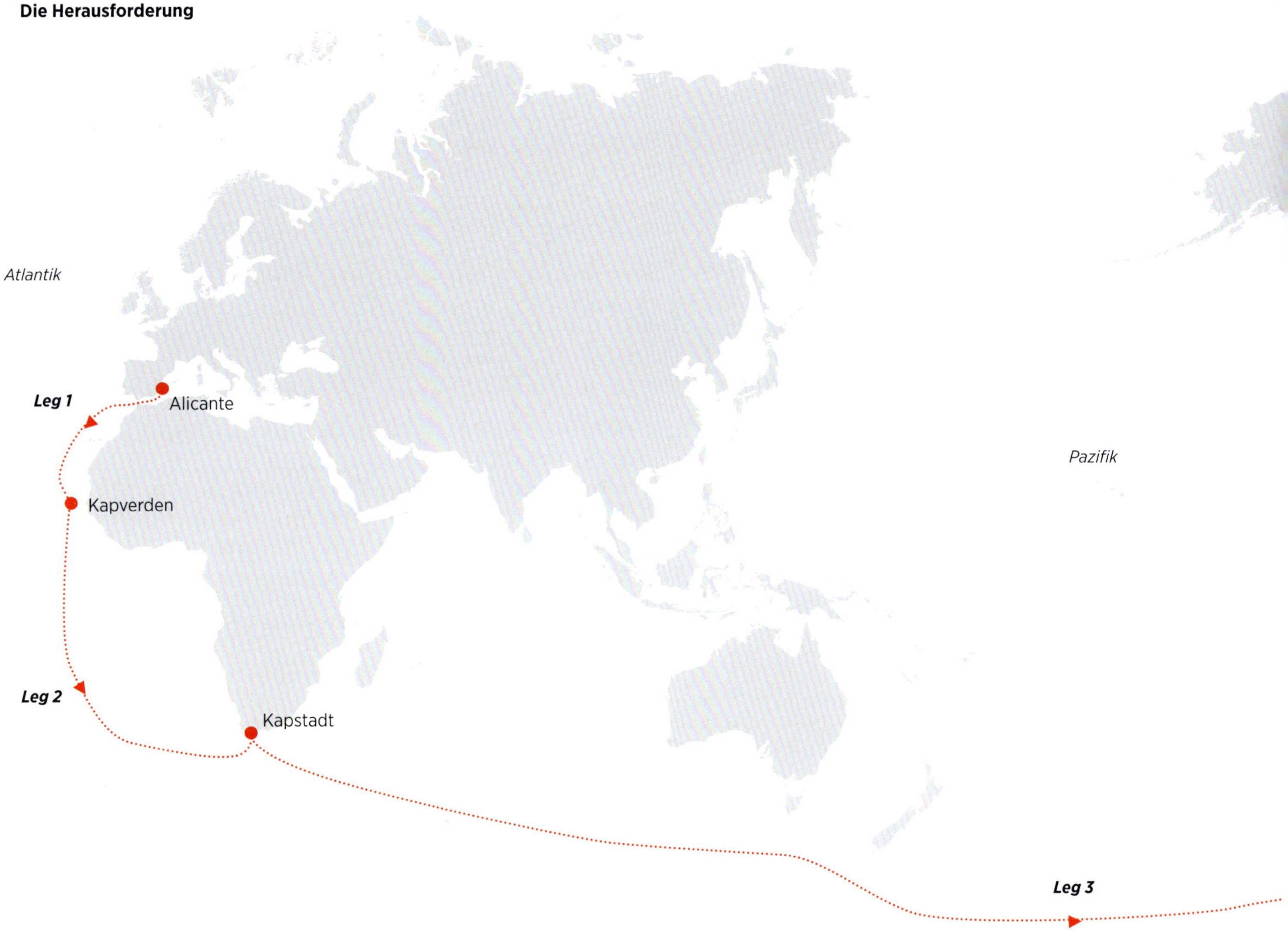

1 Rennen, 7 Stopps, 31.000 Seemeilen

Leg 1 > Alicante > Kapverden

Die Ouvertüre. Zweitkürzeste Etappe mit einer Mischung aus küstennahem Segeln bis Gibraltar und danach offenem Atlantik im Passatwind. Ein Sturmtief über Südspanien forderte die Crews praktisch von Beginn an.

1.900 nm / 3.520 km
15. – 21. Januar 2023

Leg 2 > Kapverden > Kapstadt

Vom Nord- in den Südatlantik, vom Nordwest- in den Südost-Passat, von den Rossbreiten am St.-Helena-Hoch vorbei bis in die Furious Fifties. Alles drin in diesem Teilabschnitt, der lau begann und auch so endete.

4.600 nm / 8.520 km
25. Januar – 12. Februar 2023

Leg 3 > Kapstadt > Itajaí

Marathon. Monster. Königsetappe. Vor dieser Prüfung hatten alle Crews Respekt, denn im tiefen Süden ist Hilfe meist fern, sind die Bedingungen hart: Kälte, Seegang, Wind, Ermüdung – hier unten wird dir nichts geschenkt.

12.750 nm / 23.610 km
26. Februar – 2. April 2023

Leg 4 > Itajaí > Newport

Nach drei Wochen Pause und Boots-Refit in Brasilien führt der Kurs die fünf Teams wieder auf die Nordhalbkugel. Ein langer, schneller Ritt über den Äquator bis ins Zentrum des amerikanischen Hochseesports.

5.550 nm / 10.280 km
23. April – 10. Mai 2023

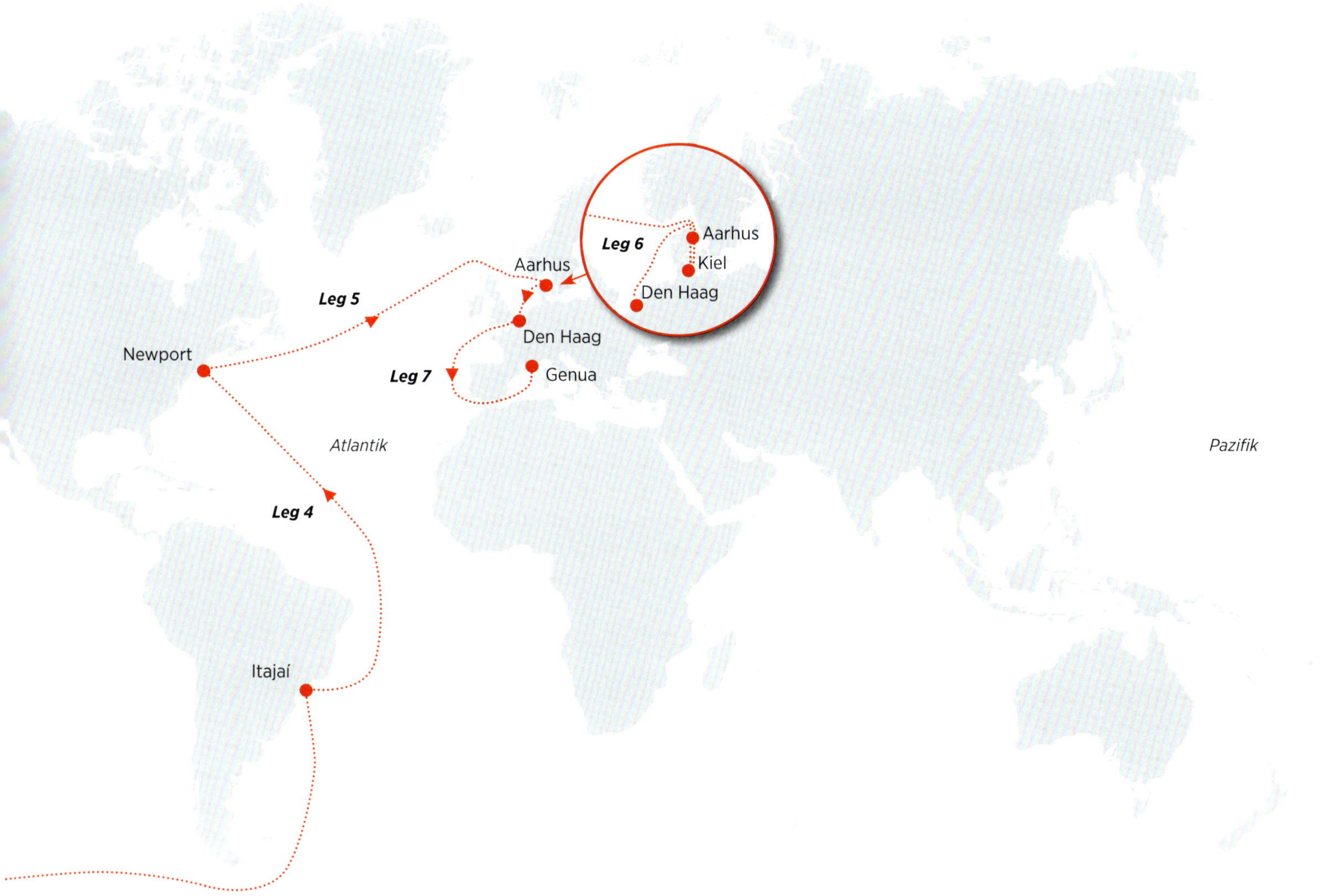

Leg 5 > Newport > Aarhus

Zurück nach Europa – auf der Route der Rekordjäger. Nach Leg 3 die zweite Etappe, für die es doppelte Punktzahl gibt. Eigentlich eine Mittelstrecke, aber super intensiv. Aarhus ist erstmals Ocean-Race-Stopp im Programm.

3.500 nm / 6.480 km
21. Mai – 29. Mai 2023

Leg 6 > Aarhus > Kiel

Stippvisite in der deutschen »Sailing City«. Auf den Tag genau 21 Jahre nach dem triumphalen Sieg von Team Illbruck im Volvo Ocean Race 2002 zeigt sich die Imoca-Flotte erneut in der Förde beim Kiel Fly-by.

180 nm / 330 km
8. – 9. Juni 2023

> Kiel > Den Haag

Von dort geht es über den Großen Belt nach Skagen und an der dänischen und deutschen Nordseeküste entlang ins holländische Den Haag. Der kürzeste Teilabschnitt mit vielen navigatorischen Herausforderungen.

610 nm / 1.130 km
9. – 11. Juni 2023

Leg 7 > Den Haag > Genua

Ein Segel-Thriller zum Schluss. Erst auf dieser Etappe, der letzten und komplexesten, fällt die Entscheidung. Ärmelkanal, Biskaya, Straße von Gibraltar, Mittelmeer – den Crews steht auf Leg 7 eine taktische Schachpartie bevor.

2.200 nm / 4.070 km
Start 15. Juni – Siegerehrung 1. Juli

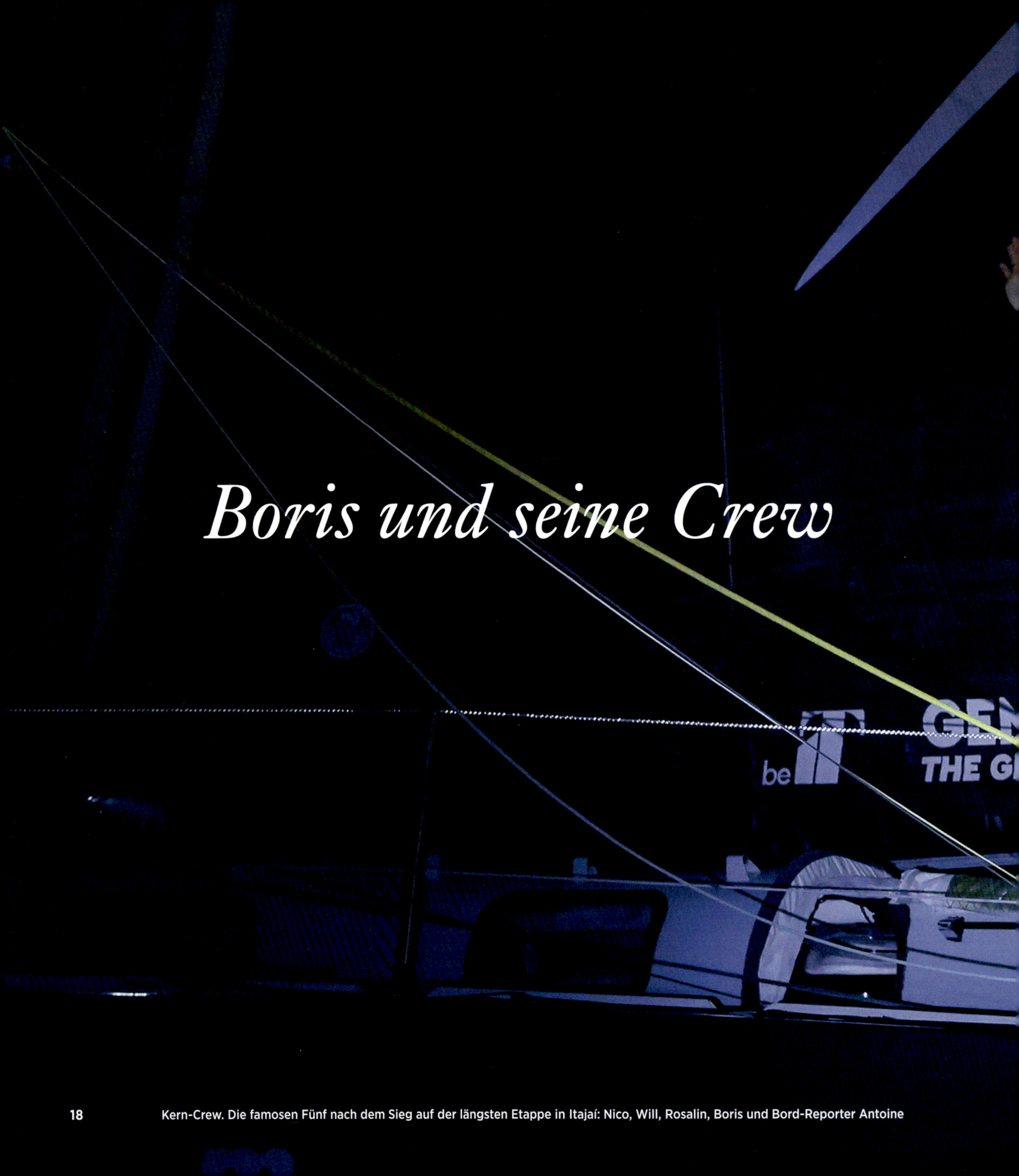

Boris und seine Crew

Kern-Crew. Die famosen Fünf nach dem Sieg auf der längsten Etappe in Itajaí: Nico, Will, Rosalin, Boris und Bord-Reporter Antoine

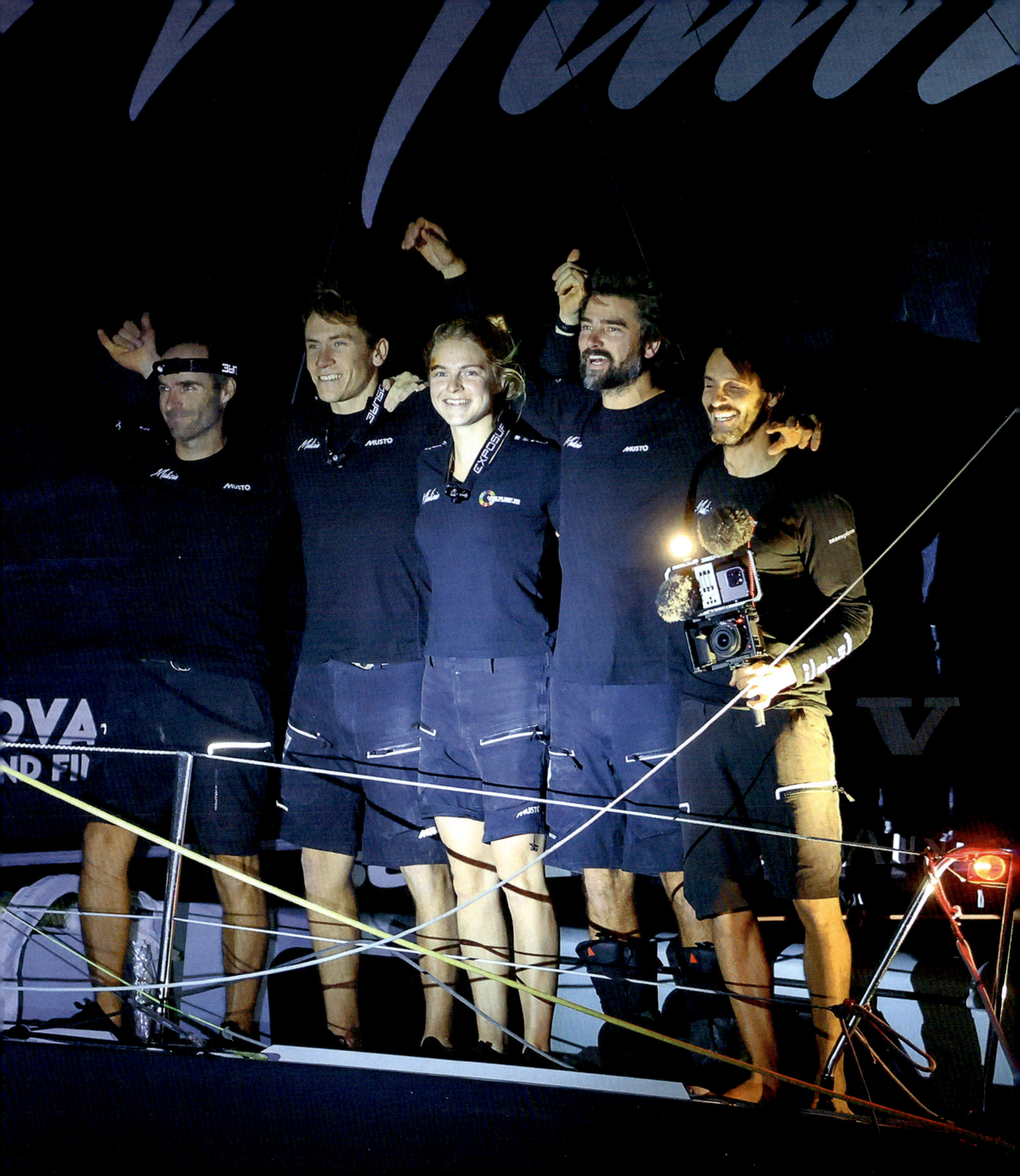

Nico

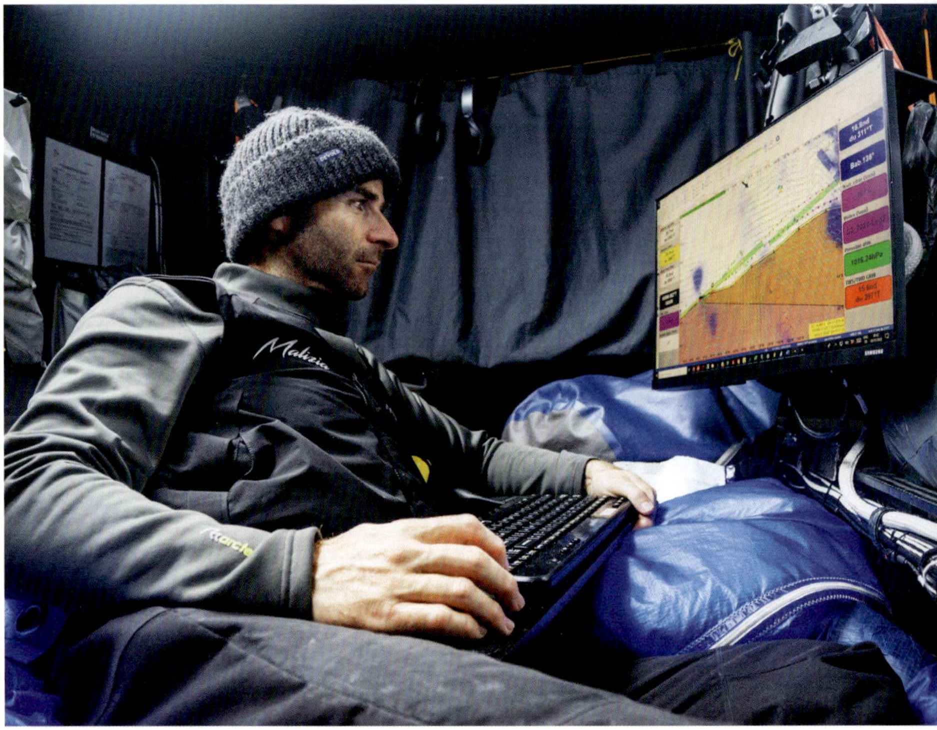

Man findet ihn selten im Scheinwerferlicht, kaum vor der Kamera. Und wenn er sich in der Teambasis auf die nächste Etappe vorbereitet, verzieht er sich am liebsten in einen der Werkstatt-Container. Nein, Aufmerksamkeit sucht Nico Lunven nicht. Er ist der stille, der nachdenkliche Typ. »The Brain«, wie sie bei *Malizia* sagen.

Das beschreibt ihn ganz gut – aber auch wieder nicht. Denn der 40-jährige Bretone ist so viel mehr als das. Mit zwei Siegen und drei Podium-Plätzen in der extrem fordernden Figaro-Klasse, in der sich die vorwiegend französische Einhand-Elite misst, zählt der kleine, drahtige Mann zu den ganz Großen des Hochseesports. Auch bei den Imocas hat er längst gezeigt, dass mit ihm zu rechnen ist, selbst mit unterlegenen Booten ohne Foils. Kaum ein Segler ist so breit aufgestellt wie Nico, der als Navigator für die besten Ultim-Skipper und gleich mehrere Imoca-Teams arbeitet, wenn er nicht gerade selbst am Ruder steht. Segeln ist für ihn nicht nur ein Job, es ist eine Passion. Er hat sie von seinem Vater Bruno geerbt, der seinerseits schon bei den Vorgängern des Ocean Race und des Figaro erfolgreich war, im Whitbread Round the World Race und im Course de l'Aurore. Privat segelt Nico einen Halbtonner von 1977, *Diablesse*, den er vor Kurzem eigenhändig restauriert und optimiert hat. Langsam kann er nun mal nicht.

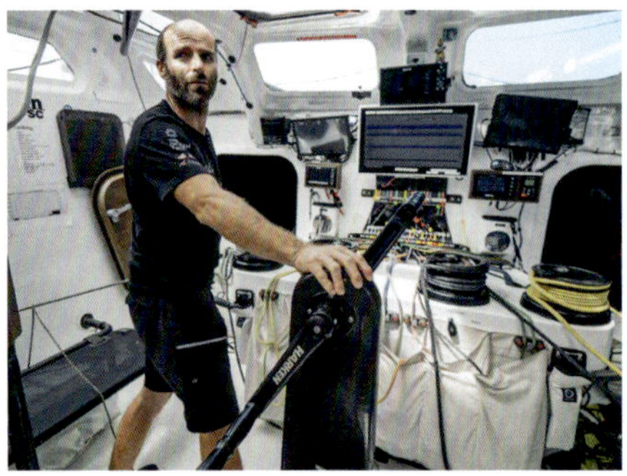

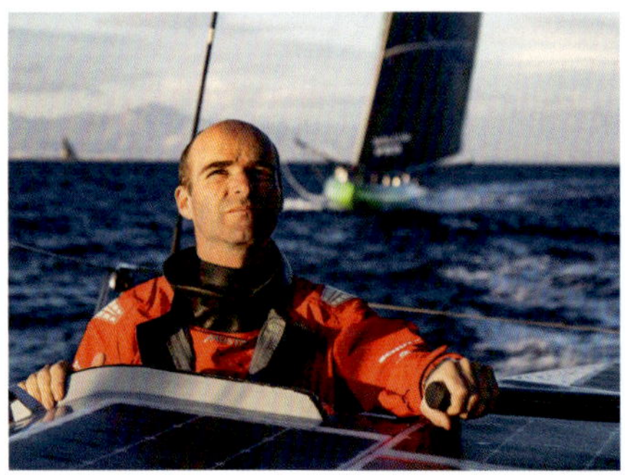

Nico Lunven
Geboren: 28. November 1982
Bachelor in Marketing,
Master in Management,
Profisegler, Sieger in der
Figaro-Klasse 2009 und 2017,
Imoca-Skipper seit 2015.
www.nicolaslunven.com

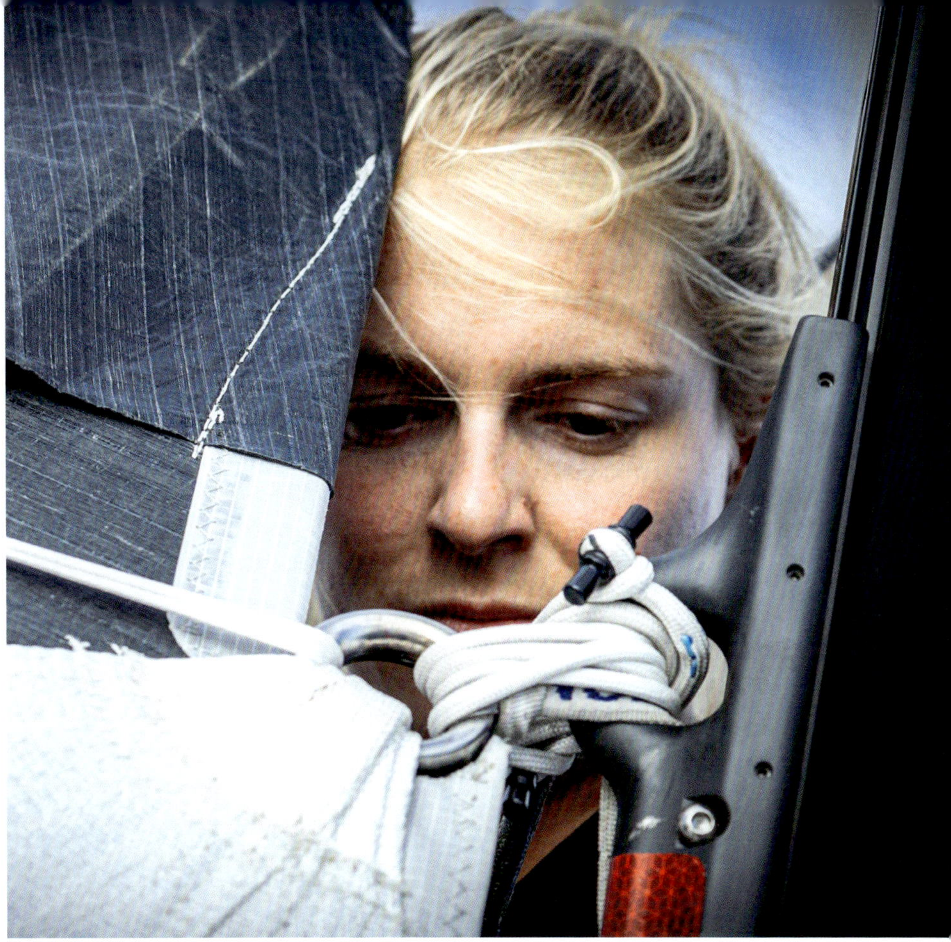

Rosalin

Auch wenn vor dem Start von The Ocean Race kaum ein Szenekenner Notiz von ihr genommen hatte: Spätestens jetzt ist Rosalin Kuiper allen im Hochseerennsport ein Begriff – für furchtlose Einsätze im Rigg, beherztes Kurbeln am Grinder, aber ebenso für ihre scheinbar unerschöpfliche Energie und gute Laune.

Wenn sich Rosie etwas in den Kopf setzt, ist es schier unmöglich, sie davon abzubringen. Schon als Sechsjährige im Optimist empfand die Holländerin diese Faszination am Segeln. »Das war für mich der Southern Ocean«, sagt sie, als sie für eine Doku der YouTube-Serie »The Malizians« noch einmal über den Zaun ihres Segelclubs in Zoetermeer klettert und den gelben Opti sucht, auf dem sie ihre ersten Schläge gemacht hat. Jahre später, bei einer Reise durch Australien, entflammt die alte Leidenschaft erneut. Seither kennt sie kein Halten: gibt Segelunterricht, nimmt an der Hochsee-Akademie des Ocean-Race-Veteranen Roy Heiner teil, klappert in Australien Teams ab, um irgendwie beim Sydney Hobart Race starten zu können, trampt als Crew um den halben Globus, bis sie schließlich 2022 auf Empfehlung von Will Harris bei *Malizia* landet. Und wie sie da landet! Das Boot nennt sie ihren »happy place«, will im Etappenziel am liebsten gar nicht von Bord. Das Team ist für sie »Familie«. Und die Fans? Lieben ihre Rosie!

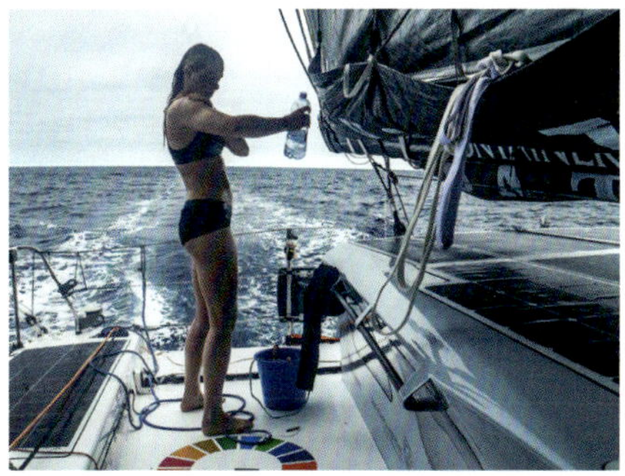

Rosalin Kuiper
Geboren: 6. Juli 1995
Bachelor in Psychologie,
Profiseglerin, Absolventin der
Roy Heiner Youth Academy,
mit *AkzoNobel* Dritte bei The
Ocean Race Europe 2022.
www.instagram.com/rosalinkuiper/

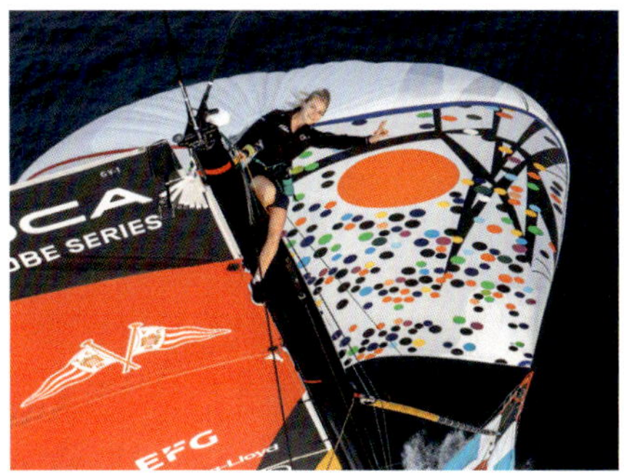

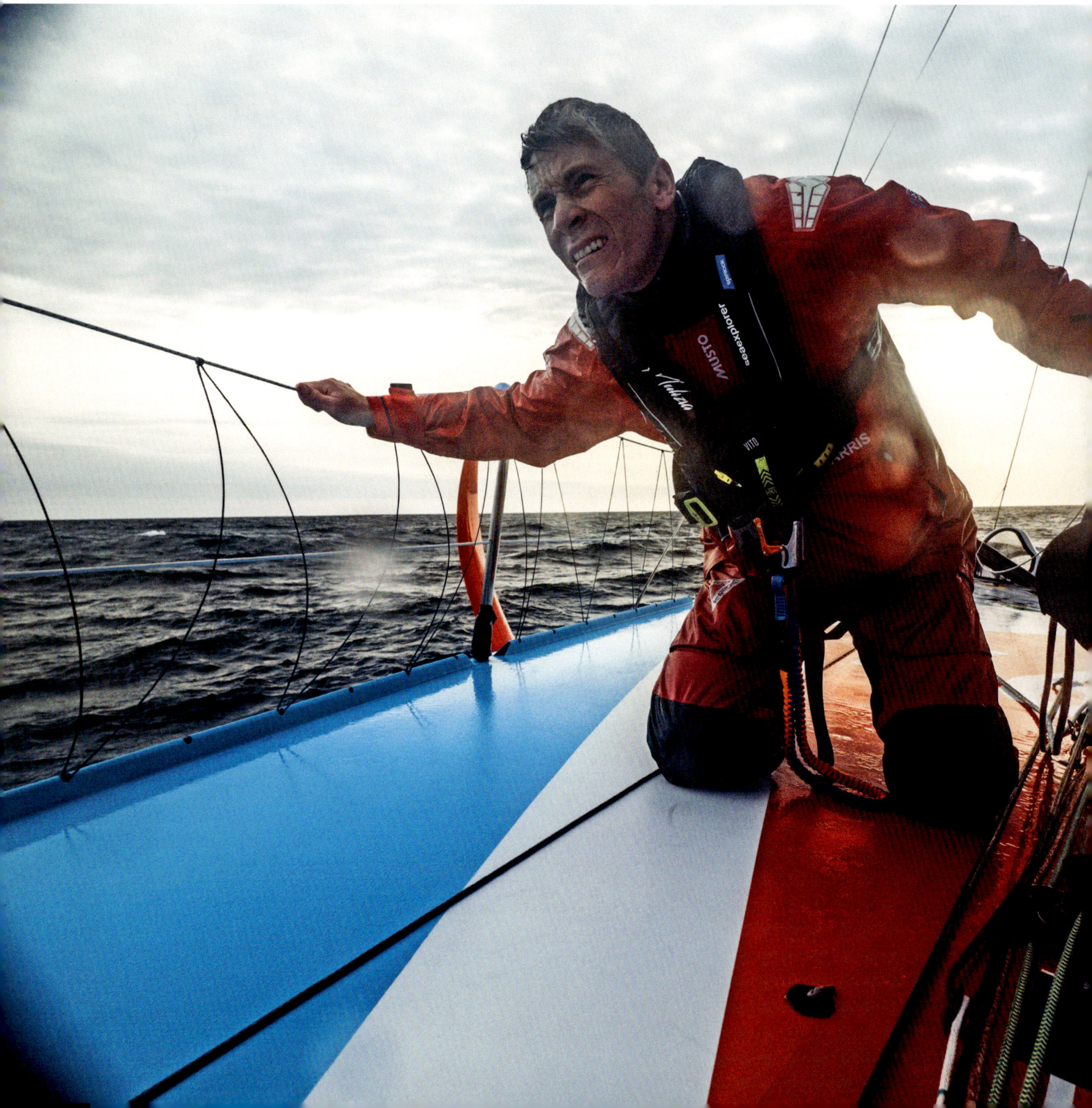
MUSTO
seaexplorer
VITO

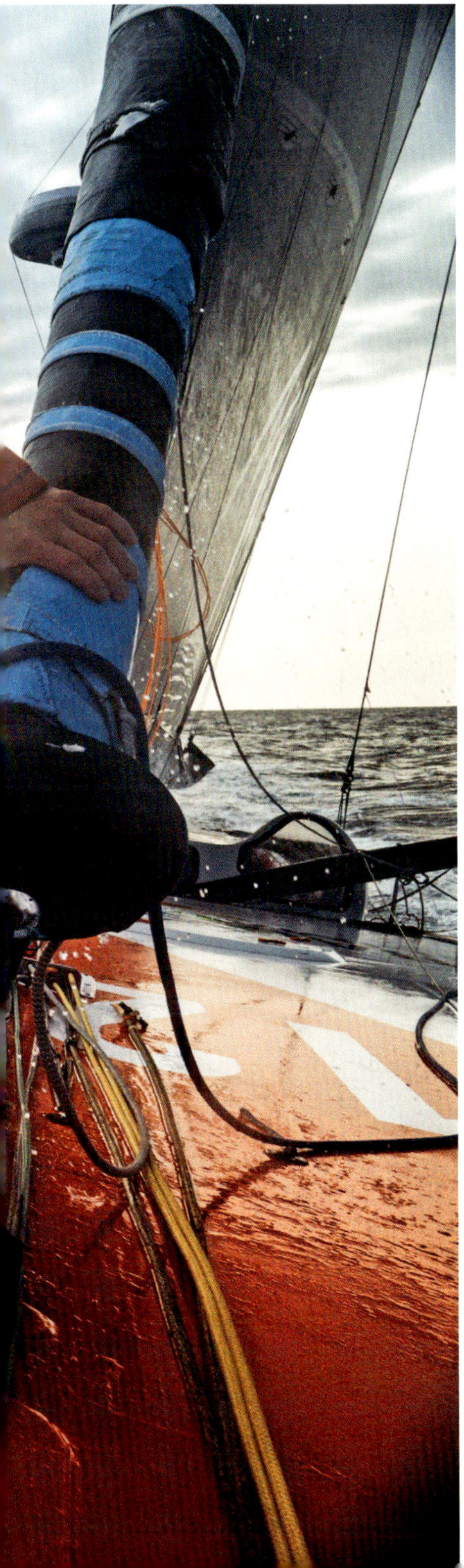

Will

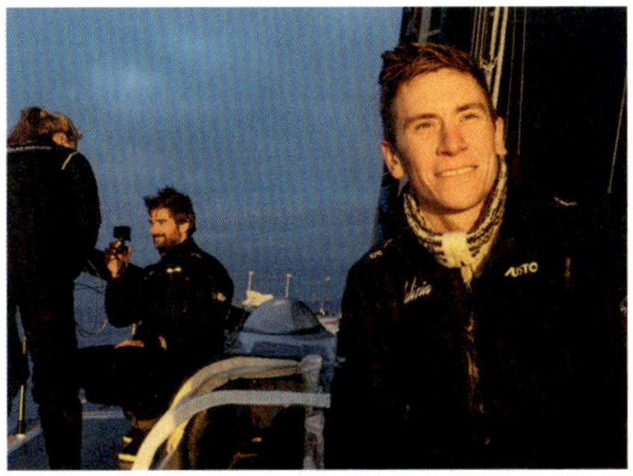

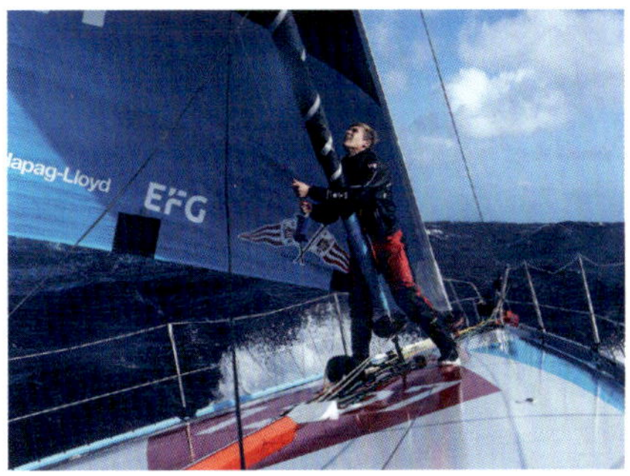

Will Harris
Geboren: 22. Januar 1994
Abschluss in Ozeanografie, Profisegler, bester Newcomer Figaro 2016, Sieger Fastnet Race 2021 (Class 40), 3. Platz The Ocean Race Europe 2022.
www. instagram.com/willharrissailing/

▶ Der 29-jährige Brite, aufgewachsen in einer hübschen Kleinstadt südwestlich von London, ist so etwas wie das Leistungszentrum von Team Malizia: technisch versiert, navigatorisch geschult, sportlich hoch ambitioniert. Vor allem seinem Einsatz im Rigg und seiner »Let's-do-this«-Haltung bei der Mastreparatur war der Sieg auf der Königsetappe im Südmeer zu verdanken.

Sein Vorname ist Programm. Will Harris will, will, will. Als Boris Herrmann ihn 2019 auf Empfehlung von Segel-Kommentator Andi Robertson in sein damals noch kleines, knapp finanziertes Imoca-Team holt, hat er keine großen Erfolge vorzuweisen, nur reichlich Entschlossenheit und Potenzial. In gewisser Weise ähnelt seine Karriere der von Rosalin Kuiper, die er im Ocean Race Europe an Bord von *AkzoNobel* kennenlernt und seinerseits für die Rolle der weiblichen Co-Skipperin auf *Malizia – Seaexplorer* empfiehlt. Beide hätten nach ihrem Studium Karriere in regulären Jobs machen können, beide verfolgen stattdessen den Traum, Profisegler zu werden. Will allerdings bringt eine breitere und intensivere Grundausbildung mit; er segelte erfolgreich in olympischen Klassen, wurde 2009 britischer Meister im Laser. Heute überzeugt er durch seine unaufgeregte Art, ehrliche Analysen und seinen unbedingten Willen zum Erfolg. Er ist längst mehr als nur Ersatzskipper im Team Malizia. Für Boris Herrmann ist er der »wichtigste Mann an Bord«.

Antoine

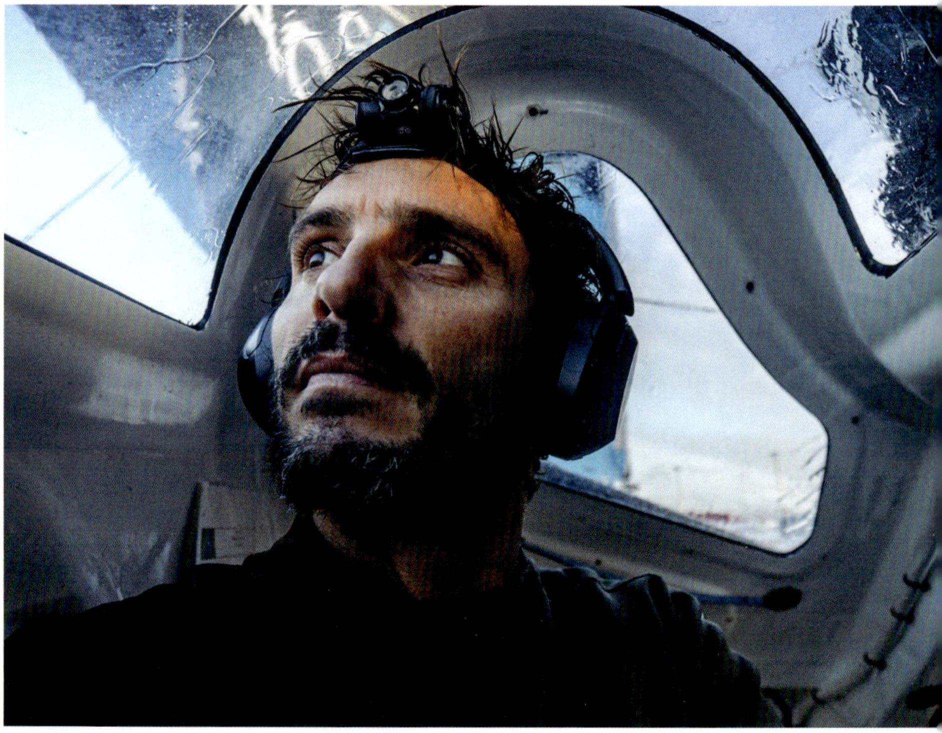

▶ Er ist der einzige An-Bord-Reporter der Flotte, der alle Etappen von The Ocean Race mitgesegelt ist – obwohl er vor dem Start »noch nie eine Nacht auf See verbracht hat«, wie Boris Herrmann betont.

Das allein wäre schon eine beeindruckende Leistung, wenn man weiß, wie karg die Imoca-Renner unter Deck sind, wie brutal sie die Crew bei hohem Tempo und Seegang malträtieren, wie lang die Etappen sein können. Antoine Auriol aber hat die Strapazen, die er scherzhaft als »meinen Wehrdienst« bezeichnet, nicht nur ausgehalten, er hat unter schwierigsten Bedingungen brilliert. Die spektakulären Drohnenaufnahmen des »Fly Captains« erlangten unter Ocean-Race-Fans ebenso Kultstatus wie seine Dokumentation des Lebens an Bord. So nah dran wie bei Team Malizia waren Zuschauer auf keinem anderen Boot. Antoine, in früheren Jahren selbst erfolgreicher Profi-Sportler, zunächst als Turner, später als Kiteboarder, bringt eine gesunde Distanz zu dem Streben nach dem Sieg mit – etwas, in dem er Boris Herrmann durchaus ähnlich ist. »Ich versuche, den härtesten Job, den ich je gemacht habe, in ein Spiel zu verwandeln«, sagt er – und führt vor, wie er sich halb tanzend, halb stürzend durchs bockende Schiff hangelt. »Was heißt denn gewinnen«, fragt er. Für ihn liege der Sinn des Rennens darin, »innerlich zu wachsen«.

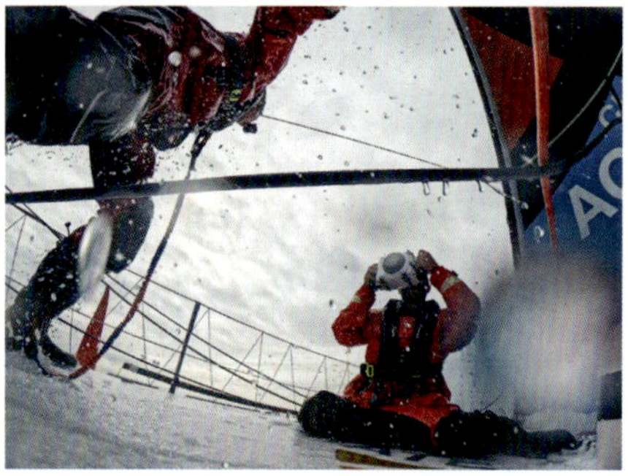

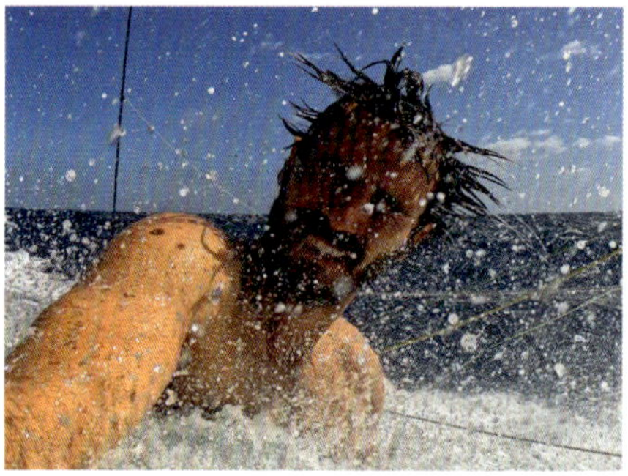

Antoine Auriol
Geboren: 20. November 1984
Abschlüsse in Fotografie und Sport-Management, Filmproduzent und TV-Moderator, 2010 Kiteboard-Weltmeister.
linkedin.com/in/antoineauriol

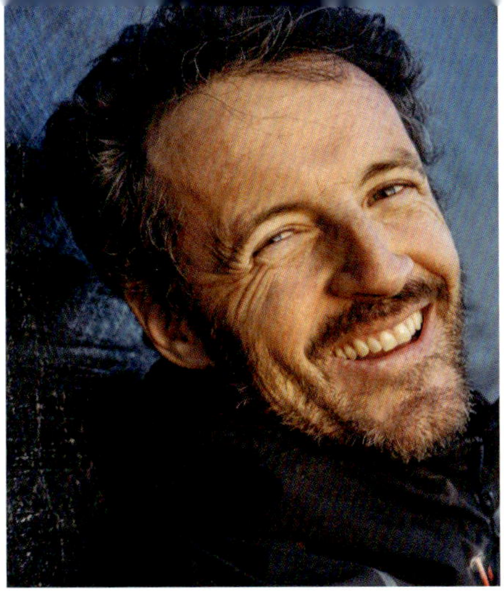

Christopher Pratt
Geboren: 15. Januar 1981
Profisegler, französischer Meister im 420er, Doppelsieger Tour de France à la Voile, vier Podiumsplätze beim Transat Jacques Vabre.
www.facebook.com/christopher.pratt.94/

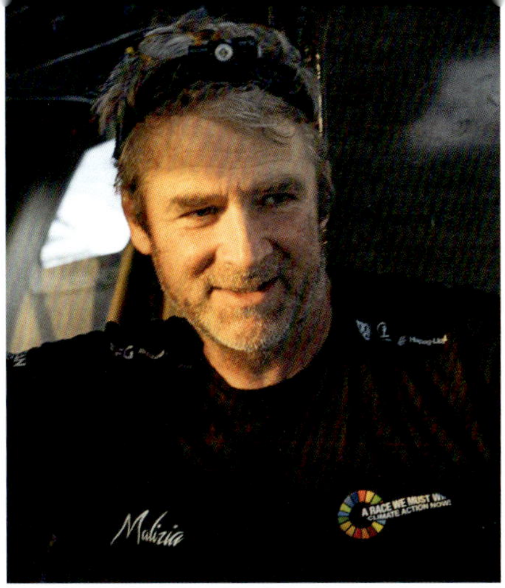

Chris

▶ Der Franzose kam auf Etappe vier für Boris Herrmann an Bord, der planmäßig pausierte. Er segelt schon seit 2010 in der Imoca-Klasse und war bei Zweihand-Regatten an der Seite einiger der besten Skipper erfolgreich, darunter Armel le Cléac'h und Jérémie Beyou. Seine breite Erfahrung auf mehreren Top-Booten half, beim fordernden Abschnitt von Itajaí nach Newport Platz zwei zu sichern, nur knapp hinter *11th Hour Racing*.

Axelle

▶ Die 32-Jährige zählt zu den hellsten Köpfen im Team Malizia. Sie promovierte in angewandter Mathematik, bevor sie als Profi in den Hochseerennsport wechselte. Axelle Pillain segelt seit früher Kindheit. Zwischendurch glänzte sie im Turnen auf Landesebene. Vor vier Jahren nahm sie am MiniTransat teil (Platz 31 von 65). Seither hat sie sich als Elektronik-Spezialistin einen Namen gemacht, verfolgt aber weiterhin auch noch eigene Regatta-Projekte. Als Co-Skipperin segelte sie auf Etappe sechs von Aarhus nach Den Haag.

Axelle Pillain
Geboren: 27. Oktober 1990
Doktortitel in Informatik, Profiseglerin und Fachfrau für Bordelektronik, MiniTransat 2019.
instagram.com/axelle_pln/

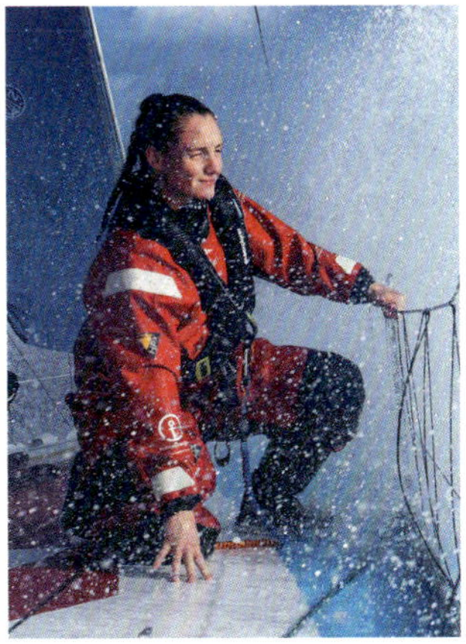

Yann

▶ Der alte Fuchs im Team: leise, aber aufgeweckt und gerissen. Wenn er von Bord klettert, hat der mit allen Wassern gewaschene Bretone meist schon eine Selbstgedrehte in der Hand. Extrem cooler Typ, wahnsinnig gut vernetzt und trotz seiner Lässigkeit höchst erfolgsorientiert.

Ihn an Bord zu haben ist immer ein Gewinn. Im Stillen hat er Boris Herrmann schon seit mehreren Jahren beraten, jetzt segelte Yann Eliès erstmals zwei Etappen aktiv mit (2 und 5). Mit drei Siegen beim Figaro gilt er als einer der fähigsten Solosegler überhaupt. Für die Vendée Globe fühlt sich der 48-Jährige inzwischen selbst als »zu alt«; er genieße es, den Jüngeren den Vortritt zu lassen, sagte er in Alicante. Sein Rat ist dennoch extrem begehrt. Wie sehr, zeigt nicht nur sein Engagement im Team Malizia, sondern auch sein Parallelprogramm: Yann begleitet Yoann Richomme bei der Entwicklung von dessen neuem Imoca *Paprec Arkea*. Der Name seiner Firma ist Programm: »Full Speed«.

Yann Eliès
Geboren: 31. Januar 1974, Profisegler und Performance Coach, je drei Siege im Figaro und beim Transat Jacques Vabre, Platz fünf bei der Vendée Globe 2016/17.
instagram.com/yannelies

Boris

▶ Man muss ihn eigentlich nicht mehr beschreiben. Er steht längst für sich selbst und im deutschen Segelsport ganz allein.

Mit 19 Jahren Jüngster bei seiner ersten Transatlantik-Regatta. Im Portimão Global Ocean Race 2008/09 erster deutscher Sieger einer Weltregatta. Beim Barcelona World Race erster deutscher Teilnehmer eines großen Imoca-Rennens. Auf dem Maxi-Trimaran *Idec* bis heute schnellster Deutscher aller Zeiten nonstop um die Welt (47 Tage). Und 2020/21 erster Deutscher im Ziel der Vendée Globe (Platz 5). Da passt es gut, dass er bei The Ocean Race als bisher Einziger der Republik seinen Namen in die Ehrfurcht gebietende Roaring-Forties-Trophy prägte, dass er die längste je gesegelte Etappe gewann und auf dem Nordatlantik gleich noch einen neuen absoluten Einrumpf-Rekord für die längste je gesegelte Strecke binnen 24 Stunden aufstellte. Boris Herrmann, keine Frage, ist ein Segler der Superlative, eine Ausnahmeerscheinung freilich nicht nur in sportlicher Hinsicht. Der 42-jährige Hamburger hat sich auf seine ganz eigene, manchmal unkonventionelle Art eine enorm breite Bühne gebaut als erfolgreicher Skipper, international verehrter Seemann, großer Kommunikator und Umweltaktivist. Ohne ihn wäre The Ocean Race nicht dasselbe gewesen.

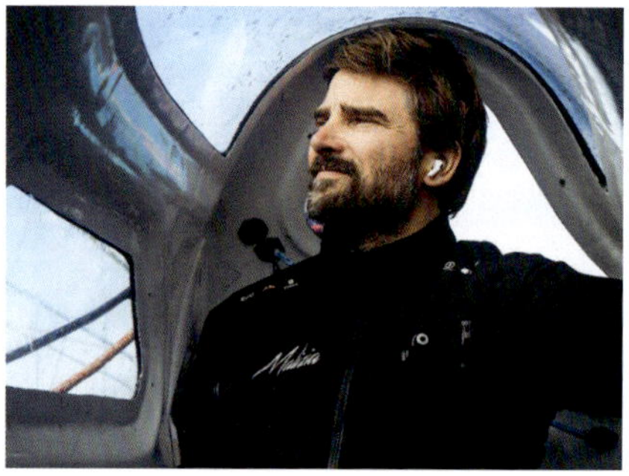

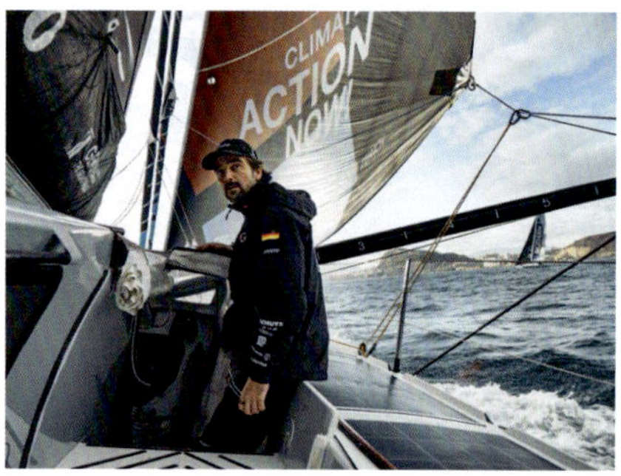

Boris Herrmann
Geboren: 28. Mai 1981
Diplom-Betriebswirt, Skipper und CEO Team Malizia,
Mini-Transat 2000, Sieger Portimão Global Ocean Race 2009,
5. Platz Vendée Globe 2021.
www.instagram.com/borisherrmannracing/

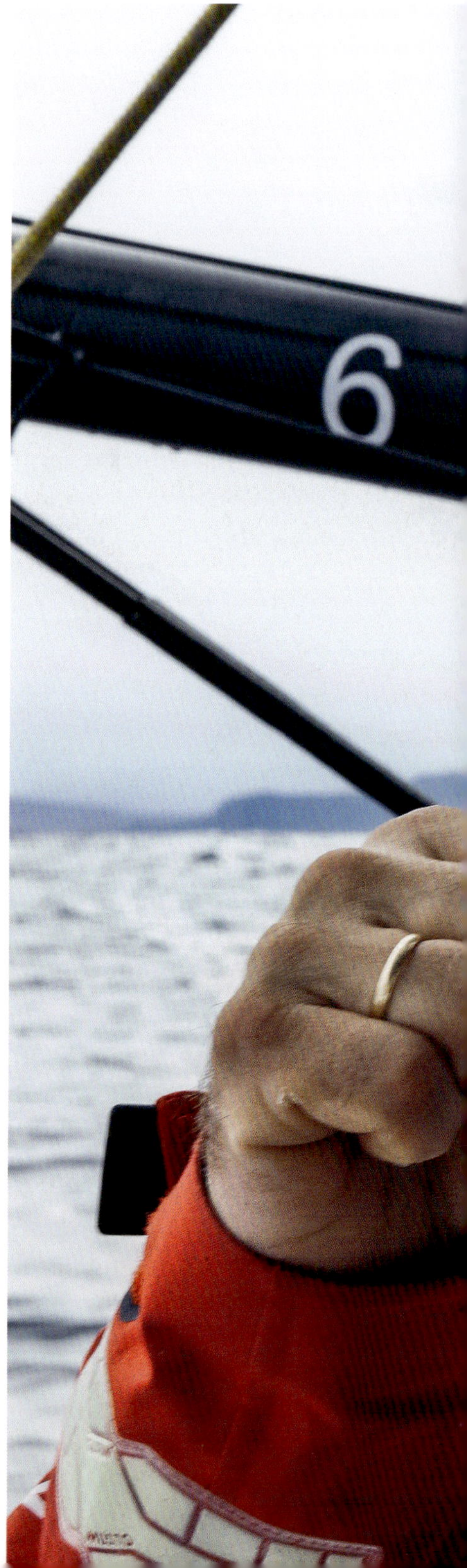

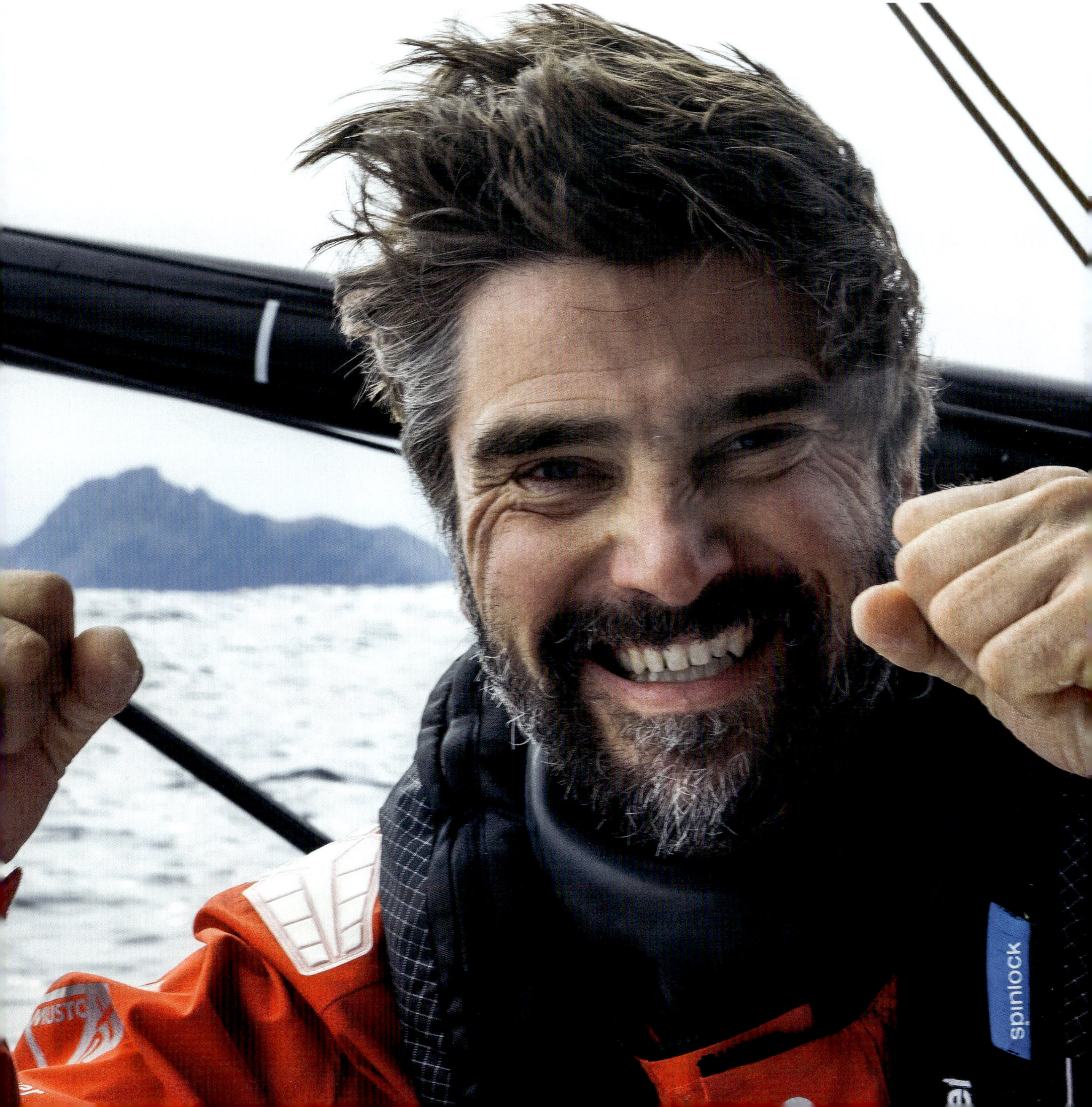
MUSTO
spinlock

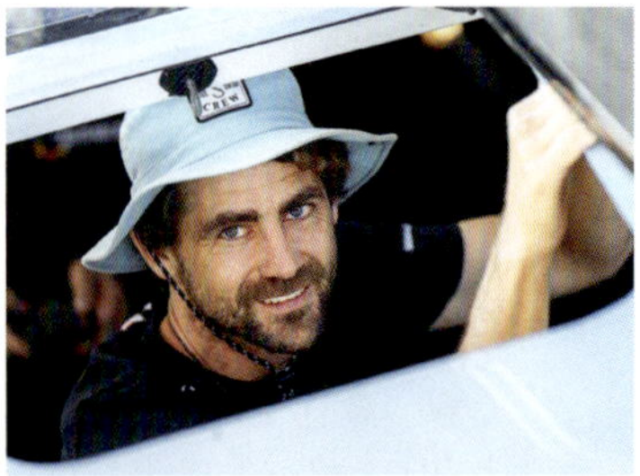

Romain Szyjan, Chef des Elektronik-Teams und studierter Konstrukteur

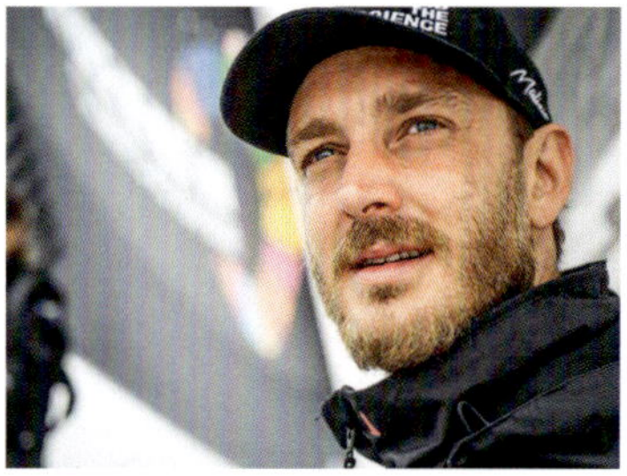

Pierre Casiraghi, Gründer und seit Jahren Förderer von Team Malizia

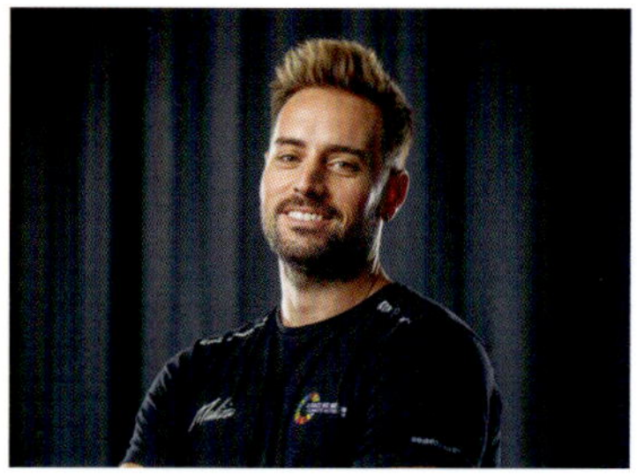

Fliegt Drohne, filmt, fotografiert und singt: **Jimmy Horel**, Content Creator

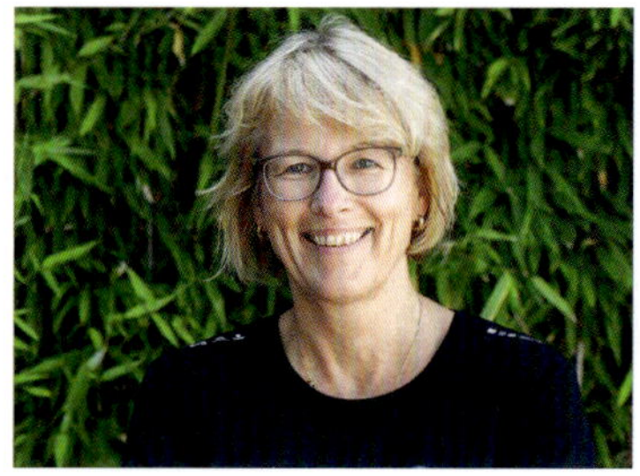

Kerstin Hainke, Chefin über die Finanzen, packt aber überall mit an

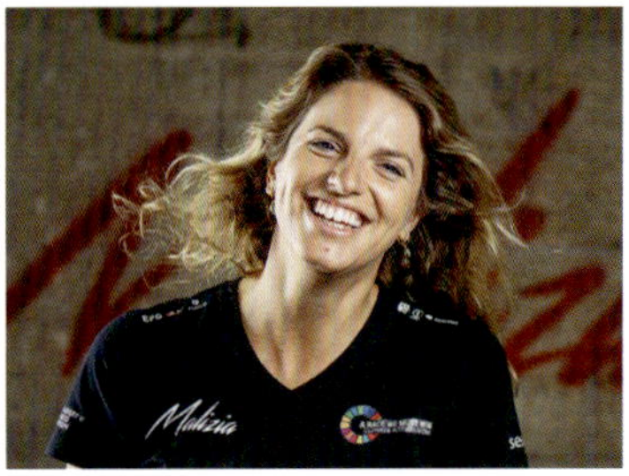

Immer im Auge des Taifuns: Teamanagerin **Holly Cova**

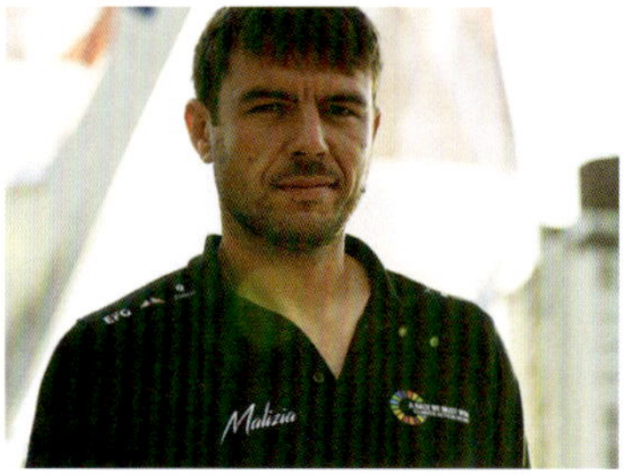

Hugo Pronost, Bootsbauer und Lackierer, ist in beiden Feldern ein wahrer Könner

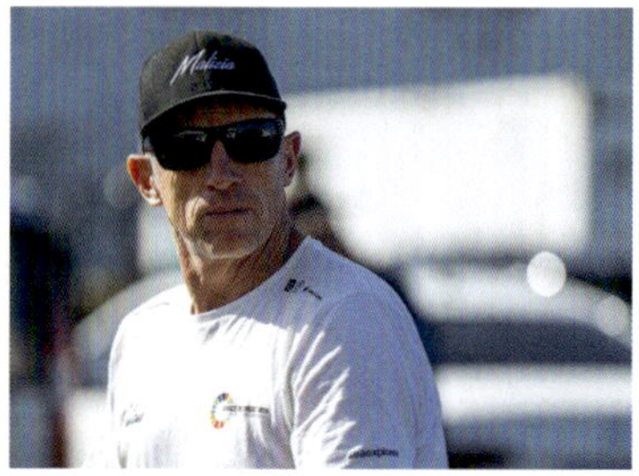

Findet für alles eine Lösung: **Stuart »Stu« McLachlan**, Kiwi & Boat Captain

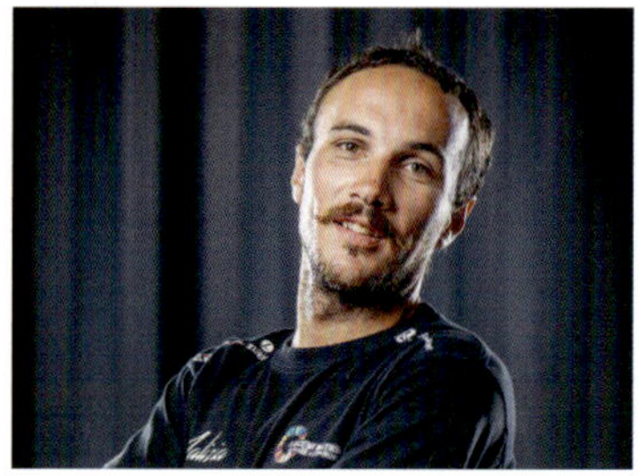

Baute fast von Beginn an an *Malizia – Seaexplorer* mit: **Antoine Breton**

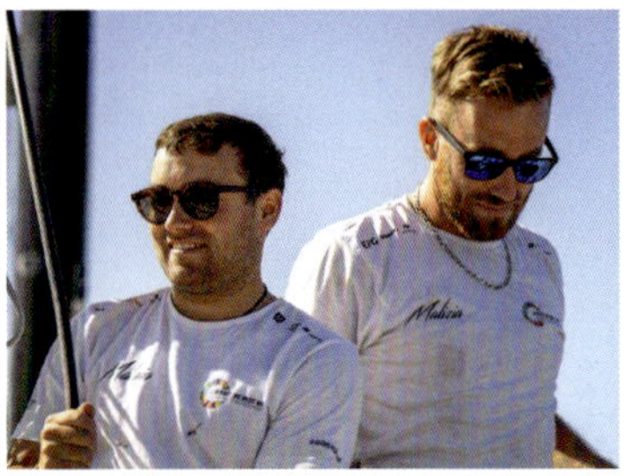

Stimmungskanonen: Rigger **Oakley Marsh** und Techniker **Corentin Cusant**

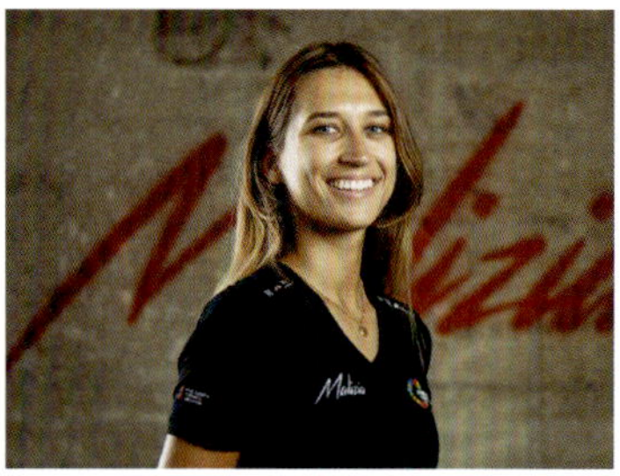

Communications Managerin und Expertin des Science-Programms: **Helene Katz**

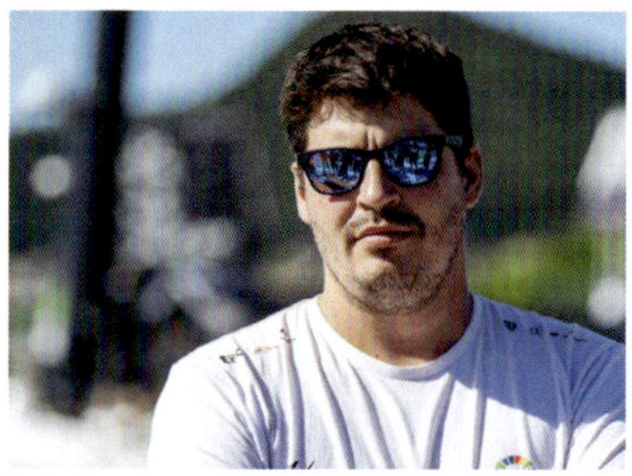

Felix Groos, fünfsprachig, per Du mit allen Bord-Systemen und der Hydraulik

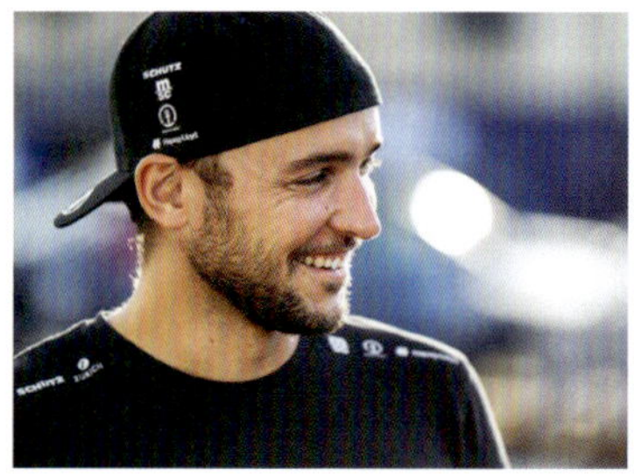

Cool, calm and collected: **Clément Caumont**, Chef der Bootsbauer

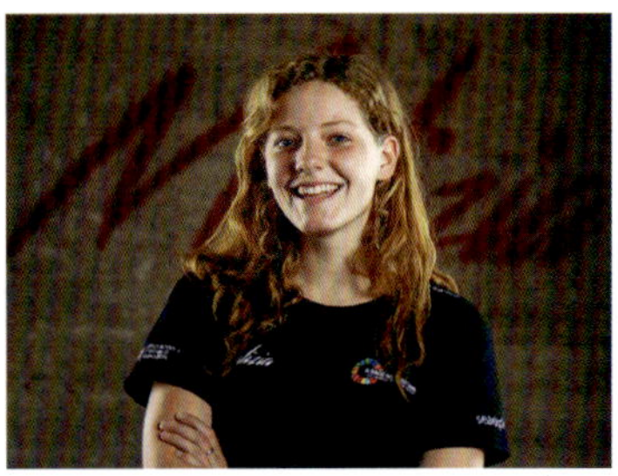

Guter Geist: **Remy Johannsen**, Praktikantin und Au Pair für Boris' Tochter

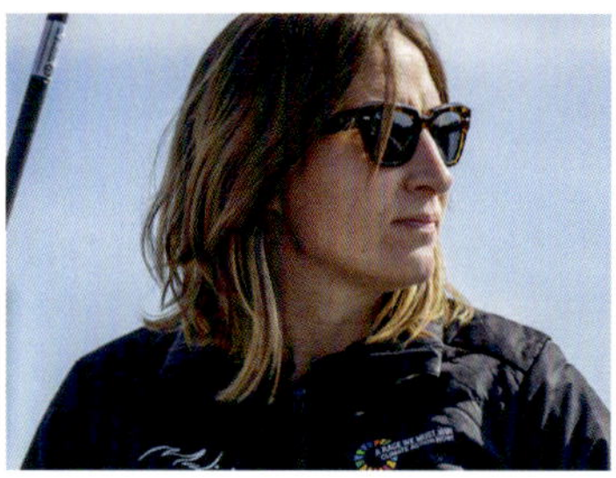

Pam Fertil, Verwaltungschefin und verantwortlich für technische Logistik

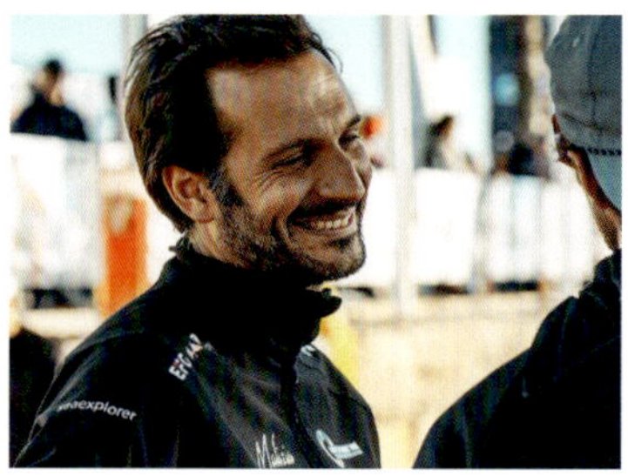

Weltbekannt und stets gut drauf: Sport- und Teamfotograf **Ricardo Pinto**

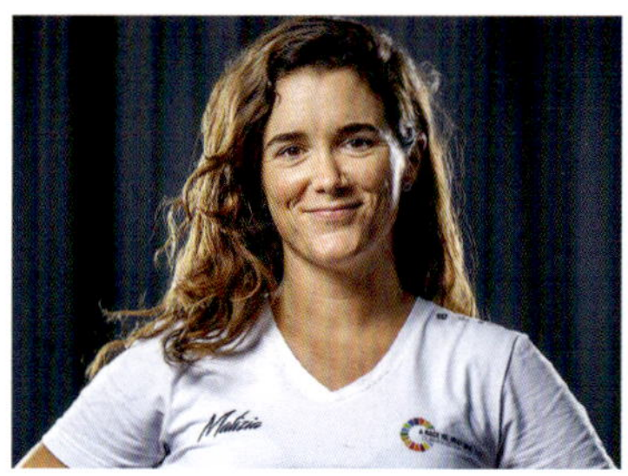

Lucia Nebreda, zuständig für Reisen und Unterbringung, Freundin von Will Harris

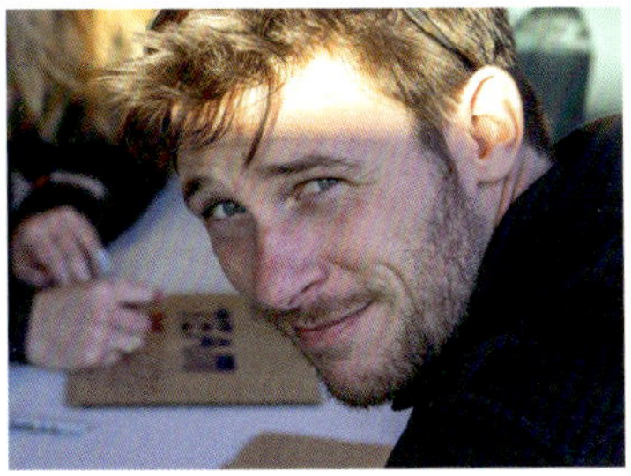

Plant Team-Events, und davon gibt es reichlich: **Hugo Le Pomellec**

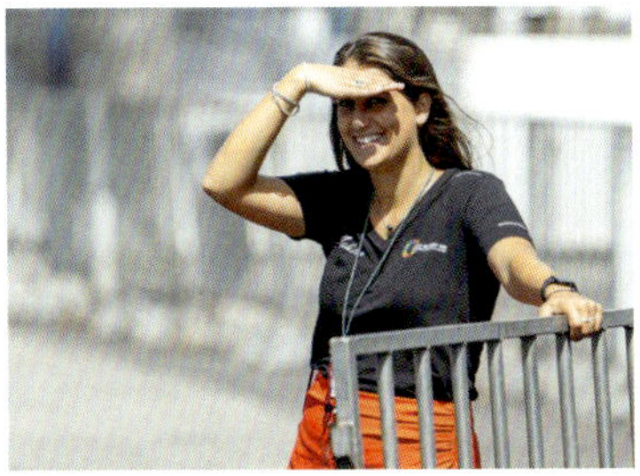

Marie Lefloch: Pusht als Social-Media-Managerin Likes und Hits

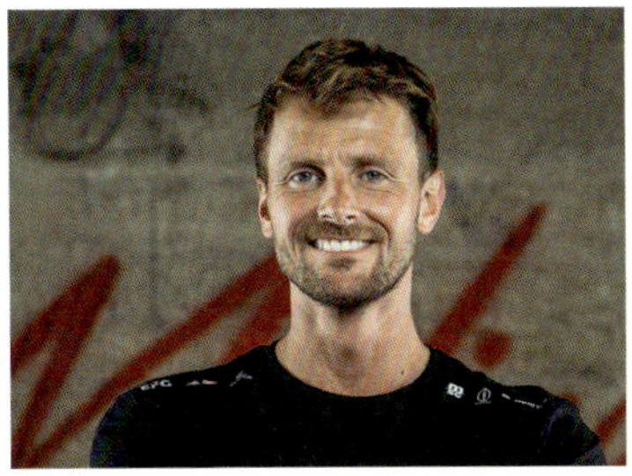

Betreut Partner, Sponsoren und das Thema Nachhaltigkeit: **Cornelius Eich**

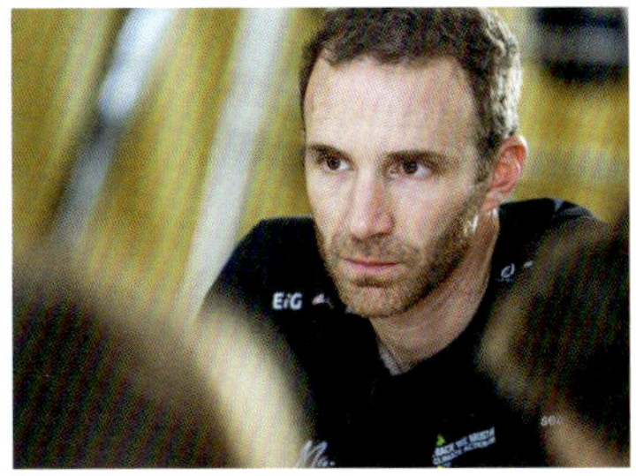

Jesse Naimark-Rowse: technischer Berater im Team Malizia

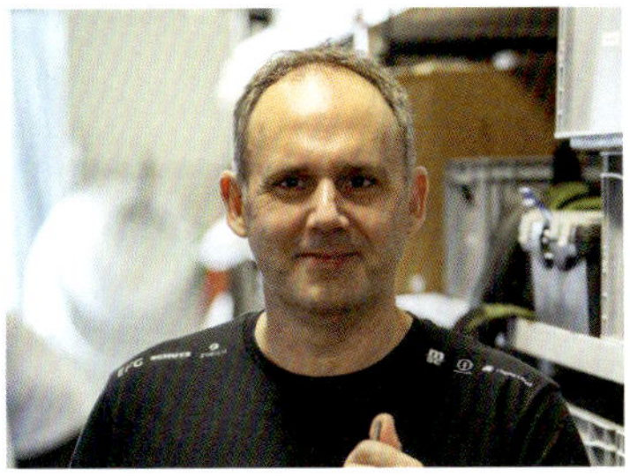

Andreas Berg, reisender Bootsbauer und Kohlefaser-Zauberer

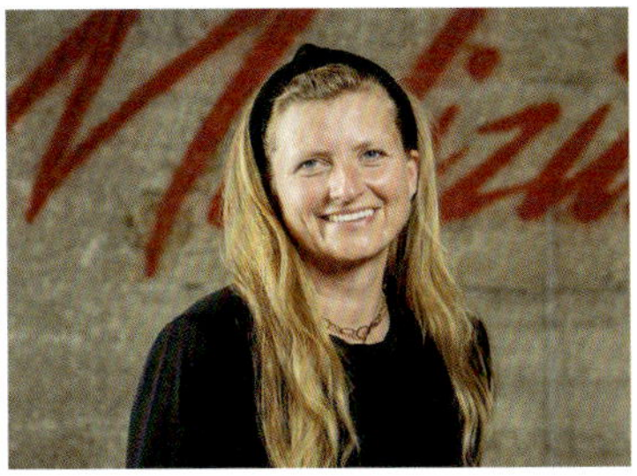

Birte Lorenzen, Gründerin des Schulprogramms und Frau des Skippers

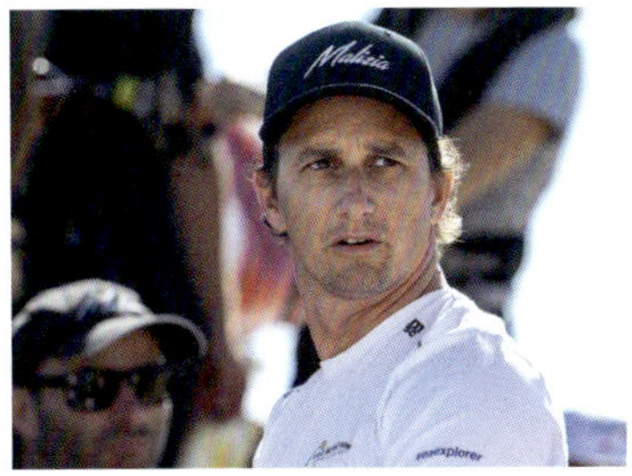

Neuzugang: **Pierre-François »Pifou« Dargnies** ist Technischer Direktor

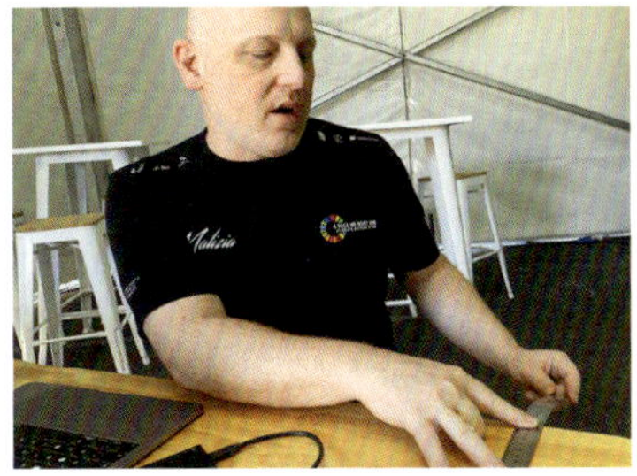

Mastermind der Konstruktion: **Loïc Dorez**, Teil des Design Office

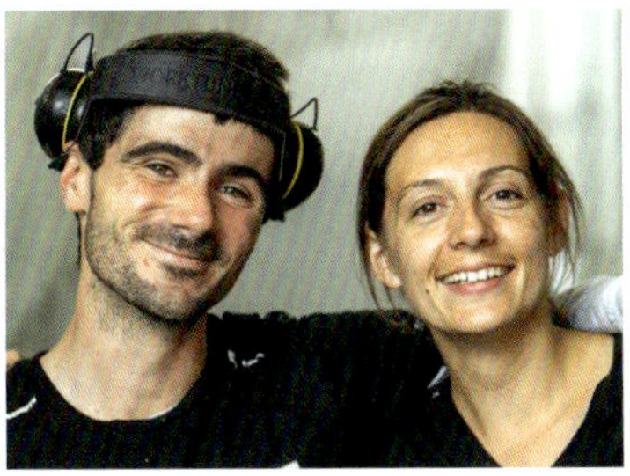

Bootsbauer **Borja Nebreda** mit Konstrukteurin **Rebecca Sainson**

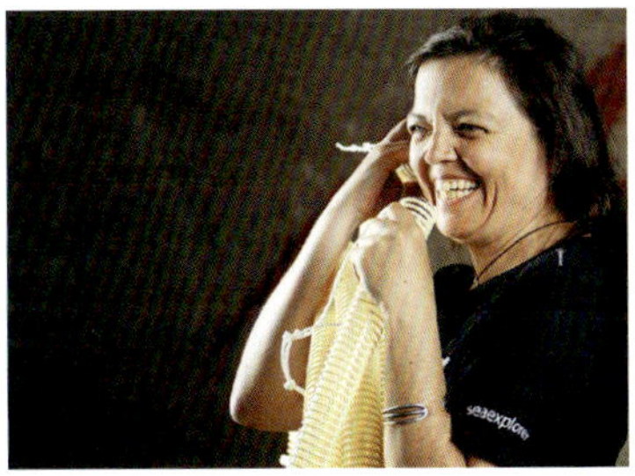

Koordiniert die Abläufe im gewachsenen Technik-Team: **Marine Villard**

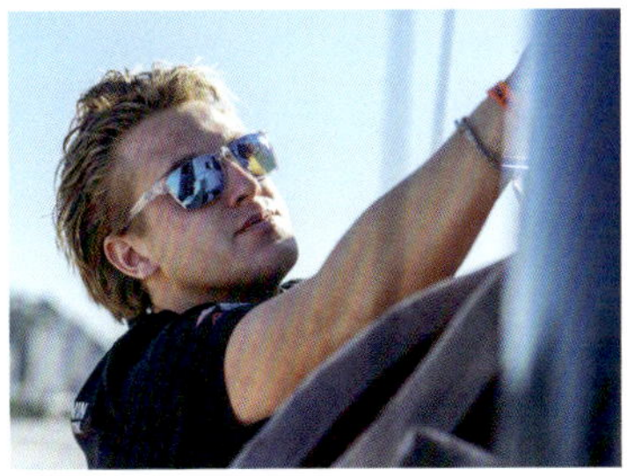

Libero zwischen Tech- und Commercial Team: **Laurenz Hagen**

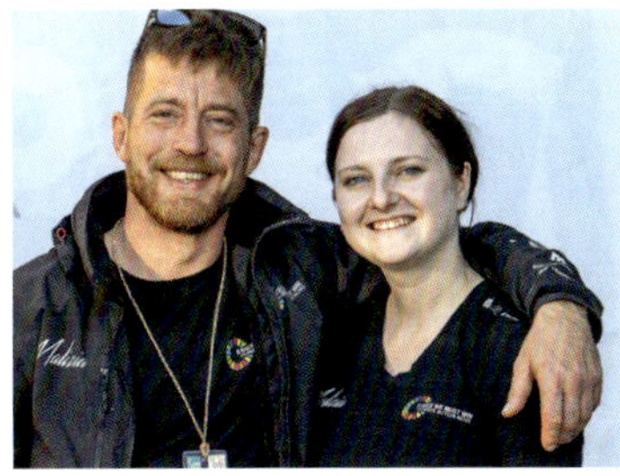

Sie koordiniert die Reisen, er baut am Boot: **Stuart Oliphant** und **Beth Harris**

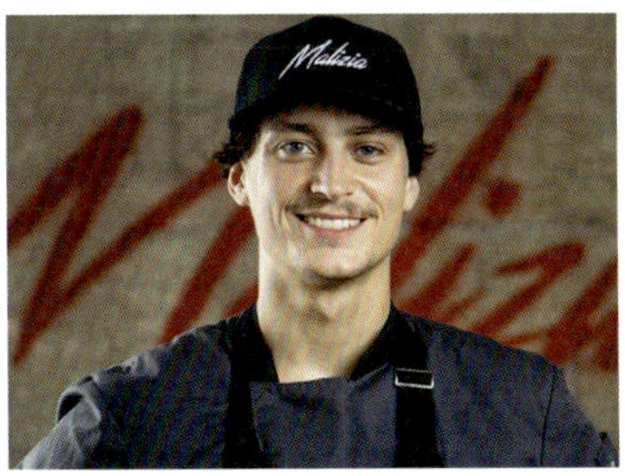

Le Chef im Küchenwagen: **Thibaut Viat**, zuständig für guten Geschmack

Geht nicht gibt's bei ihnen nicht

In der finalen Bauphase zählte Team Malizia inklusive der freien Mitarbeiter um die 50 Köpfe, während The Ocean Race waren es bis zu 40. So viel Know-how und Manpower ist nötig, um eine Regatta um den Globus auf höchstem Niveau zu bestreiten. Okay, vielleicht ginge es ohne eigenen Koch, aber auf die Künste von Thibaut würde wohl niemand freiwillig verzichten. Denn er schafft es notfalls allein und in unter drei Stunden, ein Mittagessen für die Meute zu zaubern – inklusive Einkauf! Zum Spirit des jungen Teams, das mehr wie eine Kommune oder eine Großfamilie wirkt, gehört bei aller Professionalität auch, Spaß zu haben. Deshalb sind die Partys ebenso legendär wie die fachliche Expertise der Crew.

Nicht im Bild: Els Duffhues, Education Manager, und Anna Goyne, Technical Logistics Manager

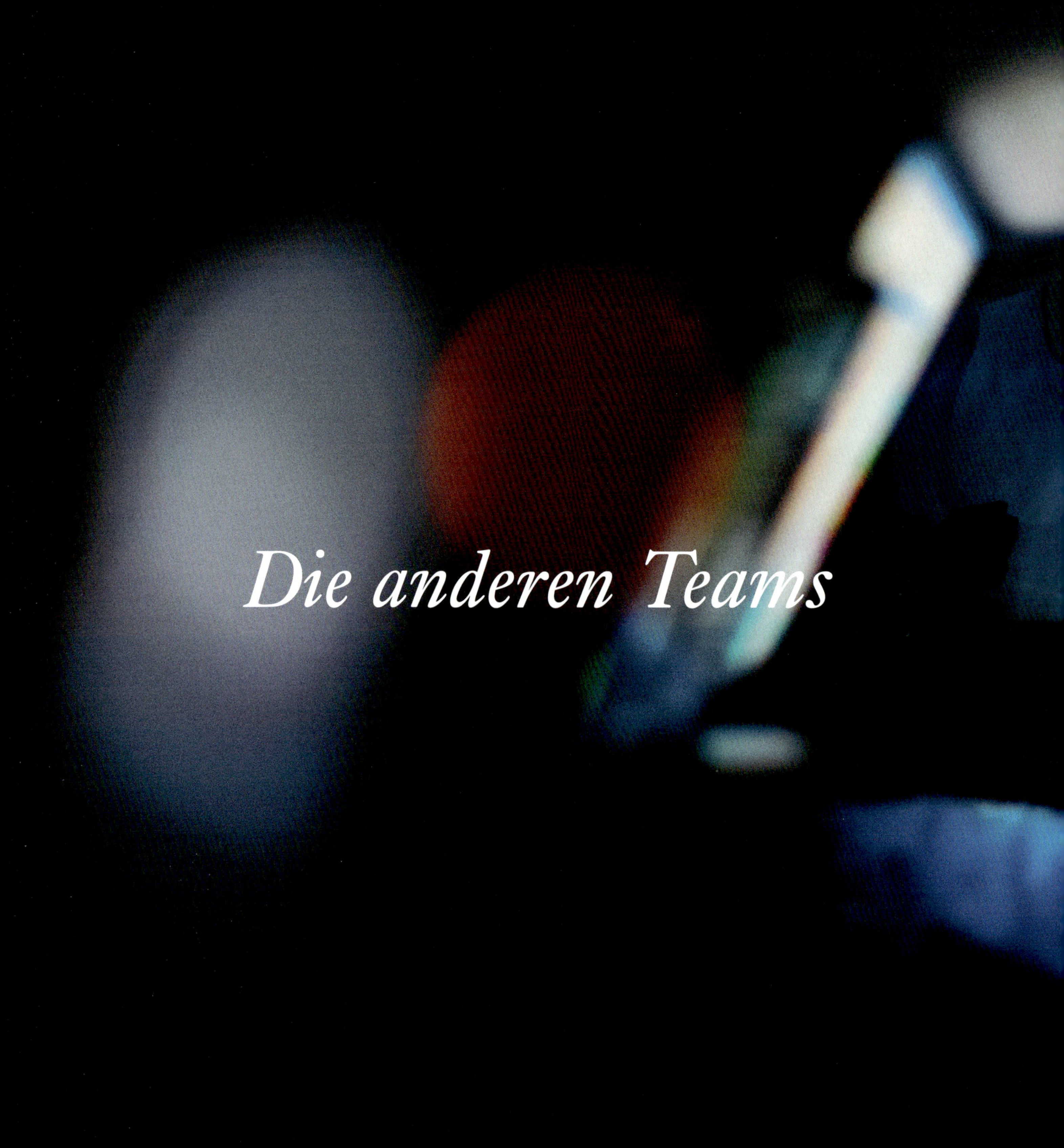

Von Beginn an Mitfavoriten: *11th Hour Racing*, hier mit Navigator Simon Fisher und Boat Captain Jack Bouttel

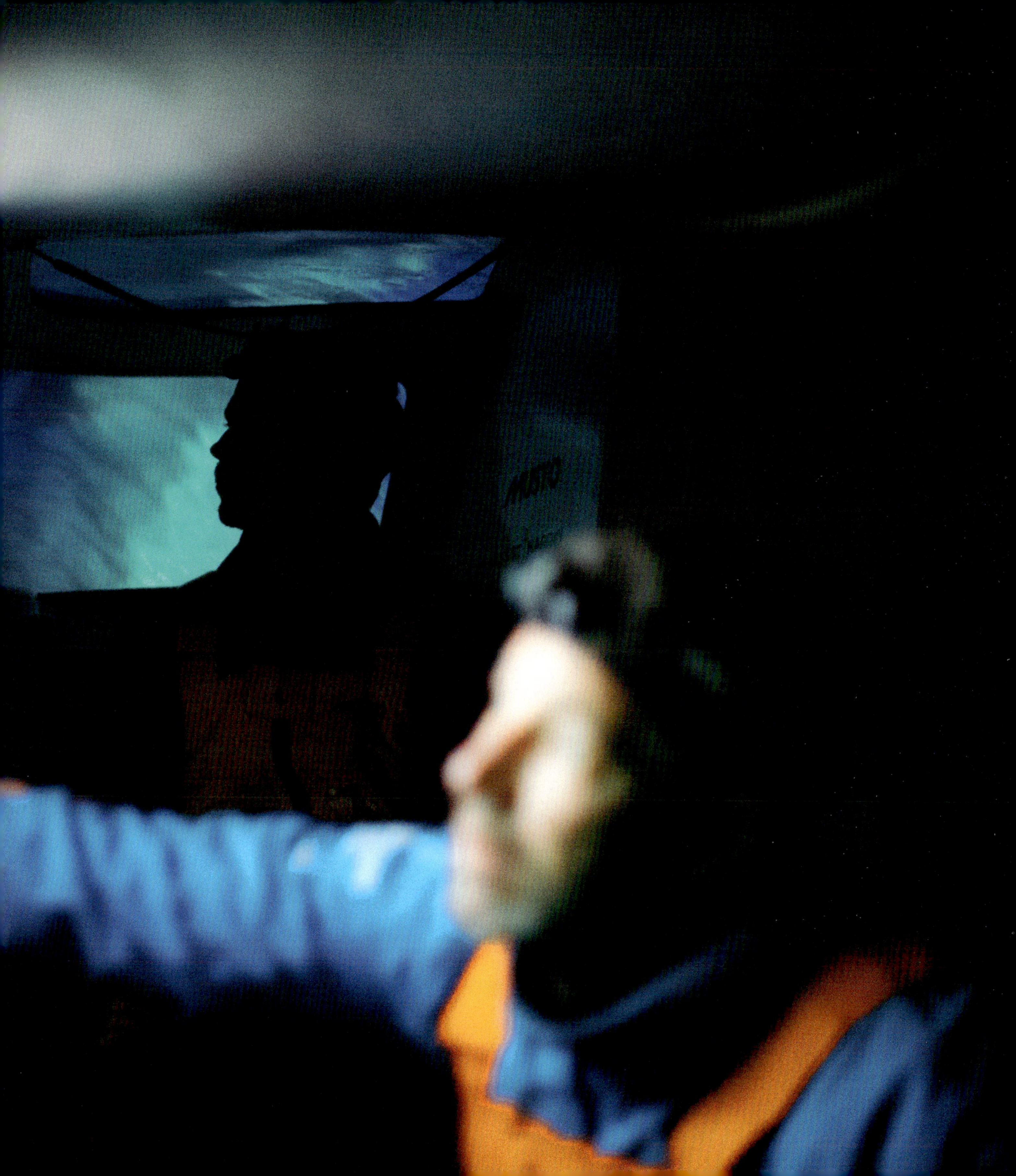

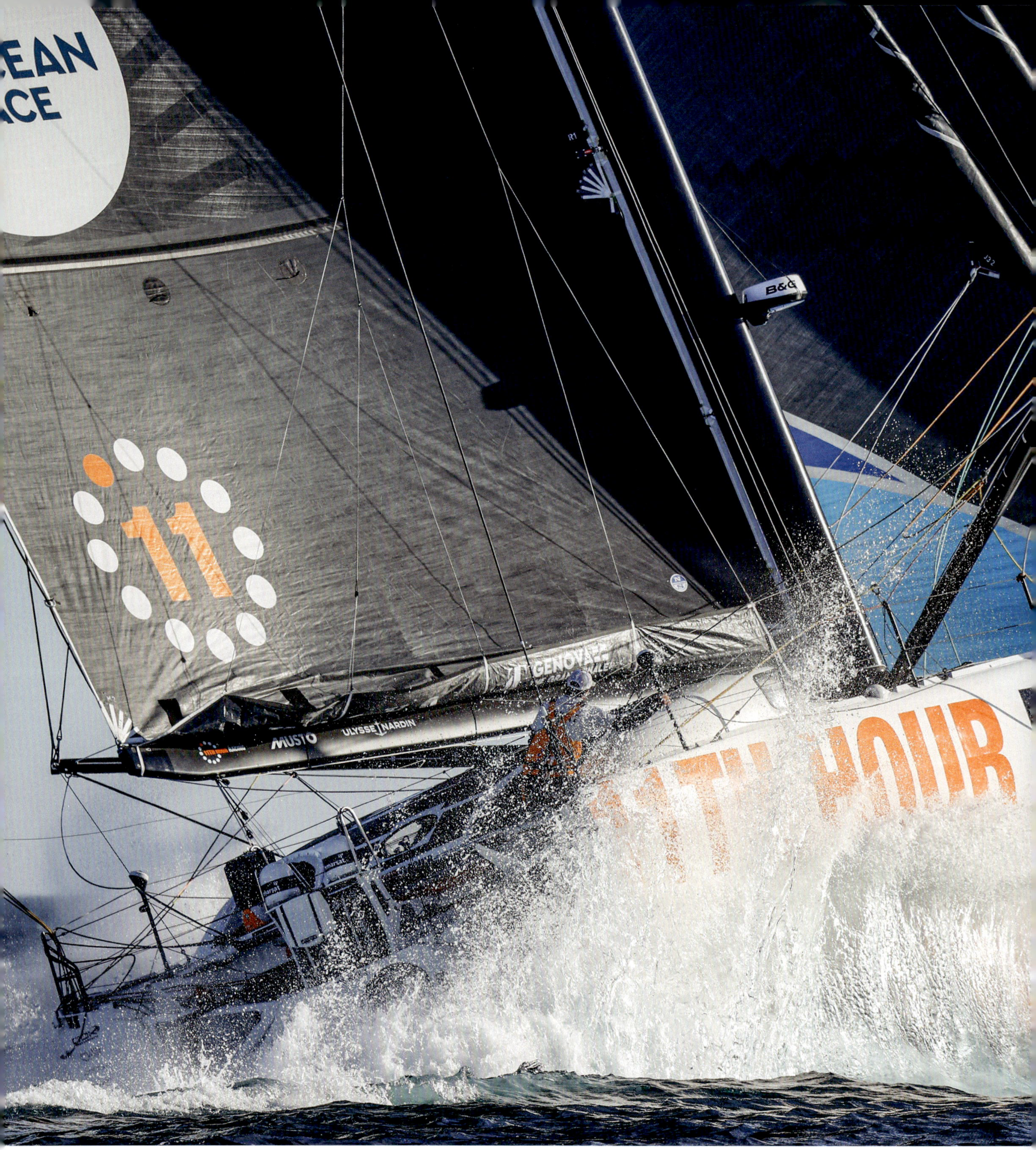
11
B&G
MUSTO
ULYSSE NARDIN
HOUR

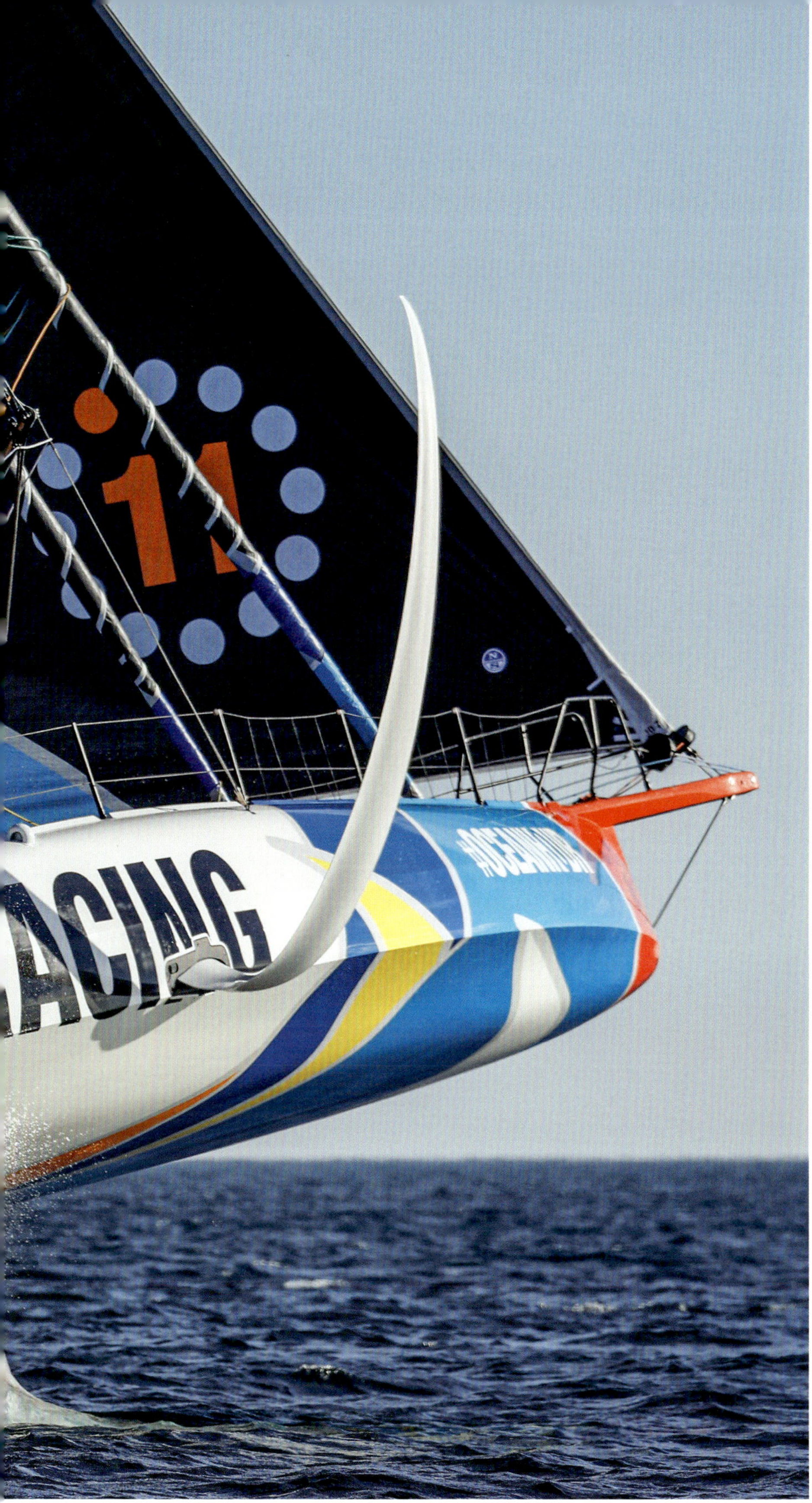

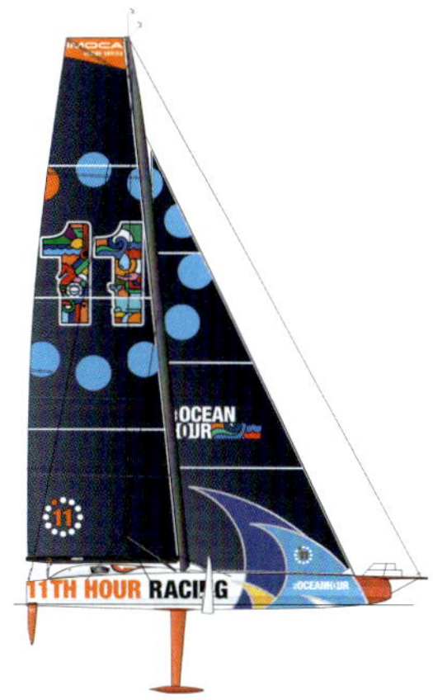

11th Hour Racing

▶ Das Team um Skipper Charlie Enright verfügte über die längste Vorbereitungszeit, das größte Budget und eine der stärksten Crews. Zum Höhenflug setzten die Favoriten jedoch erst spät an.

Der Papierform nach waren sie von Beginn an vorn. Gleich nach dem Wechsel der Ocean-Race-Organisatoren auf die Imoca-Klasse kaufte 11th Hour Racing die alte *Hugo Boss* von Alex Thomson. Die Mittel stammen von der gemeinnützigen Schmidt Family Foundation, getragen vom langjährigen Google-Chef Eric Schmidt und seiner Frau Wendy, die sich dem Meeresschutz verschrieben haben. Das US-Team nutzte das Boot fürs Training und zur Weiterentwicklung, während ihr von Guillaume Verdier konstruierter Neubau *Mālama* entstand. Allerdings war der noch für die ursprünglich geplante Route über China konzipiert, die mehr Amwind- und Halbwind-Anteil hat. Die jüngeren Designs wie *Holcim – PRB* und *Biotherm* gelten als leichter.

Anfängliche technische Probleme bremsten die Crew, vor allem im Südpolarmeer. Risse in den Carbon-Ruderblättern, gravierende Schäden an

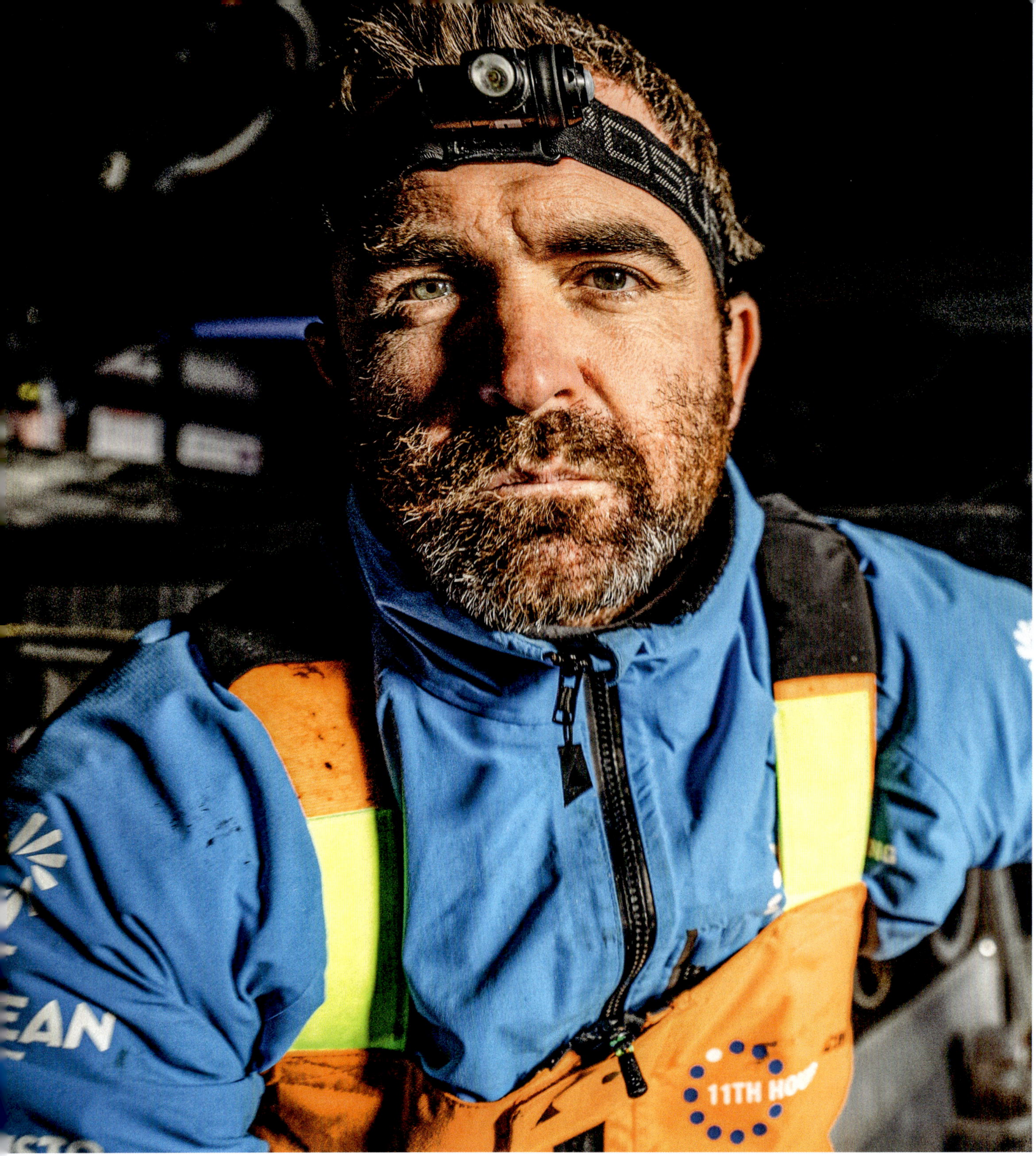

Den Segel-Virus hat Charlie Enright von seinem Opa, der Bootsbauer war. Dies ist sein drittes Ocean Race in Folge – und sein bestes

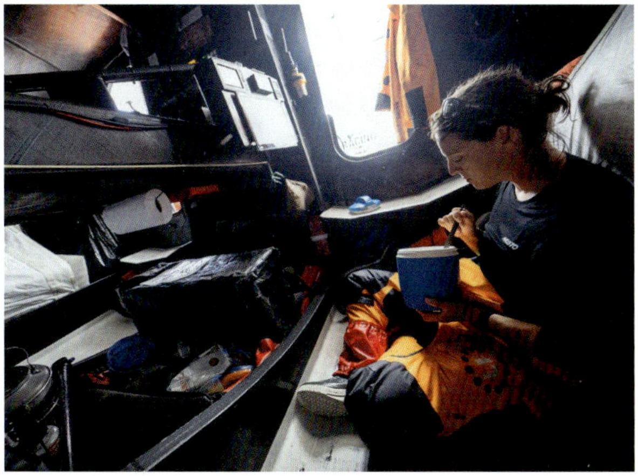

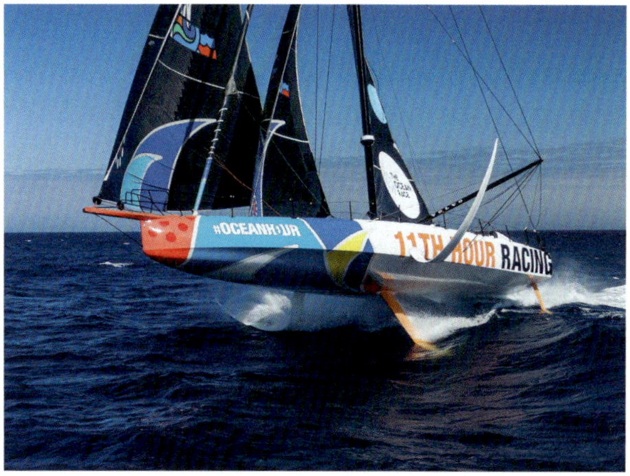

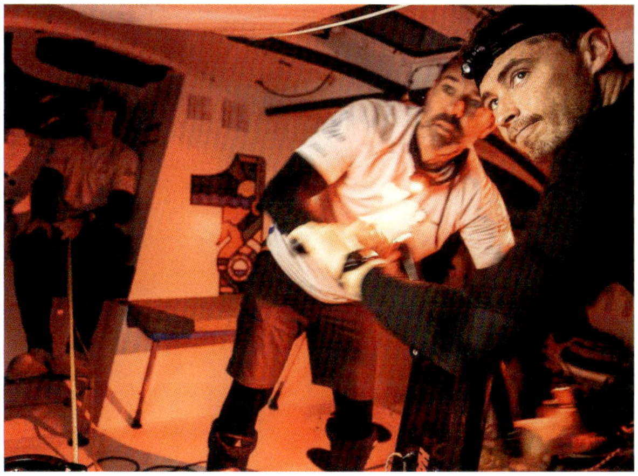

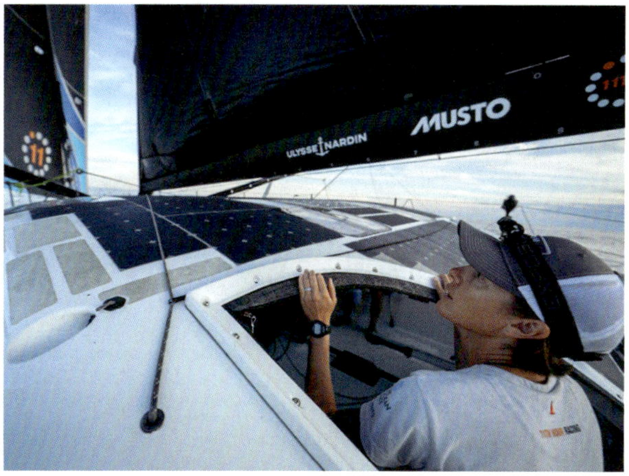

Mit der Schweizerin Justine »Juju« Mettraux (o.) verfügt 11th Hour Racing über eine der derzeit besten Solo-Skipperinnen im Team, zu dem auf Etappe fünf auch der amtierende Imoca-Champion Charlie Dalin stieß (nicht im Bild). Alle anderen Segler kommen aus dem Crew-Rennsport: am Grinder Navigator Simon »SiFi« Fisher (l.) und Jack Bouttel sowie die stets gut gelaunte, ungemein vielseitige Italienerin Francesca Clapcich

den Segeln und eine nicht mehr funktionierende Kielhydraulik brachten sie zwischen Kapstadt und Itajaí arg ins Hintertreffen. Als sie in Brasilien als Dritte einlief, unter ihren Erwartungen, sagte Charlie Enright halb scherzhaft, halb resigniert, dass es an Deck »keinen Winkel gibt, an dem nicht irgendwo Sikaflex von einer der vielen Segelreparaturen klebt«. Im Indischen Ozean ans Aufhören denken zu müssen, drückte schwer auf die Moral. Dann aber begann von Etappe vier an eine furiose Aufholjagd. Und in Aarhus war das US-Team endlich da, wo es von Beginn an hatte stehen wollen: P1.

Charlie Enright erklärt den Turn-around so: »Wir sind mit der Mentalität gestartet, das Rennen nicht verlieren zu dürfen«. In Itajaí aber schaltete Teammanager Mark Towill um auf Attacke. Initiiert und begleitet von Couch Anje-Marijcke van Boxtel, die bei den beiden vorigen Ocean-Race-Kampagnen bereits Routinier Bouwe Bekking aus etlichen Tiefs geholt hatte, lautete das Motto von 11th Hour Racing von da an: »Es ist an jedem einzelnen von uns, die Regatta zu gewinnen«.

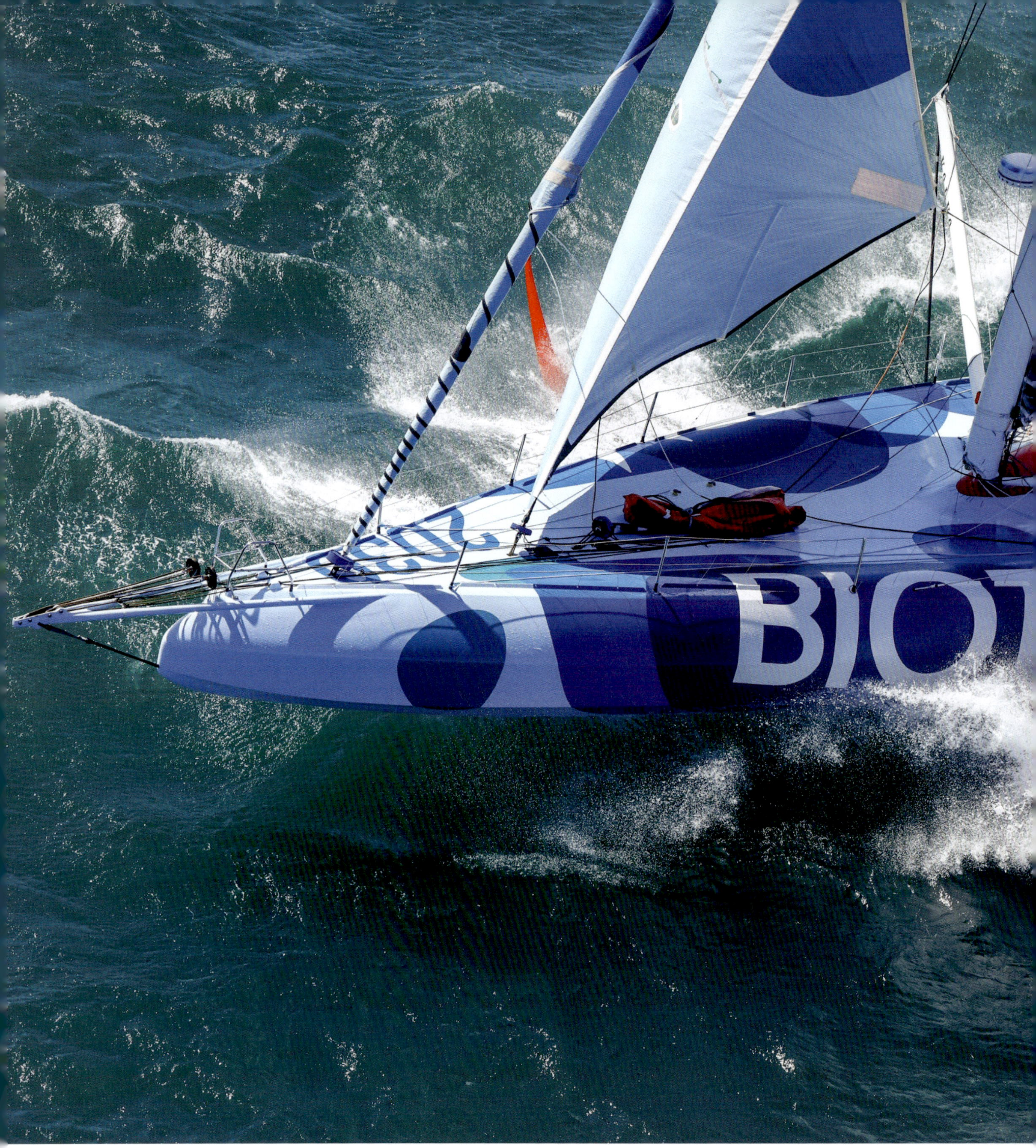
BIOT

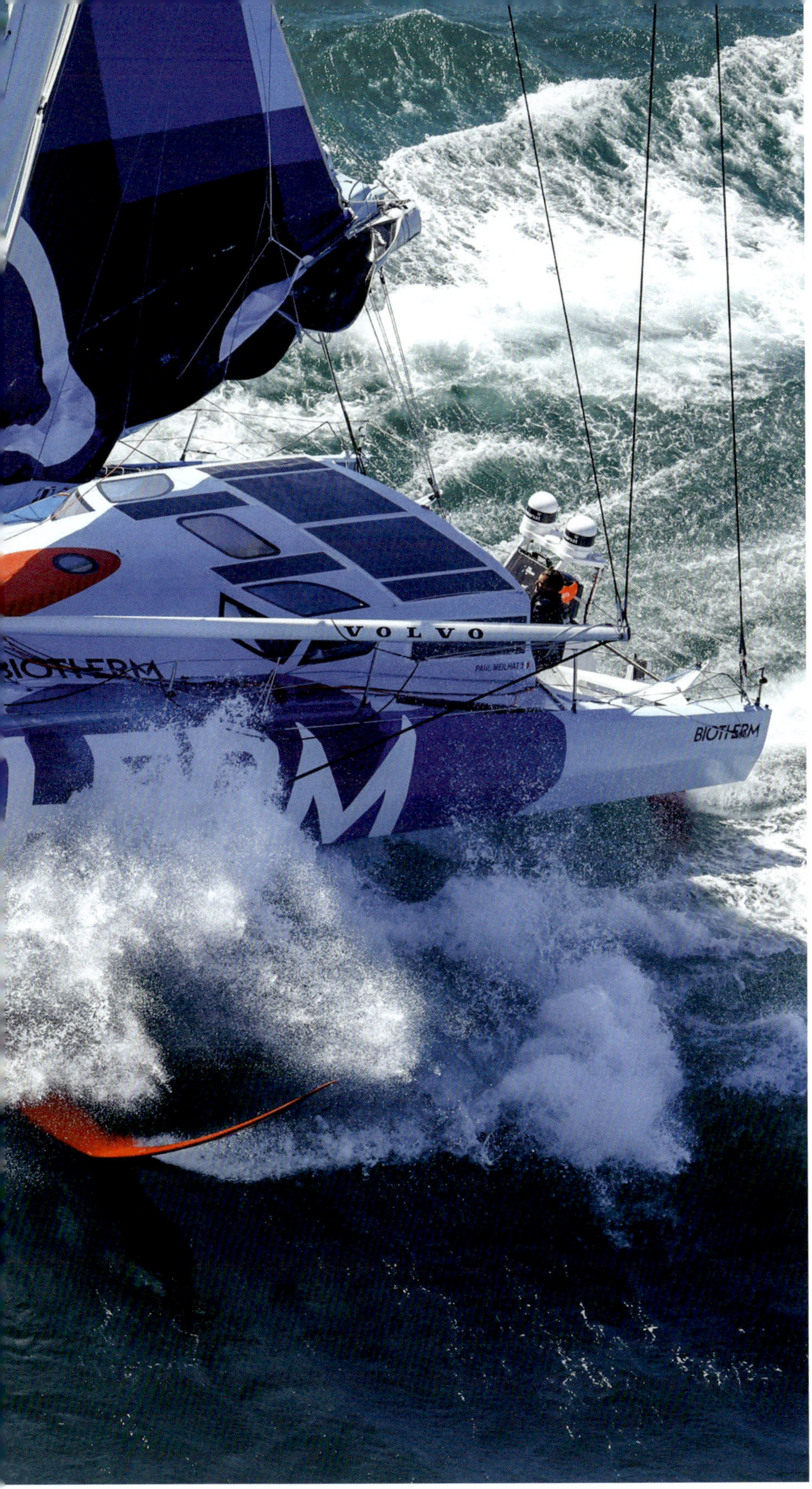

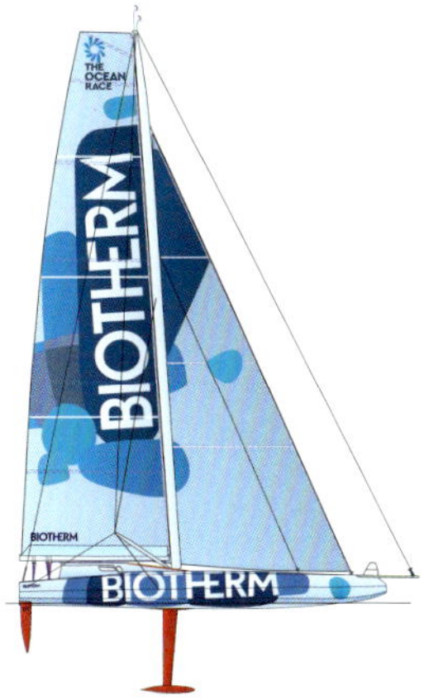

Biotherm

▶ Mal Glanz und Gloria, mal Bruch und Pannen. Für die stark französisch geprägte Kampagne von Skipper Paul Meilhat war The Ocean Race in weiten Teilen eine Bewährungsprobe. Zu wenig Vorbereitungszeit und knappe Mittel minderten das nur zeitweise aufblitzende Potenzial.

Imocas sind nie ganz fertig. Selbst bei den bestorganisierten Teams gibt es immer noch die ein oder andere Kleinigkeit, die vor dem Start unbearbeitet bleibt, Verbesserungen, die man auf später verschiebt. Es ist fast wie ein Naturgesetz. Bei Biotherm aber war die Unfertigkeit Programm. Von Beginn an musste das Team zaubern und improvisieren.

Beim ersten In-Port-Race in Alicante hingen Anfang Januar noch Kabel der Bordelektronik lose aus dem Deck. In Kapstadt musste die ohnehin anfällige Struktur mit einem zusätzlichen Ringspant verstärkt werden. In Itajaí und Aarhus kam Paul Meilhat um Tage verspätet ins Ziel, sodass ihm die anderen Teams Techniker ausliehen, damit die To-do-Liste des Verdier-Designs wenigstens teilweise abgearbeitet werden konnte. »Um ehrlich zu sein: Wir waren nie bei 100 Prozent

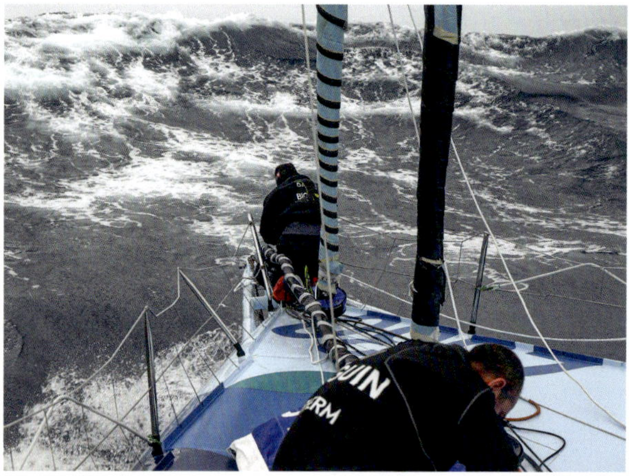

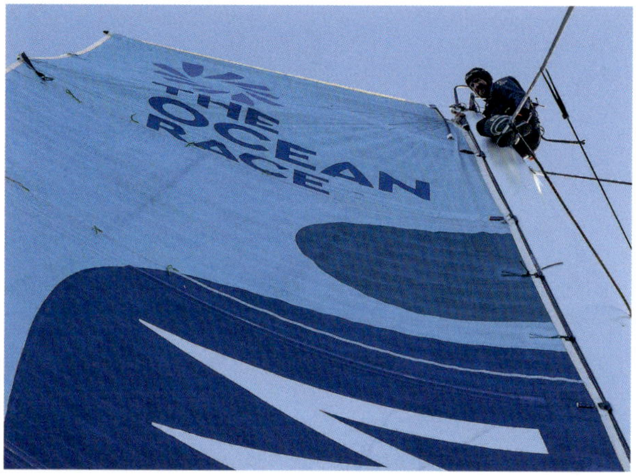

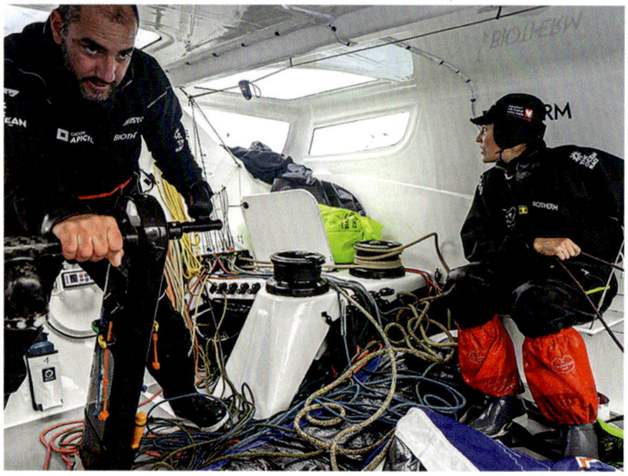

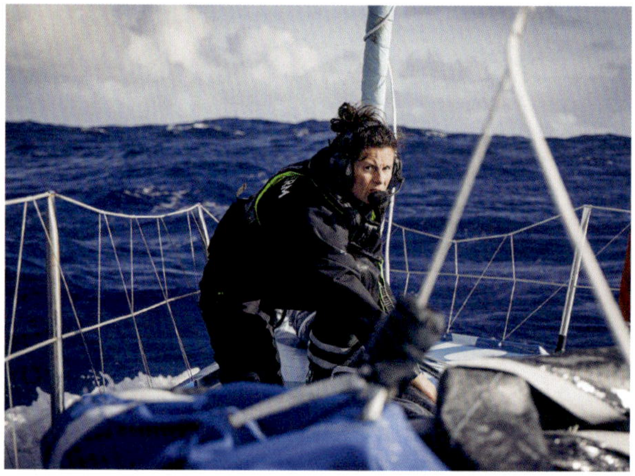

Geprüft und gebeutelt. Skipper Paul Meilhat wurde nichts geschenkt – zu unerprobt war sein Boot, zu knapp das Budget, um auf Augenhöhe mit den Besten zu konkurrieren. Dafür schlug sich die *Biotherm*-Crew tapfer, zu der Einhand-Spezialisten wie Sam Davies und Damien Seguin (l. u.) zählen, aber auch die in olympischen Klassen und im Matchrace profilierte Mariana Lobato (r. u.)

unserer Leistungsfähigkeit«, räumte der Skipper bei einer Pressekonferenz im Südatlantik ein.

Umso bemerkenswerter erscheint, wie unangekränkelt von den vielen Widrigkeiten das Team segelte und immer wieder mit starken Momenten glänzte. Das liegt zum einen an Paul Meilhat, der schon immer gezeigt hat, dass er mit eigentlich unterlegenen Booten erstaunlich starke Ergebnisse zustande bringt. Es ist aber auch ein Verdienst der jungen, gleichwohl erfahrenen Crew. Mit Sam Davies, Marie Riou, Amélie Grassi, Damien Seguin, Alan Roberts und Anthony Marchand holte er sich Segler ins Boot, die den anerkannt schnellen, wenn auch fragilen Imoca im Zweifel ganz allein pilotieren können. Meilhat war es auch, der auf Etappe vier als Erster mit zwei Frauen statt nur einer an den Start ging, wie es die Regeln fordern. Was in dem Team steckt, bewies *Biotherm* in Aarhus. Nach dem Bruch des Backbord-Oberwants, das den Mast sichert, kam die Crew erst am Abend vor dem In-Port-Race im Hafen an – und deklassierte nach nur einer Nacht im Hotel alle anderen um Längen.

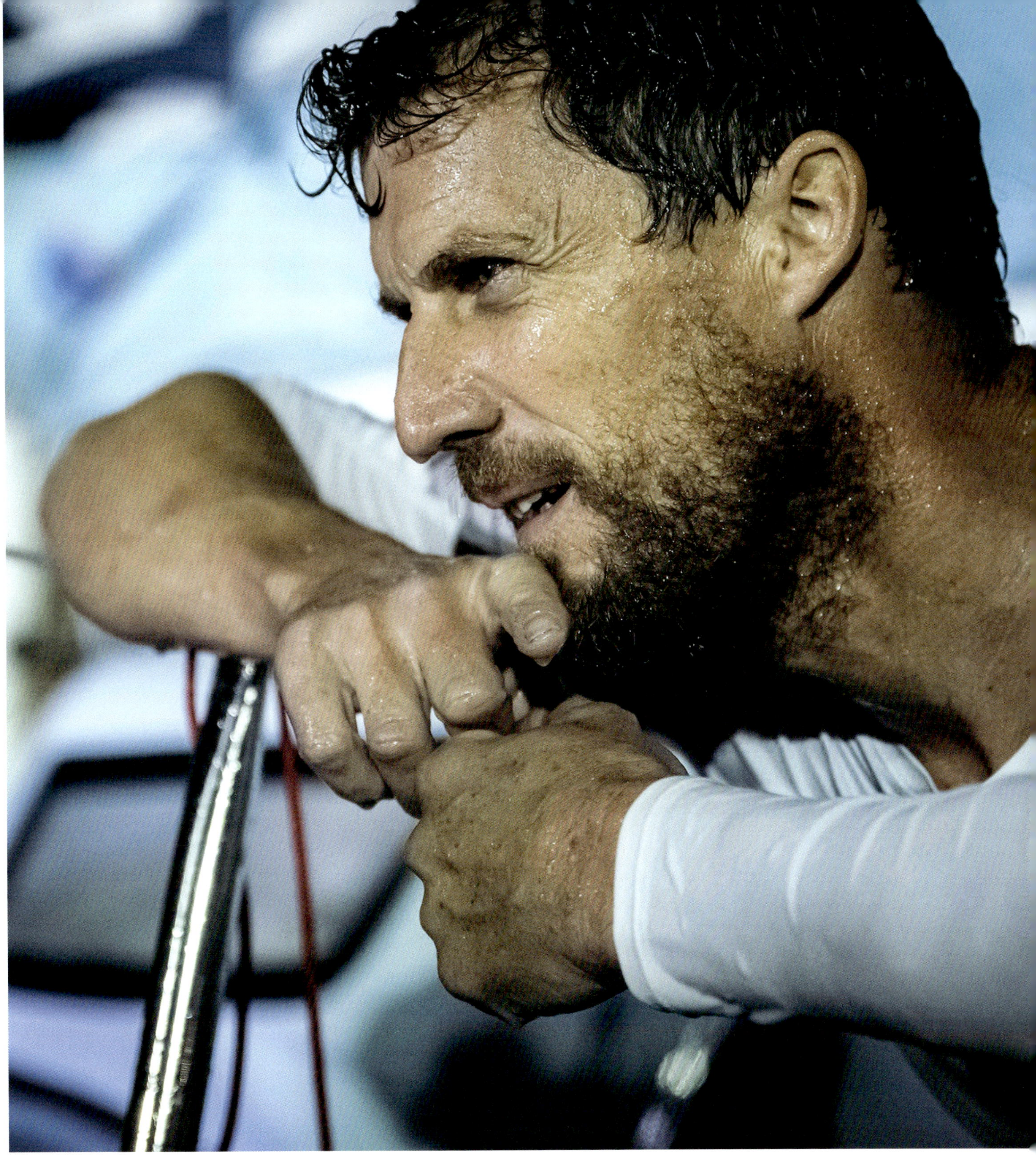

Instinktsegler mit schier unerschöpflichen Ressourcen. Die härtesten Reparaturjobs übernahm bei *Biotherm* meist der Skipper

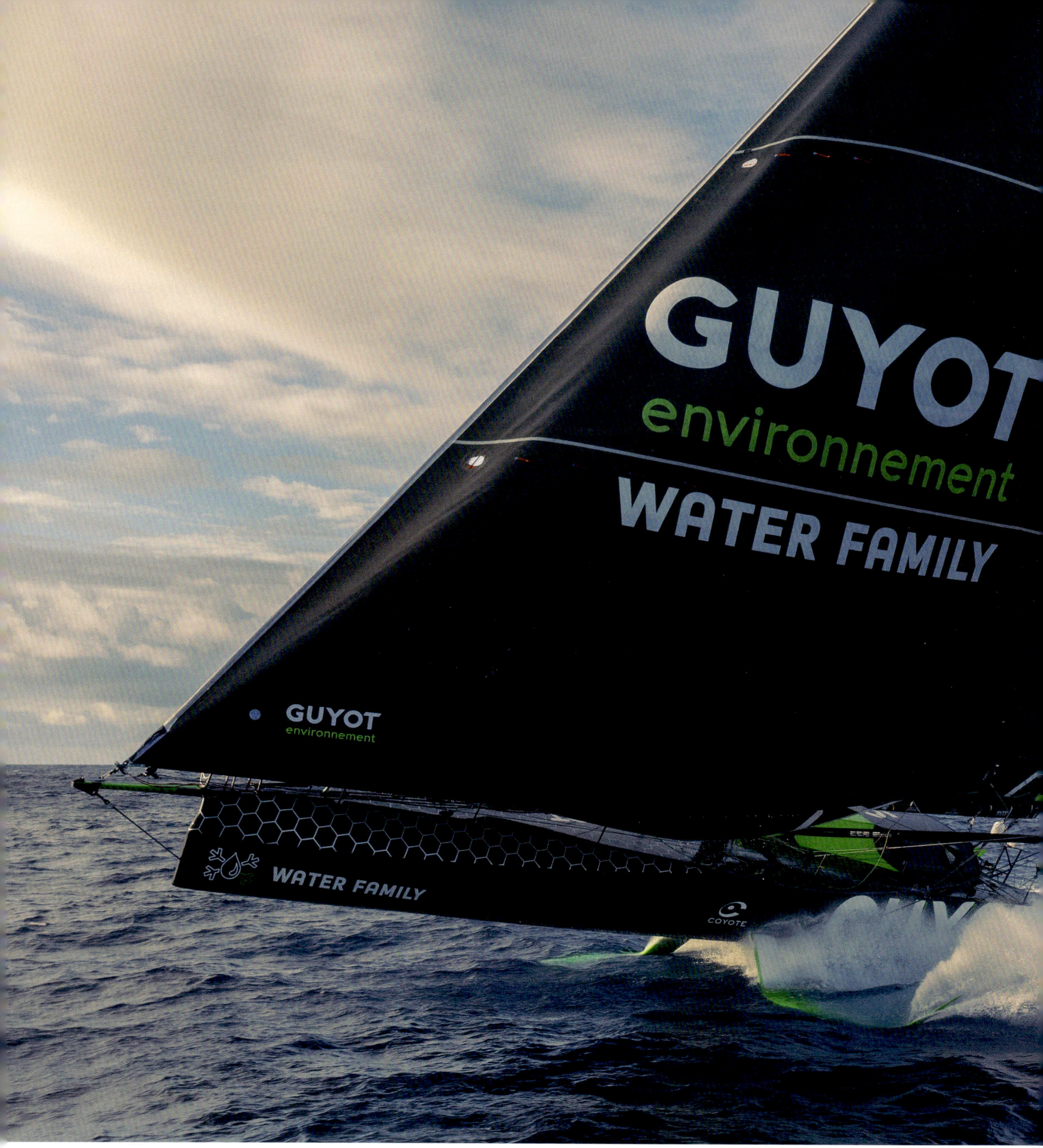
GUYOT
environnement
WATER FAMILY
GUYOT
environnement
WATER FAMILY
COYOTE

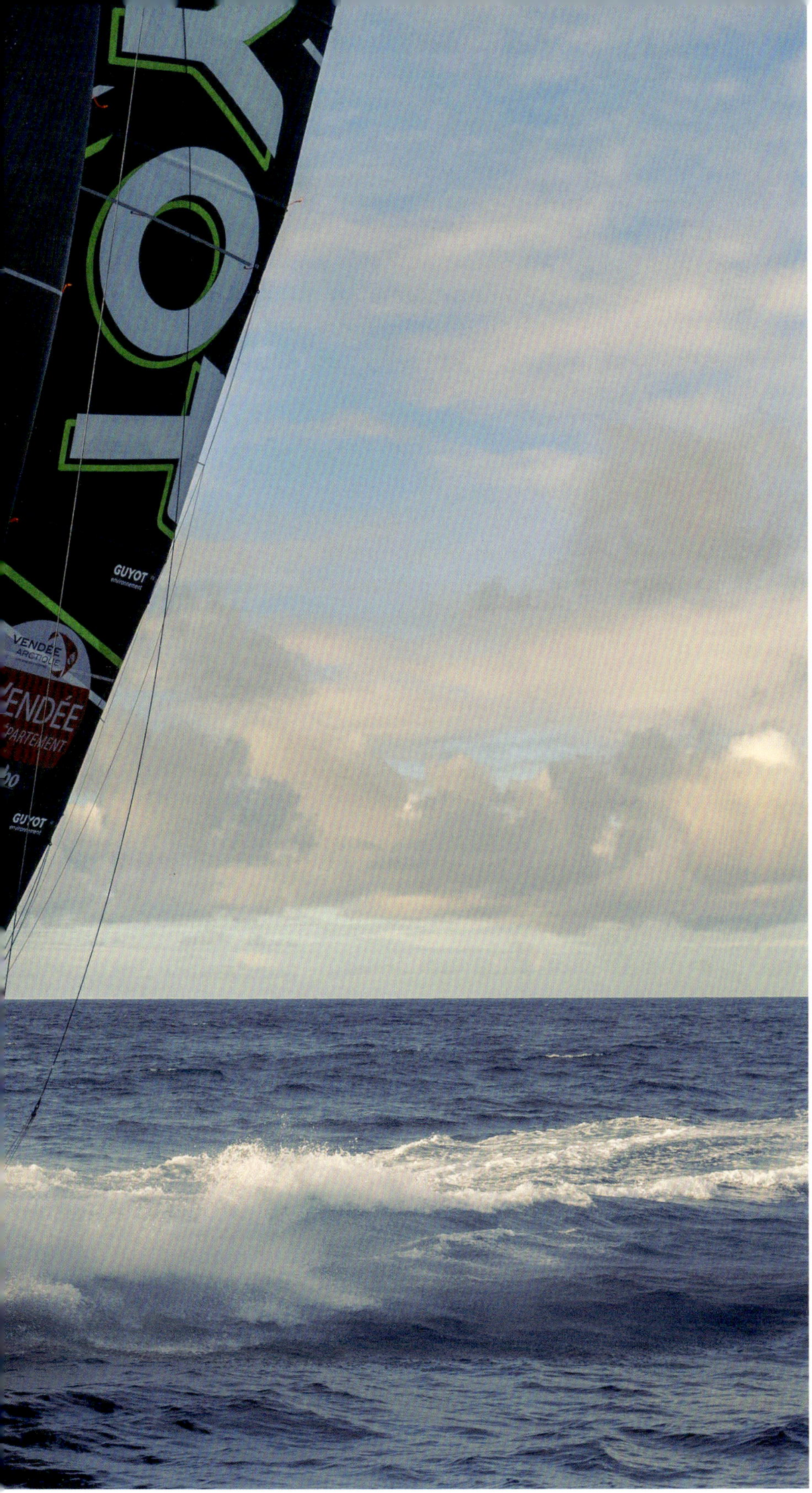

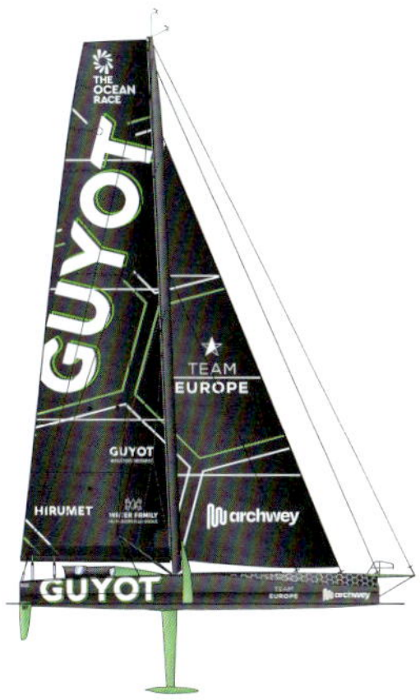

Guyot

▶ Die französisch-deutsche Kampagne von Guyot environnement – Team Europe führte schon früh die Ambitionen von Vendée-Globe-Skipper Benjamin Dutreux und die Ocean-Race-Pläne von Robert Stanjek und Jens Kuphal zusammen. Zwar fehlte es an Fortüne und Punkten, nicht aber an Moral oder Biss.

Wenn Paul Meilhat mit *Biotherm* strauchelte, dann erwischte es Ben und Robert volle Breitseite. Auf der prestigeträchtigen Etappe drei löste sich das Kernmaterial des Rumpfbodens von den Laminatschichten und zwang Guyot zur Rückkehr nach Kapstadt. Auf Etappe vier kam mitten auf dem Nordatlantik der Mast von oben. Spätestens da war das Projekt, das ohnehin nicht zu den finanziell bestausgestatteten zählte, nah am Abbruch. Doch wieder kam das Team zurück. Nur der Crash zum Auftakt der Schlussetappe brach neben dem Bugspriet auch die bis dahin beeindruckende Resilienz der ganzen Equipe.

Die Geschichte von Guyot environnement –Team Europe belegt mehr als die der anderen Teilnehmer, dass The Ocean Race nicht nur eine

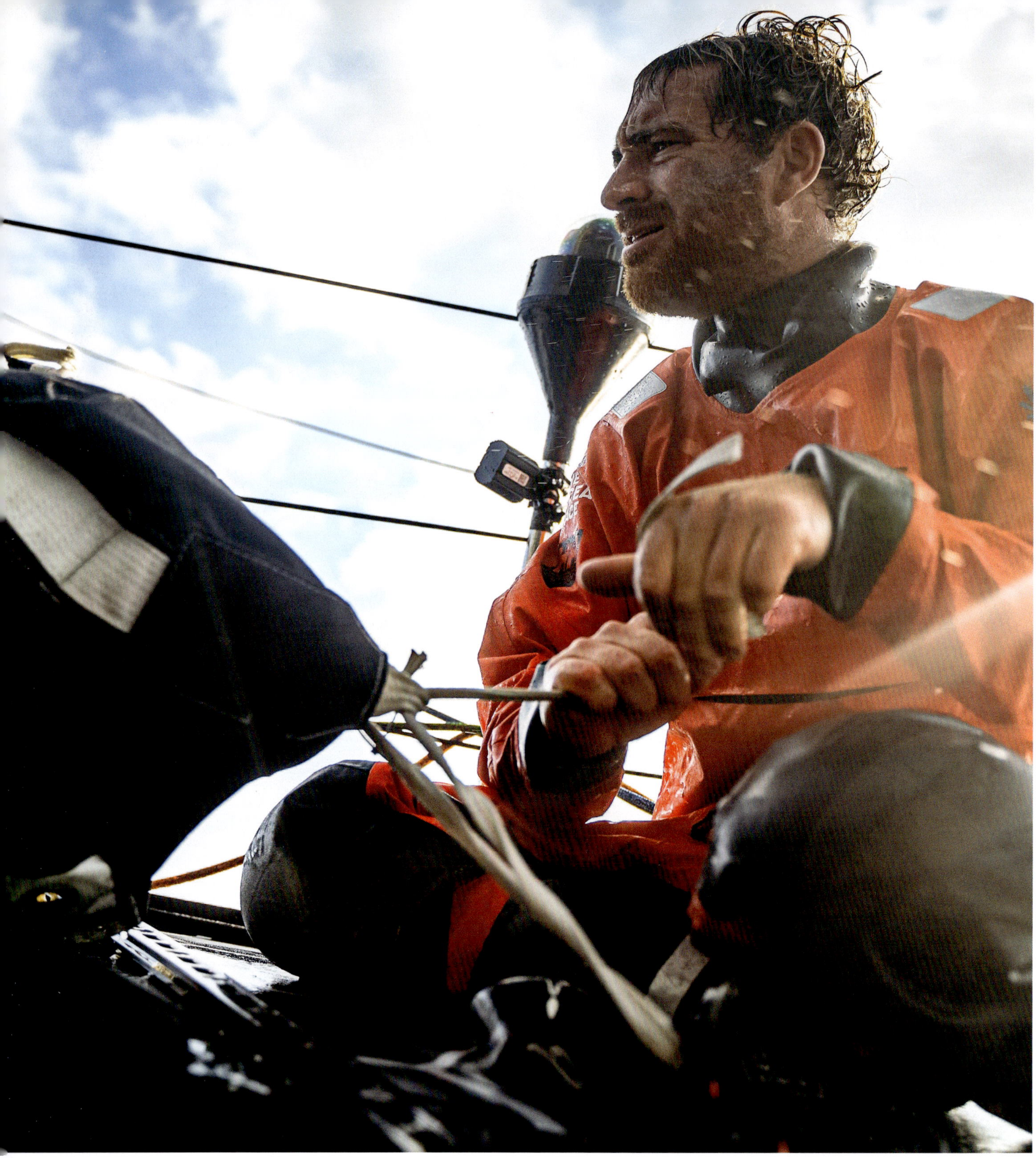

Skipper Benjamin Dutreux: fabelhafter Kerl, guter Segler, ehrliche Haut – aber im Ocean Race über die Maßen leidgeprüft

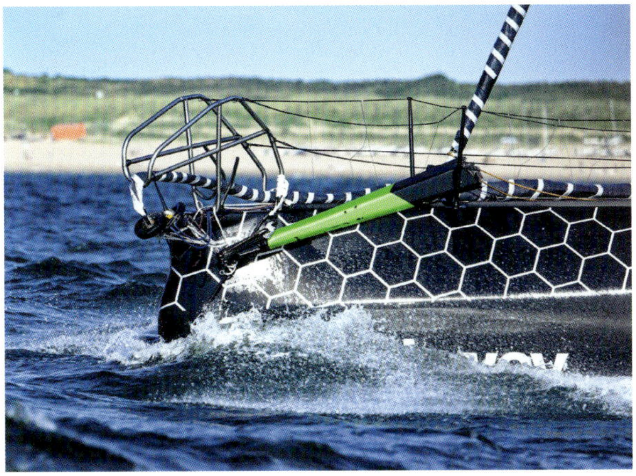

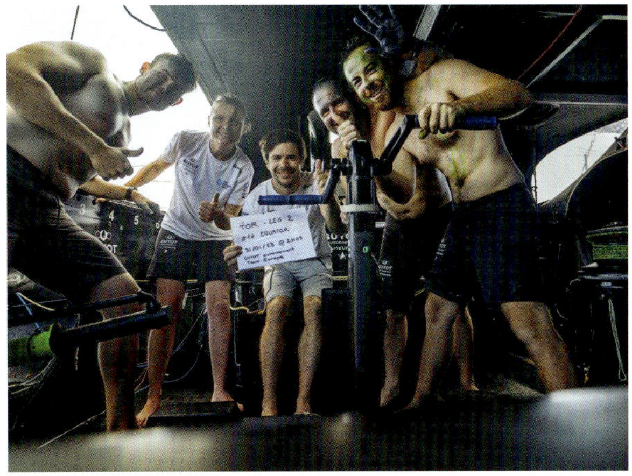

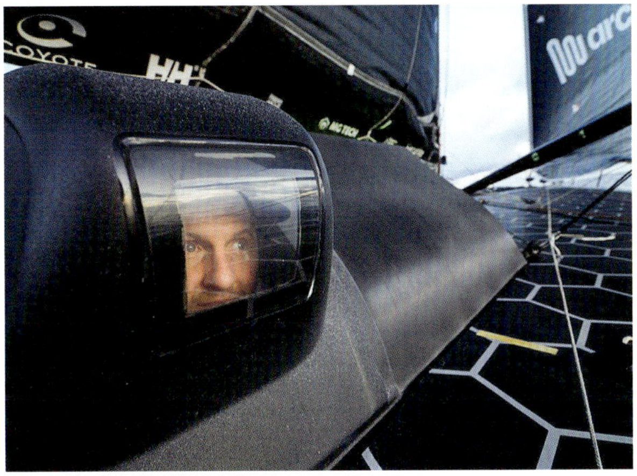

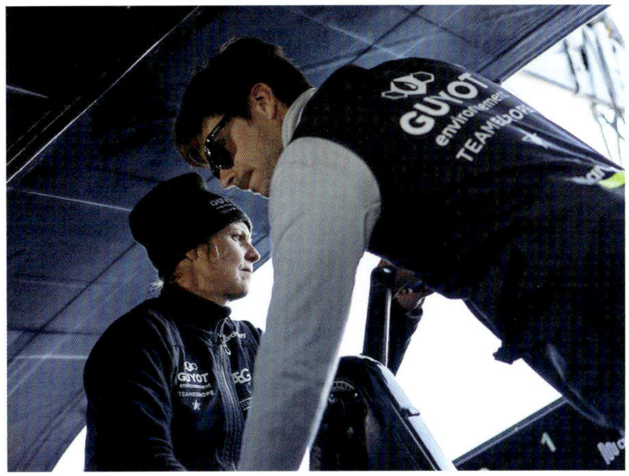

Das Boot bewährt, die Crew breit gefächert – es sah alles so vielversprechend aus. Die beiden Deutschen an Bord, Robert Stanjek (u. l.) und Phillip Kasüske (o. r. 1. v. l.), brachten eine olympische Kaderausbildung mit, Benjamin Dutreux und Sebastien Simon Einhand-Erfahrung und die Britin Annie Lush vier Weltmeistertitel im Matchrace sowie zwei Teilnahmen am Volvo Ocean Race

Regatta ist, sondern zuerst und zuvorderst ein großes Abenteuer. Es geht vor allem ums Ankommen, ums Lernen, Wachsen, Wollen, Machen – und nicht nur ums Gewinnen.

Die Crew um Skipper Benjamin Dutreux und seinen Co Robert Stanjek, der im Starboot Weltmeister war, galt als »Dark Horse« des Feldes. Beim Ocean Race Europe, einer Art Präludium des großen Rennens, siegten sie 2022 auf einem eigentlich unterlegenen Imoca ohne Foils. Das war auch den leichtwindigen Bedingungen geschuldet, zeigte aber das seglerische Potenzial.

Dann gelang Ben Dutreux der Kauf des Testbootes von 11th Hour Racing. Ausgestattet mit neuen Foils und so erprobt wie kein anderes Schiff der Imoca-Flotte, trauten Insider dem Team den ein oder anderen Überraschungserfolg zu. Den gab es nur im In-Port-Race von Den Haag. Die technischen Rückschläge vereitelten ein besseres Ergebnis als Rang fünf. Wie brutal sie waren, ließ sich nur erahnen – etwa im Video vom Mastbruch, als Ben den Tränen nahe sagt: »Oh non, oh non, non, non!« Solange es nur Carbon ist, das zerbricht, nicht das Selbstvertrauen – Kohlefaser lässt sich relativ leicht reparieren.

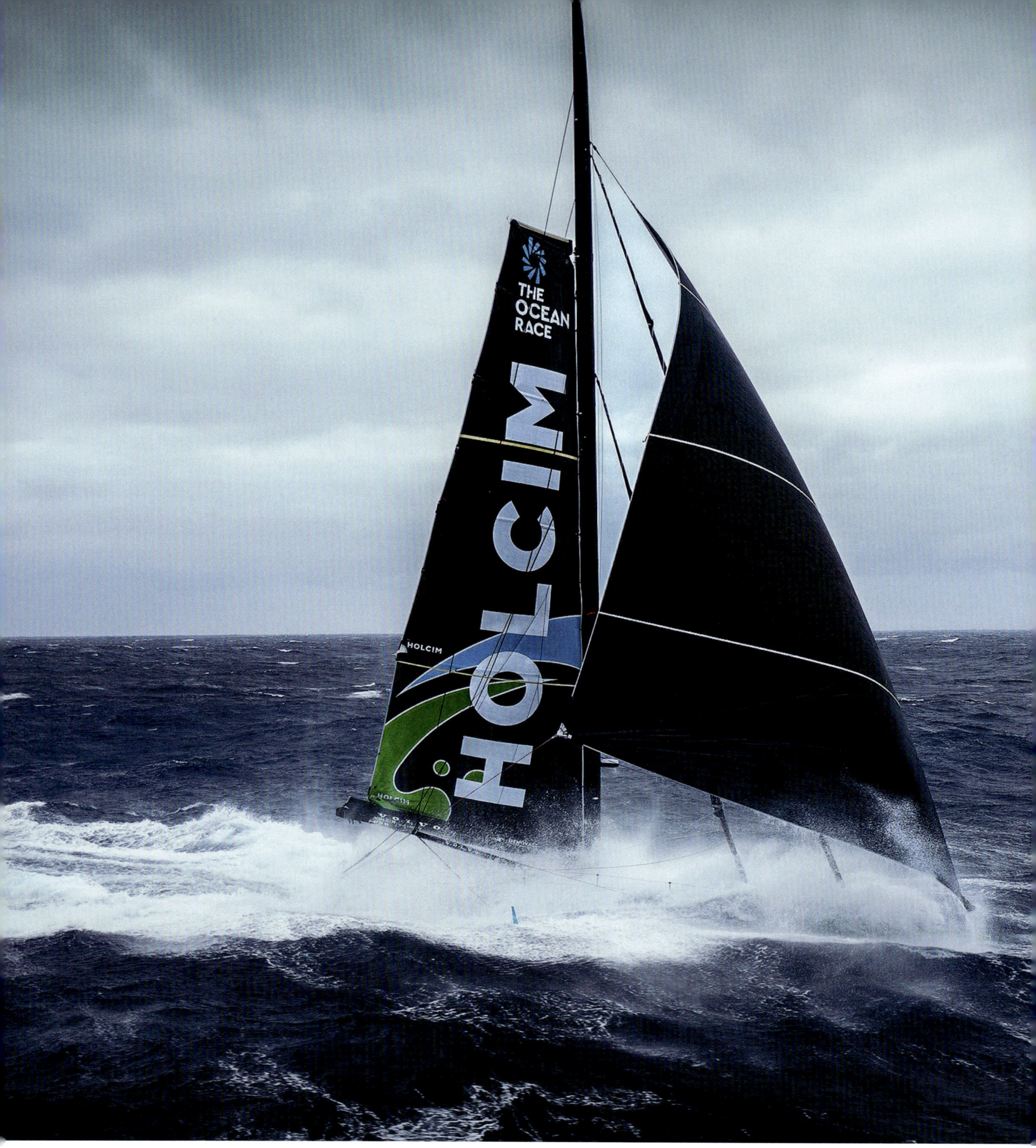
THE
OCEAN
RACE
HOLCIM
HOLCIM

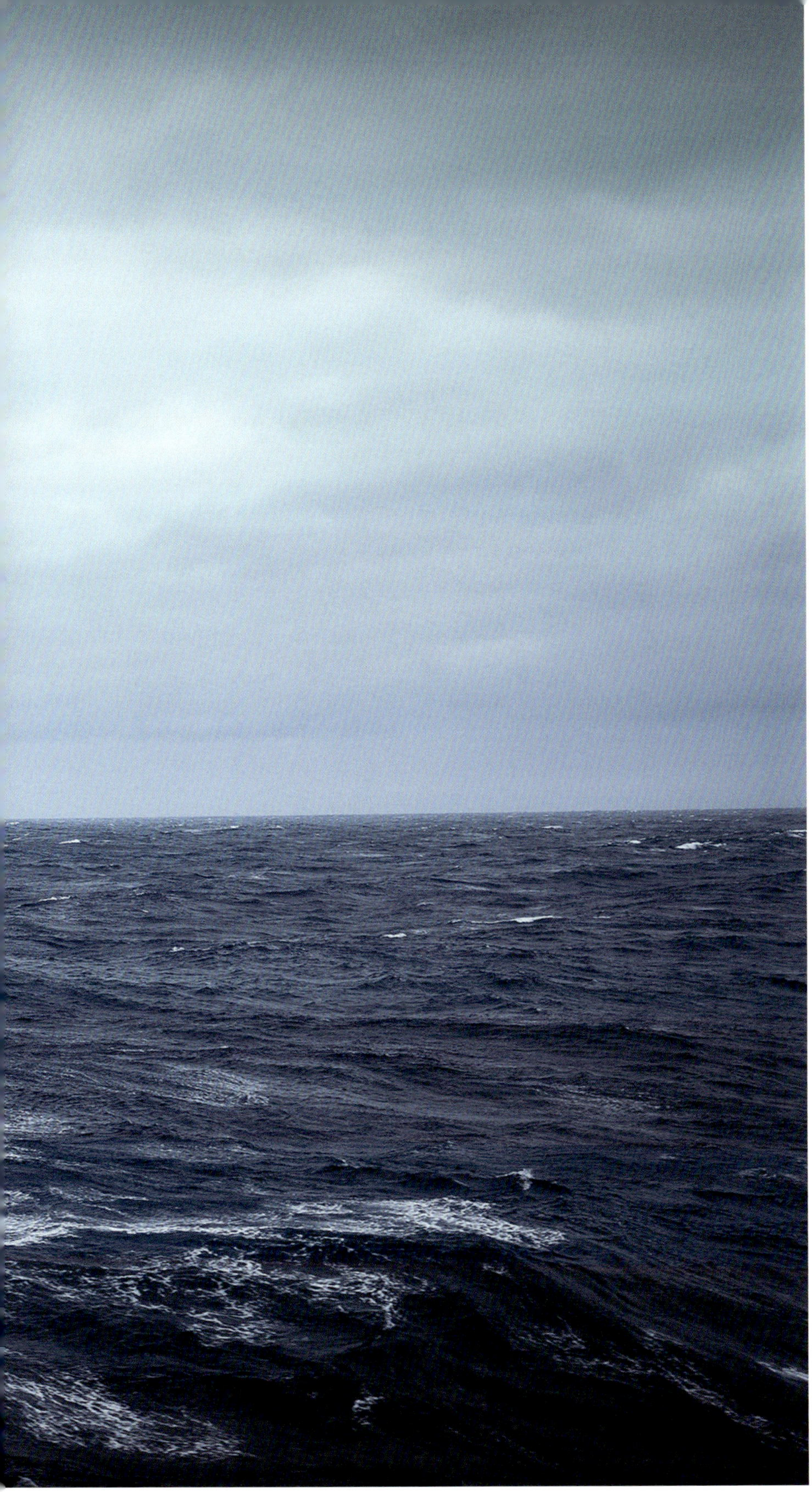

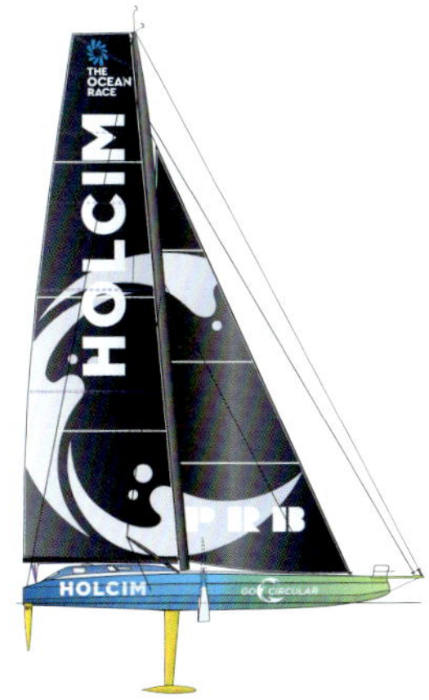

Holcim

▶ Dominant von der ersten Etappe an und nicht einmal durch einen Mastbruch von der Spitze zu verdrängen: Das Schweizer Team um Kevin Escoffier zeigte sich in bestechender Form. Als Mitfavorit gestartet, segelte die internationale Crew stets auf Sieg – auch, nachdem ihr Skipper in Aarhus seinen Rücktritt bekanntgab.

Kevin Escoffier wurde seinem Ruf als Mann mit unbeugsamem Willen, höchster technischer Expertise, minutiöser Vorbereitung und legendärer Fitness einmal mehr gerecht. Obwohl er erst spät für The Ocean Race meldete und seine Mannschaft als Letzter benannte, ließ er nie Zweifel an seinen Ambitionen aufkommen. »Ich will gewinnen«, sagte der 43-Jährige beim Auftakt in Alicante selbstbewusst.

Schon einmal hat er bei der Regatta triumphiert, 2018 mit seinem Freund Charles Caudrelier und als Teil des Dongfeng Racing Teams, damals noch auf den vergleichsweise konventionellen Booten vom Typ VO65. Diesmal trat Escoffier als Skipper an und holte Caudrelier als Verstärkung in die Crew für die Nordatlantik-Etappe von Newport nach Aarhus, eine Umkehrung der Rollen. Mit

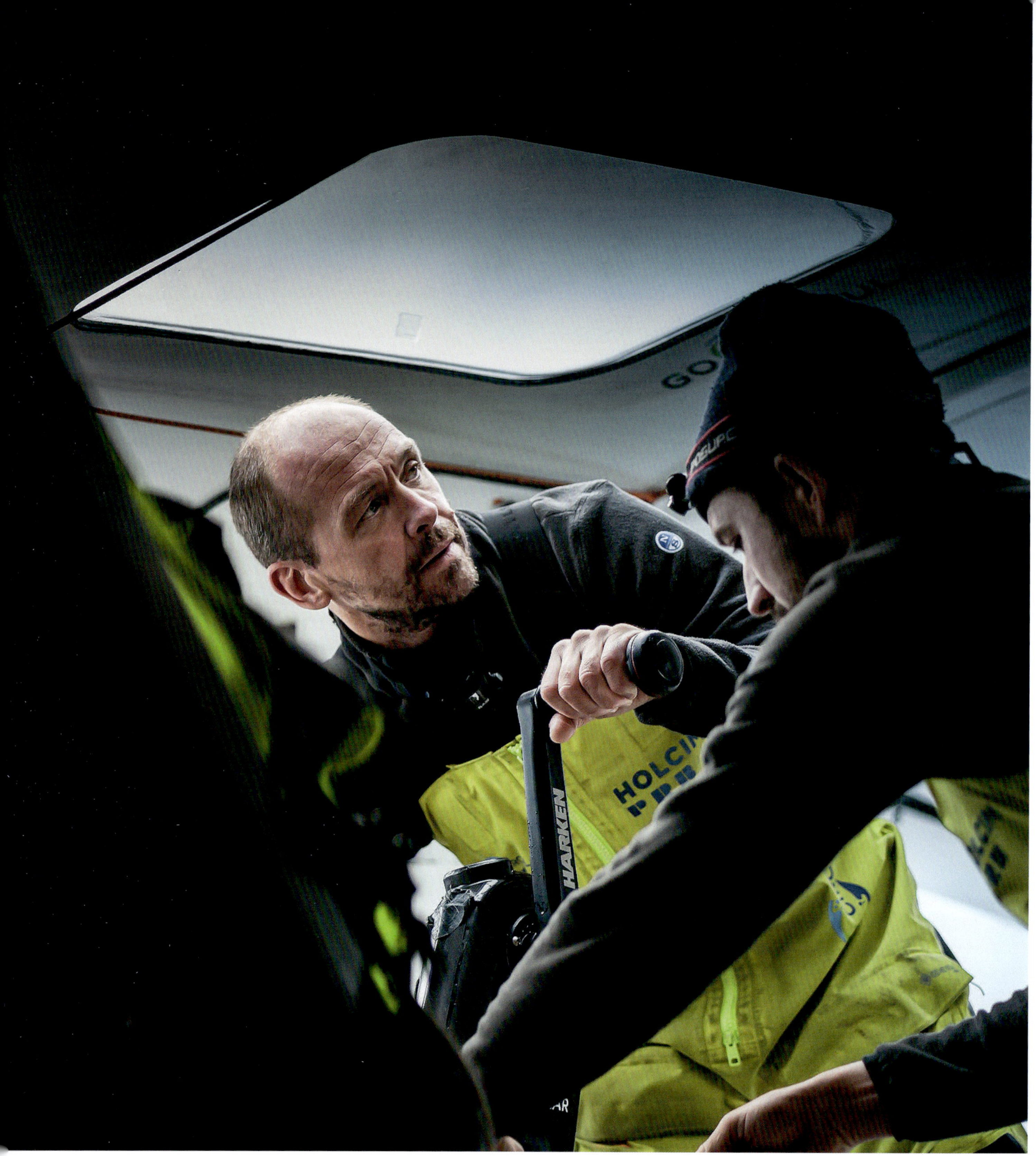

Kevin Escoffier bringt alles mit: Physis, Leidenschaft, Härte, Segel-Know-how und das höchste technische Wissen aller Skipper

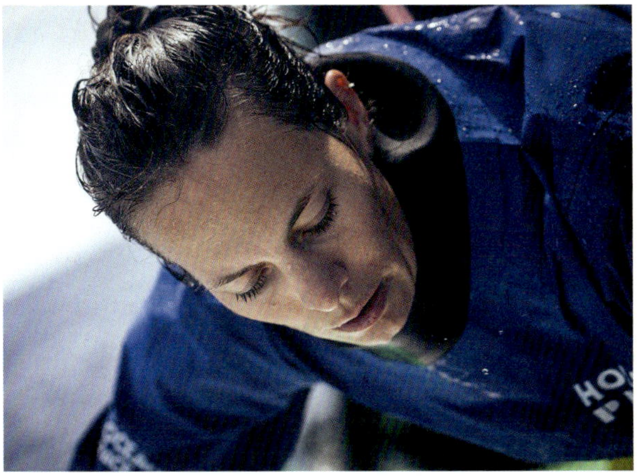

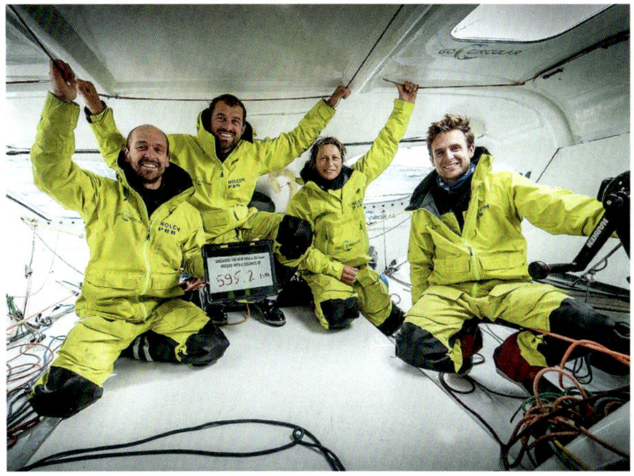

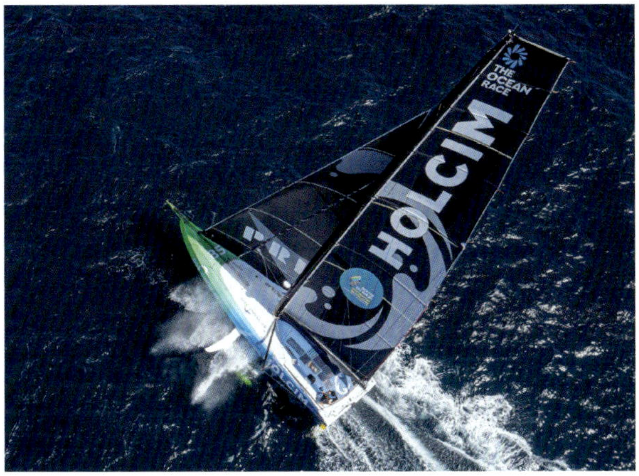

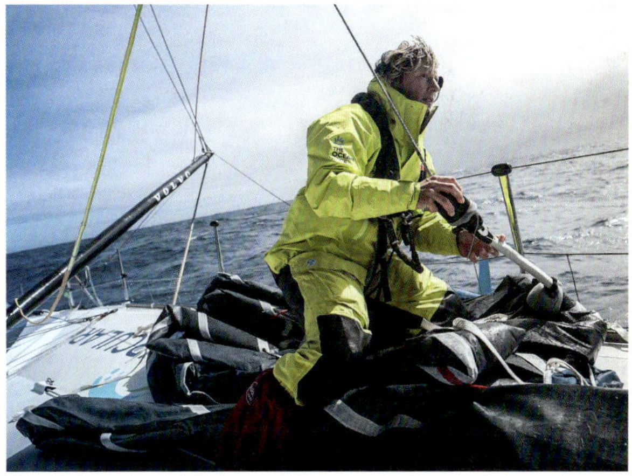

Schnell, taktisch fehlerfrei, auf See fast unbezwingbar. Die internationale Crew von *Holcim – PRB*, zu der die deutsche Figaro-Seglerin Susann Beucke (o. l.) und die Britin Abby Ehler (u. r.) zählte, ließ der Konkurrenz anfangs so gut wie keine Chance. Mehrfach verbesserte sie im Rennverlauf den 24-Stunden-Rekord, bis am Ende Team Malizia den Bestwert noch toppte: auf 641,13 Seemeilen

Sanni Beucke kommt spät und überraschend eine deutsche Olympia-Medaillengewinnerin an Bord, wenn auch nur für Etappe zwei.

Das Boot basiert auf dem ursprünglichen Verdier-Entwurf fürs Ocean Race, ein Schwesterschiff von Thomas Ruyants pfeilschneller *LinkedOut*. Allerdings ließ Escoffier eine andere Bugsektion konstruieren sowie Cockpit, Deck und auch Foils neu entwickeln. Als Ingenieur, der den Bau und die Optimierung mehrerer Ultim-Trimarane sowie Imocas begleitet hat, verfügt er über ein Know-how so tief wie der Marianengraben im Pazifik. Seine Fähigkeit, die Grenzen des Bootes präzise auszuloten, machten *Holcim – PRB* gleichermaßen schnell und zuverlässig.

Dass auf Etappe vier ein vergleichsweise simpler Beschlag, der Topp-Wirbel seines J2-Vorsegels, brach, war nicht auf Fehlbedienung, sondern einen Konstruktionsmangel zurückzuführen. Er kostete das Team den Mast, nicht aber die Führung – so groß war das Punkte-Polster. Als das eilig aus Frankreich eingeschiffte Ersatzrigg stand und *Holcim – PRB* in Newport gerade noch rechtzeitig vor der nächsten Etappe wieder startklar war, lief die Kampagne allerdings anderweitig aus dem Ruder. Bei einer Party soll der Skipper eine Kollegin bedrängt haben. Obwohl es zu dem Zeitpunkt keine Anklage und keine Ermittlungen gab, musterte Escoffier in Aarhus psychisch angeschlagen ab, um den wachsenden Druck von der Kampagne zu nehmen. Ein schwerer Schritt für einen Ausnahme-Segler, den nicht einmal der Verlust seiner alten *PRB* im Südpolarmeer bei der Vendée Globe 2020 groß beeindruckte und der schon mit Elite-Einheiten der französischen Marine trainierte.

Das Boot

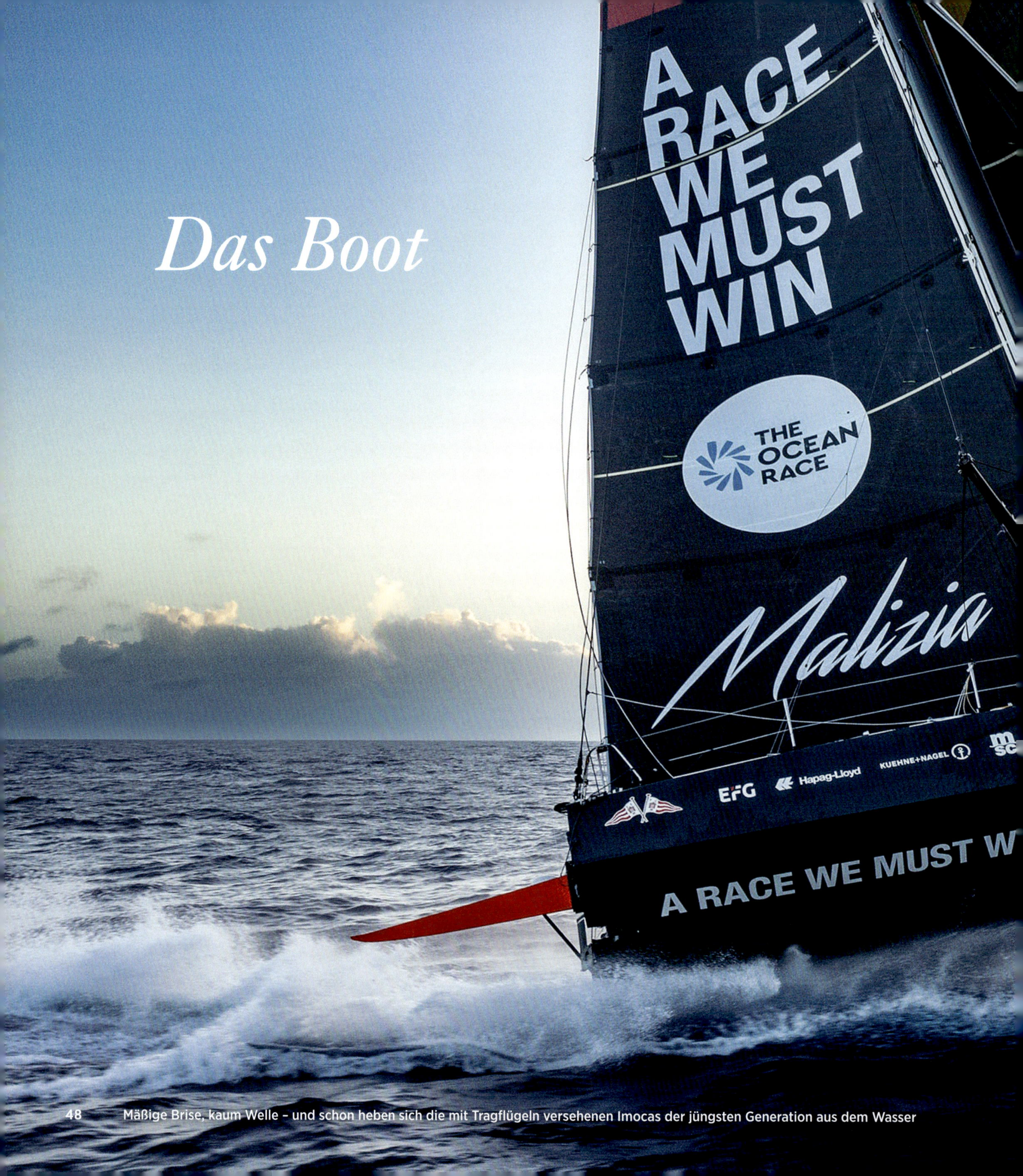

Mäßige Brise, kaum Welle – und schon heben sich die mit Tragflügeln versehenen Imocas der jüngsten Generation aus dem Wasser

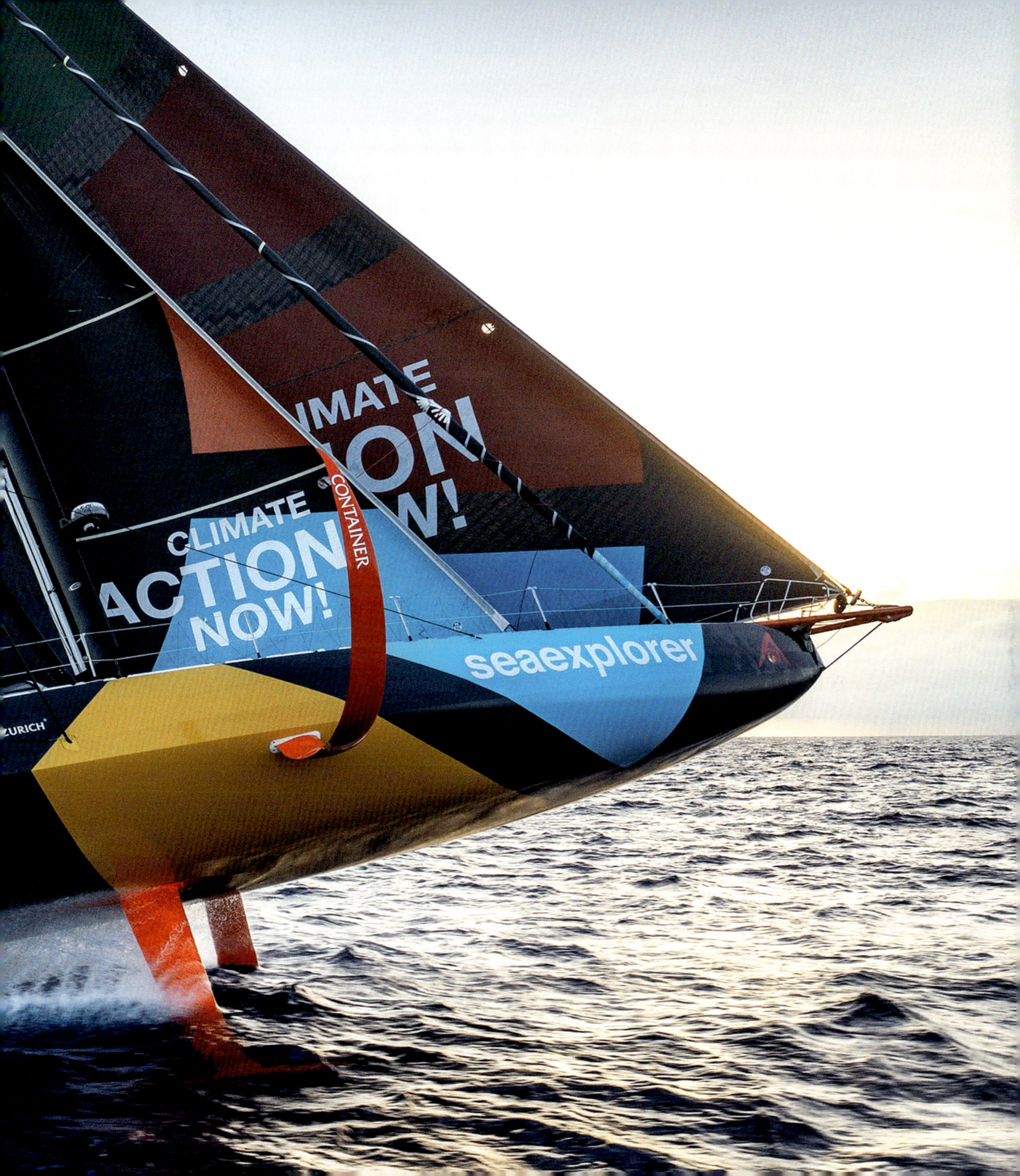
CLIMATE
ACTION
NOW!
CONTAINER
seaexplorer
ZURICH

Fliegendes Wunder

Bei ihrem Stapellauf sorgte sie für Verblüffung. Bei ihrer ersten großen Regatta enttäuschte sie. Im The Ocean Race aber segelte* Malizia – Seaexplorer *schneller als je eine Hochseeyacht zuvor. Wie funktioniert so ein Imoca eigentlich?

▶ Es gibt nicht viele Gelegenheiten, eines dieser Flugobjekte aus der Nähe zu erleben. Und der Genuss währt auch nie lange. Denn die Boote sind unter Idealbedingungen, wenn sie mit 25 bis 30 Knoten übers Wasser surren, hinter sich nur schmale Schaumstreifen zurücklassend, rasend schnell am Horizont verschwunden.

Riesige Yachten, die Rümpfe so breit wie zwei Omnibusse, mit Segeln so groß wie ein hochkant stehendes Tennisfeld, und doch scheinbar fliegend wie schwerelose Fabelwesen. Um einen Blick auf sie erhaschen zu können, harrten am 9. Juni 120.000 Menschen entlang der Kieler Förde dem Ocean Race »Fly-by«, der durchaus wörtlich zu verstehen war. Eine Flugschau zu Wasser, ebenso faszinierend wie irritierend. Denn mit herkömmlichem Bootsbau hat ein Imoca der jüngsten Generation nicht mehr viel gemein.

Schon gar nicht Boris Herrmanns *Maizia – Seaexplorer*, die zu den eigenwilligsten und innovativsten Konstruktionen ihrer Gattung zählt: breiter, höher, steifer, fester und, vor allem, schneller als alle anderen. Mit 641,13 Seemeilen hält sie die Bestmarke für die größte binnen 24 Stunden zurückgelegte Distanz, die je eine Einrumpfyacht erzielt hat – ein aberwitziger Rekord. Nicht minder beeindruckend war ihr Sieg auf der Königsetappe von Kapstadt vorbei an Kap Hoorn bis ins brasilianische Itajaí.

Genau dafür hat Boris Herrmann sie konzipiert: für hartes Segeln in rauer See, für schnelle Passagen in den hohen Breiten.

Daher hat sie so viel Freibord, darum die voluminöse Bugsektion, die weit übers Wasser ragt, dafür hat sie mehr Kielsprung – ein leicht bananenförmig gebogenes Unterwasserschiff: alles Maßnahmen, damit sie sich nicht in den Rücken vorauslaufender Seen bohrt, wenn sie schneller als diese unterwegs ist. Deshalb auch die extrem robuste Bauweise mit Schotten, Stringern und Rahmenspanten in kurzen Abständen. So eng steht die Bodengruppe, dass an vielen Stellen gerade mal eine gespreizte Hand zwischen das Gerippe passt. Es soll den Rumpf praktisch unkaputtbar machen. »Unser starkes, fettes Boot«, sagt Co-Skipper und Navigator Nicolas Lunven, eine Beschreibung, die irgendwie liebevoll gemeint ist, aber auch ambivalent klingt.

In der Tat wirkt *Malizia* nicht nur visuell wuchtiger als die Konkurrenz. Sie zählt auch in der Verdrängung zu den schwersten der neuen Imocas. Team und Skipper tun das als reine Spekulation ab. Mehrere Quellen bestätigen das Übergewicht jedoch, das auf See gleichwohl nur bei bestimmten Bedingungen zum Tragen kommt. Geplant war es jedenfalls anders. Das Boot sollte die leichtestmögliche Ballastbombe an der geschmiedeten Kielfinne tragen. Um

Es ist ein Boot voller Besonderheiten: der Rumpf wuchtig, die Struktur nahezu unkaputtbar, die Elektronik State-of-the Art

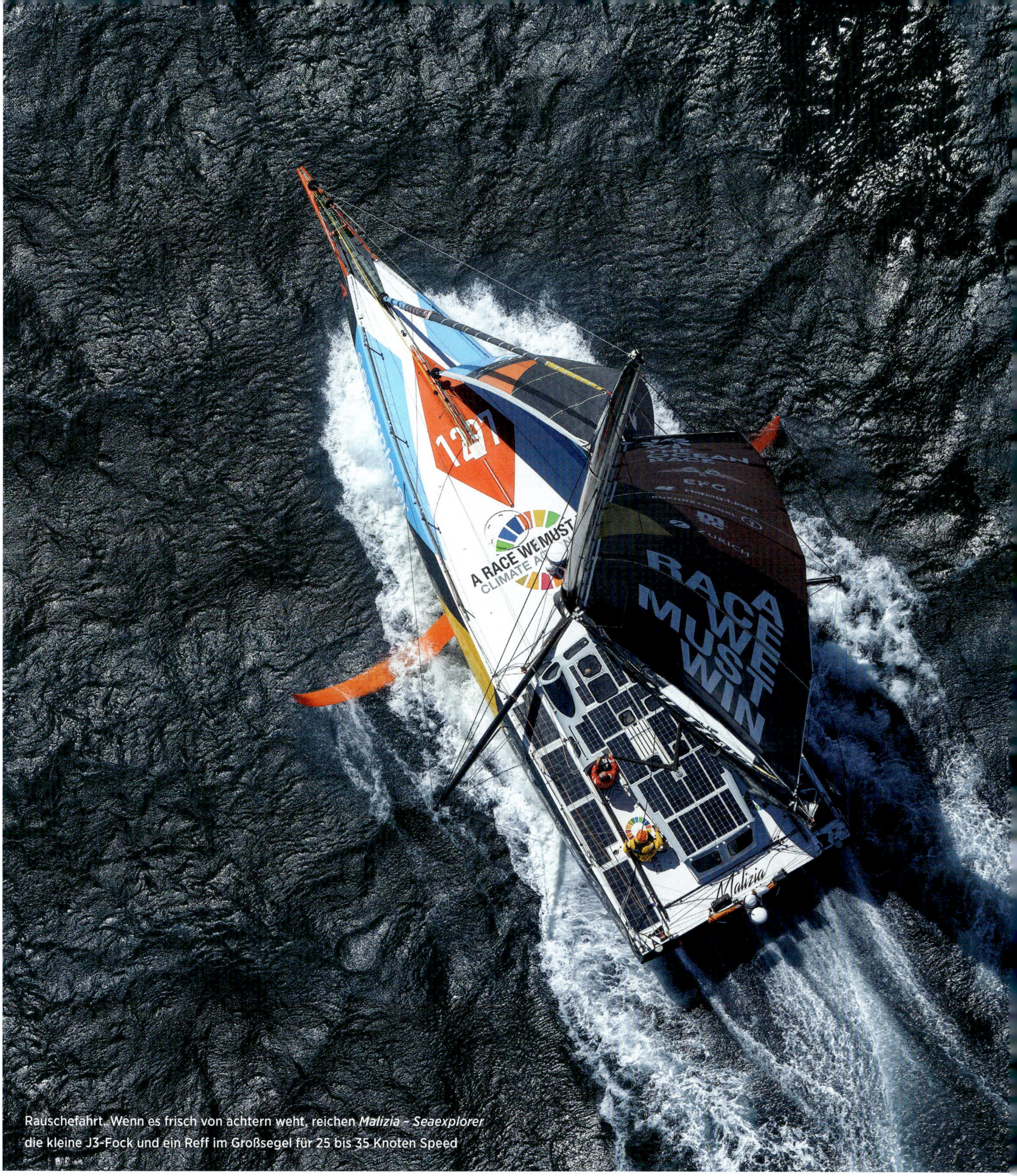

Rauschefahrt. Wenn es frisch von achtern weht, reichen *Malizia – Seaexplorer* die kleine J3-Fock und ein Reff im Großsegel für 25 bis 35 Knoten Speed

A Tiefgang: 4,5 m max.

B Rumpflänge: 18,28 m max. (60 ft.)

C Gesamtlänge mit Bugspriet: 20,12 m max. (66 ft.)

D Masthöhe über Wasserlinie: 29 m max.

E Profilmast: Kohlefaser-Flügelprofil, drehbar gelagert, max. 6 Grad Neigung nach achtern, One-Design-Bauteil

F Deckssalinge: Kohlefaser, One-Design-Bauteile zur seitlichen Abstützung des Masts

G Kielfinne: geschmiedeter Edelstahl, One-Design. Bombe aus Blei (min. 2,2 to.)

H Maximal 5 Unterwasser-Anhänge: 2 Ruder (hochklappbar), 1 Kiel (seitlich schwenkbar), 2 Foils (einziehbar und drehbar)

I Membransegel: maximal 8 Stück auf See, max. 12 im gesamten Ocean Race. Aramidfaser-Laminate

J Ruder und Kiel in Signalfarbe. Treibt das Schiff kieloben, ist es für Rettungskräfte besser zu sichten

K Fläche und Auftrieb der Foils sind begrenzt. Die Flügel lassen sich per Seilzug ein- und ausfahren und hydraulisch im Anstellwinkel verstellen

L Der Kiel ist schwenkbar, dadurch effektiver und ein wichtiges Trimminstrument. Er lässt sich zu beiden Seiten bis zu 38 Grad neigen

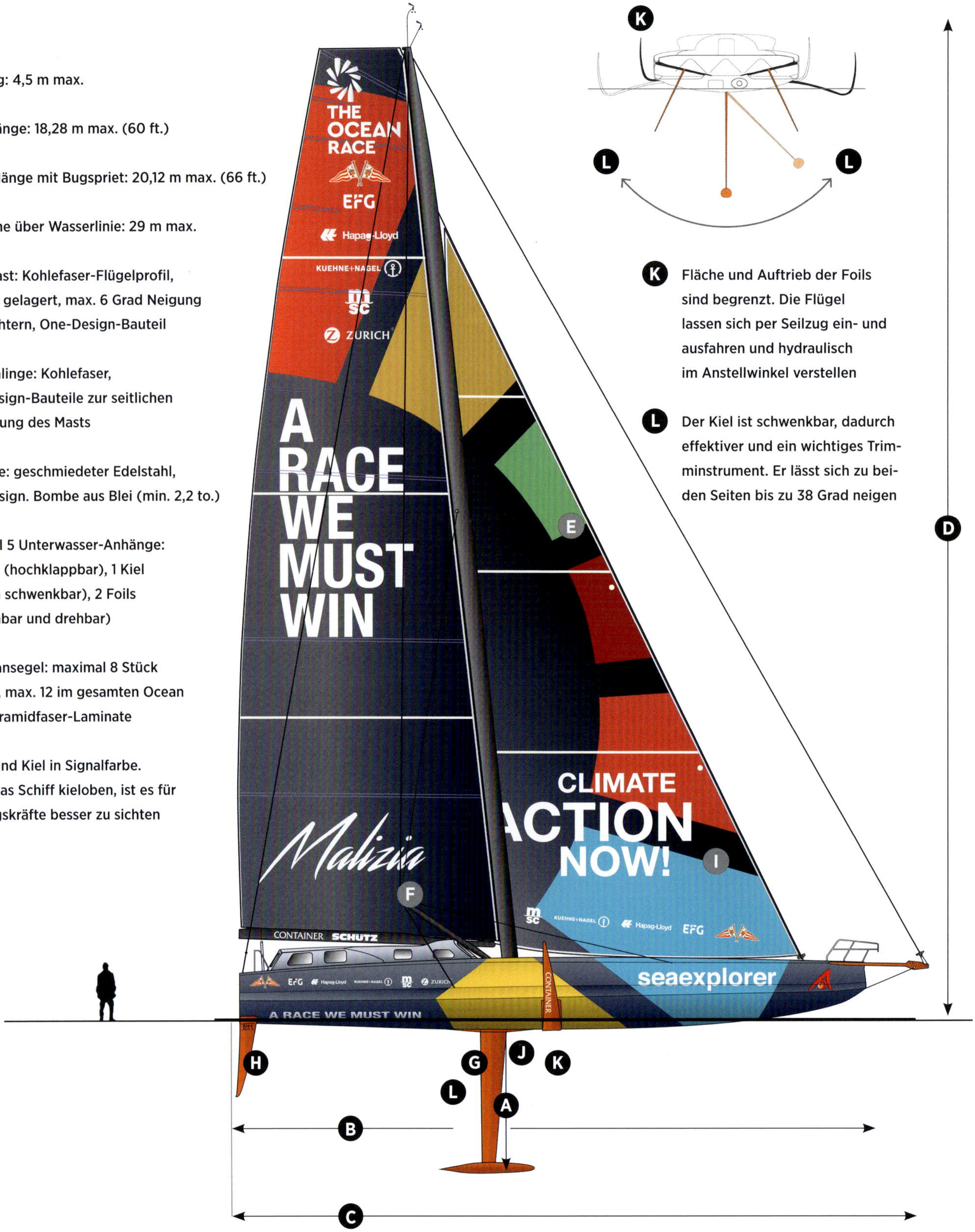

20.000–30.000 Arbeitsstunden fließen in die Entwicklung eines Top-Bootes, rund **50.000** in den Bau

30–40 ständige Mitarbeiter beschäftigen die großen Teams während Bau, Entwicklung und The Ocean Race

37,6 Tonnen Druck kann der Hydraulik-Zylinder des Neigekiels widerstehen

13 Tonnen wog die *Ecureuil-d'Aquitaine* von Titouan Lamazou, Siegerboot der ersten Vendée Globe 1990. Aktuelle Imocas wiegen zwischen 8,5 und 9 Tonnen – nur ein Drittel im Vergleich zu 60-Fuß-Fahrtenyachten

dennoch die von der Klasse vorgeschriebene Kentersicherheit zu gewährleisten, ersannen die Konstrukteure von VPLP, einem der besten Designbüros weltweit, die achtere Crew-Kabine mit den an ein Lotsenboot erinnernden Fenstern. Der asymmetrische Aufbau aus Kohlefaser ist oben breiter als auf Deckshöhe. Er bietet zusätzlichen Auftrieb und unterstützt den Drehimpuls, wenn das Boot koppheister gehen sollte. So vergrößert er einerseits den Lebensraum an Bord, was für das mit Crew gesegelte Ocean Race vorteilhaft ist, und hilft gleichzeitig, Gewicht im Kiel zu sparen.

Überhaupt steckt das Boot voller Besonderheiten. So bietet das unmittelbar hinter dem Flügelmast liegende Cockpit volle Stehhöhe und ein ergonomisch günstig platziertes Winschen-Podest, das effizientes Trimmen ermöglicht – eine Rarität im Vergleich zu den eher höhlenartigen Verschlägen, in denen die Crews etwa auf *11th Hour Racing* oder *Holcim – PRB* arbeiten: stets gebückt, bisweilen gar auf den Knien kauernd, mit nur knapp über dem Plichtboden montierten Winschen, um den Gewichtsschwerpunkt möglichst niedrig zu halten.

Auch im Hinblick auf die Rundumsicht setzt das deutsche Boot Maßstäbe. Die Kanzel über dem Cockpit ist so großzügig von Fenstern durchbrochen, dass niemand an Deck muss, um den Segelstand zu prüfen oder den Seeraum voraus zu peilen. Der Rudergänger, der meist nur per Autopilot steuert, thront erhöht auf Klappsitzen hinter einer Fensterkuppel. Dagegen wirken die Konkurrenzboote unter Deck wie Kerkerzellen.

An Deck ist hinterm Mast jede sinnvoll nutzbare Fläche mit speziellen Solarzellen von Solbian belegt, die erhöhte Rutschfestigkeit bieten. Auch in dieser Hinsicht beansprucht *Malizia* eine Ausnahmestellung. Sie ist zusammen mit den beiden leichten Hydrogeneratoren am Spiegel weitestgehend energieautark, erzeugt also bei Sonnenschein allen Strom, den die vielen elektronischen Systeme an Bord verbrauchen, regenerativ selbst. Der Einbau-Diesel dient lediglich als Backup sowie als Antrieb bei Hafenmanövern und im Notfall.

Ebenso seegerecht wie die breiten Laufdecks und die Kohlefaser-Handgriffe am achteren Kajütaufbau sind die Niedergänge zu beiden Seiten gestaltet. Sie können mit einer kurzen, tunnelartigen Persenning komplett abdeckt werden, sodass bei ruppigem Seegang kein Wasser den Weg ins Cockpit findet, wo es über handtellergroße Lenzöffnungen ohnehin rasch abfließen würde.

Im Niedergang stehend oder sitzend, lässt sich gut Wache gehen, wenn das Wetter freundlich ist. Beim Etappenstart oder bei den In-Port-Wettfahrten wird von hier auch gesteuert. Eine Kohlefaserpinne in V-Form, mittig gelagert und über lange Dyneema-Stropps mit dem Quadranten verbunden, erlaubt dem Rudergänger, den 20 Meter über alles messenden Hochsee-Boliden wie eine Jolle zu steuern – extrem direkt, mit nur kleinen Impulsen, wenn auch ohne das gleiche präzise Gefühl. Dazu sind die straff gespannten Steuerseile schlichtweg zu lang und zu oft umgelenkt. Auf der gleichen Achse sitzend, findet sich unterhalb der Cockpitdecke ebenfalls eine V-förmige Pinne, hier mit längeren Enden, um bis zu den Steuermannssitzen zu reichen. Bei kniffligen Manövern oder um die Balance des Bootes zu überprüfen, kann also auch von unter Deck jederzeit auf Handsteuerung umgeschaltet werden. Allerdings ist das die absolute Ausnahme.

»Wir segeln zu 99 Prozent unter Autopilot«, sagt Boris Herrmann. Einen foilenden Imoca selbst zu dirigieren wäre extrem herausfordernd und in den allermeisten Fällen langsamer, weil die menschliche Sensorik nicht mehr mit dem neuesten Stand der Technik mithalten kann.

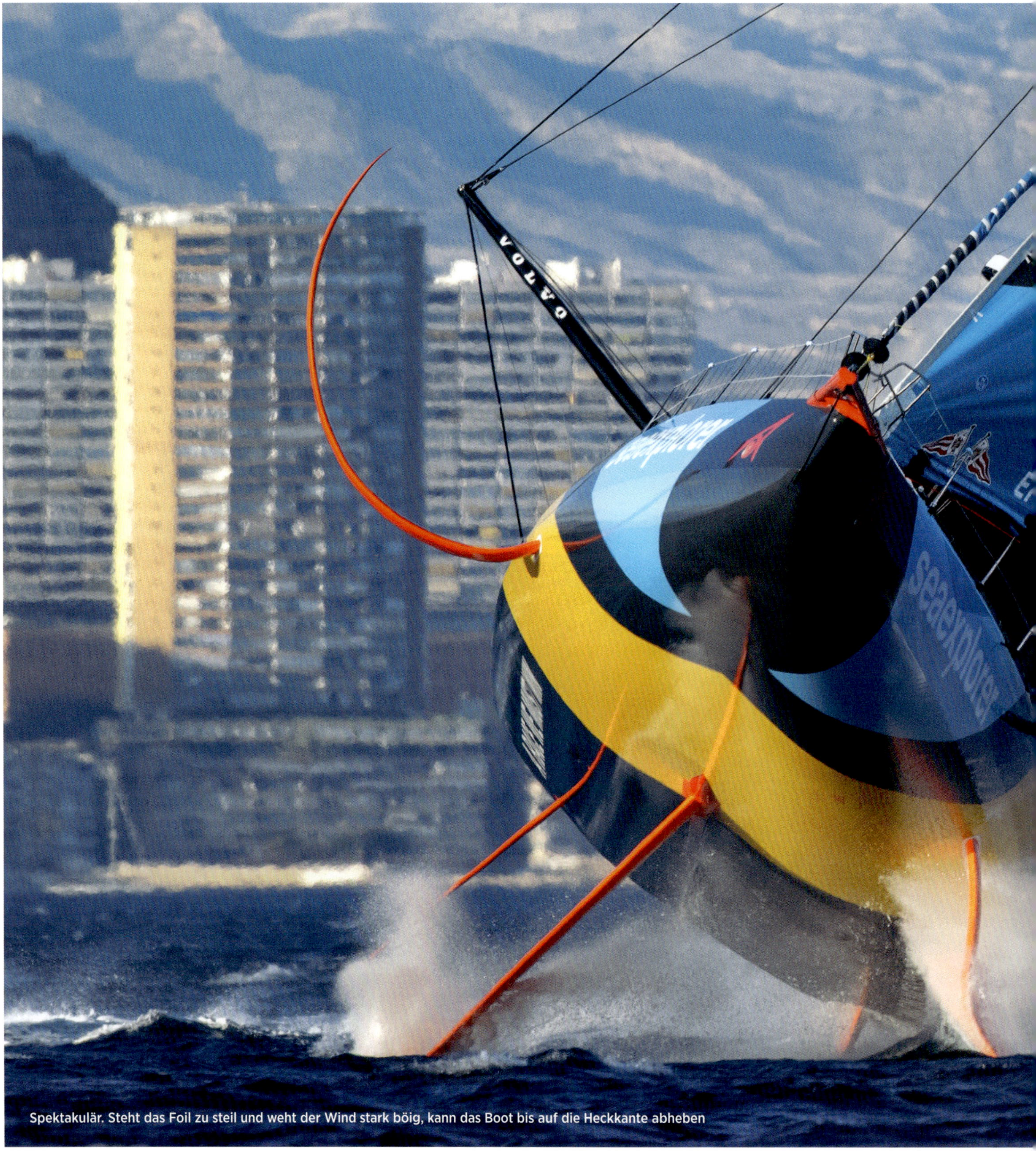

Spektakulär. Steht das Foil zu steil und weht der Wind stark böig, kann das Boot bis auf die Heckkante abheben

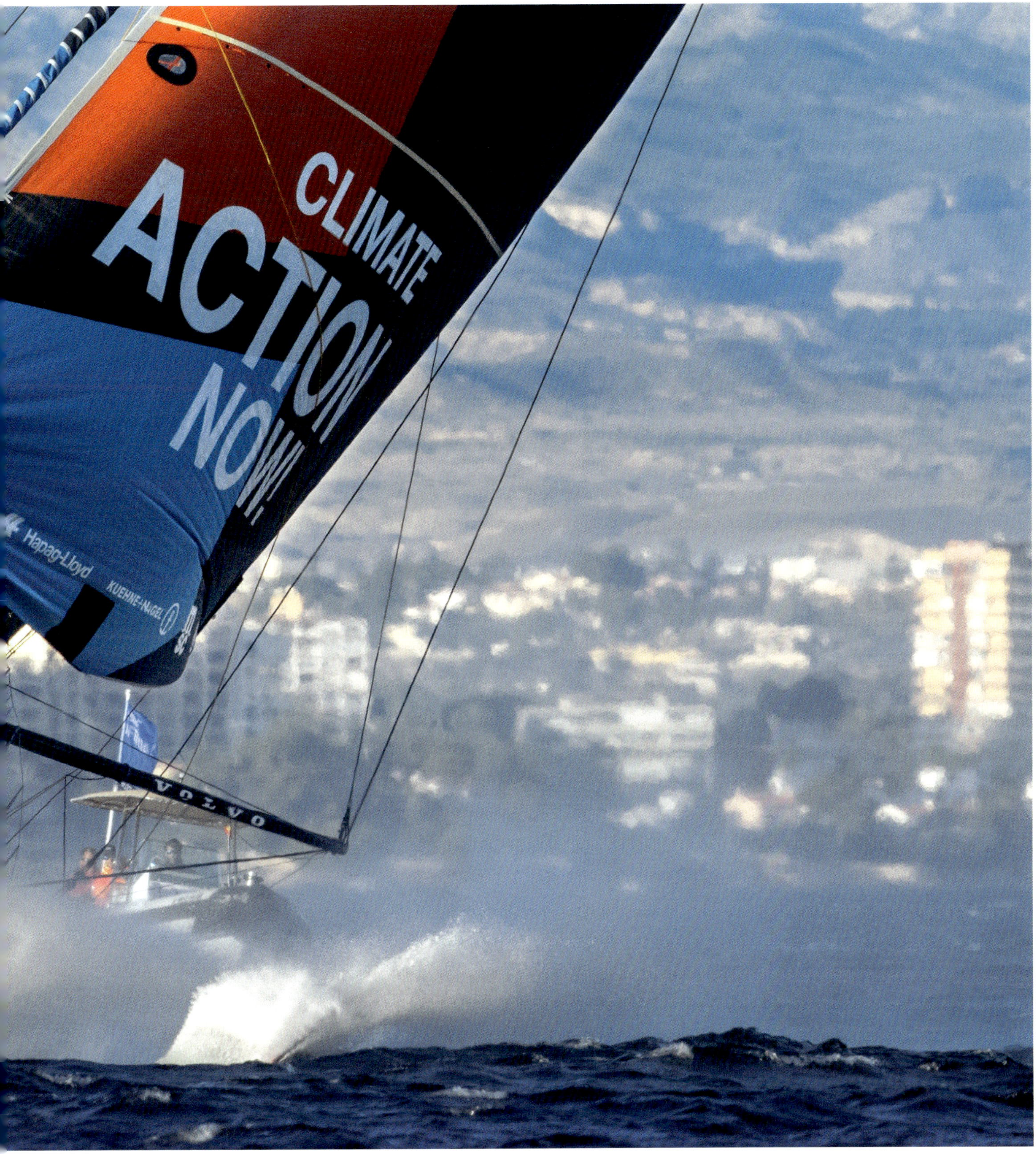
CLIMATE
ACTION
NOW!
Hapag-Lloyd
KUEHNE+NAGEL
VOLVO

Imocas müssen in einem extrem breiten Windbereich funktionieren – von Flaute bis Sturm. Deshalb verfügen sie über einen sehr variablen Segelplan – quasi die Gangschaltung der Hochsee-Renner. Das dreifach reffbare Groß sowie die drei Vorsegel J2, J3 und Sturmfock sind stets an Bord. »J« steht für Jib, das englische Wort für Fock. Vier weitere Segel kann die Crew je nach Profil der Etappe auswählen. Alle Vorsegel bis auf den großen A2-Gennaker werden auf Rollanalagen gefahren, lassen sich also schnell setzen und bergen

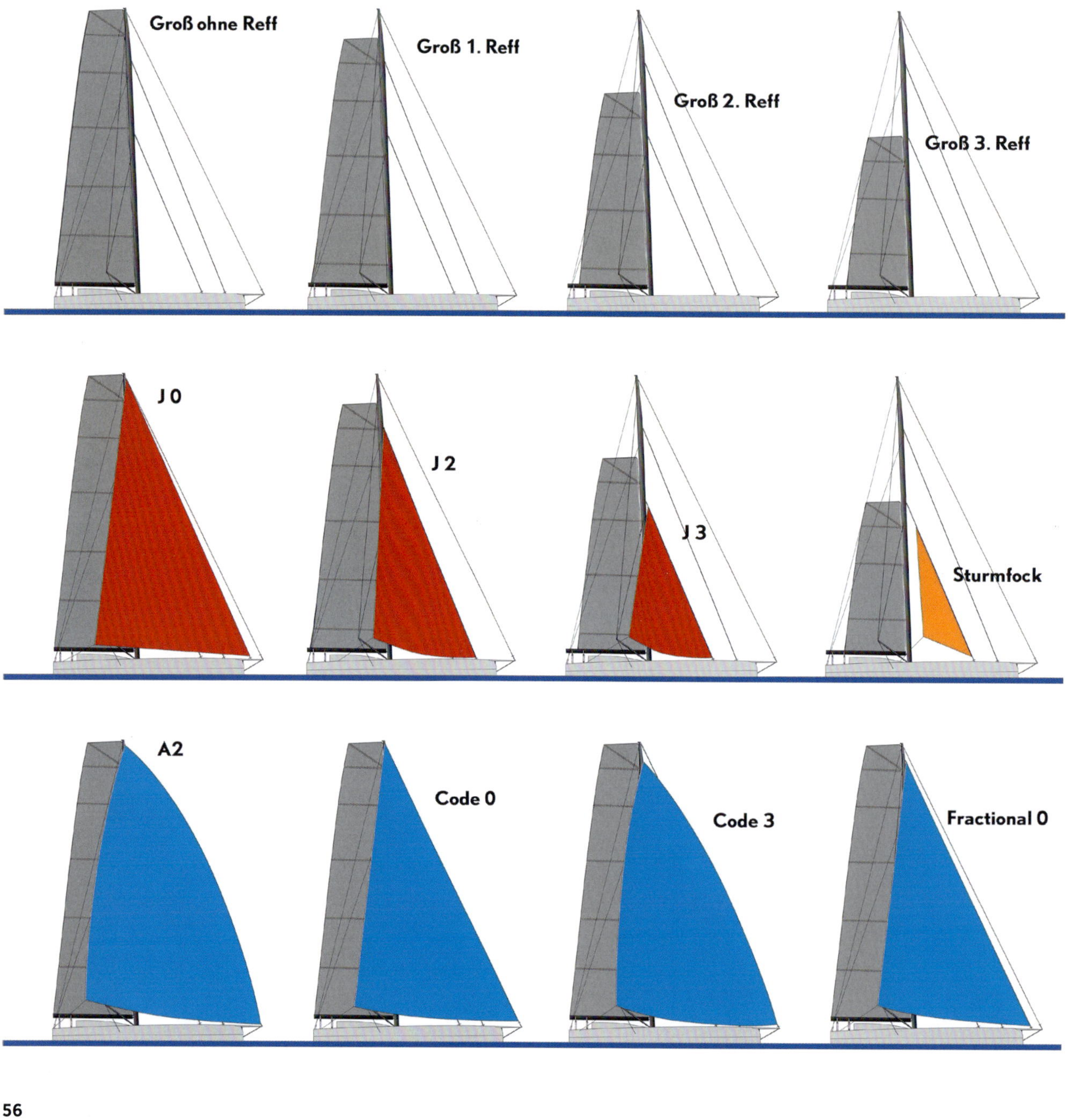

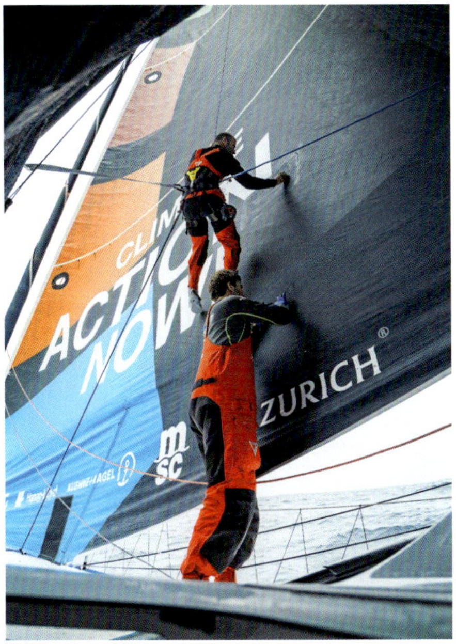

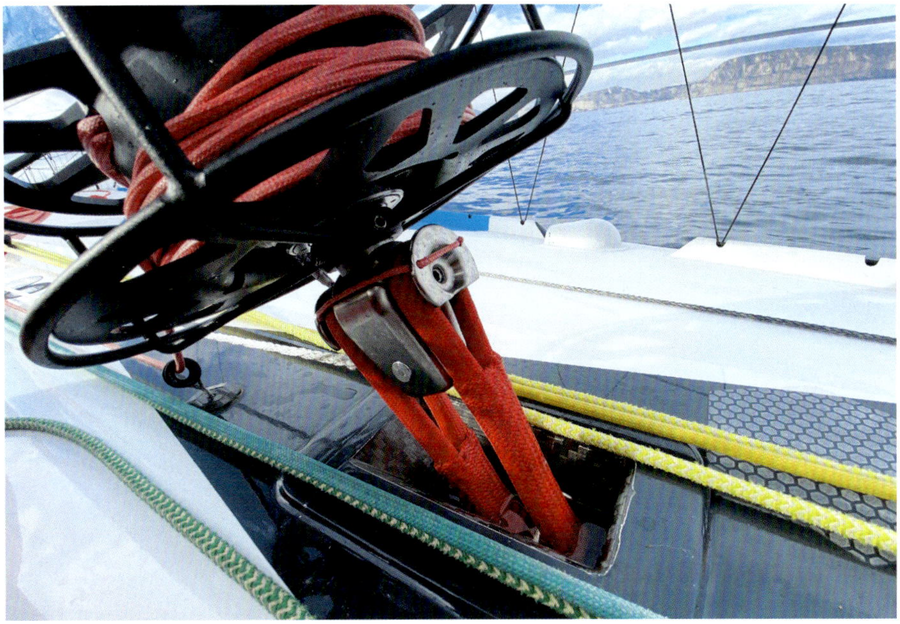

Schäden an den Segeln muss die Crew auf See selbst reparieren. Das kostet Kraft und mitunter wertvolle Meilen.
Wichtige Komponenten wie die Rollanlage der J2-Fock werden mehrfach gesichert

Wie ausgefeilt das System ist, kann niemand besser erklären als Axelle Pillain, die es konzipiert, eingebaut und Teile der Software selbst geschrieben hat. »Im Prinzip gibt es zwei Ebenen der Selbststeuerung«, sagt die promovierte Mathematikerin, die 2019 das Mini-Transat segelte und auch als Ersatzfrau für Crewmitglied Rosalin Kuiper fungiert. »Wir haben ein Hercules-H5000-System von B&G, das gewissermaßen die Basis bildet und auch allein funktionsfähig wäre. Es zählt zum gehobenen Sortiment und findet sich auf vielen Regattayachten. Darüber aber sitzt eine weitere, noch wesentlich ausgefeiltere Steuereinheit namens Exocet, hergestellt und programmiert von Pixel sur Mer, einem hoch spezialisierten IT-Unternehmen in Lorient. Und die ist wirklich High-end. Sie berechnet in Echtzeit den wahren Windeinfallswinkel und erlaubt der Crew, per Tastendruck verschiedene Parameter vorzugeben, die vom Kurscomputer zusätzlich berücksichtigt und optimiert werden«, sagt Axelle Pillain: »Bootsgeschwindigkeit, Lage und den scheinbaren Windwinkel.« Das System »spielt« dann innerhalb dieser Sollwerte mit dem Kurs, und das auf Wunsch mit geradezu brachialer Konsequenz: schneller, feinnerviger und wenn nötig härter als selbst die erfahrensten Steuerleute es vermögen.

Die Segler dirigieren ihre fliegenden Kisten ähnlich wie Piloten nur noch auf Knopfdruck, also »fly-by-wire«. Dabei steuern sie das Ruder nicht direkt an, sondern variieren die Vorgaben an den Kurscomputer. Mitunter ändern sie, vor allem auf Halbwindkursen, auch den Anstellwinkel des Neigekiels – ein weiterer wichtiger Parameter für die Performance. So ähnelt das Segeln mehr einem Computerspiel, bei dem die Bedien-Konsole das wichtigste Instrument ist. Schon in Itajaí, dem Zielhafen von Etappe drei, also nach etwas mehr als der Hälfte der Gesamtstrecke, zeigten die Tasten der Steuereinheiten deutliche Gebrauchsspuren – so oft werden sie gedrückt.

Malizia – Seaexplorer repräsentiert nicht nur in diesem Punkt den aktuellsten Stand der Technik. Sie ist auch das Boot mit der wohl umfassendsten Ansammlung von Lastsensoren. Allein in Rumpf, Foils, Rudern und Mast stecken 150 Dehnungsmessstreifen aus Glasfaser, deren Verformung durch Druck oder Zug Aufschluss gibt über die Krafteinwirkung auf die jeweiligen Komponenten. Dazu kommen im Rigg Lastmessbolzen, sogenannte Load Pins, über die sich der Zug auf Fallen, Stagen und Wanten überwachen lässt. Technisch ließen sich deren Daten sogar als Stellgrößen in Exocet imple-

»Je leistungsfähiger die Schiffe werden, desto mehr Feintuning ist nötig. Die alten Imocas waren einhandtauglicher. Die konnte man einfach laufen lassen«

mentieren. Bei Überschreiten bestimmter Lastgrenzen könnte der Autopilot beispielsweise abfallen oder anluven. So weit geht die Integration aber noch auf keinem Imoca. Dennoch sind die Sensoren eminent wichtig, um der Crew über Alarme überhaupt Anhaltspunkte dafür zu geben, wann es kritisch wird. Insbesondere in der Anfangsphase voriges Jahr piepste es auf *Malizia* ständig, sobald sie am Foilen war. Inzwischen sind die Schwellenwerte so weit angehoben, dass nur noch selten Warnsignale ertönen. Dann aber gilt der erste Blick der Crew der »Load Page« auf einem der im Cockpit fest eingebauten iPads, um einschätzen zu können, ob Handlungsbedarf besteht.

Co-Skipper Will Harris erklärt die Bedeutung der komplexen Messtechnik: »Um ehrlich zu sein, fühlt sich ein Imoca der neuesten Generation bei Wind so an, als würde er jeden Moment explodieren. Eigentlich denkst du permanent, dass du langsamer segeln müsstest.« Deshalb seien die Lastwerte unverzichtbar. »Das Boot brummt, knallt, kracht ohrenbetäubend in die Welle. Aber so lange nicht einer dieser Alarme losgeht, vertraust du darauf, dass an Bord alles in Ordnung ist.«

Es ist eine Art Hochseesport, bei dem Intuition und Seemannschaft zwar noch ihre Bedeutung haben, aber mehr und mehr von Algorithmen und Messtechnik ergänzt, überlagert, teils auch schon ersetzt werden. »Um diese Boote auf 100 Prozent ihres Potenzials zu bewegen, muss man Computer-Nerd sein«, sagt Will Harris.

Doch nicht alles lässt sich rechnerisch modellieren. »Bestimmte Erkenntnisse sind überraschend«, sagt Boris Herrmann, »etwa, dass wir mit den neuen Foils auf bestimmten Kursen schneller sind.« Das sei ja auch das Schöne: »Dass nicht alles im Voraus vom Computer berechnet werden kann, dass das Gefühl fürs Boot noch immer eine Rolle spielt«, findet der 42-Jährige, der einerseits zu den eifrigsten Innovatoren in der Imoca-Klasse zählt, andererseits aber Instinktsegler und Seemann geblieben ist.

Mit dem Anwachsen der Foils und in der Folge auch der Geschwindigkeit sind die neuen Imocas weitaus fordernder geworden. Das zeigt sich schon bei leichten bis mäßigen Bedingungen. Weil die Veränderung des Anstellwinkels der Tragflügel per Hydraulik Zeit braucht, tendieren die Boote in Böen dazu, mit dem Bug weit abzuheben – die Skipper sprechen in Anlehnung an den Motorradrennsport von »Wheelies«. Es sieht spektakulär aus und fühlt sich an Bord auch so an. Effizient aber ist so ein Abflug nicht, denn nach der meist unsanften Landung muss erst wieder Fahrt aufgebaut werden.

Doch auch wenn die Boliden sauber aufs Foil kommen und fast waagerecht übers Wasser preschen, ist es mit bloßem Kurshalten nicht getan. Zu sehr ändert sich der scheinbare Wind, der sich aus dem wahren Wind, dem Fahrtwind und dem Kurs ergibt. Krasse Sprünge im Speed von 15 auf 25 Knoten zwingen zu Änderungen im Trimm. Kielneigung, Autopilot und Schotspannung müssen permanent nachjustiert werden, um das Optimum an Geschwindigkeit herauszukitzeln. Der Rudergänger wird dabei zum Videospiel-Junkie, der alle paar Sekunden Kursvorstellung und Kielstellung variiert. Auch die Crew hat selten Pause, weil das Groß, kaum gefiert, schon wieder dichtgekurbelt werden muss.

Was das Boot kann, hat es im Southern Ocean bewiesen – nämlich dort noch zu funktionieren, wo bisher alle anderen unberechenbar werden

Im Idealfall führt das zu rabiater Beschleunigung, die einen schon bei flacher See kurz aus der Balance bringen kann. Am Wind brauchen die besten Boote kaum mehr als einen Wimpernschlag, um beim Übergang vom Gleiten zum Foilen 50 Prozent an Tempo zuzulegen. Auf Halbwindkurs kann die Geschwindigkeitszunahme an die 100 Prozent betragen, begleitet von einem Heulen von Flügel und Kielfinne. Allerdings geht es bei Unachtsamkeit auch genauso schnell nach unten mit Ton und Tempo, sobald man einen Dreher oder Drücker verpasst. Dann meint man unweigerlich zu stehen.

Und doch ist da die Kehrseite, die im mit Vierer-Crews gesegelten Ocean Race vielleicht nicht ganz so durchschlägt, bei Solo-Regatten aber

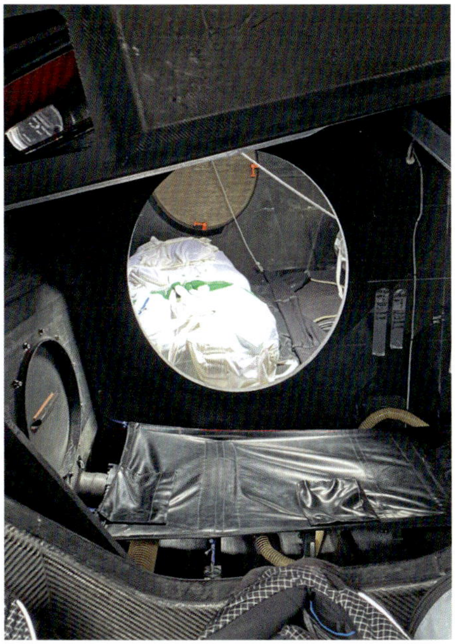

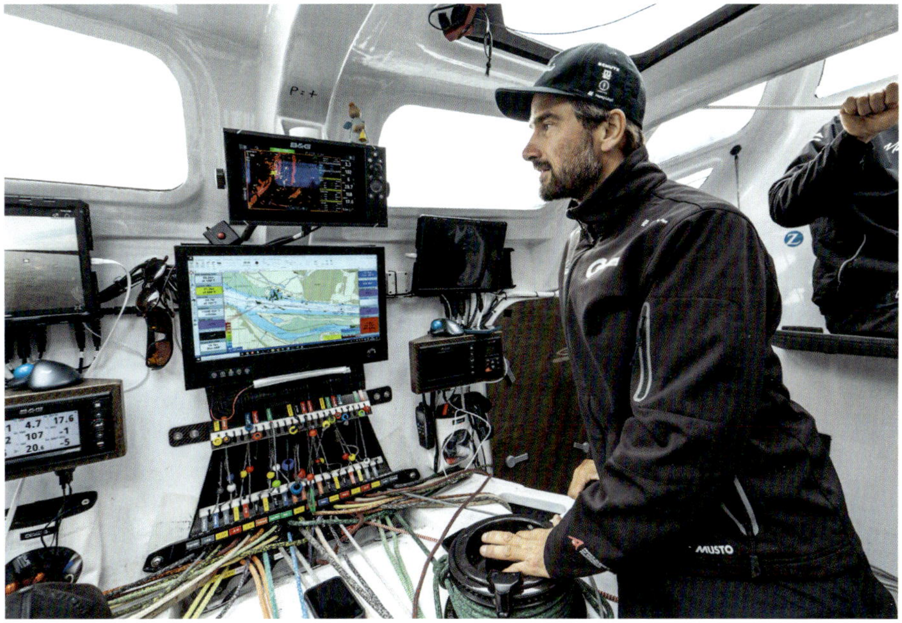

Vom Mast an vorwärts ähnelt das Schiffsinnere einem verwinkelten Kohlenkeller. Hier befinden sich die Foil-Kästen und die Segellast. Dagegen wirkt das Cockpit fast schon wohnlich, wenn auch die rund 50 Leinen vor dem Winsch-Podest und die vielen Instrumente verwirren

umso mehr: »Je leistungsfähiger die Schiffe werden, desto mehr Feintuning ist nötig«, sagt Boris Herrmann. Auch der modernste Autopilot kommt bei viel Wind und Welle an seine Grenzen. »Die alten Imocas waren da im Vergleich viel einhandtauglicher. Da hatte man irgendwann einfach das Gefühl, dass sie nahe an ihrem Leistungspotenzial segeln, und dann konnte man die laufen lassen.«

Mit den neuen Foils, nur kurz vor dem Ocean Race montiert, weil das erste Paar gebrochen war, hat *Malizia* in dieser Hinsicht sogar gewonnen. Sie seien »toleranter«, sagt der Hamburger, erforderten weniger penible Justage. Am Wind und auf Halbwind-Kursen sollen sie den Original-Flügeln sogar leicht überlegen sein, weil sie nicht nur Auftrieb liefern, sondern auch der seitlichen Abdrift effizienter entgegenwirken. Nur unter bestimmten Bedingungen zeigen sie gewisse Geschwindigkeitseinbußen.

Boris Herrmann spricht in Bezug auf den Bruch in der Vorphase von The Ocean Race, der zu dem Tausch der Tragflügel führte, deshalb von einem »glücklichen Unfall«.

Was das Boot kann, hat es im Southern Ocean bewiesen – nämlich dort noch zu funktionieren, wo bisher alle anderen Imocas unberechenbar werden. Die Crew der *Malizia – Seaexplorer* konnte vergleichsweise länger attackieren, mehr Segel stehen lassen, mehr Tempo machen.

Ganz unumstritten ist diese Auslegung freilich nicht. Kevin Escoffier, mit *Holcim – PRB* lange Zeit führend in der Gesamtwertung, sagt: »*Malizia* hat ihre Stärke da, wo es eigentlich für alle haarig wird.« Wenn im Südpolarmeer etwas schiefgehe, und sei es nur, dass sich das Boot für einige Minuten auf die Seite legt, drohten immer Defekte. »Da mehr zu pushen, finde ich riskant. Ich habe lieber ein Schiff, das bei Idealbedingungen am schnellsten ist.«

Boris hingegen sagt, und auch das klingt überzeugend: »Ich wollte kein Boot, bei dem ich auf dem Vorschiff jeden Moment damit rechnen muss, von einer Welle fortgerissen zu werden«.

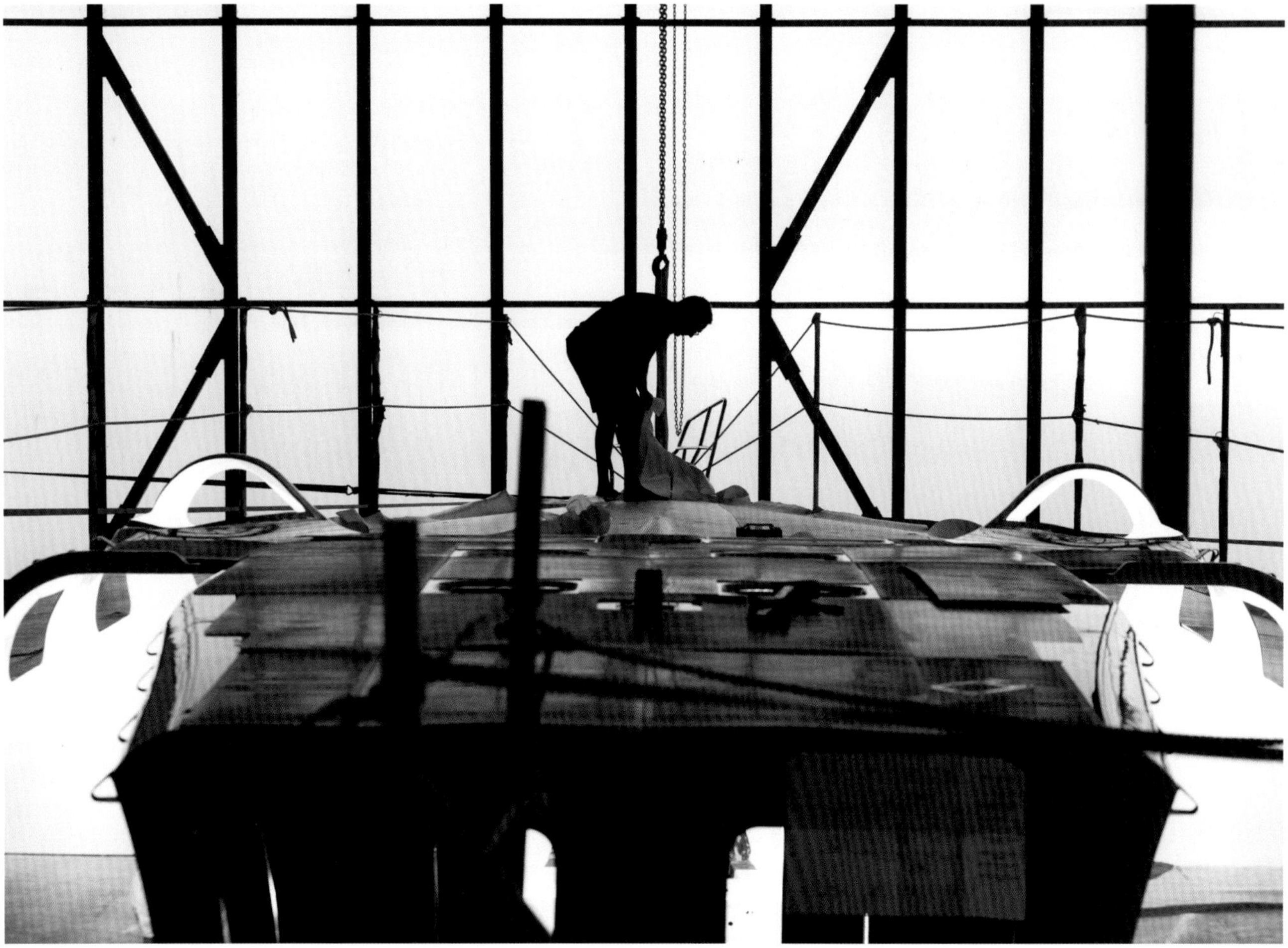

Spätschicht im Team-Hangar von Lorient. In der Schlussphase des Baus arbeiten bis zu 50 Frauen und Männer fieberhaft daran, den noch weitgehend leeren Carbon-Kasko segelklar zu machen – ein enormer Kraftakt von geradezu aberwitziger Komplexität

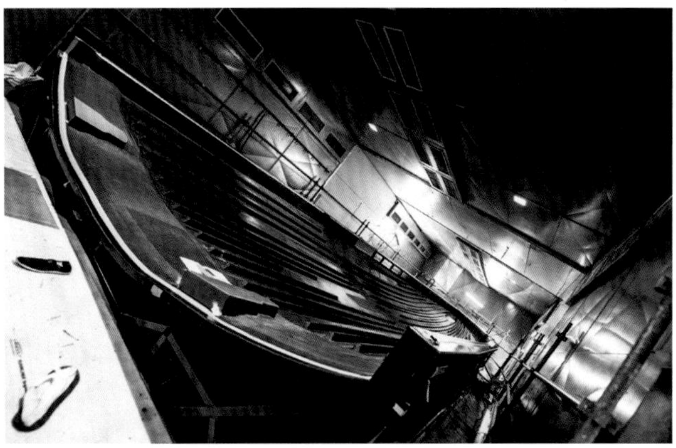

Die enorm breite und flache Rumpfschale in der Bauwerft Multiplast. Eng liegende Längsstringer sorgen für Biegesteifigkeit

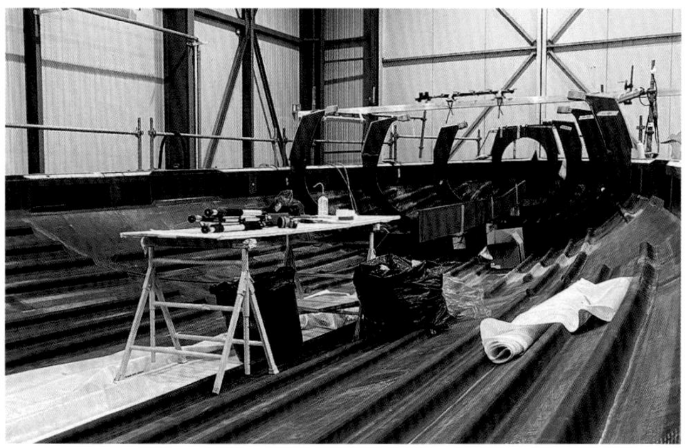

Anschließend folgen Schotten, Ringspanten und später Spanten aus Carbon-Sandwich, die zusammen eine extrem feste Struktur bilden

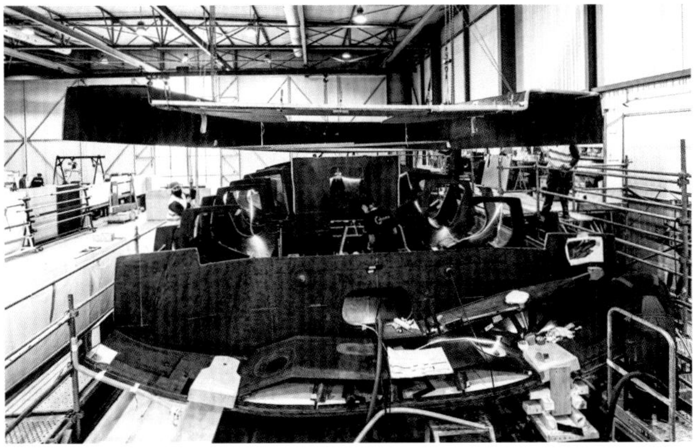

Hochzeit. Das in Deutschland gebaute Deck wird auf den Rumpf abgesenkt und aufwändig mit diesem verklebt sowie zusätzlich anlaminiert

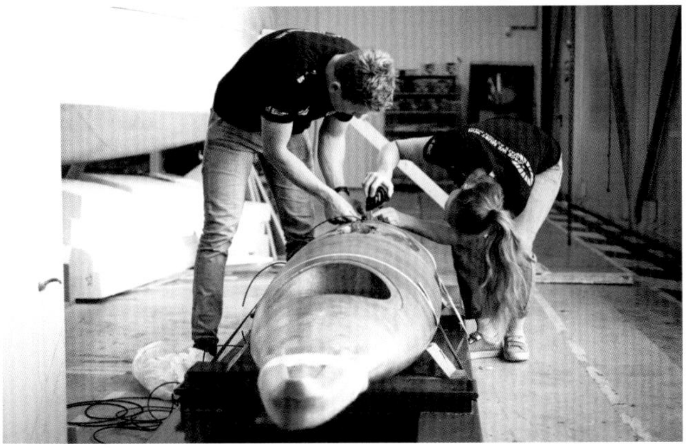

Die Bombe des Kiels hat oben große Aussparungen. Sie können zur Anpassung des Ballastgewichts mit Blei oder Schaum ausgefüllt werden

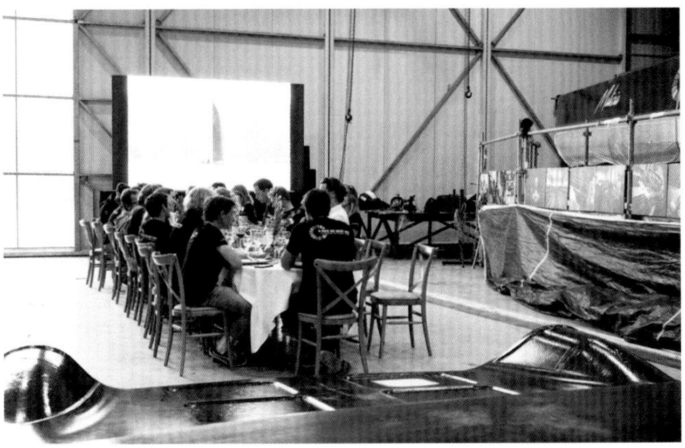

Feierlicher Moment. Das Team tafelt im noch leeren Hangar neben dem Boot, dessen Bau jetzt in die finale Ausrüstungsphase geht

Organisierter Wahnsinn

Was es braucht, einen völlig neuen, konzeptionell eigenständigen Imoca zu entwicklen und zu bauen

▶ In Lorient steht die Luft in diesen Tagen Mitte Juli 2022. Das Thermometer zeigt für die Südbretagne Werte von 40 Grad, und was noch unglaublicher ist: Es weht kein Wind über der Biskaya, nicht ein Hauch. Dabei geht es auch so schon heiß her in La Base, jenem 1941 von der Deutschen Kriegsmarine gebauten U-Boot-Komplex, der wegen der großen Wassertiefe heute vielen namhaften Imoca-Teams als Heimat dient. Denn am 19. Juli soll *Malizia – Seaexplorer* erstmals zu Wasser gehen. Und noch deutet bis auf das Zieldatum des mehrere Seiten langen Projektplans wenig darauf hin, dass das tatsächlich gelingen könnte.

Der Kiel sitzt nicht auf seiner Achse unterm Rumpf; er liegt auf dem Hallenboden neben dem Schiff, als wäre er vom Stapler gefallen. Die beiden Foils lagern in einer Art Garage, die als Lackiererei dient, einen halben Kilometer entfernt. Die Scheiben des kuppelartigen Kajütaufbaus fehlen. Und überall wuseln junge Menschen, die meisten in von Schleifstaub, Kleber, Schweiß oder einer Mischung aus alldem gezeichneten T-Shirts mit Malizia-Logo darauf.

Wer das ameisenartige Treiben als Besucher oder Beobachterin vom Hallentor aus erblickt, hat schneller einen Hilfsjob, als er oder sie den Kopf schütteln kann. Auch Tim Kröger, der erfahrene Hamburger Hochsee-Profi, in den 90er-Jahren selbst zwei Mal im Ocean-Race am Start, wird im Handumdrehen vom Gast zum Logistiker befördert. Dabei rackern bereits um die 50 Bootsbauer, Elektroniker, Rigger, Systemingenieure und Konstrukteure bis tief in die Nacht. Wieviel genau es sind, weiß im Sommer 2022 niemand zu sagen. Jedenfalls nicht genug. Obwohl doch der Termin, auf den alle hinfiebern, seit zehn Monaten feststeht.

So lange dauert es, mindestens, einen komplett neuen, in dieser Form und Konsequenz einmaligen Imoca zu bauen. Streng genommen sogar noch länger, weil die Planungen schon im Frühjahr 2021 begannen, nur wenige Wochen nachdem Boris Herrmann als Fünfter und erster Deutscher die Vendée Globe beendet hatte. Seither, so schätzt der Skipper, sind 35.000 Stunden in die Entwicklung geflossen und noch einmal 45.000 Stunden in den Bau.

Vergleichbar ambitioniert gingen nur ganz wenige Teams zu Werke. Die Mehrzahl der neuen Imocas sind bis zu diesem Zeitpunkt Adaptionen bereits bestehender Konstruktionen – Projekte von weit geringerer Komplexität. Der Hamburger aber, erstmals ausgestattet mit einem stattlichen Budget von um die 25 Millionen Euro, wollte ein nach seinen Wünschen und Erfahrungen maßgeschneidertes Boot. Und das rasch, denn auf seinem Programm stand von Beginn an die Teilnahme am Ocean Race. Daher die frühzeitige Festlegung der Erstwasserung, daher der Stress in der Schlussphase. Auf die Frage, ob das Vorhaben nicht allzu ambitioniert sei, sagte der Skipper kurz vor Weihnachten 2021, als der Rumpf laminiert war: »Es ist schon eng, aber machbar.«

Tatsächlich hält das Team den ambitionierten Termin. Selbst ein Gewitter kann das Kranen des dunkelgrau-gelb-blau lackierten Bootes nicht aufhalten, nur um ein paar Stunden verschieben. Für die Fotografen stellen sich Rosalin Kuiper, Will Harris, Nico Lunven und Boris Herrmann auf die orangerote Kielbombe, als *Malizia – Seaexplorer* von einem Mobilkran sanft ins Wasser gehoben wird. Mission erfüllt!

Tausende Bauteile fügen sich an diesem Tag zu einem Ganzen, viele davon Spezialanfertigungen nur für diese eine Yacht, bei deren Herstellung es um Zehntel und Hundertstel von Millimetern geht, um jedes Gramm, um höchstmögliche Präzision. Der Faserkreisel-Kompass etwa stammt aus der Luft- und Raumfahrt; er kostet soviel wie ein SUV der Luxusklasse. Die Segel haben den Gegenwert einer Zweizimmerwohnung. Für den Preis der Foils bekommt man ein kleines Reihenhaus. Und für das ganze Schiff eine Villa in Berlin Wannsee, München Bogenhausen oder am Elbhang von Hamburg-Othmarschen. »Eine echte Neuentwicklung«, sagt Boris, »nähert sich sieben Millionen Euro«. Es ist der Traum aller Imoca-Segler, mit einem weißen Blatt Papier zu starten.

Wobei: Eine Grundüberlegung stand für ihn von vornherein fest. Bereits während der Vendée Globe, als er auf seiner alten *Malizia* im Indischen Ozean mit Seegang und Böen zu kämpfen hatte, regelrecht zermürbt wurde, verfestigte sich die Idee. »Wir wollten ein Boot mit sehr viel Rocker (dt.: Kielsprung). Dass also die Bugsektion stark nach vorn ansteigt, und dasselbe, wenn auch moderater, im Heck.« Mit Ryan Breymaier, seinem ehemaligen Co-Skipper und Rigger, hatte Boris schon früher darüber sinniert. »Wir hatten beim Barcelona World Race 2010, das wir zusammen gesegelt sind, ein Design, das viel Rocker hatte. Das ging sehr, sehr gut durch den hohen Seegang in den schnellen Reaching-Bedingungen des Southern Ocean, weil es selten den Bug tief in die Welle bohrte. Man konnte lange pushen. Dahin wollen wir mit dem neuen Boot wieder zurück.«

Das ist der Grund, warum *Malizia – Seaexplorer* die Nase so hoch trägt. »Bei einer Länge von 18,23 Metern haben wir nur eine 14 Meter lange Wasserlinie«, sagt Boris. Auch achtern steigt der Rumpf in der Längsachse leicht an. Mittels Wasserballast und dem Umstauen der nicht genutzten Segel ans Heck lässt sich der Bug noch weiter entlasten. »Die Idee ist eigentlich simpel«, sagt der 42-Jährige. Es gehe darum, die vielen harten Be- und Entschleunigungen im Seegang zu dämpfen.

»*Malizia* ist so etwas wie unser Gral, unser Kern. Alles gravitiert um das Schiff. Das hat uns wirklich gefehlt«

»Statt eines Durchschnitts von 18, 19 Knoten, wie ich ihn mit dem alten Schiff oft nur erreicht habe, sind dann 22, 23 Knoten möglich.« Er nennt es »den entscheidenden Unterschied«.

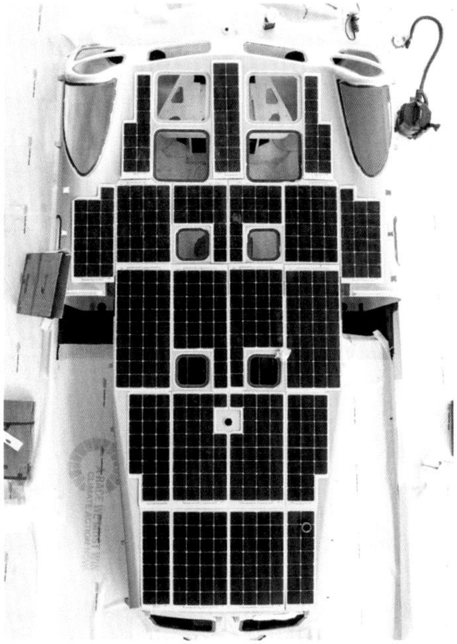

Das Kajütdach ist ein Unikat in der Imoca-Klasse. Seine Form unterstützt das Aufrichten des Bootes nach einer Kenterung

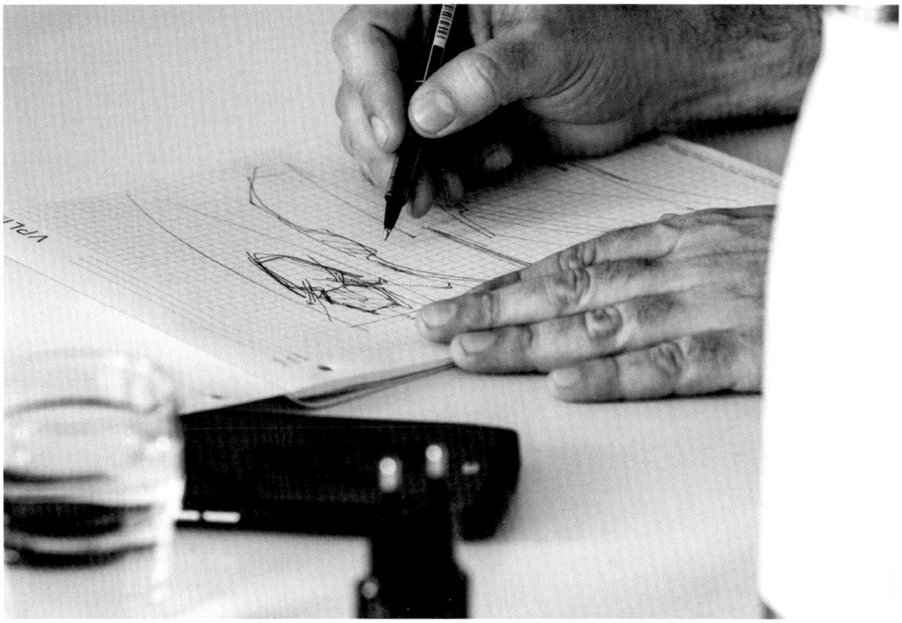

In einer von zahlreichen Besprechungen bei VPLP, dem Konstruktionsbüro, skizziert Daniele Capua zur Veranschaulichung Details von Rumpf und Deck . Die eigentliche Entwicklung geschieht jedoch am Rechner

Nicht nur in der Form, auch in der Bauweise löst sich die neue *Malizia* von ihrer Vorgängerin grundsätzlich. Louis Viat, bis zum Start des Ocean Race Technischer Direktor des Teams, erklärt: »Der Rumpf ist kein Sandwich mehr, sondern nun massiv aus Kohlefaser laminiert.« Das sieht die Klassenvereinigung für alle seit 2022 gebaute Boote so vor. Wegen der hohen Kompressionslasten, die auf den Schiffsboden einwirken, darf anders als bisher kein leichtes Kernmaterial mehr zwischen Innen- und Außenlaminat liegen. Das erhöht zwar das Gewicht, verbessert aber die Festigkeit. Dort, wo noch Sandwich-Bauweise erlaubt ist, etwa im Deck oder im Cockpitdach, gibt es Beschränkungen, was die Materialwahl betrifft. Zuvor waren mehr als 60 Produkte als Kern erlaubt, jetzt sind es nur noch sechs.

Malizia geht über die Mindestvorgaben jedoch hinaus. Wie weit, weiß VPLP-Designer Quentin Lucet, Chef eines kleinen Stabes von Konstrukteuren: »Boris wollte ein sehr sicheres, solides Boot haben, um mögliche Strukturprobleme zu vermeiden. Es hat vier Schotten mehr als andere Designs dieser Art und enorm viele Stringer. Der Boden verträgt gut doppelt so viel Druck wie der des alten Bootes. Es sind fast 40 Prozent mehr Struktur insgesamt.«

»Ganz ehrlich, wenn das Boot erst einmal foilt, spielen 200 Kilogramm Unterschied keine Rolle mehr«, sagt der Skipper in der Bauphase. Den Performance-Nachteil für die wenigen Schwachwind-Anteile einer typischen Vendée Globe halte er für verschmerzbar. Denn die Rumpfform mit dem Löffelbug und der schlankeren Unterwasserlinie kompensiere das Manko. »Wir haben 20 Prozent weniger benetzte Fläche als *Biotherm* oder *Holcim*«, sagt Boris Herrmann.

Bei The Ocean Race zeigte sich freilich, dass *Malizia* gerade bei wenig Wind sowie im Übergang zum Foilen noch eine Achillesferse hat. Dann kann sie den Verdier-Designs nicht oder nur mit Mühe folgen. Der Grund könnten die Ersatzfoils sein, die für einen anderen Imoca konstruiert wurden. Es liegt aber wohl maßgeblich auch daran, dass das Boot signifikant schwerer ist als vorgesehen, wie mit dem Bau vertraute Experten bestätigen. Zum einen stimmte die ursprüngliche Berechnung der Ingenieure nicht genau. Zum anderen wurde in der hektischen Schlussphase nicht mehr exakt Maß gehalten: Während über weite Teile der Entstehung alles, was an Laminat, Spachtelmasse, Harz und sonstigen Materialien in, an und aufs Boot kam, aufs Gramm genau gewogen und erfasst wurde, blieb dafür keine Zeit mehr, je näher der Krantermin rückte. Und weil das Boot an sich schwerer wurde, verfehlte *Malizia* auch die Zielvorgabe beim Ballastgewicht, muss also mehr Blei in der Kielbombe tragen als die ursprünglich avisierten 2,2 Tonnen Minimum. Ein doppelter Schlag ins Kontor, der erklärt, warum die ansonsten höchst interessante und innovative Konstruktion Probleme hat, so früh auf ihre Foils zu kommen wie die Konkurrenzboote.

»Natürlich ist Unsicherheit da, ob wir mit unserem Konzept richtig liegen«, sagte Boris Herrmann zu Beginn der Bauphase. Die Zweifel haben sich erledigt

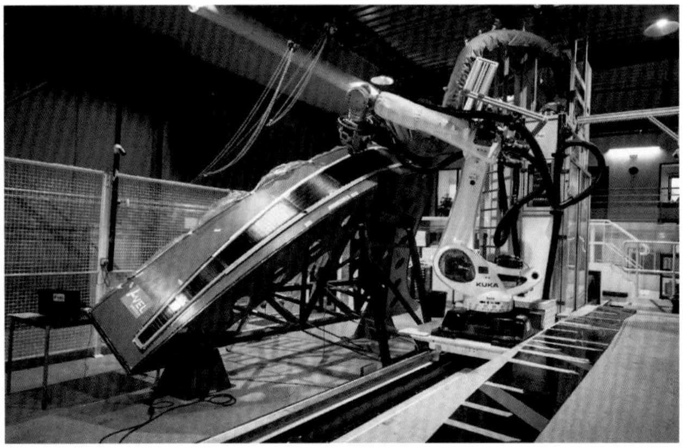

Die Tragflügel wirken wie Turbolader im Motorsport. Team Malizia ließ sie in einem neuen Verfahren erstmals per Roboter laminieren

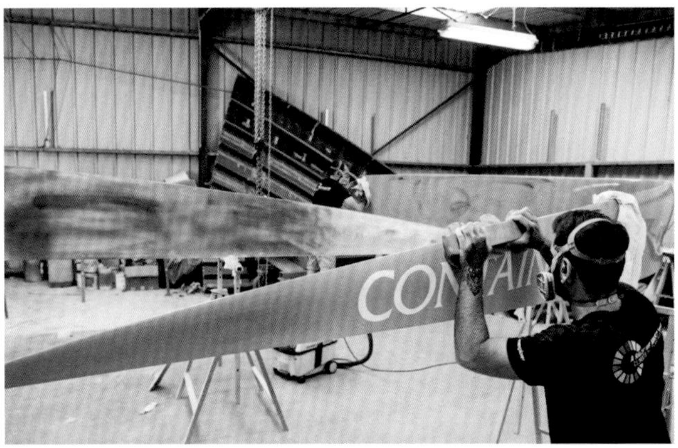

Trotz aller maschinellen Präzision: Der letze Schliff der ausladenden Kohlefaser-Profile erfolgt von Hand und mit Fingerspitzengefühl

Potenzial für Verbesserungen gibt es also. Schon in Kapstadt, nach Etappe zwei, sagt Boris Herrmann: »Eigentlich müsste man mit dem, was wir jetzt an Erfahrung und Wissen haben, noch mal neu konstruieren.« In Aarhus, nach neun Zehntel der Gesamtdistanz von The Ocean Race, antwortet er auf die Frage, was er ändern würde, wenn er einen Wunsch frei hätte: »Nicht viel. Eigentlich nichts Wesentliches, wirklich. Vielleicht würde ich den Rumpf um 10, 20 Zentimeter flacher machen«. Will Harris sieht es genauso wie sein Chef: weniger Freibord, weniger Gewicht, weniger Windwiderstand – und ein schnittigeres, eleganteres Profil.

Da das mit vertretbarem Aufwand nicht geht, bleibt es bei kleineren Optimierungen. Doch auch die versprechen Potenzial. Für die kommenden Regatten soll *Malizia* vor allem leichter werden: weniger Ausrüstung, weniger Gewicht im Kiel. Eine Änderung bei der Berechnung der Kentersicherheit wirkt sich hier besonders vorteilhaft für das deutsche Boot aus. Auch wird der Skipper einen weiteren Satz Foils bauen lassen, der noch mehr Leistung bringen soll. Damit wird das schnellste Einrumpfboot der Welt über 24 Stunden fraglos noch schneller.

Die aufwändige Sensorik an Bord könnte weitere Anhaltspunkte für Verbesserungen liefern. So durchleuchten Spezialisten im Team sämtliche Messwerte, die bei The Ocean Race per Satellitenfunk vom Boot auf den Malizia-Server übertragen werden. In den Etappen-Häfen werden noch höher aufgelöste Daten aus dem Zentralrechner des Imocas gesichert. Zusätzlich fahnden Datenanalysten von KND in Valencia nach weiterem Potenzial in dem Meer aus Megabytes. Das Gesamtkonzept aber, da ist sich die Crew nach den bisher mehr als 40.000 gesegelten Meilen in Regatten, bei Trainings und auf Überführungen sicher, funktioniert. So gut, dass bereits mehrere Konkurrenten angefragt haben, ob sie ein Schwesterschiff nach den Plänen von *Malizia – Seaexplorer* bauen können.

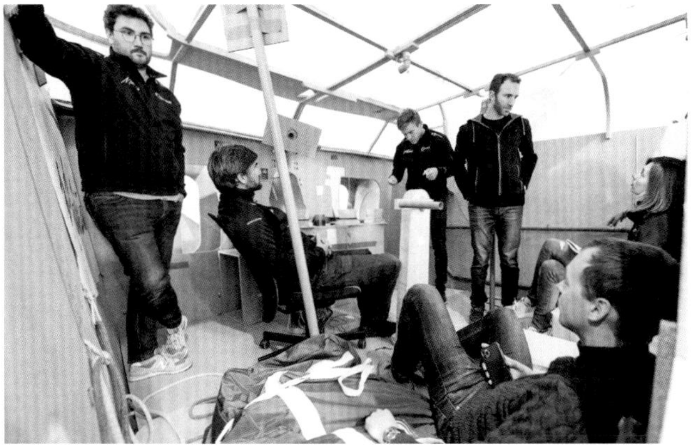

Zur Festlegung des Cockpits ließ das Team einen Sperrholz-Rohling bauen und probierte darin alle nötigen Abläufe aus

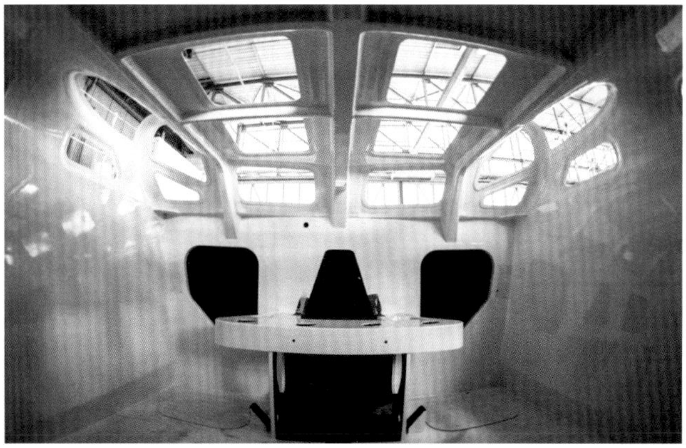

So sieht die Herzkammer des Bootes aus, die Monate vorher nur als Mock-up existierte. Auf dem Tisch stehen später die vier Winschen

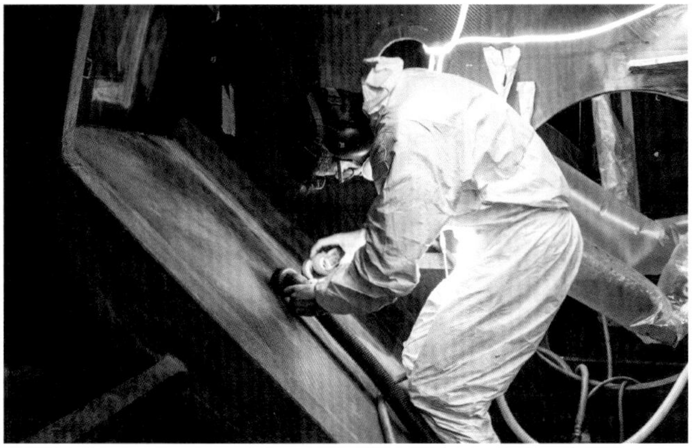

Im Inneren des Rumpfes wartet auch nach dessen Fertigstellung viel Arbeit, etwa an den Tanks für Wasserballast und an den Foil-Kästen

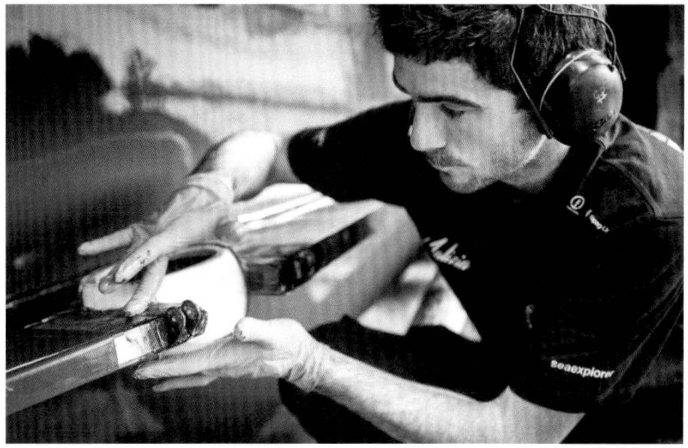

Am Heck setzt Bootsbauer Borja Nebreda eines der Lager für die hochklappbaren Ruder ein. Es muss gut einer halben Tonne Druck standhalten

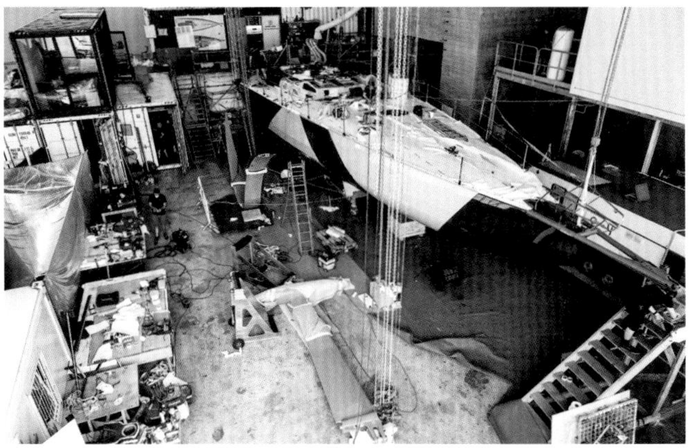

Wimmelbild kurz vor dem Stapellauf. »Das war der Wahnsinn«, sagt Rebecca Sainson, die als Konstrukteurin die Arbeiten koordinierte

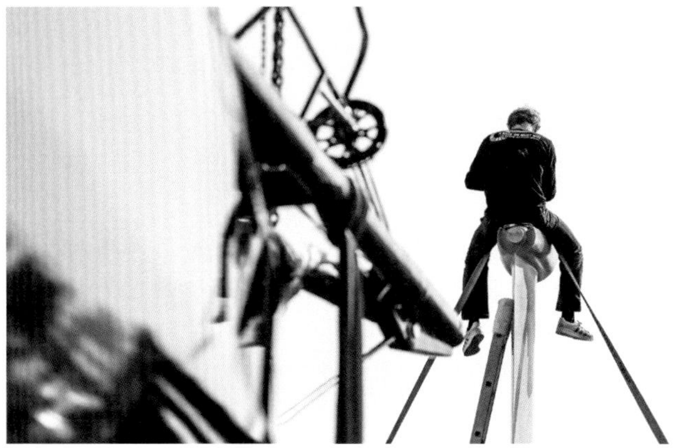

Balanceakt. Letzte Vorbereitungen am Kopf des 4,50 Meter langen Kiels, bevor dieser mit dem Rumpf und der Hydraulik verbunden wird

Stippvisite im Heimathafen

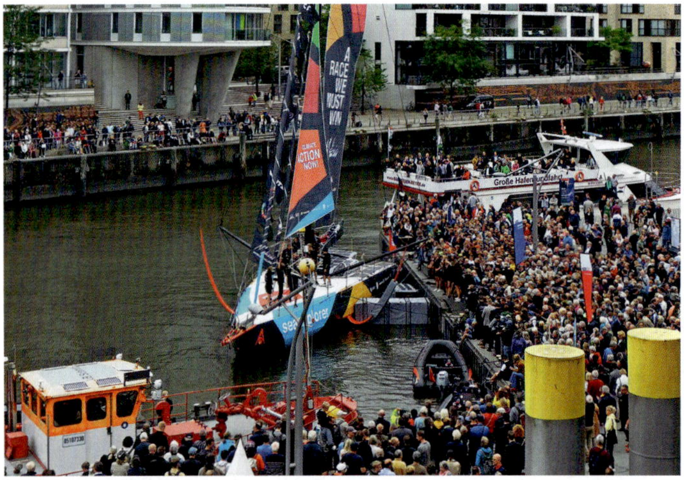

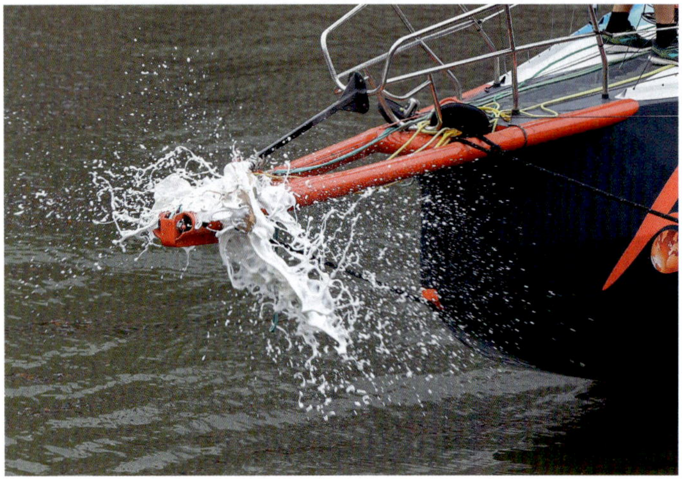

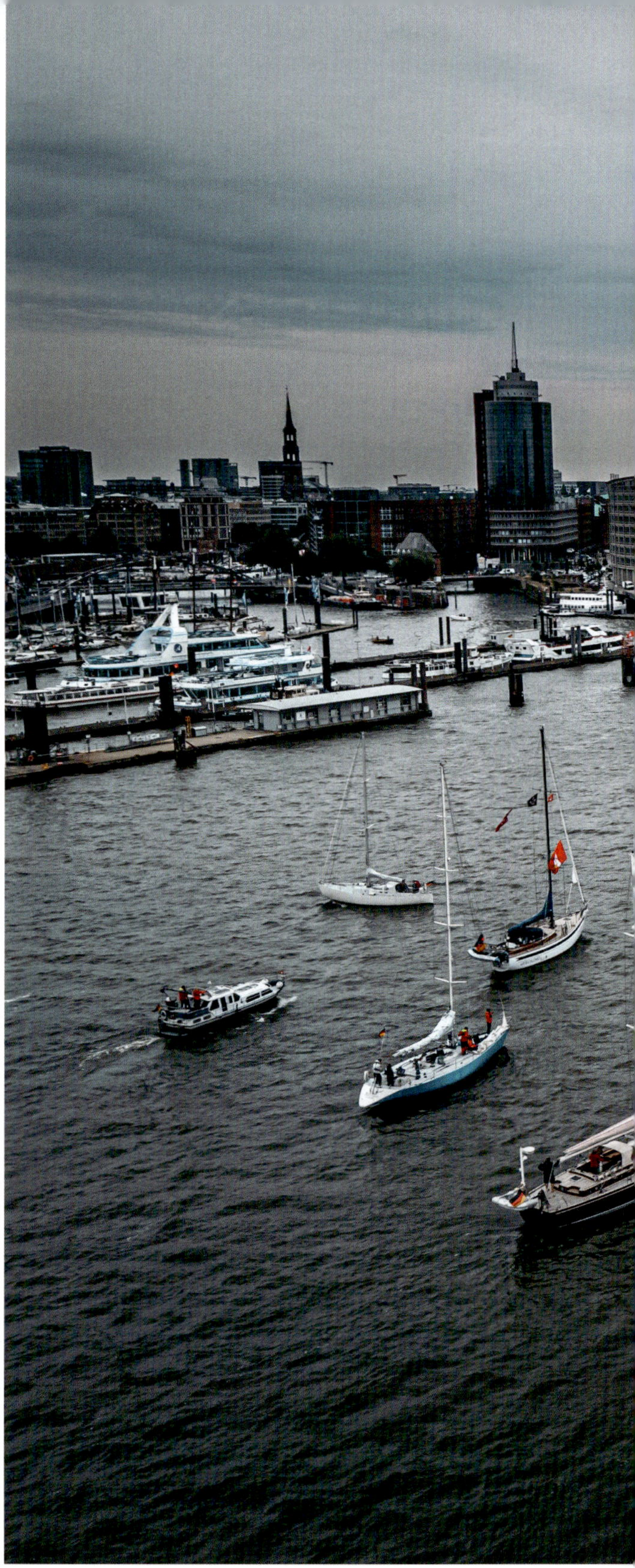

Der Stapellauf fand in Lorient statt, dem Zentrum des Hochseesegelns in Frankreich. Für die Taufe verholte Skipper Boris Herrmann seine *Malizia – Seaexplorer* dagegen an die Elbe. Dort wohnt er, dort hat er auch mit seinem ersten Imoca schon mehrfach gastiert. Hamburg präsentierte sich mit herbstlich verhangenem Himmel. Der Begeisterung der Fans, die zu Zehntausenden in die HafenCity strömten, tat das aber keinen Abbruch. Und dass die Champagnerflasche erst beim zweiten Versuch zerschellte – geschenkt!

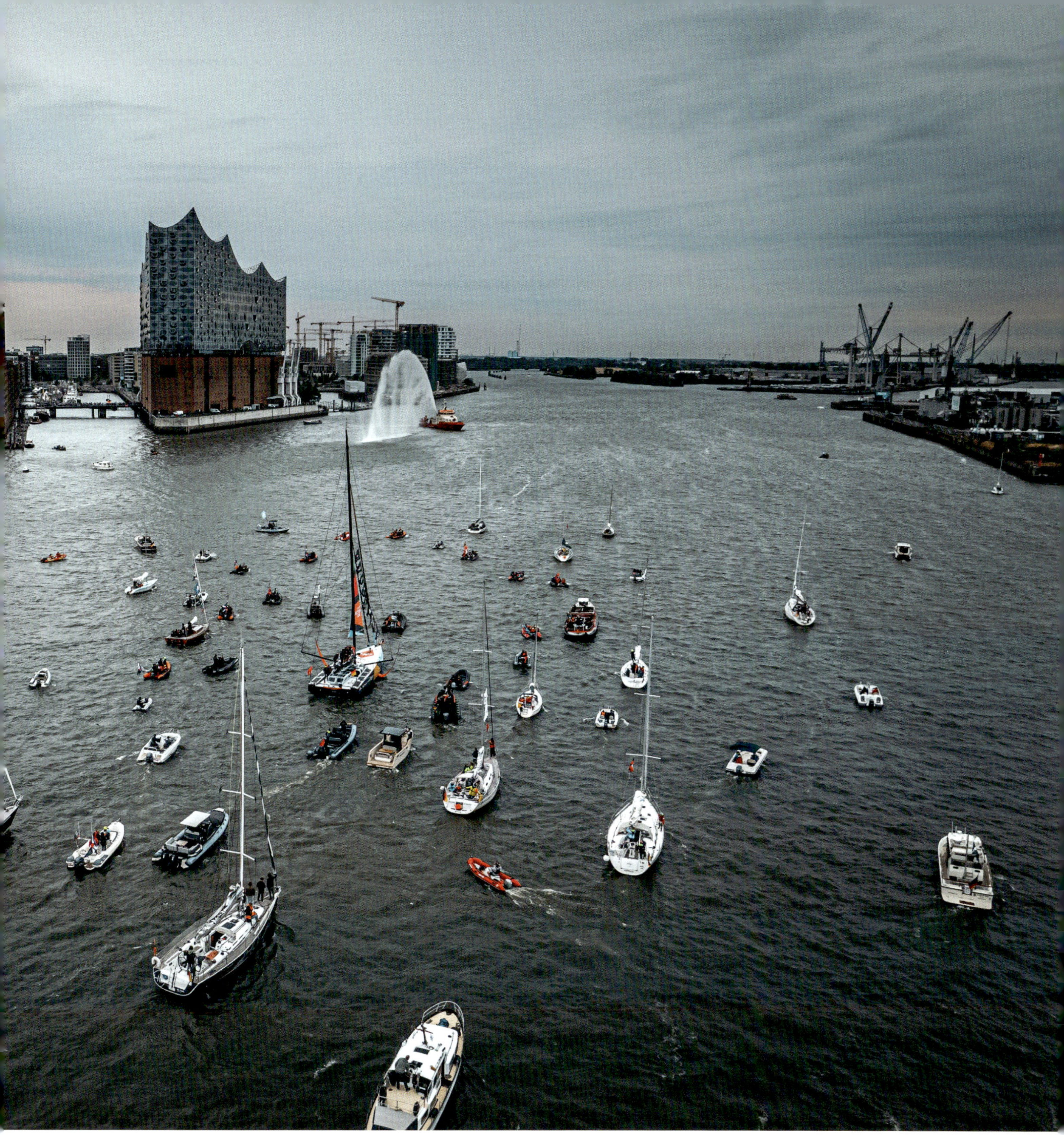

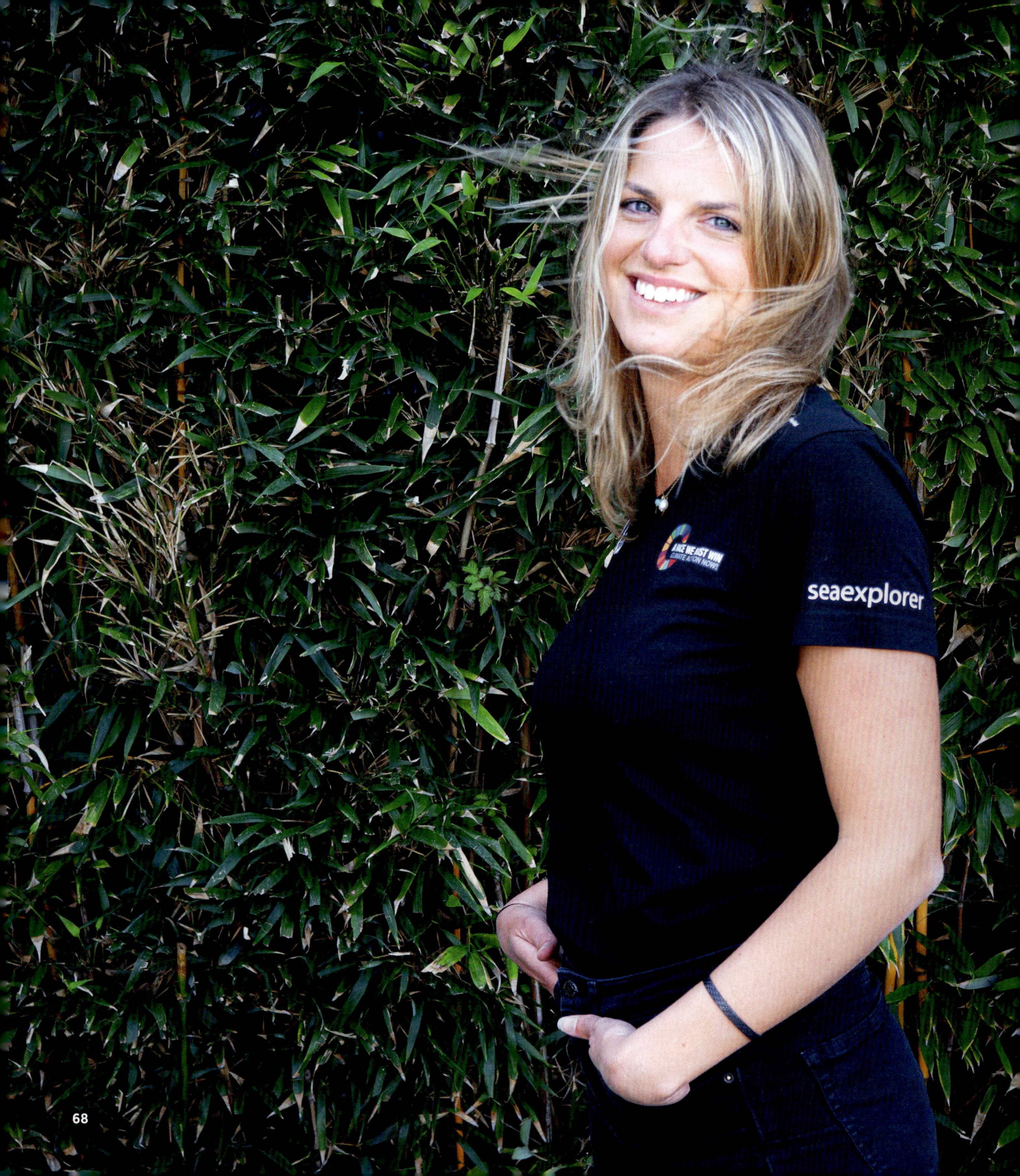
seaexplorer

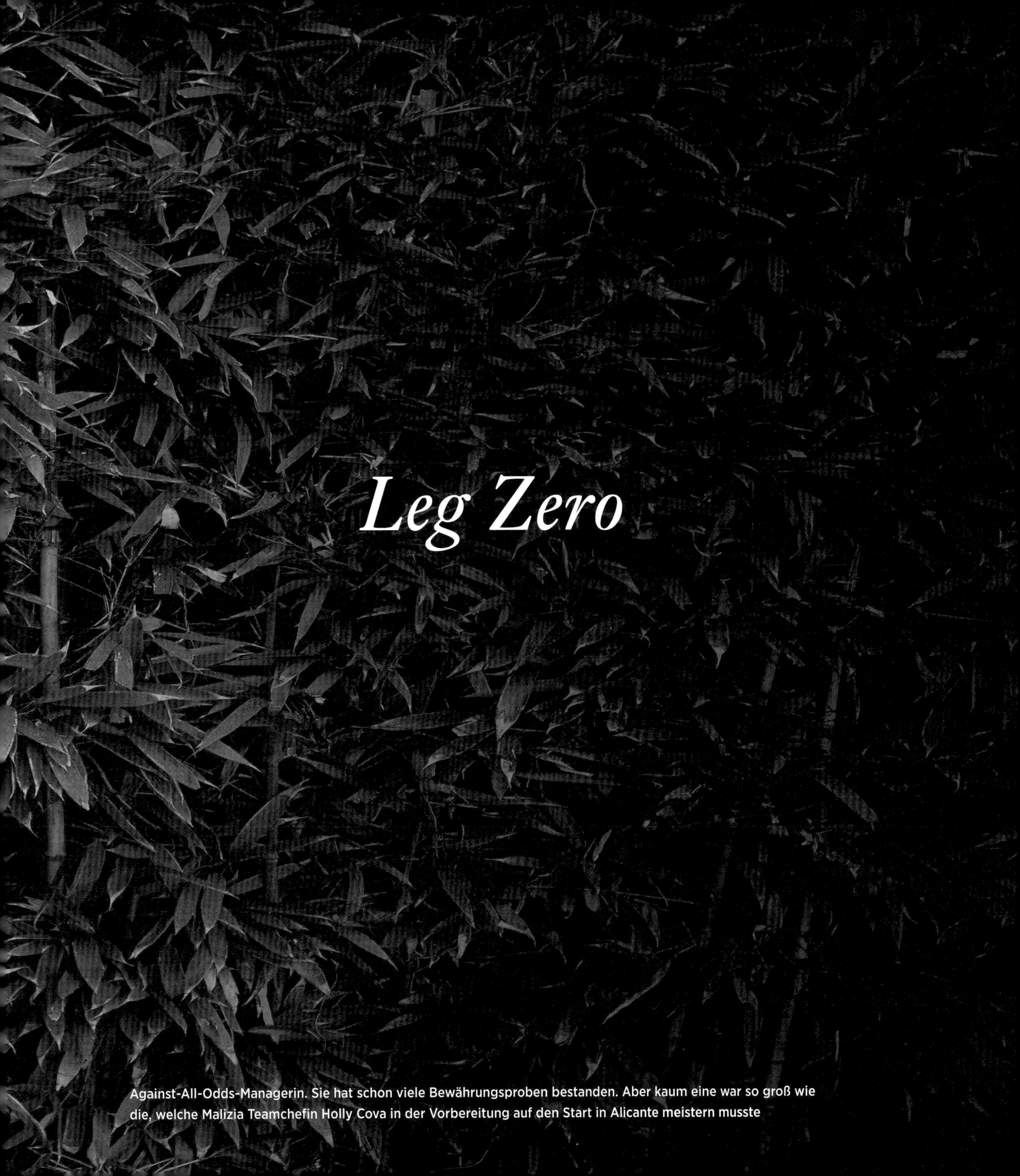

Leg Zero

Against-All-Odds-Managerin. Sie hat schon viele Bewährungsproben bestanden. Aber kaum eine war so groß wie die, welche Malizia Teamchefin Holly Cova in der Vorbereitung auf den Start in Alicante meistern musste

Löwin als Leiterin

Vier der fünf Imoca-Kampagnen bei The Ocean Race stehen unter der Leitung von Frauen. Die Britin Holly Cova ist eine von ihnen. In Alicante war sie es, die ***Malizia*** *trotz Foil-Bruch auf Kurs hielt*

▶ Als *Malizia – Seaexplorer* Mitte Dezember in der Dämmerung den Hafen von Alicante erreicht, vier Wochen, bevor am 15. Januar das Ocean Race beginnt, ahnt niemand, dass etwas nicht stimmt. Während sich Boris Herrmann zuhause in Hamburg von den Strapazen der Route du Rhum erholt, seiner ersten Solo-Regatta mit dem neuen Boot, hatte Will Harris auf der Rücküberführung von Gouadeloupe die Skipper-Rolle übernommen.

Der stets ruhig und überlegt agierende Brite ist trotz der Strapazen eines solchen Transatlantik-Trips bei der Ankunft wie euphorisiert: »Wir haben so viel gelernt unterwegs«, sprudelt es aus ihm heraus. Selbst zwei Wochen später ist diese Mischung aus Freude und Erleichterung mit Händen zu greifen. »Wir wissen jetzt, welche Segel-Konfiguration am besten ist, welche Einstellungen wir am Autopilot vornehmen müssen. Es fühlt sich so an, als ob wir den ersten großen Schritt des Ocean Race schon gemacht haben.«

Bei Stegbier und Pizza schwärmt Yann Elliès davon, wie es war, »das Boot raumschots hart zu pushen; 30, 35 Knoten Fahrt, großartig«. Antoine Auriol, der Bord-Reporter des Teams, für den es die erste Atlamtik-Überquerung überhaupt war, ist mental noch immer auf See: »Ich fliege«, sagt er. »Ich muss erst mal hier an Land ankommen.«

Holly Cova steht mittendrin und genießt den Moment. In den Tagen zuvor hatte sie mit einem Dutzend Teammitglieder die Basis aufgebaut, die nun bis zum Start ihr Arbeitsplatz sein wird. Die Techniker werden das Boot aus dem Wasser nehmen, Mast, Kiel, Ruder, Foils ausbauen, prüfen und überholen. Es gibt für alles Prüflisten, Stücklisten, Terminpläne. Es ist alles bereitet.

Doch der nächste Morgen ändert alles. Bei Licht betrachtet zeigen sich mehrere Haarrisse an den Tragflügeln, diesen für die Leistung eines Imoca 60 so unverzichtbaren Komponenten. Die erste Inspektion der Komposit-Experten verheißt schon nichts Gutes. Die Risse ziehen sich tief durch die Bauteile, die eigentlich Lasten von mehr als 30 Tonnen widerstehen sollen. Eine gründlichere Untersuchung per Ultraschall bestätigt drei Tage später die Schwere der Schäden. Bis zu zwei Zentimeter tief ist das Laminat am Schaft der Foils gebrochen, nicht nur oberflächlich, sondern im strukturellen Teil. Die aus bis zu 400 Schichten massiver Kohlefaser laminierten und ausgefahren vier Meter über die Bordwand hinausragenden Flügel sind damit fürs Rennen um die Welt nicht mehr zu gebrauchen – 600.000 Euro teurer Sondermüll.

Will Harris, der das Team in einer so guten Ausgangsposition wähnte, mag es kaum glauben. Für Boris Herrmann, der eigentlich Ruhe braucht, bricht daheim die Welt zusammen. Am Telefon sagt er zu Holly Cova: »Ich mache mir Sorgen. Ich glaube, wir können nicht starten.« Und auch sie weiß: »Die Foils sind im Arsch!« Statt sich geschlagen zu geben, bevor das Rennen überhaupt begonnen hat, sagt sie, die Löwin,

»Jede einzelne Aufgabe in einer langen Kette von nahezu Unmöglichem hätte uns stoppen können. Aber man schafft sich sein Glück auch selbst«

die Multitaskerin, das nicht klein zu kriegende Energiebündel von Team Director jedoch: »Wir schaffen das!« Es ist ein verwegenes Statement, wenn man weiß, dass neue Foils mindestens drei Monate Bauzeit brauchen und zu diesem Zeitpunkt praktisch alle Kapazitäten ausgebucht sind. Es grenzt eigentlich an Realitätsverwei-

»Dieses Team füllt mich aus, alles von mir. Es fällt schwer, je abzuschalten. Es ist wie dein Baby, dein Projekt. Du sorgst und kümmerst dich so sehr«

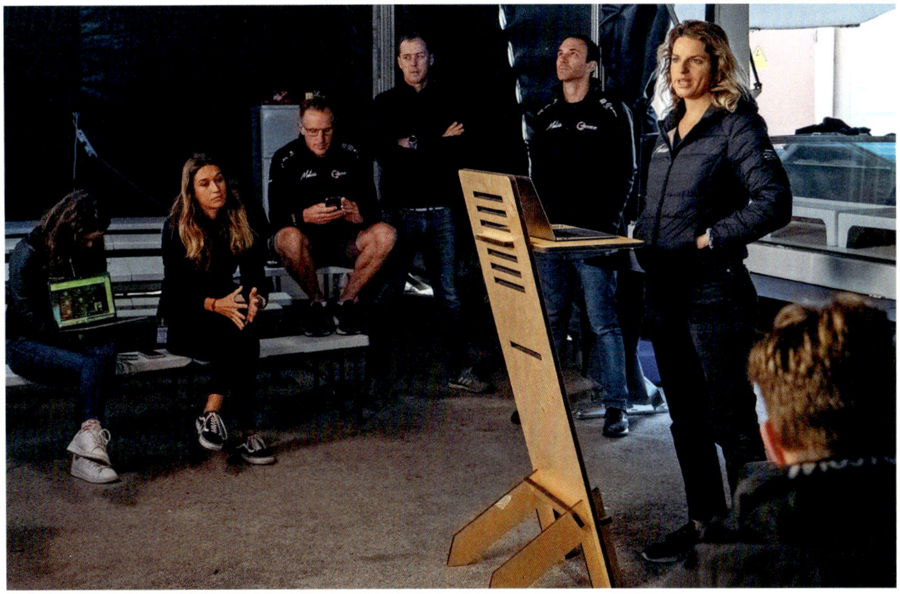

Stunde Null. In Alicante bereitet Holly Cova das Team auf einen Berg anstehender Arbeiten vor

gerung. Die treibende Kraft hinter Malizia, diese Frau, die immer im Auge des Taifuns steht, lässt freilich keinen Zweifel zu. »Ich war sehr dogmatisch, was das betrifft. Ich konnte einfach nicht zulassen, dass irgendjemand nicht an das Gelingen glaubt.« Natürlich, sagt sie, braucht es auch Glück, braucht es Fügung, braucht es Unterstützung. »Jede einzelne Aufgabe in einer langen Kette von nahezu Unmöglichem hätte uns stoppen können. Aber man schafft sich sein Glück auch selbst.«

Tatsächlich findet Louis Viat, der technische Leiter, wenige Tage später in Frankreich beim Hersteller der defekten Foils ein Paar neue Flügel. Sie sind zwar für ein anderes Boot bestimmt, aber dessen Bau hat eben erst begonnen, und die Tragflügel sind verfügbar. Holly Cova fackelt nicht lang und entscheidet, dass es besser sei, »neue Foils zu haben, die vielleicht passen, als gar keine«. Kerstin Hainke, die Finanzchefin, aktiviert ein Sonderbudget für Notfälle dieser Art, Louis Viat macht den Transport klar. Und kurz vor Weihnachten rollt tatsächlich der Laster vor die Basis in Alicante.

Von da an arbeiten die Bootsbauer 16 Stunden pro Tag oder länger, manchmal bis drei Uhr in der Früh. Selbst über die Feiertage bleibt eine Handvoll vor Ort, um die komplexe Aufhängung und Lagerung im Schiff für die fremden Flügel anzupassen. Die Teamchefin auch. Sie lädt kurzerhand ihre Eltern ein, die auf Guernsey leben. Am ersten Weihnachtsfeiertag kochen die Covas für die Techniker. »Solche Momente bringen einen noch näher zusammen«, sagt sie. Das Team sei »wie Familie«.

Vor fünf Jahren, im Sommer 2018, kam Holly Cova mehr zufällig zu ihrem Job. Ihr Freund kennt Boris vom Kitesurfen. Damals arbeitet die 33-Jährige als Firmenanwältin. Gesegelt ist sie schon seit ihrer Kindheit. 2016 vertiefte sie bei einer Auszeit im Pazifik ihre Leidenschaft. Rennsport allerdings ist ihr fremd, und die hochtechnisierte Welt der Imocas umso mehr. Dennoch heuert sie an – und lässt sich von dem Zirkus komplett absorbieren.

Sie liebt die Vielfältigkeit ihres Jobs; das, was andere als krasse Überforderung erleben würden. Virtuos vermag sie Partner und Sponsoren ebenso zu gewinnen wie neue Mitarbeiter, kann Party, aber auch strategische Planung, ist mit Medien wie mit Fans per Du, schreibt, wenn nötig, selbst Pressetexte und moderiert Live-Schaltungen im Internet von den Starts und Zielankünften des Teams. Für The Ocean Race ist sie in mehr als 60 WhatsApp-Gruppen aktiv, feuert manchmal im Sekundentakt Nachrichten, beidhändig, wenn nötig ohne auf ihr iPhone zu schauen. Selten lässt ihr Kalender Lücken, und meist sind die wenigen freien Slots schon morgens um Neun mit weiteren Aufgaben gefüllt.

»Während des Rennens arbeite ich 24/7«, sagt sie. Und weil sie den Erfolg noch mehr will als ihr Skipper, checkt sie auch nachts alle paar Stunden die Bootsdaten und den Tracker. Ihr Telefon ist immer auf laut. »Ich schlafe nie durch. Ich will spüren, wie es der Crew geht.« Trotzdem wird sie traurig sein, wenn es vorbei ist. »Ich mag dieses Adrenalin, ich mag das alles. Es gibt mir viel Energie, aber es zehrt natürlich auch an mir.« Das Problem mit den Foils sei »hart gewesen, wirklich hart«. Und doch ging ihr nie der Wind aus. »Ich war wie kurz vorm Überkochen.«

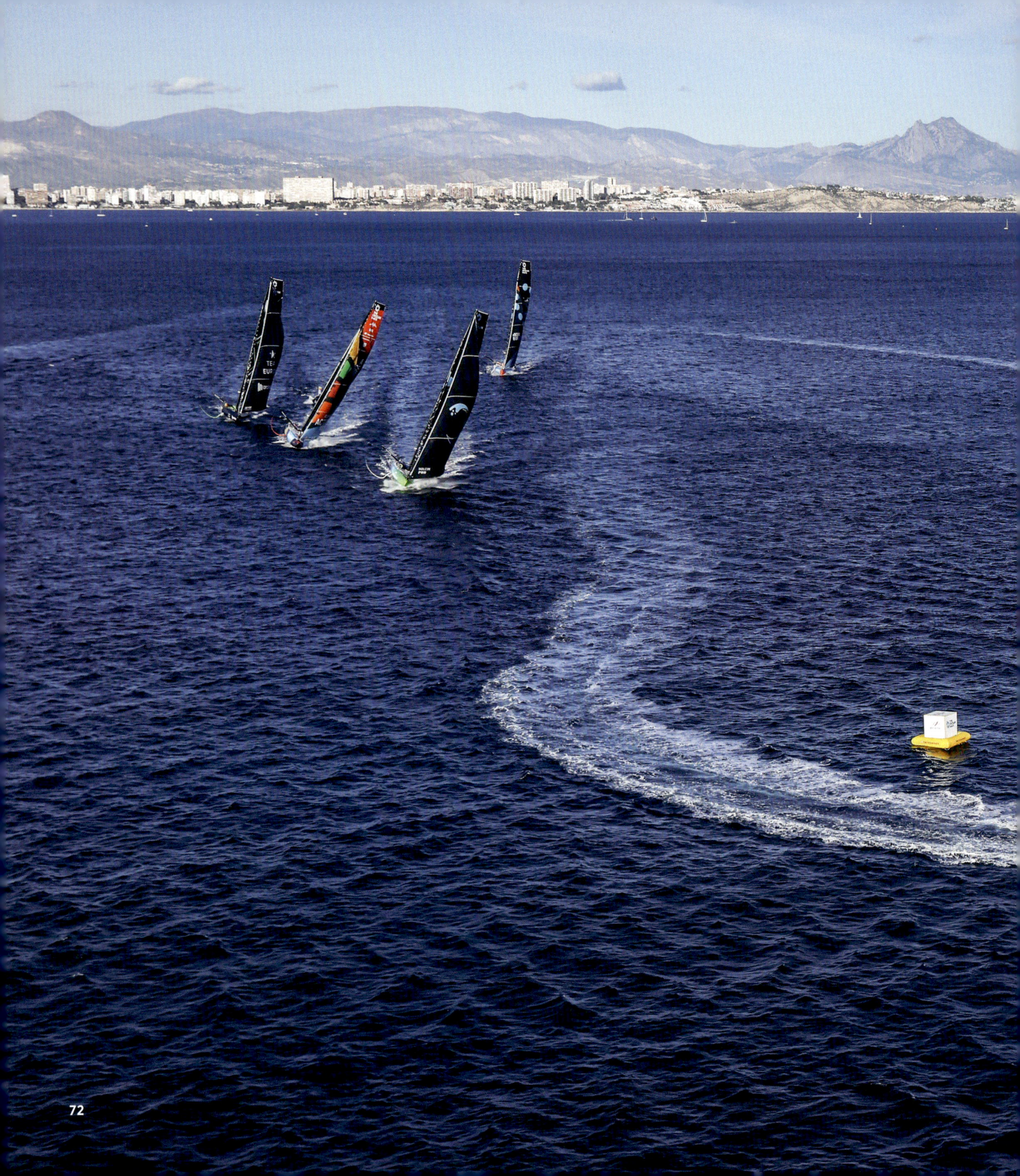

Start ::: Leg 1

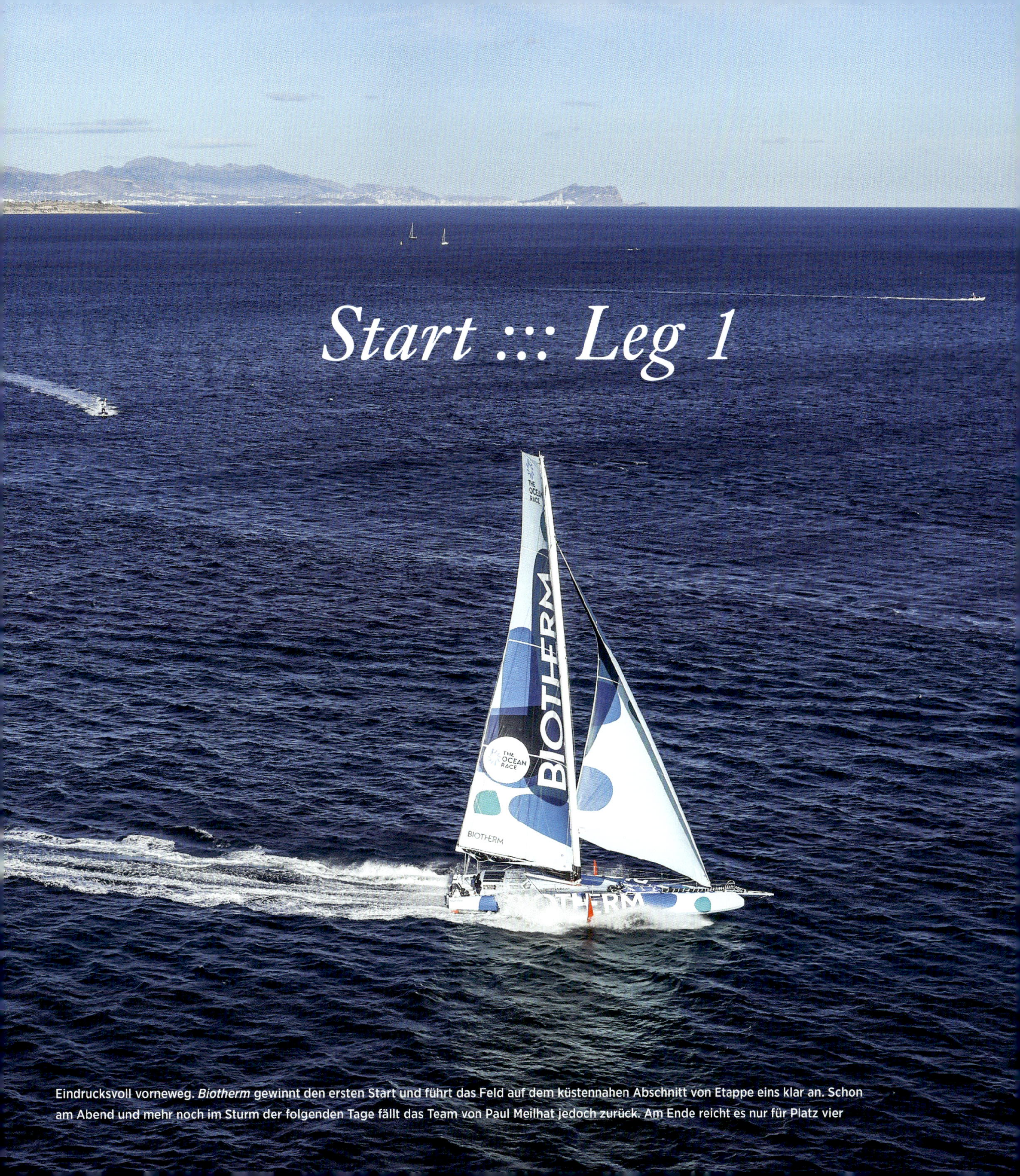

Eindrucksvoll vorneweg. *Biotherm* gewinnt den ersten Start und führt das Feld auf dem küstennahen Abschnitt von Etappe eins klar an. Schon am Abend und mehr noch im Sturm der folgenden Tage fällt das Team von Paul Meilhat jedoch zurück. Am Ende reicht es nur für Platz vier

Im Sturm

Der Auftakt zu The Ocean Race lässt es nicht an Spannung mangeln. Gleich auf der ersten Etappe, nur einen Tag nach dem Start, müssen die Segler das erste schwere Sturmtief bestehen – mit Böen in Orkanstärke

▶ Sie wissen, was kommt. Schon seit Tagen. Christian Dumard, der Meteorologe des Ocean Race, hat im Skipper-Briefing davon gesprochen, in seiner bedachten, ruhigen Art, mit dem französisch gefärbten Englisch, das auch eine giftige Kaltfront fast harmlos klingen lässt. Die fünf Teams haben zudem ihre eigenen Wetterberater konsultiert, die mit den individuellen Geschwindigkeitswerten der Boote noch genauer vorausberechnen können, wann und wo sie auf die härtesten Böen treffen werden.

Am letzten Abend vor dem Start sitzt Boris Herrmann im Zelt von Team Malizia mit seiner engsten Crew auf Bierbänken um einen Laptop herum. Gespannt verfolgen alle per Video-Konferenz, wie Wouter Verbraak die Lage einschätzt, ein erfahrener Offshore-Router. Er arbeitet seit Jahren für den deutschen Skipper, der selbst vom Fach ist und zwei Bücher über Seewetter als Co-Autor verfasst hat. Mit Nico Lunven, Yann Elliès und Will Harris hat Herrmann obendrein drei weitere erfahrene Navigatoren unter seinen Seglern. Dennoch baut er zusätzlich auf Verbraaks Expertise, denn der ist frei von anderen Verpflichtungen, muss keine Sponsorentermine absolvieren, keine Showregatten segeln. Wouter kümmert sich nur ums Wetter.

Per Zoom teilt der Holländer seinen Bildschirm. Darauf läuft das Navigationsprogramm Adrena, das fast alle Profis nutzen. Der Kartenausschnitt zeigt den Seeraum des Alboran-Meers, das zwischen Südspanien und Nordafrika liegt, überlagert von Windpfeilen. Die meisten sind orange bis rot gefärbt und tragen an ihren Enden so viele Federn, das auch Laien verstehen: Hier bläst es.

Die Pfeile zeigen die mittlere Windstärke am 16. Januar, einen Tag nach dem Start in Alicante. Es sind Vorhersagewerte, aber die verschiedenen Wettermodelle zur Berechnung stimmen darin überein, dass es heftig werden wird: mindestens 25 bis 30 Knoten aus West, direkt gegenan. »Ich wäre nicht überrascht, wenn es über 40 Knoten würden«, sagt Verbraak. Man muss sich das Ganze vorstellen wie den freundlich gemeinten Hinweis eines Zahnarztes, der mit dem Bohrer in der Hand dasteht und sagt, dass es gleich ein wenig wehtun könnte.

Beim Start herrschen noch Idealbedingungen. Aber schon am nächsten Morgen wechseln die Teams vom Regatta- in den Survival-Modus

Der Wind allein wäre noch kein unlösbares Problem. Aber er kommt im Paket mit hohen, steilen Wellen und Gegenstrom. »Boat-breaking Conditions«, raunen viele im Race Village, und das gleich zum Auftakt. Als Boris Herrmann die Videokonferenz beendet, blickt er ernst in die Runde und zählt auf, was auf der Etappe passieren könne: im besten Fall ein Sieg, im schlechtesten »bricht uns der Mast oder ein Foil und das Rennen ist vorbei«.

Dass da eine erste Kraft- und Nervenprobe bevorsteht, ist auch den anderen vier Teams bewusst. Die Crews wissen nur nicht, wie schlimm genau es werden wird, ob es ihnen gelingt, dicht unter der spanischen Küste dem ärgsten Seegang und den stärksten Böen zu entgehen. Kein Profi nimmt solche Bedingungen auf die leichte Schulter, zumal ganz am Anfang einer Regatta um die Welt, zumal mit diesen hochkomplexen Booten, die sich aufgrund ihres extrem hohen

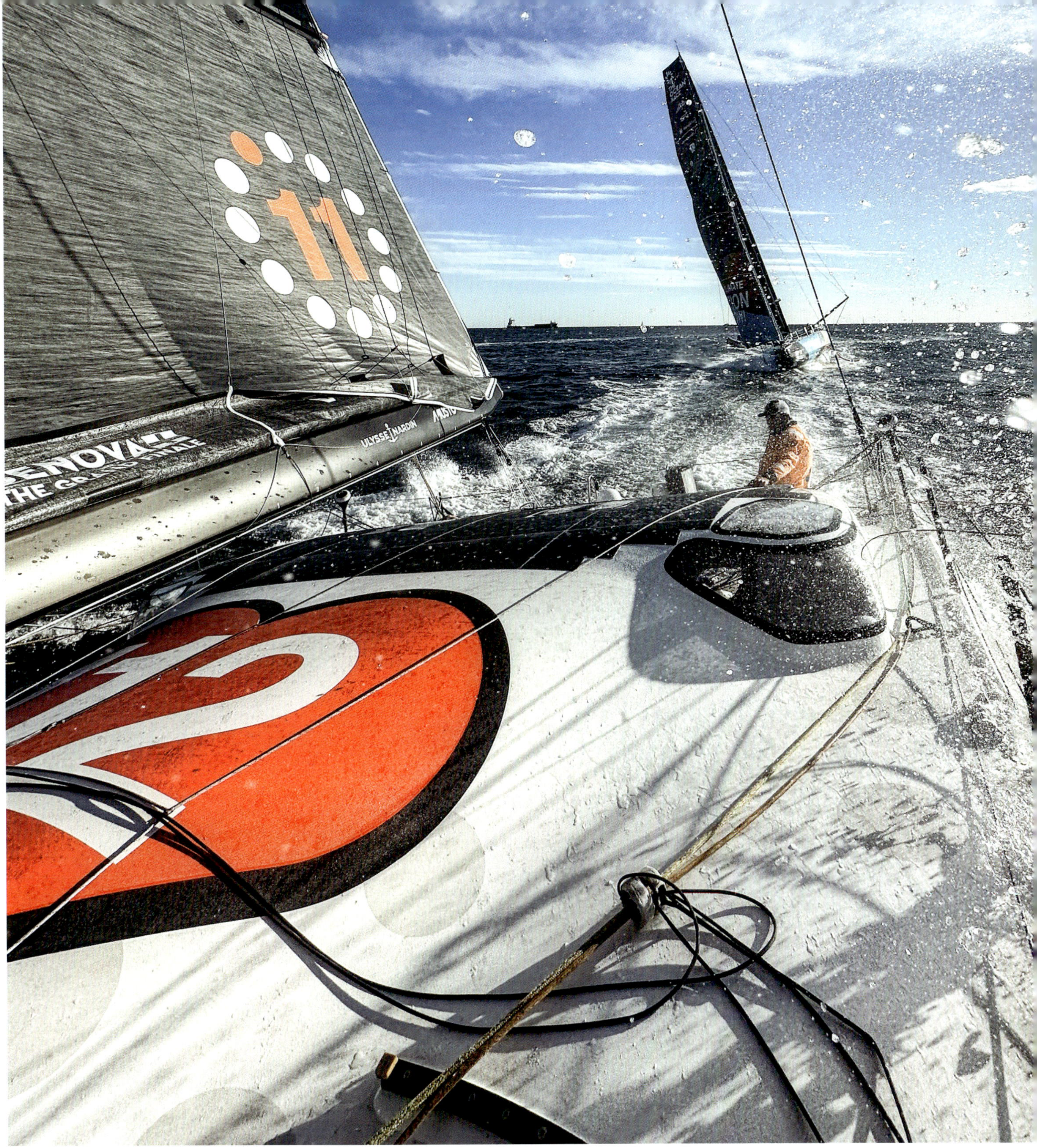

Charlie Enright auf *11th Hour Racing* behauptet sich gegen Boris Herrmanns *Malizia – Seaexplorer*

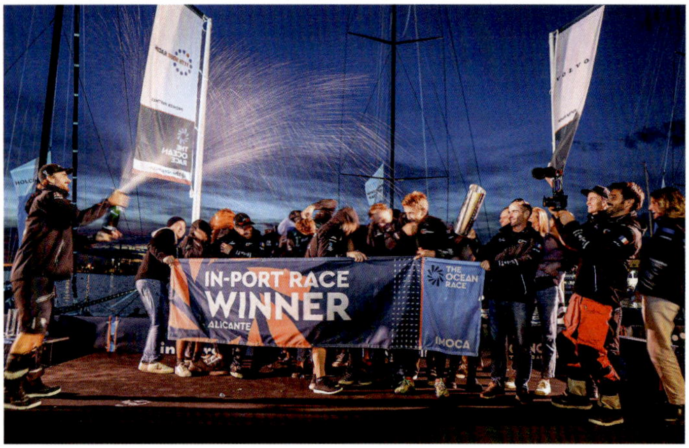

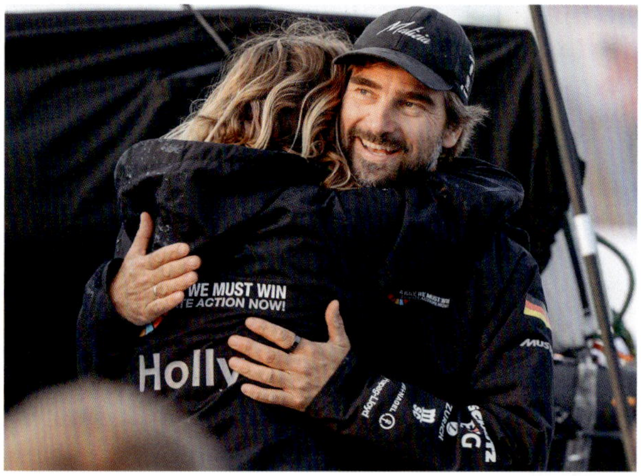

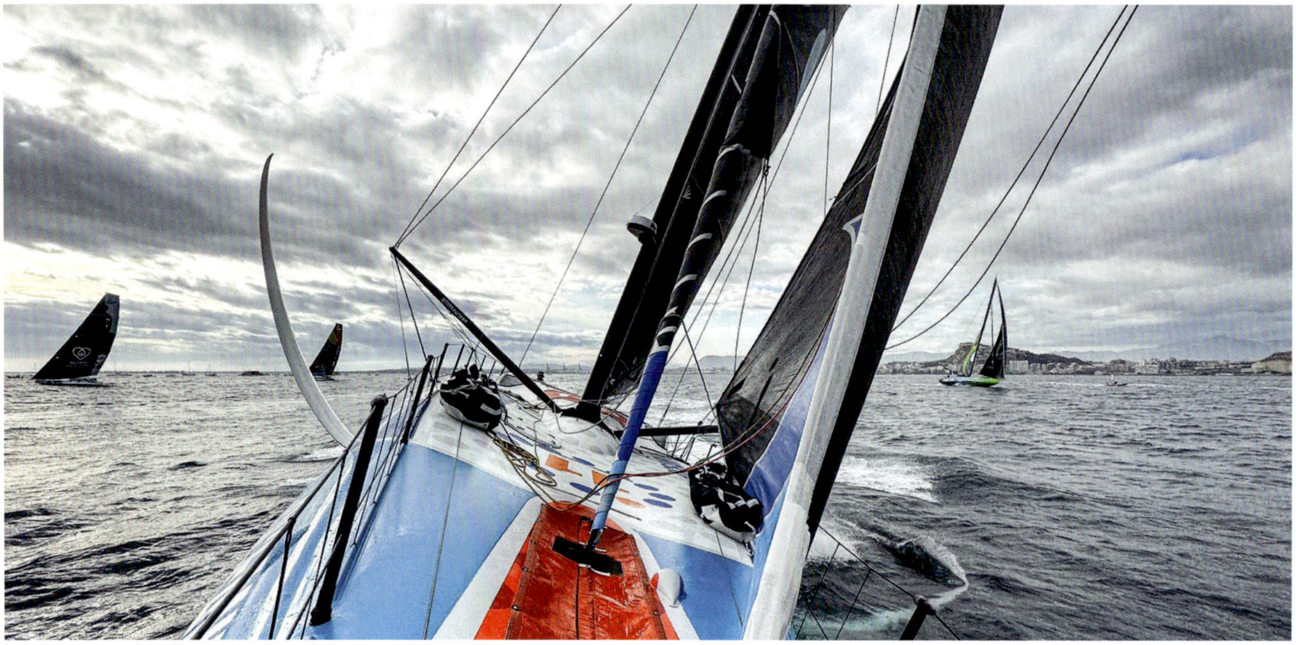

Prestige-Sieg für Team Malizia. Vor dem Start zu Etappe eins gewinnt die Crew das erste In-Port-Race, eine Art Schaulaufen in Hafennähe. Anfangs noch an Position vier liegend, erwischt die Crew in dem Leichtwindrennen einen Linksdreher perfekt und zieht am ganzen Feld vorbei. Boris Herrmann widmet den Erfolg bei der Siegerehrung seinem Technikteam, das den Umbau auf neue Foils überhaupt erst möglich gemacht hat. Die zunächst klar führende *11th Hour Racing* (u.) verpasst die erste Tonnenrundung und fällt weit zurück; am Ende reicht es aber noch zu Platz zwei

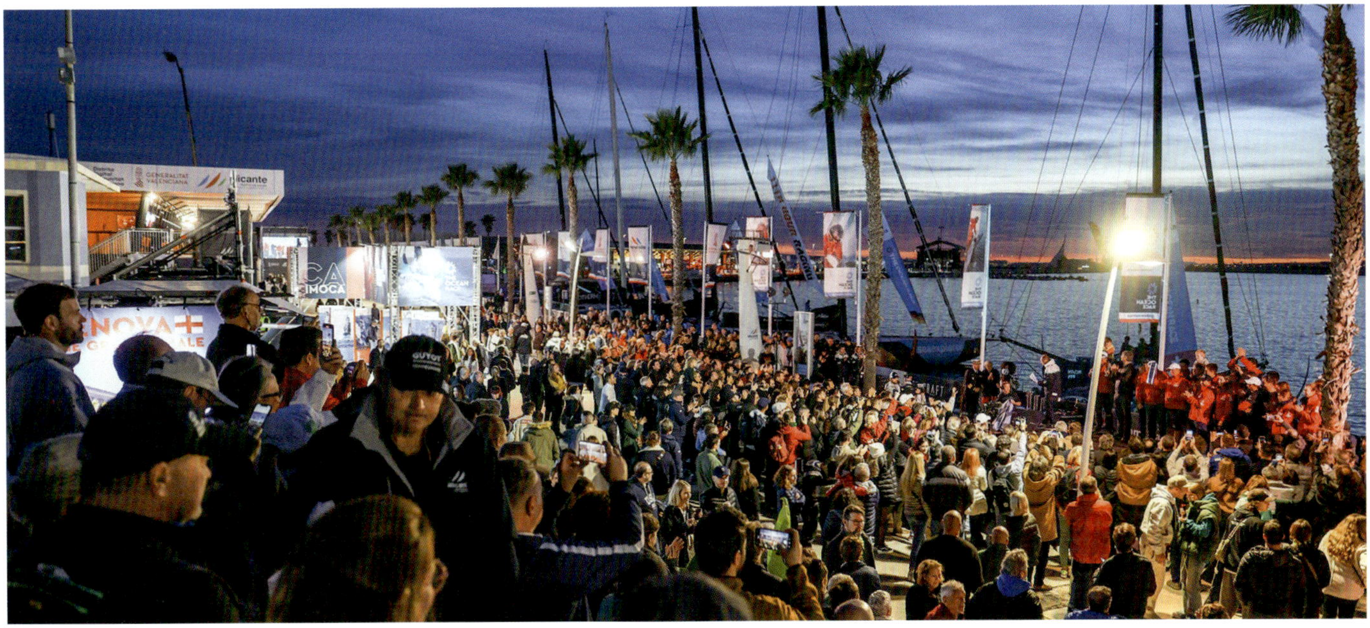

Volksfeststimmung bis in die Nacht. Alicante feiert die Segler und das Rennen, das hier zum dritten Mal in Folge startet, mit großer Begeisterung

Geschwindigkeitspotenzials selbst zerlegen können, zumal in dieser Phase, in der drei von ihnen: *Biotherm, Holcim – PRB und Mailizia – Seaxplorer,* erst wenige Monate im Wasser und daher noch nicht ausgereift sind.

Kaum dämmert der zweite Tag, trifft die Flotte südöstlich von Almeria wie erwartet auf die ersten Ausläufer der Kaltfront. Im Winter kann es hier abscheulich zukehr gehen. Weil die Luft kälter und damit dichter ist, wirken die Böen noch unnachgiebiger. Es ist aber vor allem die See, die es in sich hat: wild, chaotisch, mächtig. Kracht der Bug in einen der Brecher, geht ein Schlag durch den unnachgiebigen Kohelfaserrumpf, als würde er aus vier Metern Höhe auf einen Betonboden knallen: markerschütternd. Amélie Grassi, Crewmitglied auf *Biotherm*, sagt nach dem Festmachen im Etappenhafen von Mindelo sechs Tage später: »Wir gehen erst mal zum Osteopathen.«

Im Schutz der Küste quälen sich die Crews von Caratgena Richtung Gibraltar, mit von Welle und Strömung vergrößerten Wendewinkeln von 110 Grad. Die Abdrift verlängert den Weg gegenan: noch mehr Zeit in dieser Waschküche von Wetter. Alle Boote bleiben dicht unter Land, im Windschatten der Berge. Aber auch dort werden die Segler gnadenlos geprügelt. Auf *Malizia* zeigt der Windmesser in der Spitze 55 Knoten, auf *Biotherm* gar 60 – volle Orkanstärke.

Waren die Teams in der Nacht, als es kurz abflaute, noch mit voller Besegelung unterwegs, haben sie jetzt nur noch das kleinstmögliche Tuch stehen: Sturmfock und das Großsegel im dritten Reff. Tonnenschwerer Druck lastet auf den Schoten, auf den Wanten und Stagen, die den Mast halten, dessen Spitze in 29 Meter Höhe wild durch die Luft peitscht.

Wenden zählen auf den Imocas eigentlich zu den einfachsten Manövern. Sie lassen sich mithilfe des Autopiloten auch von nur einer Person fahren. Doch in diesen Stunden, bei diesem Sturm, packen alle mit an. Selbst die, die gerade wachfrei haben, werden etwa jede halbe Stunde aus den Kojen geholt, um den Kurswechsel in dem aufgewühlten Meer halbwegs kontrolliert hinzukriegen. Es ist ein Kampf mit der Schwerkraft, gegen das Stampfen und Schlingern, gegen die Schräglage, für viele auch gegen die Seekrankheit, während sie gleichzeitig in einer einigermaßen präzisen Choreographie mit Leinen, Tauwerkklemmen, Winschen, Grinder und dem Ruder hantieren. Danach wieder zur Ruhe zu kommen, sei schier unmöglich, berichtet *Malizia*-Coskipper Will Harris: »Du hast Puls 160 im Manöver und solltest dich eigentlich gleich wieder hinlegen und schlafen …« Er beschreibt den Sturm vor der Straße von Gibraltar als »die schlimmsten Bedingungen, die wir als Crew bisher je hatten.«

So wird The Ocean Race seinem Ruf als Everest der Meere, als längster und härtester Teamwettbewerb der Welt gleich zu Beginn schmerzhaft

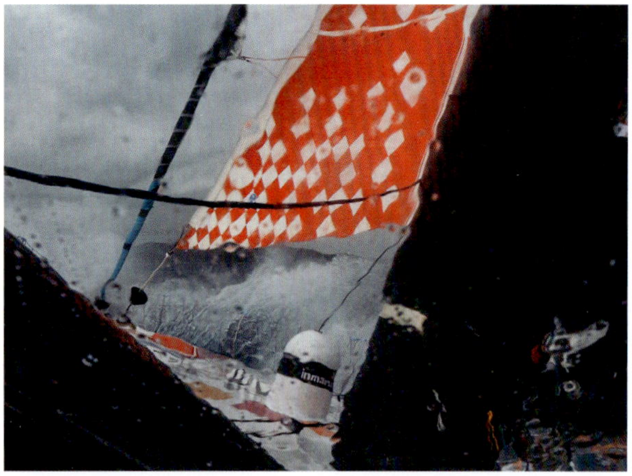

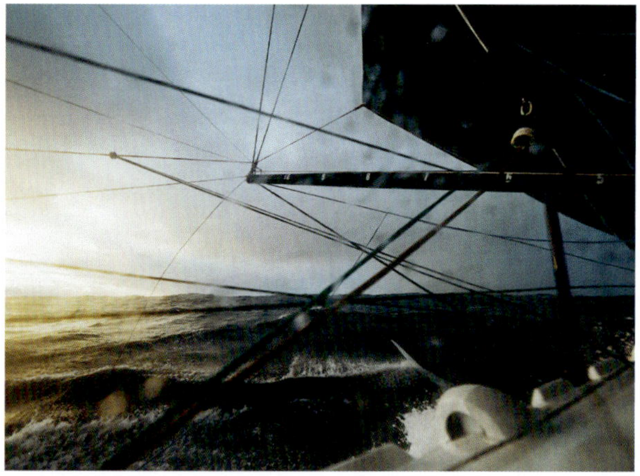

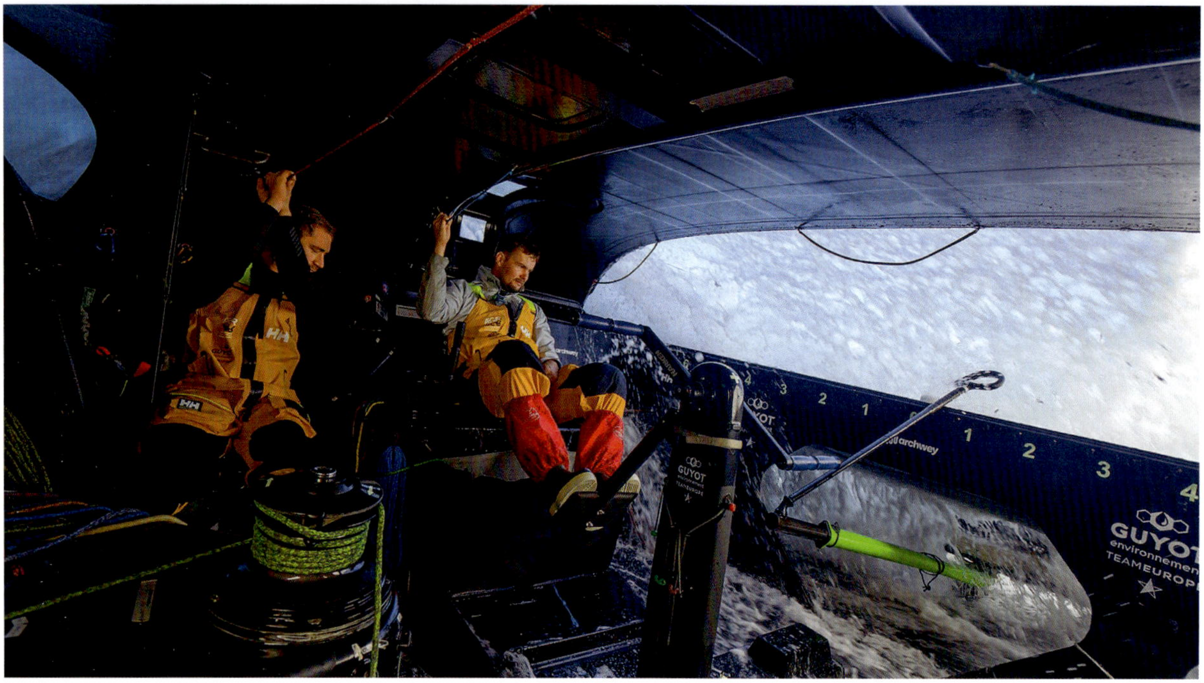

Bis zu 60 Knoten Wind von vorn. Im Süden der spanischen Halbinsel weht es stürmisch aus West. Für Mensch und Material ist es die erste schwere Prüfung, denn bei solch harschen Bediugungen kommen selbst die 60-Fußer an ihre Grenzen. Allein die Boote zu wenden ist ein Kraftakt, der die Mithilfe von allen erfordert. Obendrein setzt einigen Seglern die Seekrankheit zu. Meterhohe steile Seen brechen über den Decks, die Gischt fliegt waagerecht von den Wellenkämmen. Boris Herrmann sagt später in Kapstadt, vor der Südmeer-Etappe rund Kap Hoorn, dass sie das Schlimmste vielleicht schon vor der Passage der Straße von Gibraltar erlebt hätten

gerecht, lange bevor auch nur die ersten 1.000 von 31.000 Seemeilen gesegelt sind. Und noch etwas zeigt sich früh, zunächst nur als eine Vorahnung: Dass drei Teams das Rennen unter sich ausmachen werden – an der Spitze *Holcim – PRB* und *11th Hour Racing*, nicht weit dahinter *Malizia – Seaexplorer*. In dieser Reihenfolge erreichen sie als Erste den Atlantik, als Erste die Kapverden, als Erste, wenn auch in wechselnden Positionen, Kap Hoorn, Aarhus, Den Haag. Am Ende werden sie noch in Genua die Gesamtwertung anführen. Doch nichts davon wird je selbstverständlich oder vorhersehbar sein in den folgenden fast sechs Monaten dieser Wettfahrt um die Erde.

Als im Dezember in Alicante die ersten Aufbauarbeiten für The Ocean Race beginnen, auf der langen Außenmole des Hafens, der bald zum Pilgerort von Hundertausenden werden wird, ist das Rennen nicht viel mehr als ein Versprechen – und ein Erbe.

Der erste Start liegt ein halbes Jahrhundert zurück. Damals, 1973/74, trat ein kruder Mix aus Träumern, Abenteurern, Marineangehörigen und Regattaseglern an, auf Yachten, die unterschiedlicher kaum sein konnten: Stahlschiffe, GFK-Fahrtenboote, Aluminium-Racer. Ihre Ausrüstung mutet heute antiquarisch an: Segel aus Dacron, Fallen aus Drahtseil, Winschen ohne Selftailer, die Vorsegel an Stagreitern geführt, ohne Rollanlagen.

Das Whitbread Round The World Race, das von Beginn an international viel beachtet wurde, war meilenweit entfernt vom heutigen Professionalisierungsgrad. Die Crews navigierten noch mit Sextant. Sie trugen in den hohen Breiten Wollpullover unter ihrem Ölzeug, das so atmungsaktiv war wie ein Gefrierbeutel und trotzdem kaum vor Nässe von außen schützte. Zur Stärkung kochten sie in riesigen Töpfen Nudeln, Suppe, anfangs auch Fleischgerichte, bis die Eisblöcke im Kühlfach geschmolzen waren, später frisch gefangenen Fisch. Es gab Wein, Whisky und Rum aus dem Fass, nicht nur beim Erreichen wichtiger Wegmarken, sondern als fester Teil der täglichen Ration. Praktisch alle Teams hatten ein Akkordeon dabei, eine Gitarre, Mundharmonika. Ja, da schwang noch so etwas wie die alte Seefahrer-Romantik mit.

Das erste Rennen gewannen, ausgerechnet, die als krasse Außenseiter verulkten Mexikaner auf der Swan 65 *Sayula II* von Ramon Carlin – ein Kuriosum, eigentlich, aber auch eine Geschichte, die die Welt begeisterte. Das siegreiche Boot, das den legendären Ruf von Nautor Swan mitbegründete, war die einzige Serienyacht am Start, ausgestattet mit Dieselheizung und einem feinen Ausbau in Teakholz. Sie verdrängte 32 Tonnen, mehr als drei Imoca 60 zusammen: ein Walroß, gegen das die aktuellen Foiler wie Delfine wirken.

In den Achtziger- und Neunzigerjahren entwickelte sich das Whitbread Race sprunghaft vom Jedermann-Wettbewerb zur Hochsee-Weltmeisterschaft, wobei auch dann noch vereinzelt engagierte Amateurcrews meldeten. Mit der Übernahme der Markenrechte durch Volvo professionalisierte sich die Veranstaltung vollends. Die Schweden etablierten neue Klassen nur für diese Regatta: Volvo 60, VO70, zuletzt die One-Design-Klasse VO65, die noch engere Rennen gewährleisten sollte.

Bevor die letzte Auflage im Juni 2018 in Den Haag zu Ende ging, präsentierte der Auto-Konzern eine Nachfolgelösung. Manche Beobachter hatten bereits ein Ende der einzigartigen Serie befürchtet. Doch das Ocean Race ging in gute Hände über: Johan Salén und Richard Brisius, in unterschiedlichen Rollen selbst lange im Rennen engagiert, zunächst als Segler, später als Teammanager, übernahmen das Ruder – verbunden mit der Zusage, dass Volvo für den Folge-Event als Sponsor bleibt, wenn auch nur mit einem Bruchteil des bisherigen Etats.
Bereits vorher steht ein Wechsel der Bootsklasse fest: Die 14. Auflage von The Ocean Race soll auf Imoca 60 stattfinden, den technisch avanciertesten Einrumpfyachten für eine Regatta um die Welt. Ursprünglich war geplant, auch die VO65 noch einmal antreten zu lassen. Doch fanden sich entgegen der Erwartungen zu wenige Teams mit ausreichend Budget. Von zehn, die Interesse bekundeten, meldeten nur sechs, von denen lediglich zwei die Sicherheits-Vorgaben der Veranstalter für eine komplette Runde um die Erde erfüllt hätten. So blieb es für die Einheitsklasse beim weit weniger selektiven VO65 Ocean Race Sprint Cup auf den Etappen 1, 6 und 7 – lediglich eine Art Begleitprogramm.

In Alicante verschmelzen Anfang Januar die zwei Welten. An der Pier liegen die Boote beider Klassen nebeneinander. Hier die futuristisch anmutenden Tragflügelboote, breit, flach, mit weit überstehenden Deckssalingen, drehbaren Profilmasten und eingedeckten Cockpits, die bei *11th Hour*, *Holcim* und *Malizia* sogar bis auf zwei Niedergänge komplett geschlossen sind; dort die VO 65 mit Mehrsalings-Rigg, exponierten Steuerständen und offener Plicht. Die Unterschiede sind enorm: französische Experimentierfreude neben angelsächsisch

> *»Ich war so seekrank! Von Sonntag bis Mittwoch hab ich keinen Bissen runtergebracht«*
>
> **Antoine Auriol, An-Bord-Reporter von Team Malizia**

Der Wechsel von den VO65-Yachten zu den innovativen Imoca 60 stellt eine Zäsur in der bislang konservativ geprägten Regatta dar

geprägtem Yachting. Sie machen deutlich, wie groß der Schritt ist, den die neuen Veranstalter da unternehmen. »Wir befinden uns in einem Transformationsprozess«, räumt Richard Brisius ein. »Wir wissen, dass es eine längere Reise wird. Aber wir sind daran gewöhnt, dass es hart ist. Das gehört zur DNA dieses Rennens.«

Um dem halben Jahrhundert Ocean-Race-Geschichte gerecht zu werden und den Übergang zu moderieren, haben sie viele der ehemaligen Granden des Sports eingeladen. Sie sollen zum Start in diese nächste Epoche eine Brücke bauen zwischen dem Gestern und Morgen. Der Brite Ian Walker ist da, der 2014/15 mit *Abu Dhabi Ocean Racing* im ersten VO65-Rennen triumphierte. Dee Caffari und Samantha Davies geben als Co-Kommentatorinnen ihr Debüt, beide zwei Mal am Start; Davies im aktuellen Rennen an Bord von *Biotherm*.

Auch der unnachahmliche Butch Dalrymple-Smith gibt sich die Ehre. Er zählte anno 1973 zur Sieger-Crew von *Sayula II*, bevor er eine Karriere als Yacht-Designer begann. Als er sich für ein kurzes Video-Interview für Europsport von Landsmann Will Harris die *Malizia – Seaexplorer* zeigen lässt, sprengt seine Neugier alle Terminpläne. Statt fünf Minuten dauert der Rundgang fast eine halbe Stunde; auch beim Gespräch am Schwimmsteg überhört er jeden Hinweis, bald zum Ende zu kommen, so sehr ist er bei der Sache, so gern erzählt er von früher, als auf *Sayula II* pro Tag sechs Flaschen Wein geleert wurden. Gefragt, wie er die neue Imoca-Generation erlebt, sagt er: »Ich fühle mich, als wäre ich Orville Wright *(der Pionier der Luftfahrt, d. Red)* und jemand würde mir die Concorde zeigen.« Als er ins Cockpit klettert, entfährt im ein »Good Heavens!«. Er sei schon mal im Kommandomodul der Mondlandefähre eines Apollo-Raumschiffs gewesen, erzählt er. »Von allem, was ich gesehen habe, kam es dem hier am nächsten.«

Der Vergleich trifft es gut. Tatsächlich ähneln die Imocas mit ihren gekapselten Bedienständen, den vielen Knöpfen und Displays, den von breiten Rahmen eingefassten Fenstern am ehesten der bemannten Raumfahrt. Und sie sind vergleichbar wartungsaufwändig. Den vier Seglern, die sie pilotieren, stehen 20 bis 25 Techniker gegenüber, die sie am Laufen halten. Rechnet man alles mit ein, was es braucht, um die Kisten zum Fliegen zu bringen, kostet jeder Tag auf See zwischen 50.000 und 100.000 Euro.

Doch nicht nur die immensen Kosten, auch das Ausmaß der Arbeiten, die vor dem Start von The Ocean Race anstehen, ebenso in Kapstadt und Itajaí, kann schwindelig machen. Alle beweglichen Komponenten werden demontiert: Mast, Ruder, Kiel, Foils. So hoch sind die Belastungen, dass jeder Quadratzentimeter von Rumpf und Rigg von Ingenieuren per Ultraschall auf Laminatbrüche geprüft wird. Manchmal sind Schäden aber auch mit bloßem Auge zu erkennen, so wie die Risse in den Tragflügeln von *Malizia – Seaexplorer* oder lose Stringer und Spanten an Bord von *Biotherm*.

Auf sämtlichen Booten arbeiten die Techniker fast pausenlos bis zum Start, oft bis in die Dunkelheit. Es ist das Rennen vor dem Rennen, und es wird an jedem Etappenstopp wieder von vorn beginnen. Als *Biotherm* eine Woche vor Beginn der Weltumsegelung zum In-Port-Race antritt, hängen achtern noch lose Kabel aus dem Heck.

Nur eine Yacht liegt schon Anfang Januar einsam und wie verlassen am Pier. Es ist *Mālama*, der Imoca von 11th Hour Racing Team. Mark Towill, der CEO des amerikanischen Syndikats, und sein Freund und Skipper Charlie Enright haben bereits vor drei Jahren mit den Vorbereitungen auf The Ocean Race begonnen. Für beide ist es die dritte Teilnahme. Ihr Navigator, Simon »SiFi« Fisher, war schon fünf Mal zuvor am Start und mit Ian Walker 2015 siegreich. Ihr Boot ist neben dem von Team Guyot das am gründlichsten getestete. Die Foils, welche die maximal erlaubten Maße voll ausreizen, sind im Jahr zuvor neu entwickelt worden; es ist bereits das zweite Paar. Keine andere Kampagne verfügt über derartige Mittel oder annähernd so viel Reifezeit.

Verfolgt man die Geschichte der Regatta weit zurück, ist dies das beste Erfolgsrezept. Kombiniert mit der Fähigkeit, als Team in den kommenden sechs Monaten am meisten zu lernen, sich am schnellsten weiterzuentwickeln, mag man fast von einer Siegformel sprechen, zumindest auf dem Papier. Charlie Enright spürt den Druck der Favoritenrolle. Darauf angesprochen, sagt er vor dem Start von Etappe eins ausweichend: »Zuverlässigkeit steht über allem. Das Boot, das die meisten Etappen absolviert, wird dasjenige sein, das gewinnt.« Es klingt defensiv. Enright hat viel erlebt auf See. Er weiß, wie alle anderen: »Anything can happen.«

Im Sturm vor Gibraltar führt 11th Hour zunächst. Dann aber zieht Kevin Escoffier am US-Team vorbei. Mit einer taktischen Meisterleistung hält er die fortan Zweitplatzierten in Schach, baut die Führung im Nordatlantik kontinuierlich weiter aus und legt als Erster in Mindelo an. Die harten Bedingungen zum Auftakt nimmt er sportlich: »Es ist eine ziemliche Herausforderung«, sagt er schon vor dem Start in der Pressekonferenz der Skipper, »und das ist in Ordnung für so ein Rennen.«

Werden die altbewährten Erfolgsfaktoren auch in der neuen Ära von The Ocean Race Gültigkeit haben?

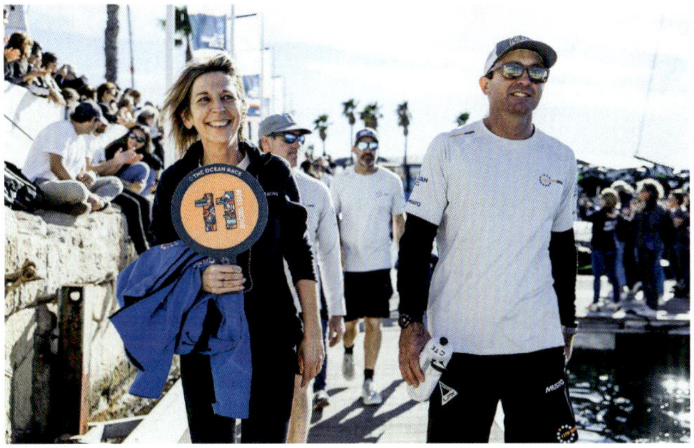

Seglerparade. Vorm Auslaufen führt Anje-Marijcke van Boxtel, Mental-couch von 11th Hour Racing, die Crew um Charlie Enright zum Boot

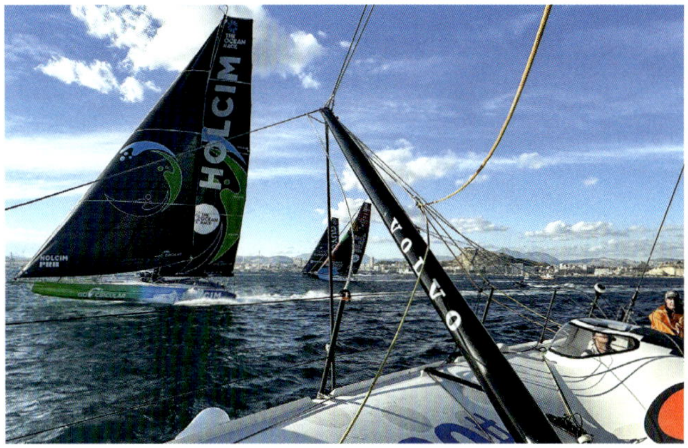

Früher Zweikampf. *Holcim – PRB* und *11th Hour* segeln beim Start gleichauf und bleiben die gesamte Etappe über nah beieinander

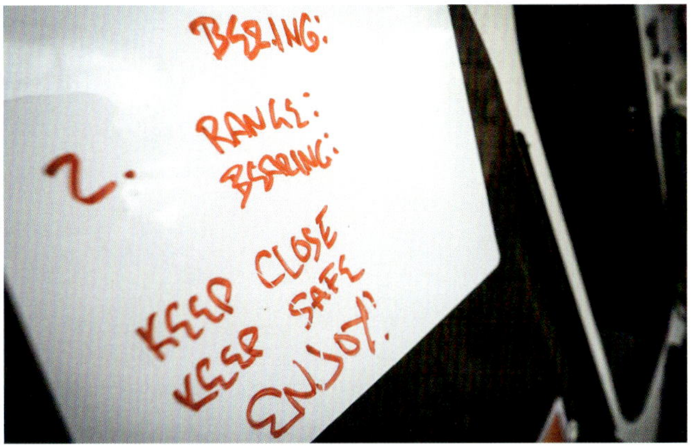

11th-Hour-Navigator Simon Fisher notiert am Niedergang das Motto zum Auftakt: dranbleiben, auf Nummer sicher gehen, genießen

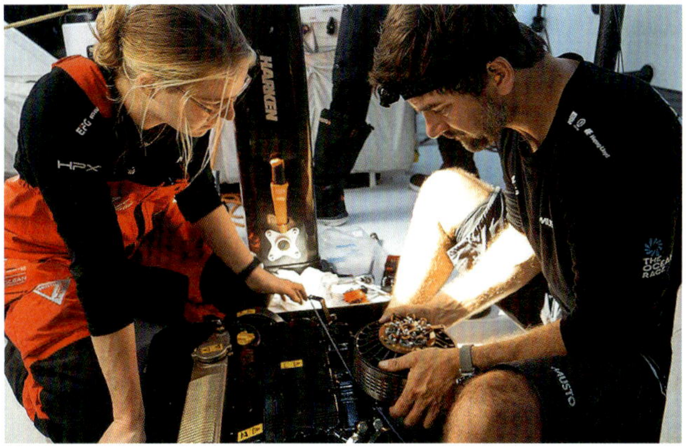

Basteln gehört dazu. Fast alle Boote haben nach dem stürmischen Beginn Schäden. Bei *Malizia* streikt die Lichtmaschine des Motors

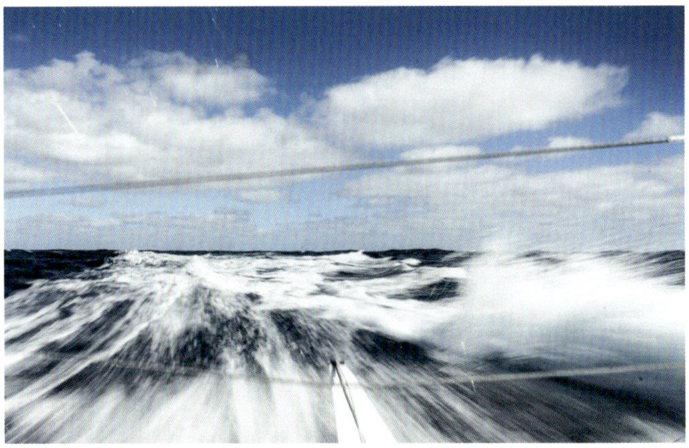

Volle Kraft voraus. Im Atlantik können die Crews ihre Boote bei achterlichem Wind das erste Mal so richtig fliegen lassen

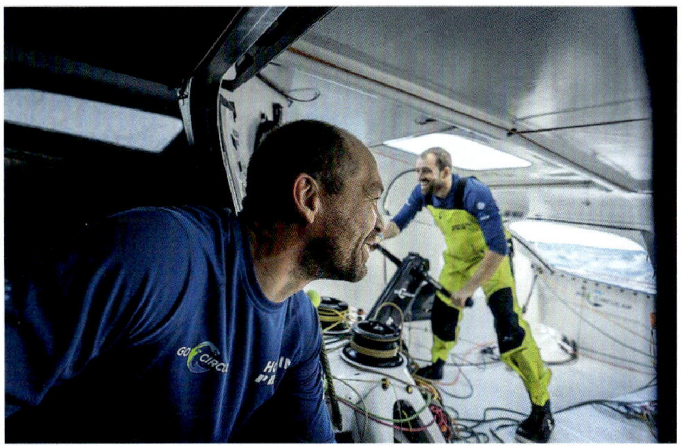

Gut drauf. Kevin Escoffier und Sam Goodchild genießen mit *Holcim* die Führung, die sie nach Gibraltar errungen haben und bis ins Ziel halten

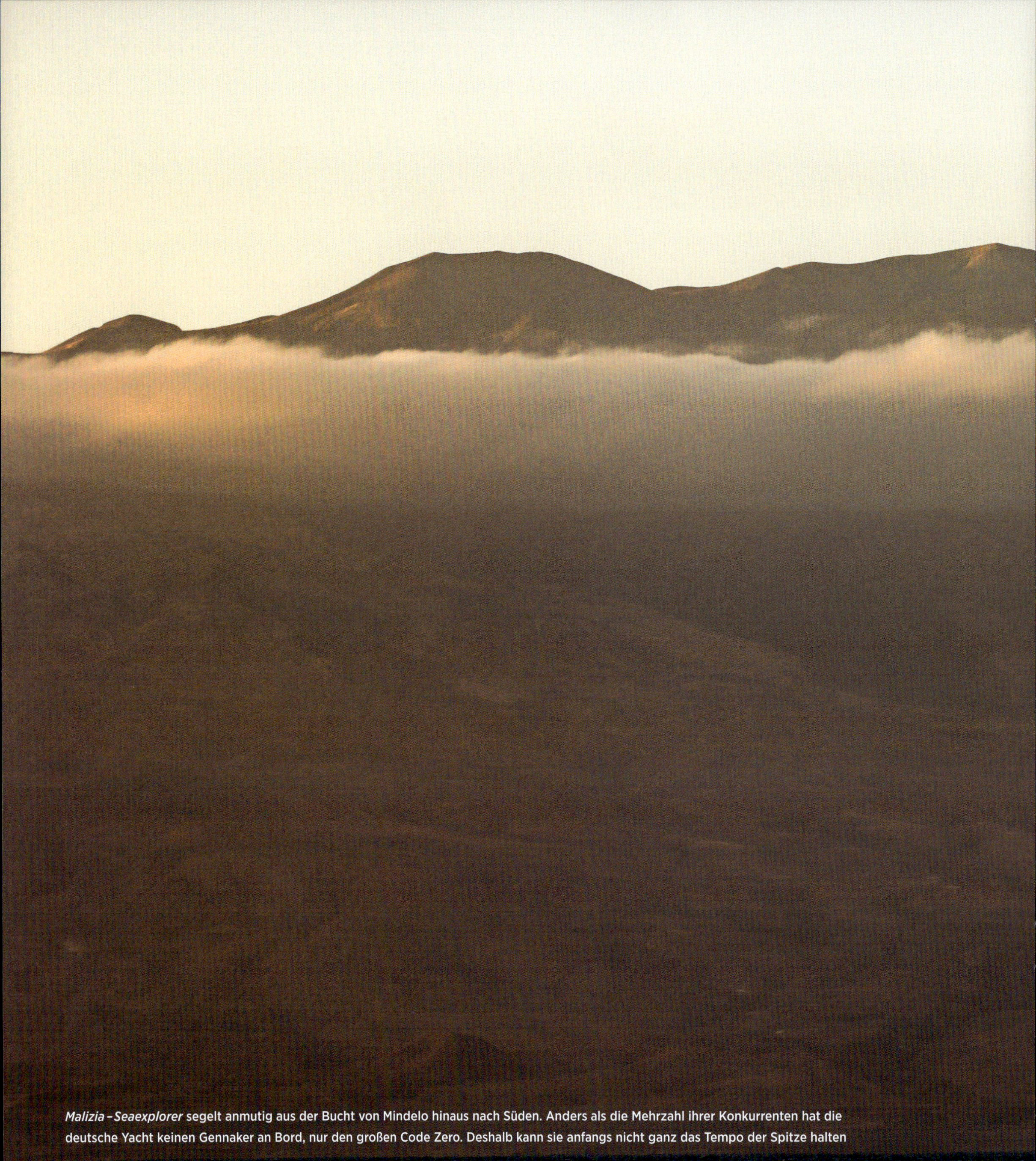

Malizia – Seaexplorer segelt anmutig aus der Bucht von Mindelo hinaus nach Süden. Anders als die Mehrzahl ihrer Konkurrenten hat die deutsche Yacht keinen Gennaker an Bord, nur den großen Code Zero. Deshalb kann sie anfangs nicht ganz das Tempo der Spitze halten

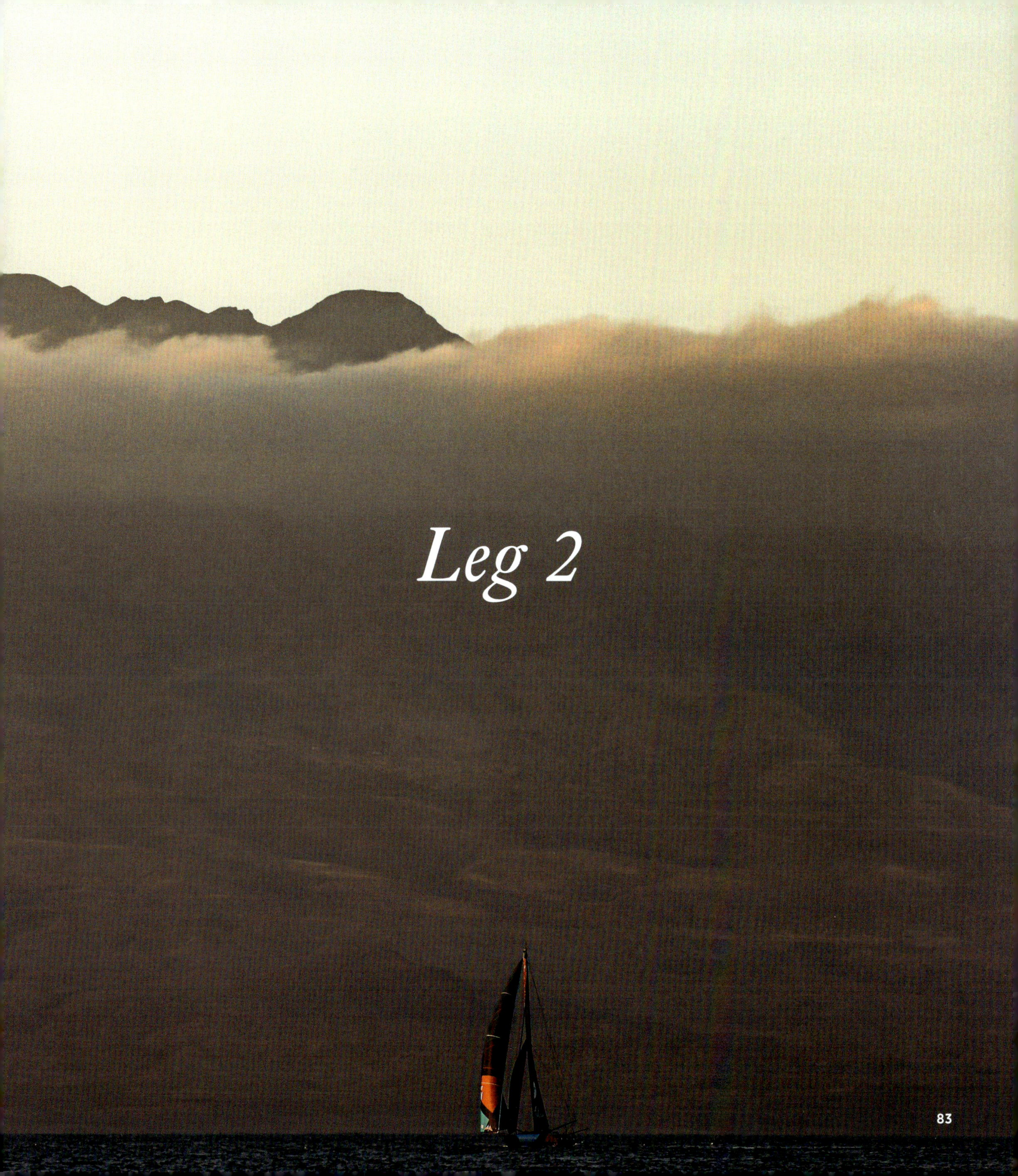

Leg 2

Aufholjagd

Erst setzt sich ***Guyot*** *mit mutiger Taktik vom Feld ab. Dann zeigt* ***Malizia – Seaexplorer*** *ihre Stärken in schwerer See. Beide Boote mit deutscher Beteiligung führen über weite Strecken – nur nicht im Ziel*

▶ Ocean-Race-Pionier Butch Dalrymple-Smith hätte seine Freude gehabt am Pitstopp in Mindelo. Denn er ruft Erinnerungen an die alten Zeiten hervor, als es noch keine Technik-Teams gab, als jeder an Bord Messer und Marlspieker am Gürtel trug, als die Segler auch Maschinisten, Rigger, Bootsbauer waren. So ist es jetzt, für einen kurzen Moment, wieder.

Gerade einmal vier Tage bleiben den Teams auf den Kapverden, um sich und ihre Imocas wieder in Form zu bringen. Es ist der kürzeste Aufenthalt des gesamten Rennens. Und anders als bei allen anderen Etappenstopps nimmt ihnen niemand die Arbeit ab. Alles, was es zu prüfen, warten, reparieren gibt, müssen sie selbst erledigen. So will es das Reglement.

Dalrymple-Smith kennt es nicht anders. Damals, im ersten Rennen von 1973, mussten die Crews in allen Häfen selbst Hand anlegen. Was sie, wie der Grandseigneur schmunzelnd verrät, nicht davon abhielt, nach der Ankunft erst mal ordentlich zu feiern. Bewundert von Fans und Groupies vor Ort, blieben sie dabei nie lange unter sich. In gewisser Weise setzt die Stippvisite auf den Kapverden also eine uralte Tradition fort. Nur dass den Seglern nach dem kurzen, herben Sprint von Alicante hierher keine Zeit bleibt, die Reize Mindelos zu entdecken. Zu viel hat gelitten auf den nur 2.000 Seemeilen: Segel sind gerissen, Segellatten gebrochen, auf *Holcim – PRB* arbeitete sich der Ruderquadrant lose. Alles Probleme, die mit Bordmitteln in den Griff zu kriegen sind. Bei *Biotherm* aber schwächelt erneut die Struktur im Schiff. Auf *11th Hour Racing* zeigen sich erste Risse in den Foils. Dagegen vermögen die Crews nichts auszurichten.

Es ist so schon ein Schlauch, gleich nach der Ankunft die Werkzeugtaschen herauszuholen. »Ich bin müde von der ersten Etappe und mache mir schon Gedanken, was ich da tue«, sagt *Holcim*-Vorschiffsfrau Abby Ehler, während sie eine Winsch auseinander nimmt, die bis zu zwei Tonnen an Zuglast aufbringen muss, um etwa die Foils auszufahren. Es schwingt echte Sorge mit. »Ein Fehler, und es könnte jemand sterben.« Charlie Enright von *11th Hour Racing* flickt in einem Zelt die zerrissene Arbeitsfock J3. Auf Socken tänzelt er über das ramponierte Tuch, richtet es aus, fixiert die Bruchstelle und schneidet dann Membranstreifen zu, die den mehrere Meter langen Riss weitflächig überragen. Die Reparatur muss bis Kapstadt halten.

Anny Lush, mit *Guyot* Letzte im Ziel, ist besonders knapp dran. Ihr und ihren Segelkameraden fehlen mehr als 25 Stunden auf Etappen-Sieger *Holcim – PRB*; Zeit, die fürs Reparieren abgeht, zumal allein die Bestandsaufnahme einen ganzen Tag in Anspruch nimmt. »Bevor wir uns an die Arbeit machen, müssen wir erst mal alles durchchecken«, sagt sie.

Auf den Kapverden müssen sich die Segler auch als Techniker bewähren. Hilfe von außen ist hier nicht erlaubt

Die Kapverden sind das erste Mal Teil der Ocean-Race-Route. Die Begeisterung für das Rennnen ist so groß, dass Veranstaltungschef Richard Brisius beim nächsten Rennen wiederkommen will, nicht nur des Sports wegen. Die Organisatoren nutzen den kurzen Stopp, um im Rahmen

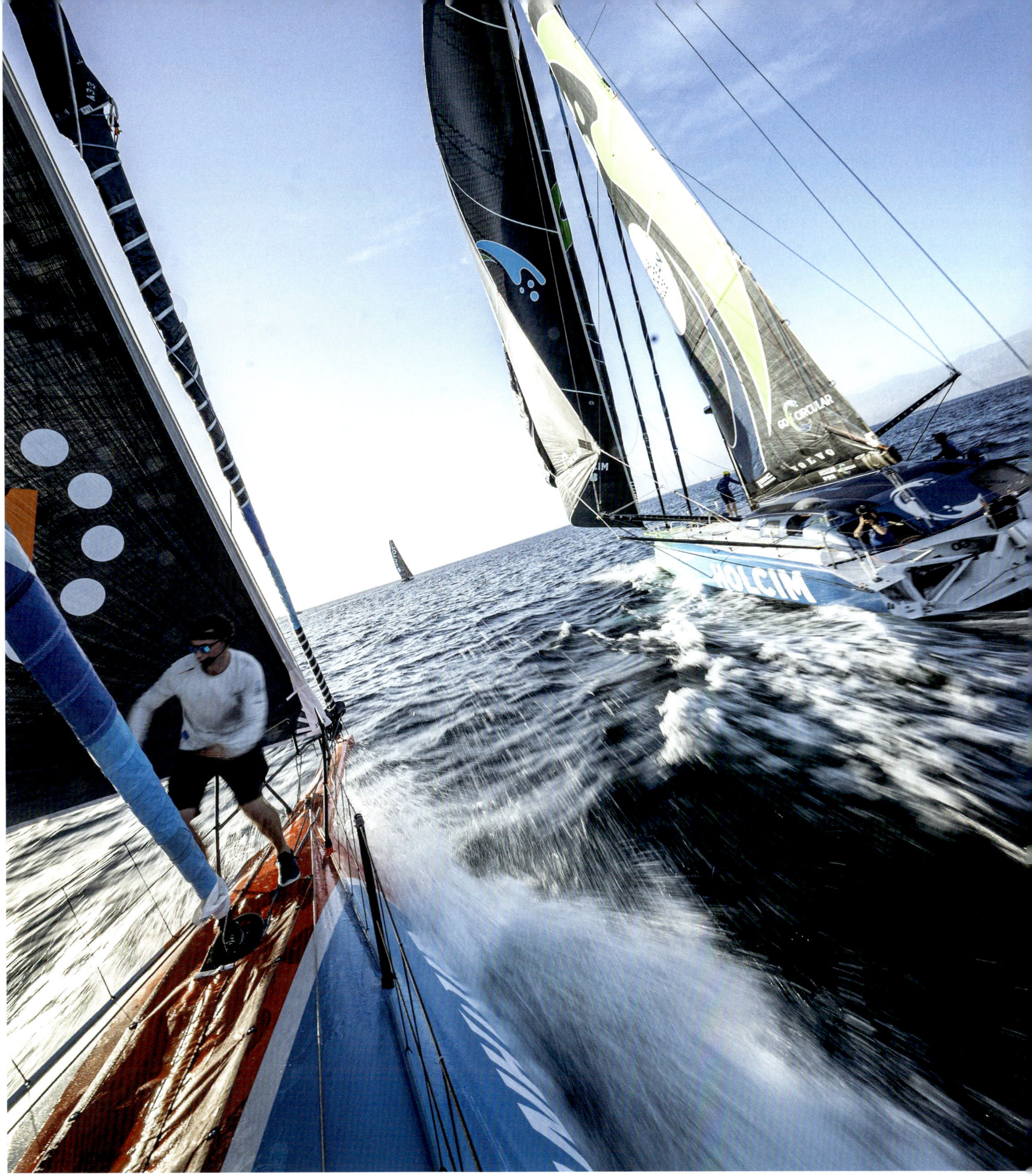

Am Start schenken sich *11th Hour* und *Holcim* keinen Zentimeter. Noch besser kommt aber Robert Stanjek auf *Guyot* weg

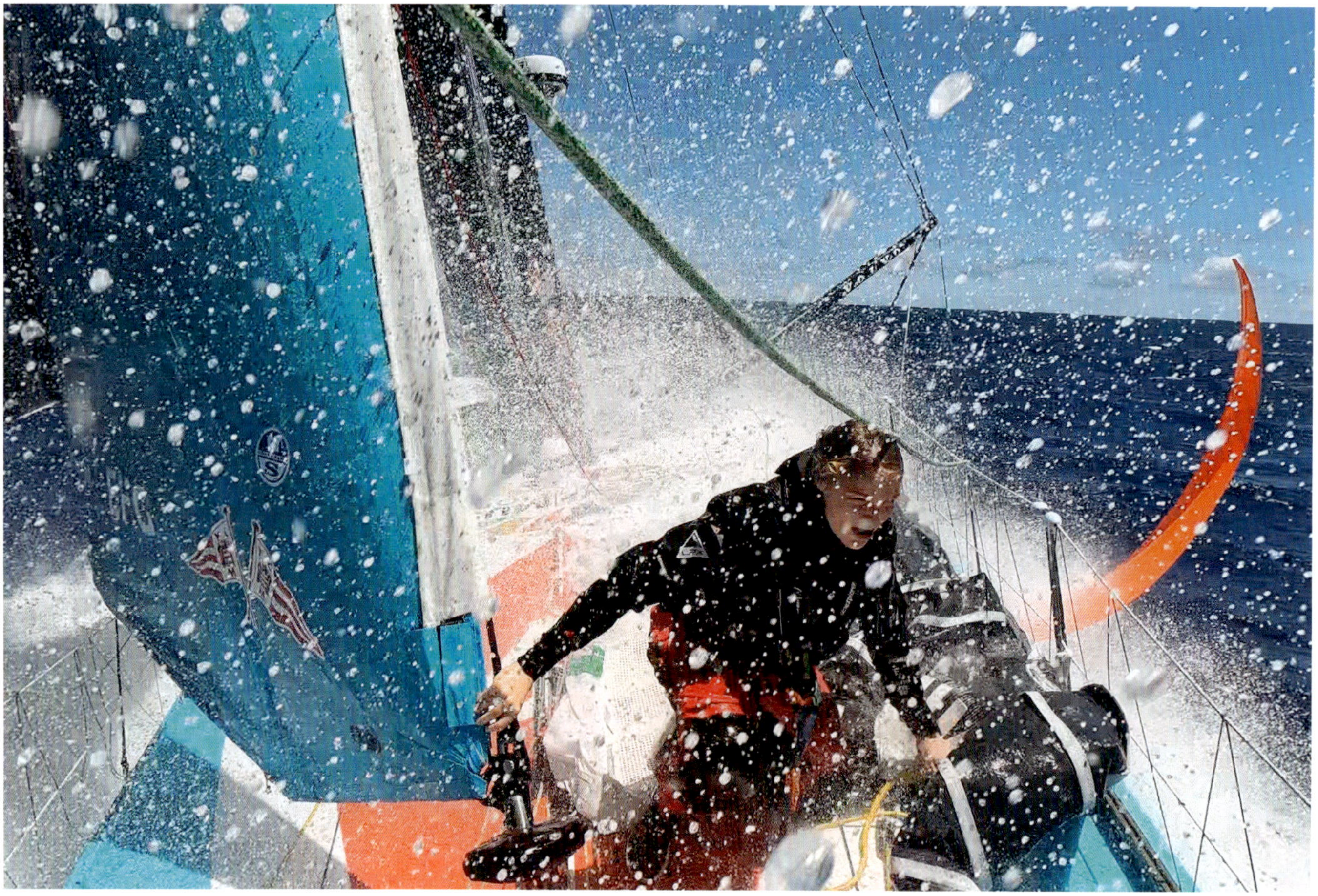

Vorahnung von der Königsetappe. Rosie Kuiper wird im Südatlantik beim Segelwechsel auf *Malizia – Seaexplorer* geduscht

einer UN-Konferenz zur Nachhaltigkeit und im Beisein von Antonio Guterres ihr Engagement für den Klimaschutz zu unterstreichen. Wo immer die Boote festmachen, finden an Land in sogenannten Ocean Live Parks Vorträge und Veranstaltungen zu diesem Thema statt. Es ist ein redliches Bemühen, das Rennen und die allgemeine Aufmerksamkeit in einen höheren Dienst zu stellen. Nirgends gelingt das überzeugender als in Mindelo, wo die Teams mit kleinstmöglichem CO_2-Budget operieren, mit der geringsten Anzahl an Mitarbeitern, ohne eigene Basen, ohne Ersatzteil- und Werkstatt-Container.

Malizia-Skipper Boris Herrmann, selbst seit Jahren in gleicher Mission engagiert, übergibt beim Ocean Race Summit zum Thema Meeresschutz einen symbolischen Staffelstab an UN-Generalsekretär Guterres. »Lasst uns alle Champions für die Bedürfnisse der Meere werden«, sagt dieser. Der Hamburger steht im Segler-Dress neben dem Politiker: T-Shirt, Shorts, Badeschlappen. Weil er sich beim Aufgießen einer Tüte Gefriergetrocknetes einen Tag vor der Zielankunft den linken Fuß verbrüht hat, musste er operiert und verbunden werden. In Schuhe passt er nicht mehr, daher die legere Garderobe. Die Aufmerksamkeit der Politik kommt ihm und seinem Team später zugute: Weil Herrmann für die kommende Etappe nach Kapstadt ausfällt, muss Yann Elliès als Co-Skipper einspringen. Dessen

Leicht- statt Passatwind. Die Kapverden fordern den Seglern beim Auftakt von Etappe zwei viel Geduld ab

In den Rossbreiten verholen sich die Crews zum Schlafen ins Vorschiff, wo eine Luke etwas Frischluft hereinlässt

Auf *Guyot* fällt erst der Code Zero ins Wasser, dann der Spinnaker. Beide nehmen beim Bergen schwer Schaden

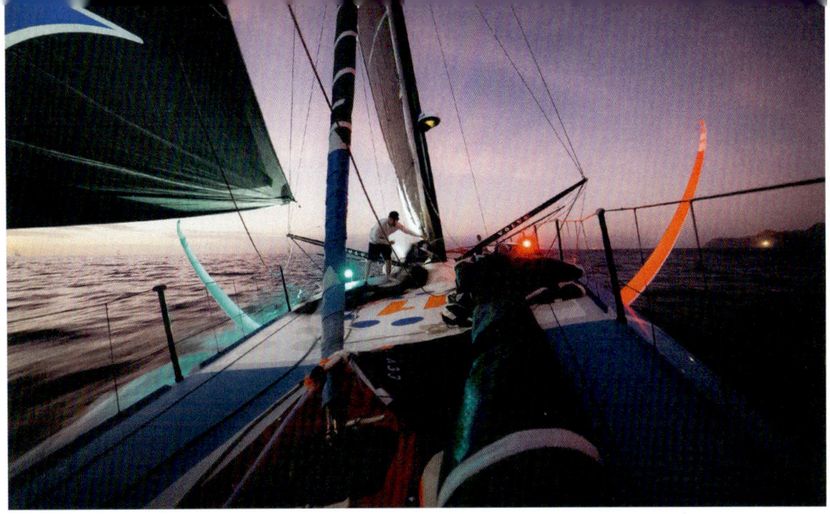

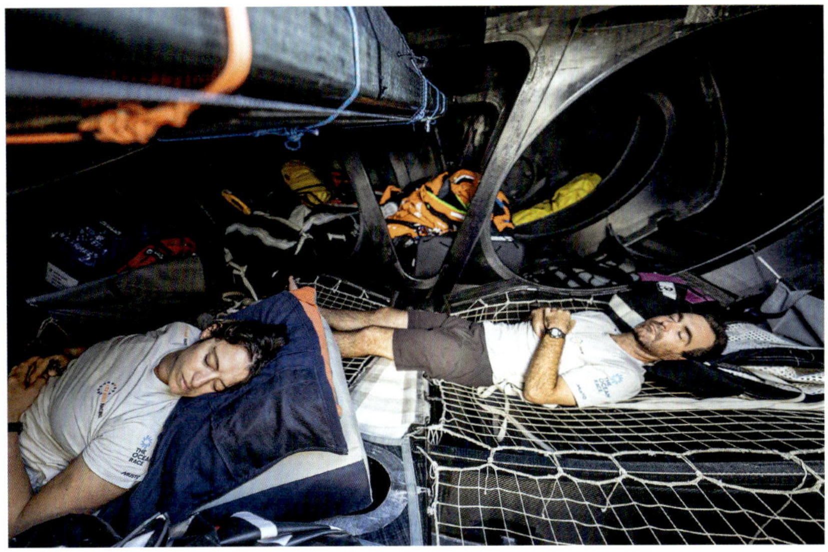

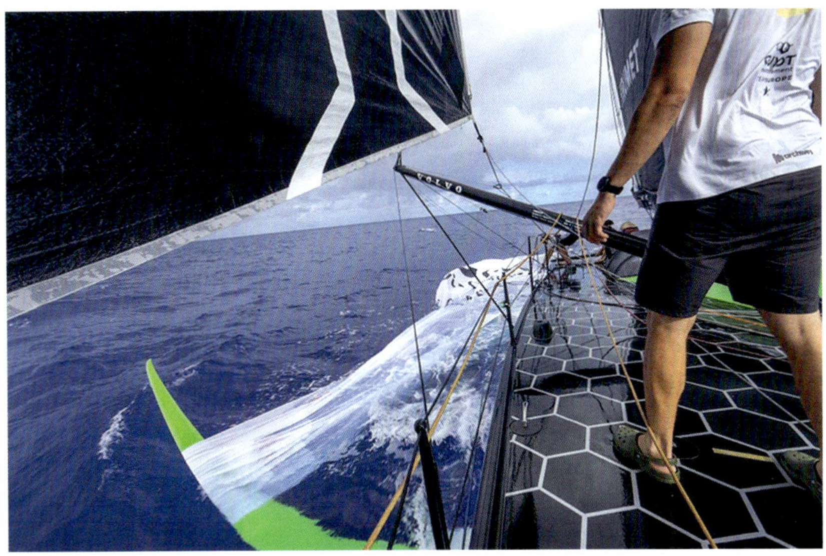

Reisepass befindet sich allerdings in Paris bei der amerikanischen Botschaft, um ein Visum für die Einreise in die USA zu erhalten – nötig für Etappe fünf, für die der Franzose fest eingeplant ist. Wie also auf die Kapverden kommen? Für Teamdirektorin Holly Cova, die gerade in Dänemark geheiratet hat und vorzeitig anreisen muss, wird es ein weiteres Notfallkommando. Sie nutzt das öffentliche Interesse am Gipfeltreffen mit Guterres, ruft kurzerhand den Stabschef des portugiesischen Präsidenten und den Premierminister der nordafrikanischen Inselgruppe an. »Es war eine der schwierigsten Missionen meines Lebens«, sagt sie später, »noch stressiger als der Umbau auf neue Foils in Alicante«. Am Ende passiert Yann Elliès per präsidialer Vollmacht die Flughafenkontrolle in Mindelo.

Am 25. Januar nachmittags um 16 Uhr Ortszeit fällt der Startschuss für Etappe zwei. Es wird die zweitlängste des Rennens: Statt 4.700 segeln die fünf Imocas am Ende 6.500 Seemeilen bis Kapstadt – so weit nach Westen und in die hohen Breiten des Südatlantiks müssen sie ausweichen. Das St-Helena-Hoch zwingt sie in einen weiten Bogen fernab vom Großkreiskurs, der kürzestmöglichen Route zum Ziel. Es wirkt wie ein Zeichen der Natur, dass das Klima auf dem Planeten unberechenbarer geworden ist.

Leichtwind dominiert diesmal den Auftakt, den zunächst *Biotherm* für sich entscheidet. Dann wechselt die Führung mehrfach, bis die Stunde

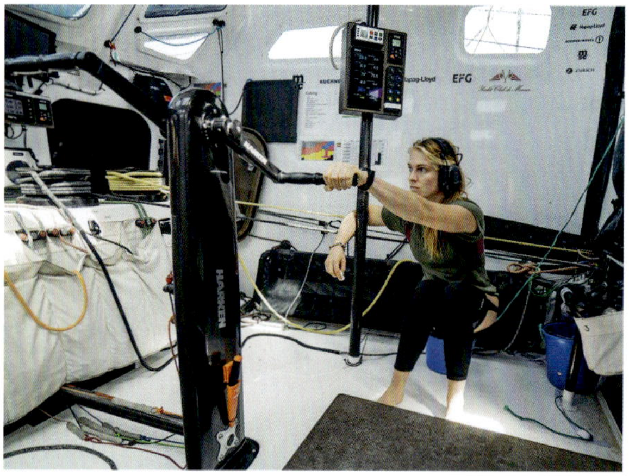

Immer schön festhalten. Rosalin Kuiper, beliebt für ihre ungezwungene, direkte Art, demonstriert mit diesem Foto auf Instagram, wie Bordtoilette mit Eimer geht. Es erhält Tausende Likes

Die starke Ausdehnung des St.-Helena-Hochs bis weit nach Westen verlängert den Weg für die Crews enorm. Bis Kapstadt legen sie 30 bis 40 Prozent mehr Strecke zurück als ursprünglich errechnet

von Robert Stanjek, Phillip Kasüske, Anne-Claire le Berre und Sébastien Simon auf *Guyot* schlägt. Sie hatten schon beim Start geglänzt. Simon als Navigator hält das französisch-deutsche Boot nach den ersten Tagen östlich des Feldes, nah an der Ideallinie, wählt die kürzeste Strecke. Im Leichtwindgürtel in Äquatornähe halten sie sich eine Woche lang hartnäckig an Position eins im Klassement – mit dem ältesten und schwersten Boot.

Auch im Südatlantik sind sie anfangs gut dabei, bis ihnen auf ihrer »Innenbahn« unter einer riesigen Wolke sprichwörtlich der Wind ausgeht. Sam Davies, die auf der Teilstrecke nach Kapstadt nicht an Bord von *Biotherm* dabei ist, sagt als Co-Kommentatorin auf Eurosport: »Es war echt Pech für sie, dass sie hängen geblieben sind. Das tut mir leid, weil es eine mutige und gute Entscheidung war.« Guyot sei »ein interessantes Segelteam, das ich gern verfolge.«

Der Preis, den die Crew für ihren Mut bezahlt, ist hoch. Zwischenzeitlich liegt sie mehr als 500 Seemeilen zurück, kommt aber fast noch einmal zurück. Es gelingt ihr, dasselbe Tiefdruckgebiet zu nutzen, mit dem das bereits enteilte Feld ostwärts nach Kapstadt rauscht. Robert Stanjek, in Abwesenheit von Benjamin Dutreux Skipper an Bord, sagt: »Dass wir etwas langsamer fuhren, lag daran, dass die vorn liegenden Boote weniger Welle hatten und bessere Winkel fahren konnten, wir aber hinten mittendrin in der Kreuzsee fast unser Schiff zerbrochen haben.« Im Schlussspurt glänzt *Guyot* erneut. »Da haben wir über drei Tage bei Top-Geschwindigkeiten von 30, 35 Knoten an die 1.500 Seemeilen geschrubbt«, fasst Robert Stanjek die Aufholjagd zusammen. In der Endabrechnung reicht es gleichwohl erneut nur zu Platz fünf. Unabhängig von der mageren Punkteausbeute zeigt sich der ehemalige Starboot-Weltmeister dennoch zufrieden. »Wenn sich Chancen ergeben, dann sind wir auch da«, sagt er. Stanjek macht keinen Hehl aus der Position seines Teams in diesem Ocean Race: »Wir sind hier die Rookies.« Zwei Segel sind auf dieser zweiten Etappe kaputtgegangen: Gennaker und Fractional Zero. »Beide haben uns gefehlt«. Der wilde Ritt zum Schluss hat ihm imponiert, aber auch Grenzen aufgezeigt: »Es ist eine krasse Konzentrationsleistung, das Schiff beständig auf Messers Schneide zu fahren. Es ist laut, wild, eine wahnsinnige Verantwortung.«

Für das andere Boot mit deutscher Beteiligung wird es ebenfalls keine einfache Etappe. Bei Leichtwind kommt *Malizia – Seaexplorer* nicht recht in Fahrt, wohl auch, weil sich die neuen Foils nicht ganz einziehen lassen und so die Fahrt bremsen. Sie fällt weit zurück, bis sie endlich Wind bekommt und sich im Südatlantik zwischenzeitlich an die Spitze setzen kann.

In Abwesenheit des am Fuß verletzten Stamm-Skippers hat Will Harris das Kommando übernommen, und er macht seinen Job souverän. Selbst als sich neue Verschleißspuren an den Tragflügeln zeigen, die auf Risse hindeuten könnten, hält er nach einem kurzen Moment der Niedergeschlagenheit die Moral an Bord und den Kampfgeist hoch. Zwar darf das Team, just als es Wind bekommt, die Foils aus Sicherheitsgründen nicht mehr ganz ausfahren und muss

»Wenn sich Chancen ergeben, sind wir da!«, sagt *Guyot*-Skipper Robert Stanjek, lässt aber keinen Zweifel: »Wir sind hier die Rookies«

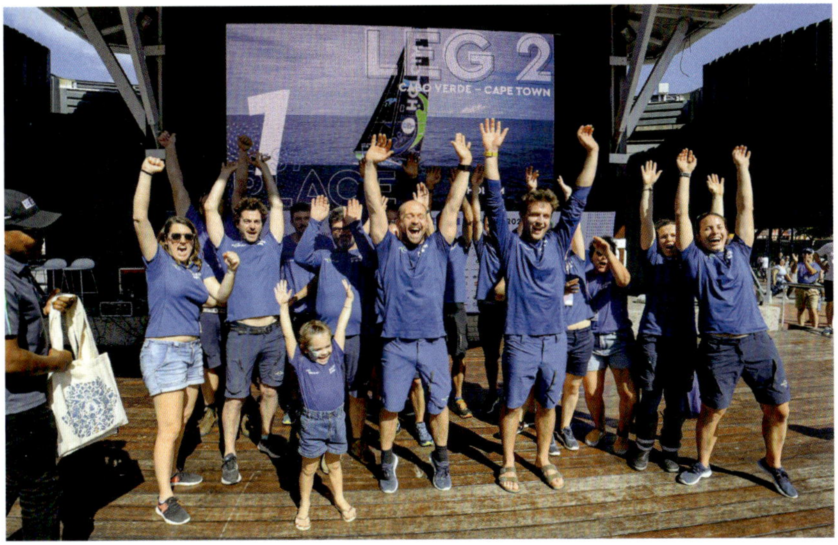

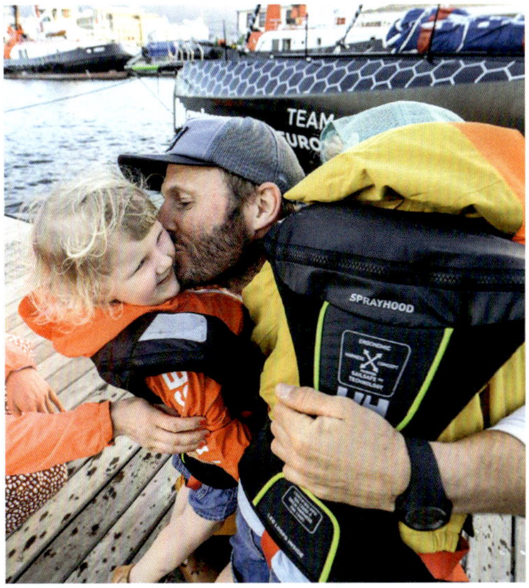

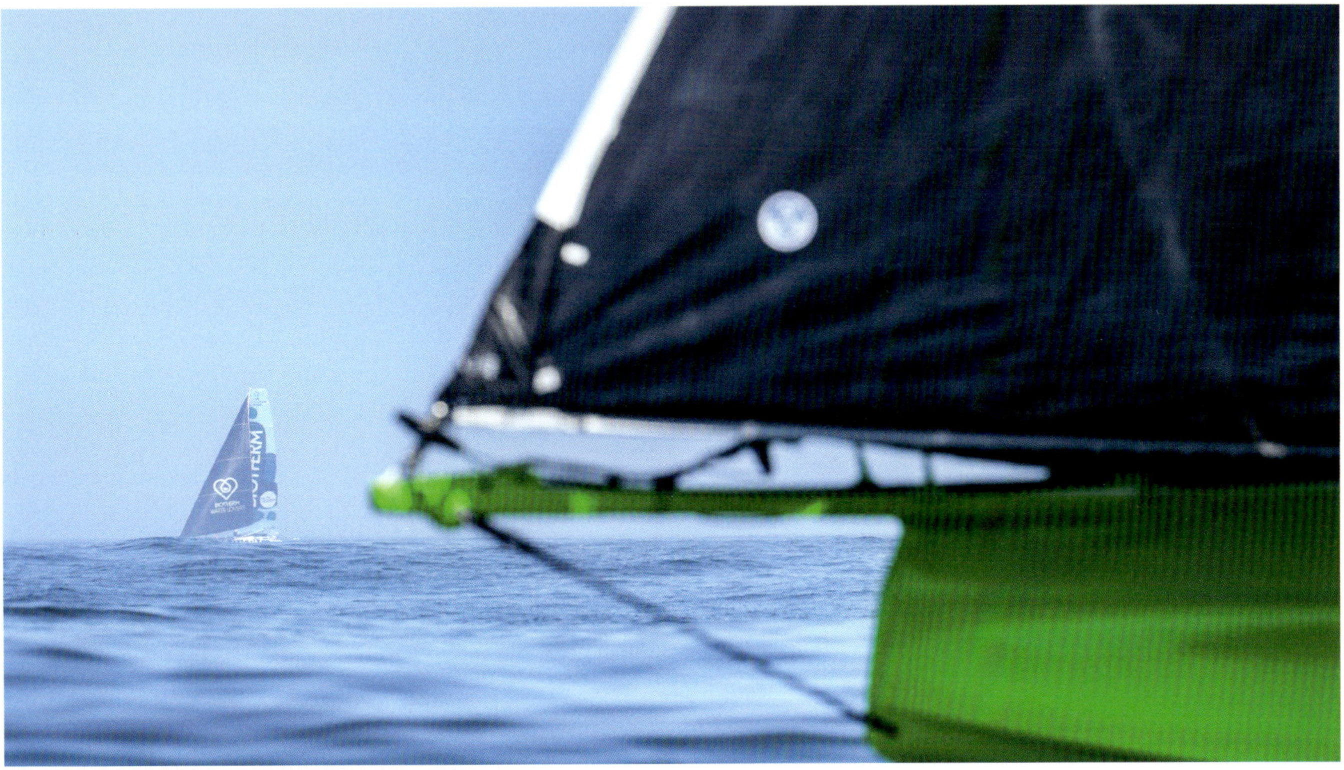

Wimpernschlag-Finish. Nach 6.500 Seemeilen liegen kurz vor der Ankunft in der Tafelbucht nur wenige Bootslängen zwischen den drei schnellsten Yachten. *Holcim – PRB* siegt knapp vor *Biotherm*. Die Verdier-Designs gelten als die leichtesten Imocas in diesem Ocean Race. Für *Guyot*-Skipper Robert Stanjek (o. r.) reicht es einmal mehr nur zu Rang fünf. Dennoch zeigt er sich im Ziel zufrieden mit der Etappe

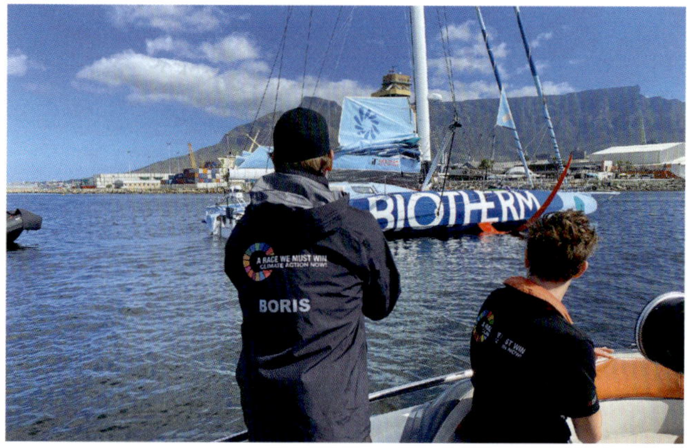

Boris Herrmann, der verletzungsbedingt pausieren musste, gratuliert Paul Meilhat auf *Biotherm* vor der Hafeneinfahrt zum starken zweiten Platz

sie bei Alarmen von den Lastsensoren gar noch weiter in den Rumpf ziehen. Doch auch so fliegt *Malizia* im Seegang der hohen südlichen Breiten an allen vorbei. War es für *Guyot* zuvor die Innenbahn, die sie nach vorn gebracht hat, ist es für das deutsche Boot nun die Außenbahn, die den entscheidenden Vorteil bringt.

Auch das für grobes Geläuf optimierte Rumpfdesign kann erstmals seine Stärken ausspielen. »Zu sehen, wie die anderen zu kämpfen haben, mit kleineren Segeln als wir, war beeidruckend«, sagt Will Harris nach der Ankunft. Und noch etwas gibt ihm Zuversicht für die kommende Etappe: »Wir haben so viele neue Trimmmöglichkeiten entdeckt, mit denen wir das Boot schneller machen können. Da steckt noch so großes Potenzial!«

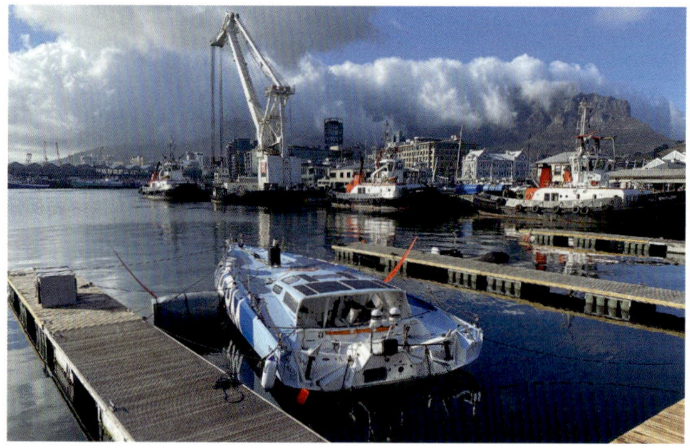

Als einziges Team bleiben die Franzosen während des Etappenstopps im Wasser. Das Budget reicht nicht für einen umfassenden Refit an Land

Auf dem Tracker liegt *Malizia* bis zu den letzten 40 Meilen vorm Tafelberg vor den anderen. »Es ist noch alles drin«, kommentiert Boris Herrmann in WhatsApp-Nachrichten an Freunde, Familie und Partner von der Teambasis aus. Eine Woche zuvor hatte das Schiff noch 200 Seemeilen zurückgelegen, jetzt ist eine kleine Sensation in Reichweite. Doch sie bleibt aus. *Holcim – PRB, Biotherm* und *11th Hour* sind im abflauenden Wind schneller, zudem besser positioniert als *Malizia*. Will Harris bringt das Boot nach zweieinhalb Wochen auf See nur zwei Stunden nach dem Sieger als Vierter über die Ziellinie in der Tafelbucht. »Ich bin enttäuscht«, sagt er ehrlich, »aber nur über das Ergebnis, nicht über die Etappe.«

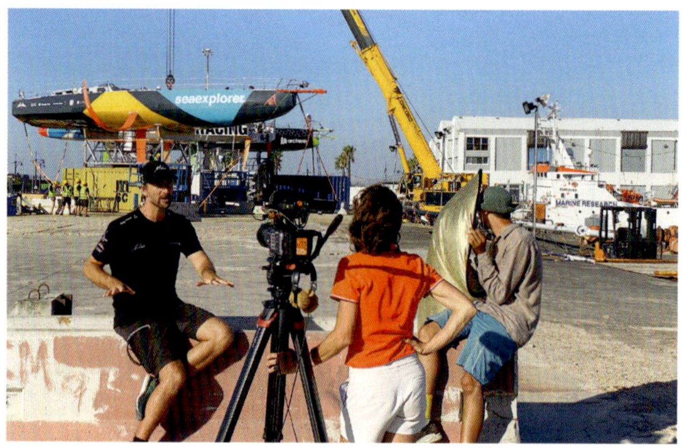

Während seine Techniker das Boot komplett auseinander nehmen und optimieren, gibt Boris ein Interview über den bisherigen Rennverlauf

Die entscheidet erneut Kevin Escoffier für sich, der Kämpfer. Es ist ein viel knapperer Ausgang als auf den Kapverden. Und doch scheint er bereits nahezu unbezwingbar.

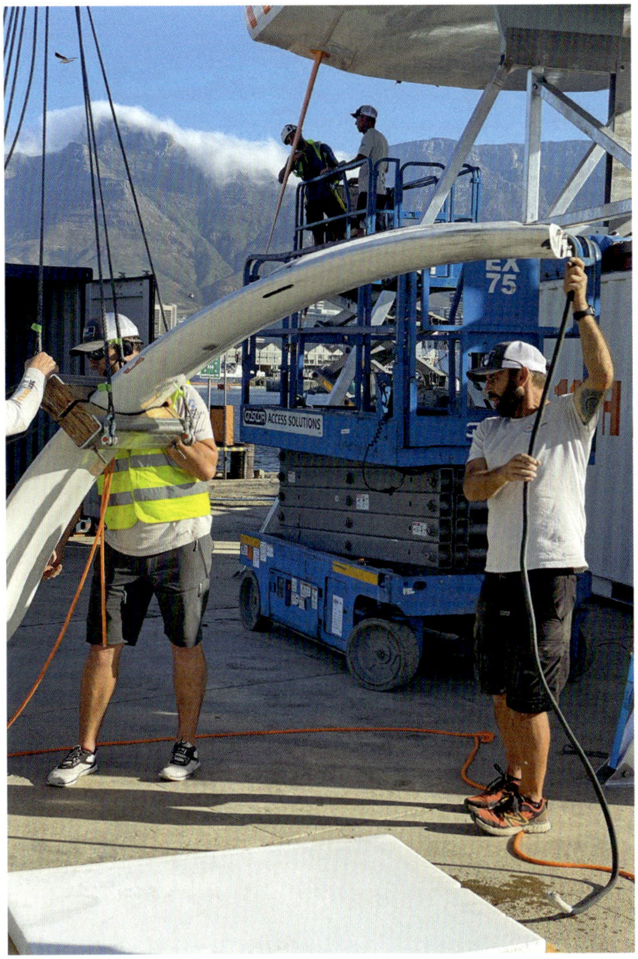

Großbaustelle bei *11th Hour Racing*. Das US-Team muss auf die älteren Foils wechseln. Die neuen sind mehrfach gebrochen

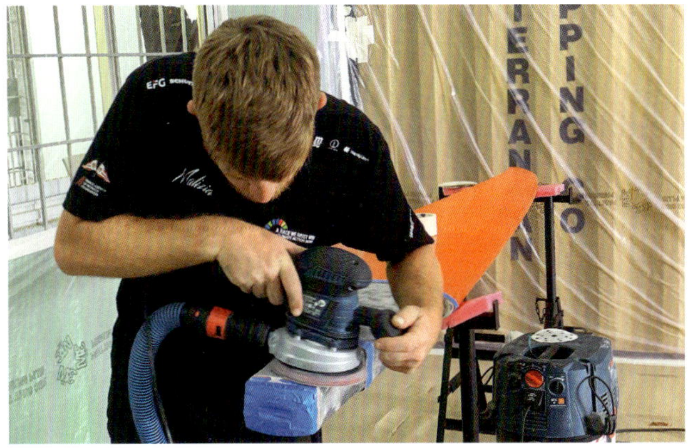

Im Team Malizia richtet einer der Bootsbauer den Schaft des Carbon-Ruders, dessen Winkel minimal korrigiert werden muss

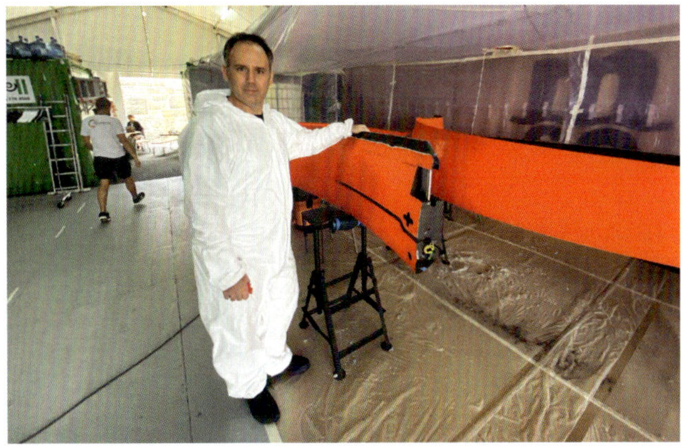

Andreas Berg verstärkt die Achterkanten der in Alicante neu eingesetzten Foils. Sie zeigten leichte Tragspuren

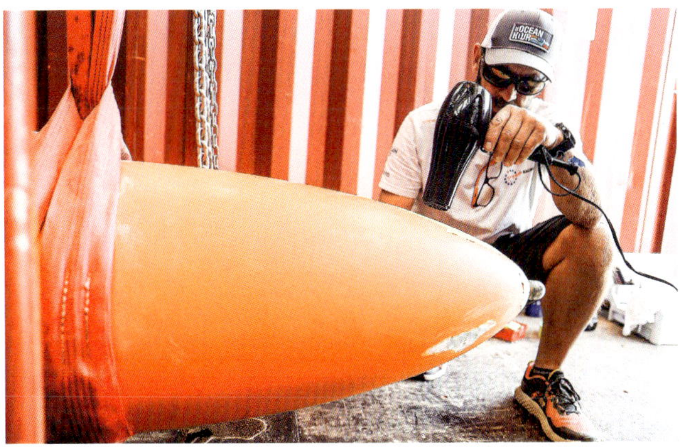

Feinschliff an der Kielbombe. Eine kleine Schramme wird gespachtelt, ebenso der neuralgische Übergang zur Kielfinne

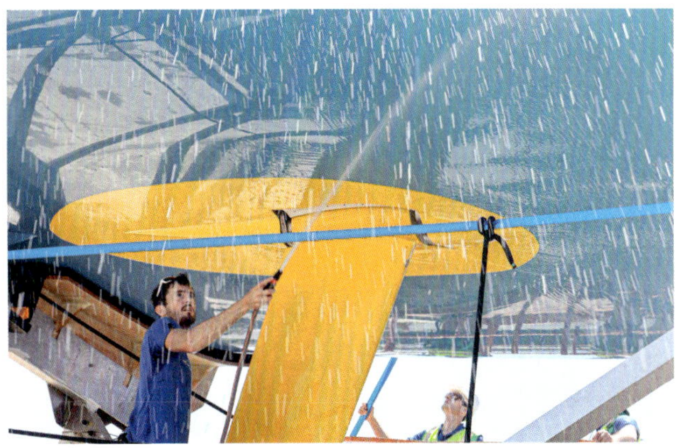

Spiegelblank. Zwei Arbeiter schrubben und spülen das Unterwasserschiff. Danach erst werden Kiel, Foils und Ruder demontiert

Leg 3

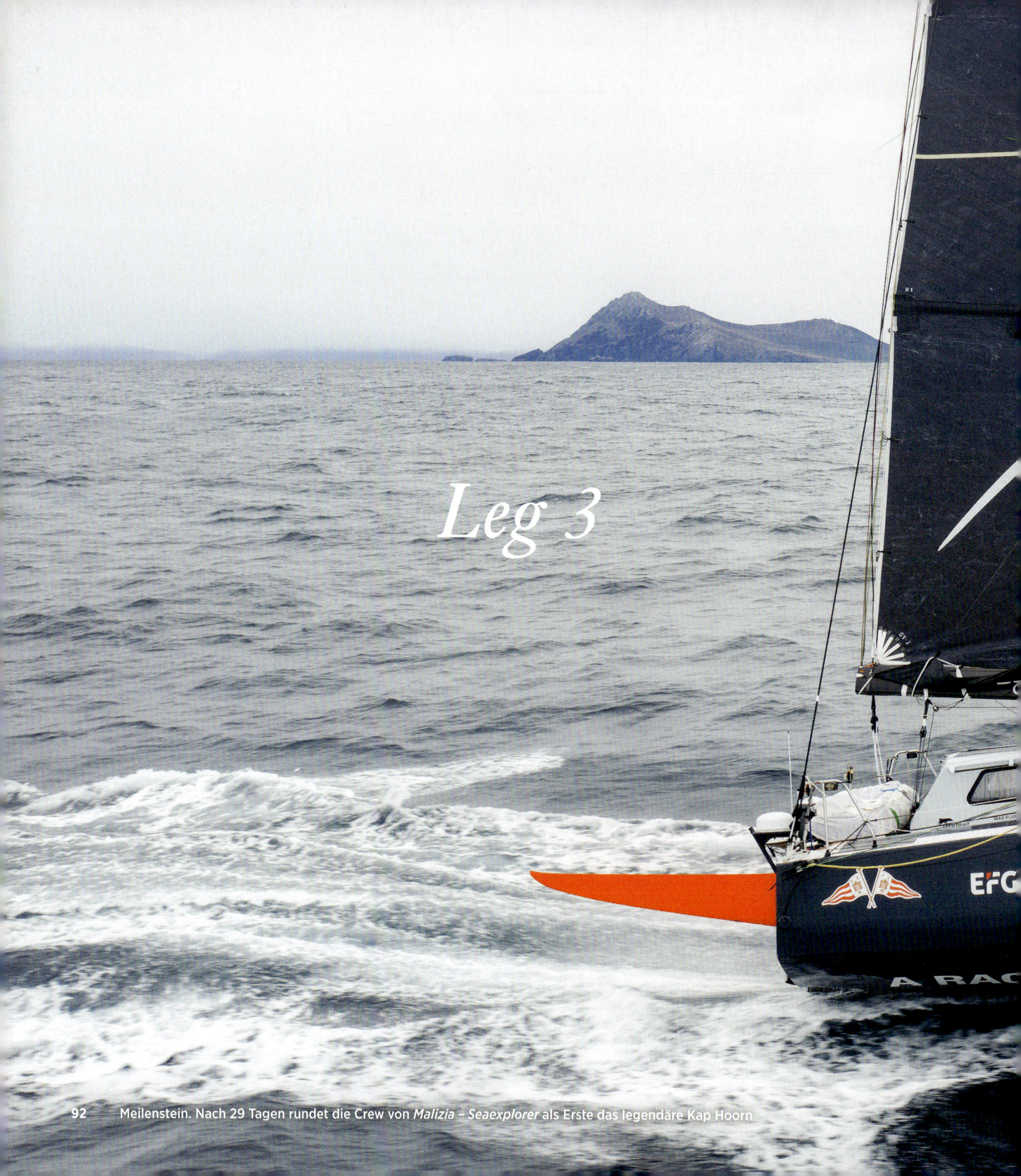

Meilenstein. Nach 29 Tagen rundet die Crew von *Malizia – Seaexplorer* als Erste das legendäre Kap Hoorn

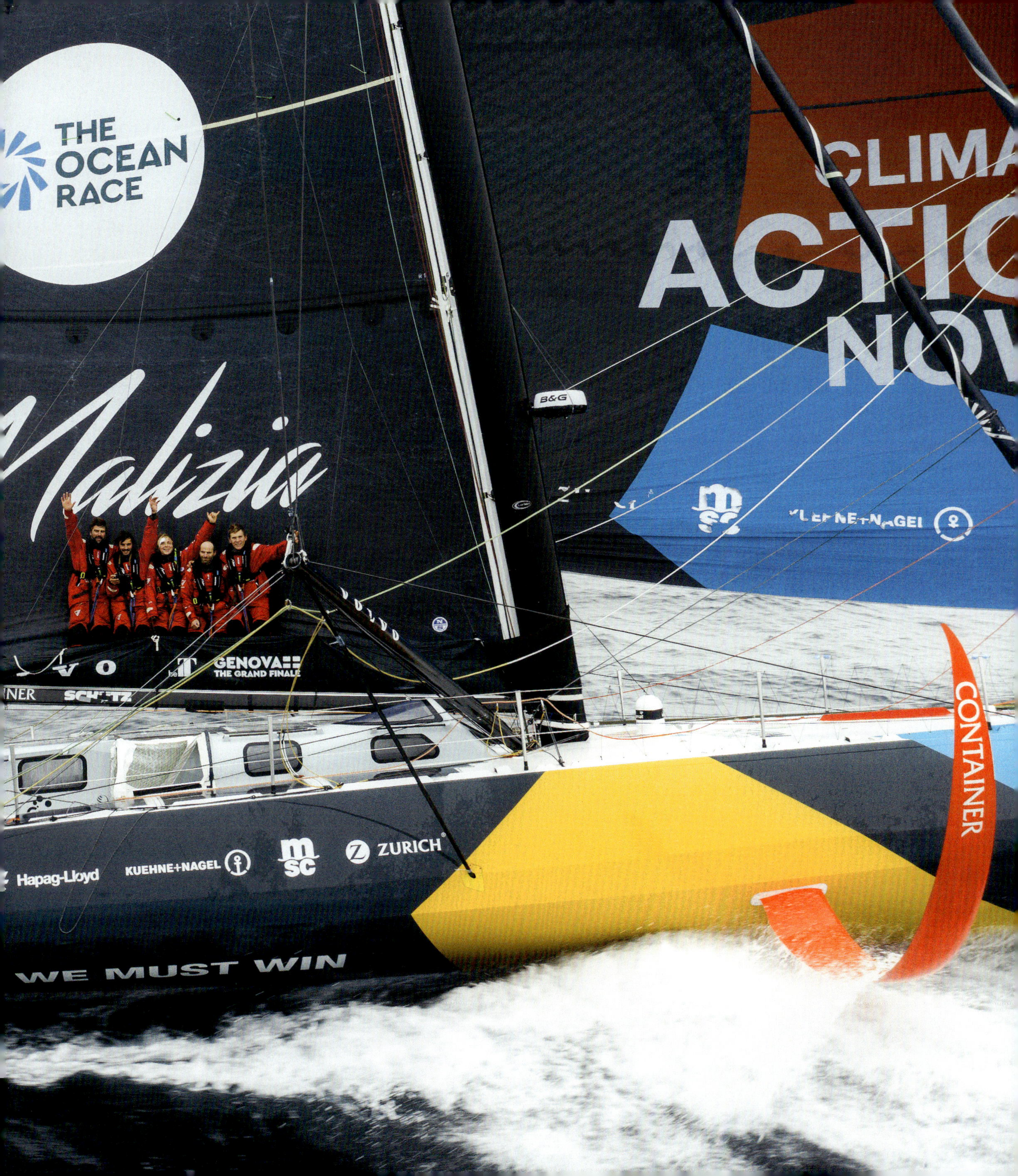
THE OCEAN RACE
Malizia
CLIMA
ACTIO
NOW
GENOVA
THE GRAND FINALE
CONTAINER
Hapag-Lloyd
KUEHNE+NAGEL
msc
ZURICH
WE MUST WIN

Glaube

Die längste Teilstrecke. Das härteste Wetter. Der ultimative Test. Und dann das: Ein Beschlag bricht, das Topp-Fall zersägt den Mast. »Game over«, denkt Boris Herrmann. Aber es kommt anders

▶ Als sie ihr iPhone einschaltet, gleich nach der Landung in São Paulo, ahnt Holly Cova, dass etwas nicht stimmen kann. Sie ist mit einem Teil des kaufmännischen Teams von Kapstadt nach Brasilien geflogen. Von hier will sie das Rennen begleiten, den Etappenstopp in Itajaí vorbereiten – inzwischen Routine für die Teamdirektorin von Malizia. Nachdem sich ihr Telefon im Mobilfunknetz der brasilianischen Metropole eingeloggt hat, zeigt das kleine rote Fenster rechts über dem WhatsApp-Symbol mehr als 400 neue Nachrichten – nach nur neun Stunden offline. Irgendetwas kann nicht stimmen.

Schon auf dem Weg zur Passkontrolle hat sich die krisenerprobte Managerin einen ersten Überblick über die Lage verschafft. In der vielfach gewunden Warteschlange vor den Einreise-Schaltern telefoniert sie das erste Mal mit Boris Herrmann. Der ist auf See – und am Boden.

In den Abendstunden des dritten März, erst dem zweiten Tag dieser auf bis zu 40 Tagen Dauer taxierten Monsteretappe, ist auf dem deutschen Boot der Code Zero ins Wasser gefallen. Da liegt *Malizia – Seaexplorer* nach einem zähen Start aussichtsreich auf Platz drei. Zunächst gilt alle Aufmerksamkeit der Crew dem Bergen des riesigen Segels. Es misst 220 Quadratmeter, weit mehr als ein durchschnittliches Einfamilienhaus an Wohnfläche hat, und es besteht aus schwerem Laminat. Zunächst hängt es noch halb im Rigg, wild schlagend, halb schon über Bord. Bis die Crew im Ölzeug und an Deck ist, hat es sich ums Backbordfoil gewickelt. Mehr und mehr gibt das Fall nach, an dem es in den Mast gezogen wurde. Boris Herrmann kappt des leichte, aber hochfeste Dyneema-Geflecht. Dann sichert er Will Harris, der über die Bordwand auf den orangerot lackierten Tragflügel klettert.

Der Co-Skipper hat das schon einmal gemacht, auf der Rücküberführung nach der Route du Rhum im Nordatlantik, bei ähnlichen Bedingungen: sechs Windstärken, drei bis vier Meter Seegang. Will zögert nicht. Mit seinem Messer durchtrennt er mühsam das teure Tuch, das sie bis Itajaí nicht mehr werden einsetzen können. Aber das spielt jetzt keine Rolle. Nur weg mit dem Segel, keine Folgeschäden riskieren, möglichst rasch wieder in Fahrt kommen.

Weil es stockdunkel ist, als der triefend nasse Code Zero endlich in der Segellast verschwindet, verschieben sie die Fehlersuche auf den nächsten Morgen. Vielleicht hat nur die Verriegelung des Toppbeschlags versagt, der das Fall entlastet und das Segel in Position hält. Es wäre nicht das erste Mal; solche Probleme passieren immer wieder. Boris Herrmann hatte bei der letzten Vendée Globe im Südatlantik ähnlichen Ärger damit. Damals musste er, der Höhenangst hat, allein in den Mast klettern. Das wird ihm morgen Früh Rosalin Kuiper abnehmen, die solche Ausflüge ins zehnte Stockwerk genießt und der auch sonst vor nichts bange ist.

Als der Code Zero ins Wasser fällt, rechnet niemand mit großen Kollateralschäden. Bis Rosalin Kuiper im Mast einen klaffenden Spalt entdeckt

Vor dem Ablegen in Kapstadt sagte sie: »Wenn ich segeln gehe, stelle ich mich immer darauf ein,

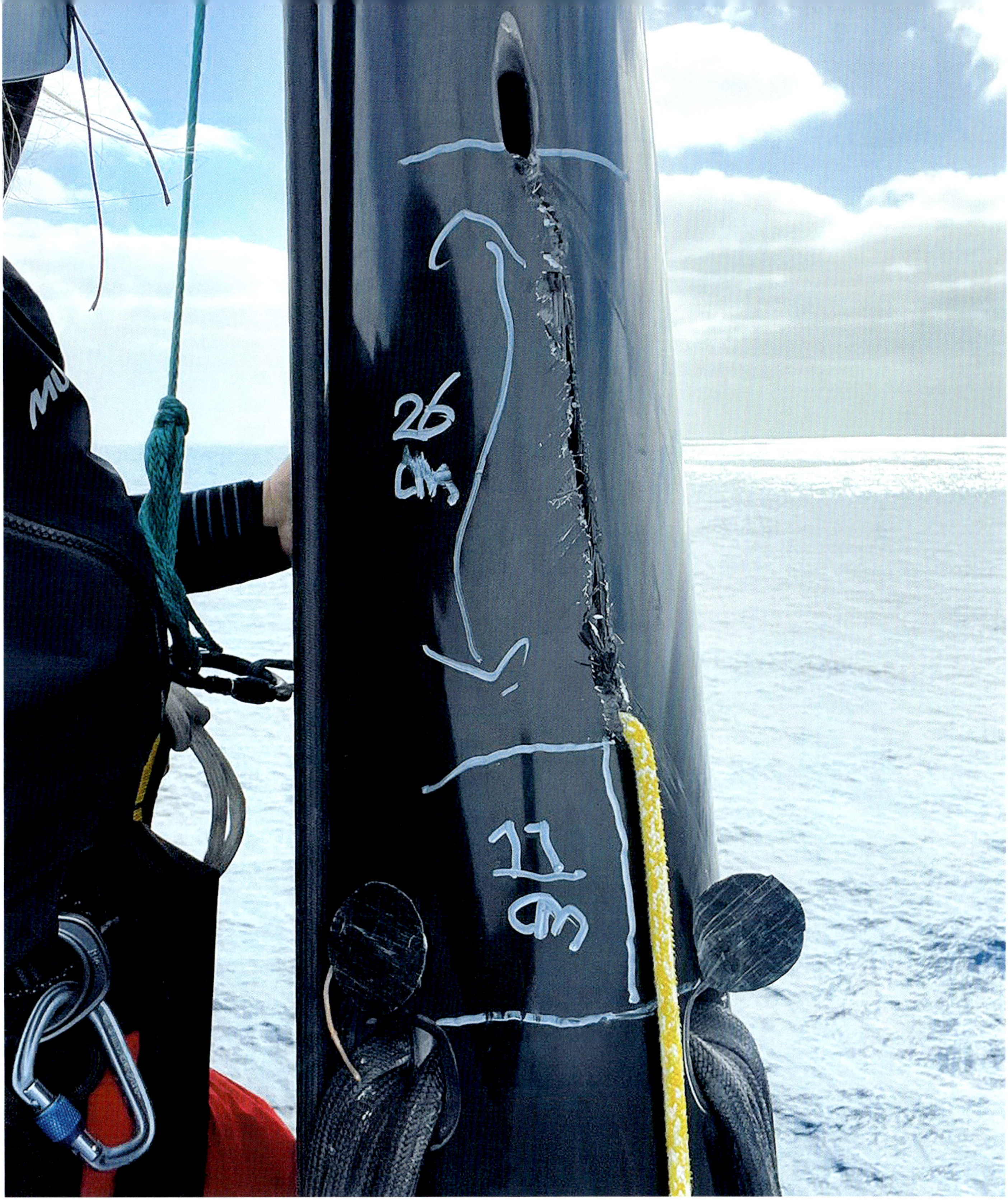

Zum Fürchten. Auf 26 Zentimetern klafft ein Spalt im Masttopp von *Malizia – Seaexplorer*, nur knapp oberhalb des Anschlagpunkts für die Oberwanten

dass ich in den Krieg ziehe. Ich bereite mich darauf vor, mich selbst komplett zu brechen, mental und physisch. Alles, was weniger schlimm ist, nehme ich als großes Geschenk.« Boris sagte: »Ich bin ein bisschen angespannt. Mir ist wichtig, dass wir ankommen und dass wir gut segeln, weil das der Höhepunkt vom Ocean Race ist. Ich scheine mir immer relativ viele Sorgen zu machen. Und das ist jetzt auch wieder so.«

Im Seesack hat er den Norweger-Pullover, der schon bei der Vendée sein Markenzeichen geworden ist, eine Art Glücksbringer. Diesmal ist er weiß, nicht rot wie bei seinem großen Solo vor zwei Jahren. Alle in der Crew haben einen. Boris wird ihn am nächsten Tag das erste Mal überstreifen. Dem Team steht ein schwerer Tag bevor, der schwerste des gesamten Ocean Race.

Als es hell ist am kommenden Morgen, peilt Boris mit dem Fernglas am Mast hinauf, macht Fotos mit dem Smartphone, bittet Antoine Auriol mit seiner höher auflösenden Profikamera, dasselbe zu tun. Boris hatte schon am Abend ein ungutes Gefühl, und was er sieht, bestätigt seine Sorge. Etwas in ihm zieht sich zusammen. Weit oben im Topp des 300.000 Euro teuren Profilmasts von *Malizia – Seaexplorer* ist ein Riss auszumachen. Das Fall, das der Skipper gekappt hatte, hängt darin fest.

Im Cockpit hält die Crew eine erste Lagebesprechung ab. Es liegt eine ungewohnte Schwere in der Luft. »Fuck!«, entfährt es Boris. Er klingt nicht wütend, sondern resigniert. »Ich bin im Moment etwas angeschlagen«, sagt er. Will Harris übt sich in Optimismus: »Lasst uns sehen, wie schlimm es wirklich ist.« Er habe so ein Gefühl, dass der Spalt im Mast »nur so groß ist«, sagt er. Dabei spreizt er Daumen und Zeigefinger seiner rechten Hand etwas, vielleicht sieben, acht Zentimeter. Das wäre nicht weiter tragisch, das ließe sich reparieren.

Dann kurbeln sie Rosie ins Rigg. Sie hängt in einem Klettergurt an einem zweiten Fall, das ebenfalls bis zur Mastspitze führt. Über ein Bluetooth-Headset ist sie mit der Crew im Cockpit verbunden, hat Smartphone, Gopro-Kamera, Maßband und einen Permanentmarker dabei. »Wenn du oben bist, konzentrierst du dich nur darauf, dass du den Job erledigst«, sagt sie. »Schaust du runter, wird dir erst klar, wie hoch oben du bist, wie klein – und wie groß der Ozean um dich herum.«

Rosie nimmt sich Zeit, den Schaden genau zu dokumentieren. Von ihrer Bestandsaufnahme wird später alles abhängen, vor allem die Entscheidung, ob der Spalt überhaupt reparabel ist. Sie misst dessen Länge aus und schreibt die Information aufs schwarz lackierte Kohlefaserprofil, das wie grob aufgesägt aussieht und aus dessen Lücke scharfe Splitter ragen. Der Spalt ist nicht sieben Zentimeter lang, wie Will Harris hoffte, sondern 26 Zentimeter, fast das Vierfache. Und was noch bedrohlicher wirkt: Er endet nur eine Handspanne über den Laschings der Oberwanten – den Kabeln, die den Mast seitlich in Position halten.

»Zuerst dachte ich: Mist, der Code Zero, den ich vom Foil losschneiden musste, wird uns spätestens hinter Kap Hoorn fehlen«

Co-Skipper Will Harris

Wie genau es dazu kam, wird sich erst später herausstellen. Klar ist: Der Augbeschlag des für 16 Tonnen Bruchlast ausgelegten Edelstahl-Hakens, durch den das Fall läuft, muss gebrochen sein. So hing der Code Zero nur noch am Fall, dessen Laufweg im Rigg für diese Last überhaupt nicht vorgesehen ist. Es wird eigentlich über die Rolle im Toppbeschlag, der an einer Lasching hängt, nach unten umgelenkt und über ein unverstärktes Langloch ins Mastinnere geführt. Nach dem Bruch des Beschlags aber fehlte die Umlenkung. Jetzt war das Langloch der oberste Punkt der Lastaufnahme. Unter dem tonnenschweren Zug des Code Zero sägte sich das Fall minutenlang durch die Kohlefaserlagen des Flügelmasts.

Als die Crew mit dem Segel kämpft, ist der Rest des Teams bereits daheim oder schon auf dem Weg nach Brasilien

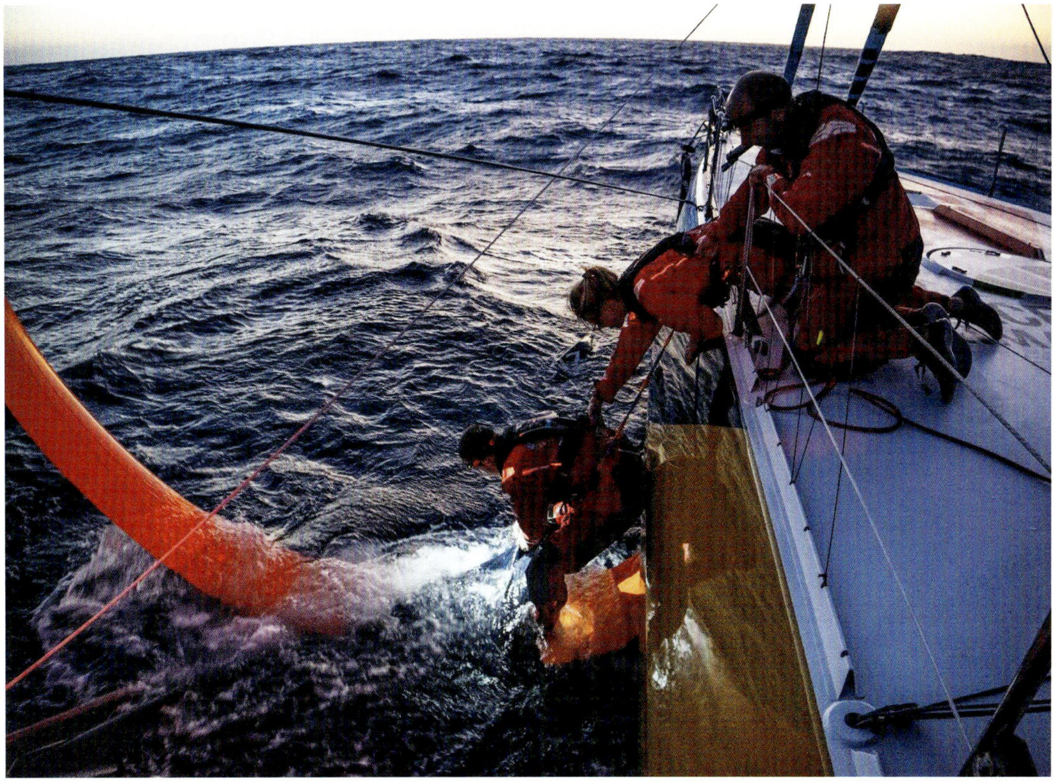

Schadensbegrenzung. Zunächst gilt alles Bemühen dem Bergen des in die See gefallenen Code Zero. Um ihn aus dem Wasser zu holen, muss Will Harris Teile davon durchtrennen. Das größere Problem wird erst am nächsten Morgen offenbar

Fotos des Spalts gehen über Satellit zum Technik-Team an Land. Die Imocas haben eine permanente Verbindung ins Internet; per W-Lan kann jeder an Bord Nachrichten, Fotos, kurze Videos verschicken; meist geschieht das über den Messenger-Dienst WhatsApp, dem Haupt-Kommunikationskanal für *Malizia*. Es gibt für Fälle wie diesen eine eigene Chatgruppe, die Segler, Teamleitung und Techniker verbindet: »Malizia@Sea«. Zwei Mitglieder sind praktisch ständig auf Empfang: der Neuseeländer Stu McLachlan, als Boat Captain der erfahrenste Mann, die Ruhe selbst. Und Holly Cova – wenn sie nicht gerade im Flieger nach São Paulo sitzt.

Das Prozedere bei Schäden sieht vor, dass über »Malizia@Sea« die jeweiligen Spezialisten aktiviert werden. Oft können die direkt helfen. Manchmal aber, wenn es komplizierter wird, verlagern die Techniker die Analyse und Lösungsfindung in eine eigene WhatsApp-Gruppe, an den Seglern vorbei, damit die nicht unnötig verunsichert werden und das Boot einstweilen auf Kurs halten können. So war es auf der vorigen Etappe, als Will bei einem seiner Routine-Checks die Risse an der Achterkante des Foil-Schafts gefunden hatte. So ist es jetzt wieder. Vorübergehend kehrt Funkstille ein auf dem internen Notfallkanal des Teams. Die Segler aber lässt der Gedanke nicht los, was mit ihrem Mast ist, wie sehr er in der vorigen Nacht in Mitleidenschaft gezogen wurde. Wieder stehen und sitzen sie im Cockpit zusammen, während das Boot nur unter Großsegel langsam Fahrt nach Westen macht, wie flügellahm. Alle wirken konsterniert. »Wenn der oberste Teil des Masts bricht, können wir immer noch nach Hause segeln«, sagt Boris. »Wenn das Rigg runterkommt, dann könnte es ziemlich kompliziert werden. Es könnte sein, dass wir von einem Frachter abgeborgen werden, und das wär's dann. Ende der Geschichte!«

Unterdessen ist Holly Cova, noch müde nach dem langen Transatlantikflug, in São Paulo ansatzlos in den Krisenmodus gewechselt. Um auf den langen Wegen durch den Flughafen Nach-

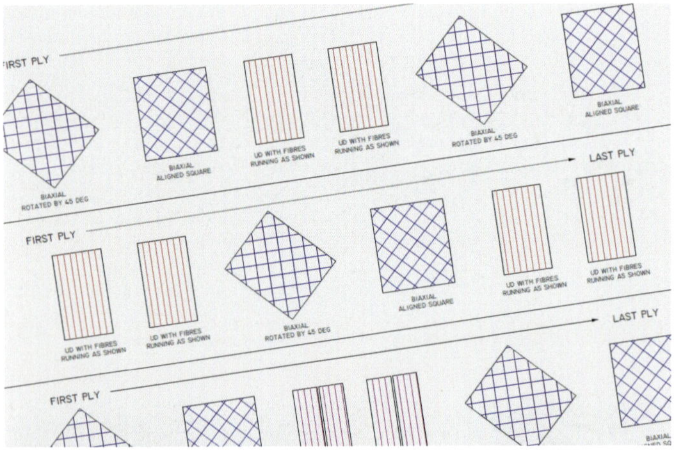

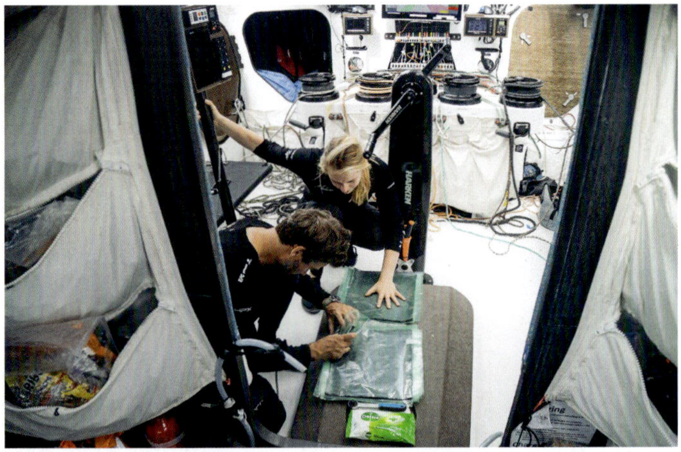

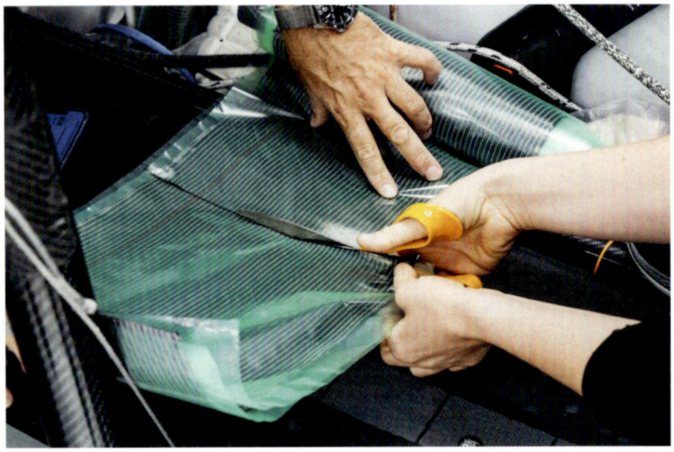

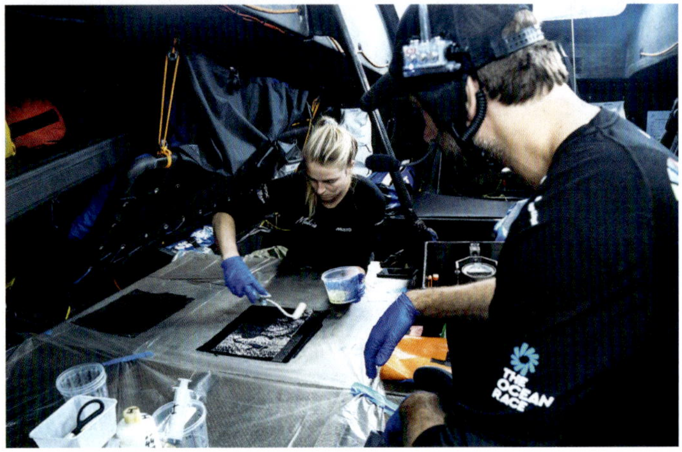

In der Nacht arbeitet das Technik-Team einen Reparaturplan aus. Das PDF mit Schritt-für-Schritt-Anleitung umfasst elf Seiten, seine Umsetzung an Bord dauert einen ganzen Tag und involviert die gesamte Crew. Unter Deck schneiden Boris und Rosie Carbon-Gelege aus und tränken sie mit Epoxidharz

richten lesen und tippen zu können, bittet sie Lucia Nebreda und Marie Lefloch, die mit ihr reisen, sie durch die Menschenmassen zu lotsen. Ihr Blick ist pausenlos aufs Display geheftet. Sie weiß, was auf dem Spiel steht. Und sie ahnt, was der Spalt im Mast mit der Crew macht, vor allem mit dem Skipper. Sofort ist ihr klar, dass wenig Zeit bleibt, die elementarste Entscheidung zu treffen: umkehren oder, falls möglich, reparieren. »Ein Mastbruch im Südpolarmeer wäre der Worst Case«, sagt sie. Boris' Stimme klingt kraftlos. Holly ist für ihn jetzt nicht nur diejenige, die den Laden zusammenhält, sondern auch Freundin und engste Vertraute. »Ich bin ziemlich enttäuscht im Moment«, sagt er, den Tränen nah. »Na klar«, sagt sie, »na klar!« Etwas später reflektiert sie die Situation: »Ich habe versucht, einen klaren Kopf zu bewahren, denn ich konnte hören, dass Boris ziemlich besorgt ist. Ich wollte einfach nur für ihn da sein, um ihn zu unterstützen und ihm Mut zu machen, egal, welche Entscheidung er treffen würde.«

Auch an Bord findet Boris Beistand. Rosie spürt, wie sehr ihn der Vorfall in die Knie zwingt. Er hat *Malizia – Seaexplorer* für den Southern Ocean konzipiert. Er hat schon in Alicante davon gesprochen, dass ihm diese Etappe besonders am Herzen liege. »Das ist für mich das Highlight!«, sagte er in der Pressekonferenz der Skipper vor dem Start. Jetzt steht all das auf dem Spiel.

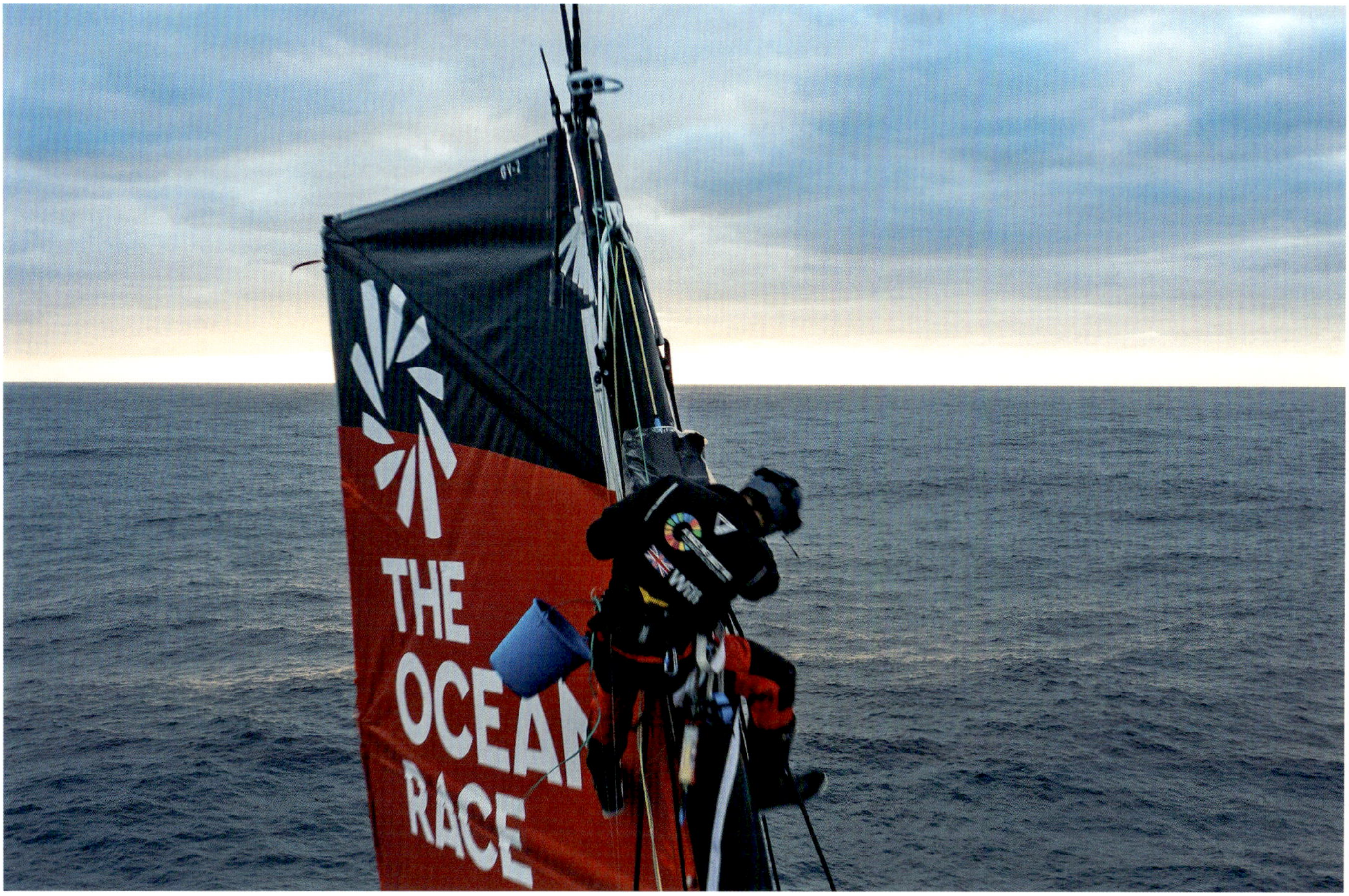

Will Harris, Hobby-Kletterer, übernimmt den schwierigsten Part. In fast 28 Meter Höhe muss er zunächst die Bruchstelle anschleifen, säubern und dann drei Pakete aus je sechs Lagen Kohelfaser auflaminieren. Ein Kraftakt, denn der Mast pendelt in der Dünung ständig vier, fünf Meter hin und her

Rosie versucht, ihn auf andere Gedanken zu bringen: »Wir sind hier, im Southern Ocean, wir haben wundervollen Sonnenschein, wir haben gute Gespräche.« Boris sagt: »Das ist positives Denken. Wenn wir es hinkriegen, bis ins Ziel zu segeln, wäre das ein riesiger Erfolg. Im Moment könnten wir nicht weiter davon entfernt sein. Wir haben einen kaputten Mast, keinen Wind.« Das Boot taumelt wie betrunken in der Altsee. »Ich bin so froh, nicht allein zu sein. Es wäre eine Horrorvorstellung solo. Für mich ist es schon so schwierig, mit dieser Crew. Allein? Ich weiß nicht ...« Dann kneift er die Augen zusammen, winkt unbeholfen und bricht ab.

Doch er ist nicht allein. Er hat vier starke Charaktere um sich und ein fähiges Team an Land, das zwar nach der Abreise aus Südafrika auf drei Kontinenten verstreut ist und in unterschiedlichen Zeitzonen lebt, sich aber im Nu an die Arbeit macht. Eine kleine Expertentruppe unter der technischen Leitung von Jesse Naimark-Rowse tüftelt aus, ob und wie sich der Spalt schließen lässt. Jesse sieht sich die Konstruktionszeichnungen der Mastbauer von Lorima in Frankreich an, bespricht sich mit den Designern des Boots, stellt eigene Berechnungen an. Stu

Während der Mast-Reparatur fällt ***Malizia – Seaexplorer*** *rasch Hunderte Seemeilen zurück*

McLachlan geht die Stücklisten mit dem an Bord mitgeführten Material durch: Harzmenge, Härter, Carbongelege, Kleber, Folien. »Im Moment fühlt es sich so an, als wären wir auf einer Appollo-Mission im Weltall«, sagt Holly Cova.

Mit Unterstützung seiner Kollegen tüftelt Jesse Naimark-Rowse eine Reparaturanleitung aus. Das PDF umfasst elf Seiten und beschreibt Schritt für Schritt die Arbeitsabläufe, inklusive minutiöser Zeitangaben, wann welcher Handgriff zu erfolgen hat . Er sitzt in Bristol, im »schönen, warmen, trockenen Home-Office«, und muss für Segler denken, die demoralisiert sind, müde, mutlos. »Wir müssen supergenau sein«, sagt er. Denn die Crew hat nur eine einzige Chance. Für mehr reicht das Material nicht.

Während Kevin Escoffier mit *Holcim – PRB* an der Spitze Tempo macht, stets zwischen 15 und 20 Knoten loggt, fällt *Malizia* weit zurück. Einen Tag nach dem Problem mit dem Code Zero hat sie schon mehr als 200 Seemeilen Rückstand. Andere Teams sind auch von Problemen betroffen. Auf *11th Hour Racing* gehen zwei Vorsegel in die Binsen, später entdeckt die Crew Risse an beiden Rudern. Und das ist erst der Auftakt einer schier endlosen Kette von Schäden. *Biotherm* findet nach einem Stolperstart in Kapstadt ebenfalls nicht aus dem Basteln heraus, muss am Großschot-Traveller nacharbeiten und eine Winsch instandsetzen. Obendrein ist ein Foil angebrochen. Am schlimmsten trifft es *Guyot environnement – Team Europe*. Im Rumpfboden löst sich das Kernmaterial von der inneren und äußeren Carbonschicht ab. Beim Stampfen in der Welle hebt und senkt sich das Laminat. Jeden Moment kann die Hülle durchbrechen. Benjamin Dutreux bleibt keine andere Wahl, als umzukehren. Die Reparatur in Kapstadt erweist sich später als so umfangreich, dass die Crew die Etappe aufgeben muss.

Kommt jetzt, so früh schon, die Stunde der Wahrheit für die Imocas? Sind die Boote, wie Skeptiker argumentierten, zu filigran, als dass sie dem Zusatzgewicht und dem härteren Einsatz im Vergleich zur einhand gesegelten Vendée Globe standhalten können? Selbst Richard Brisius, CEO des Ocean Race, beschlich vor dem Start der Königsetappe ein mulmiges Gefühl. Er ist das Rennen schon zwei Mal selbst mitgesegelt, weiß um die Härten des Südmeers. Als er die Teams am Steg verabschiedet hatte, war da auch die Sorge um deren Sicherheit. »Man sollte nie vergessen, wie ernst diese Etappe ist, was auf dem offenen Meer alles passieren kann, wenn menschlicher Ehrgeiz und Spitzentechnologie zusammenkommen.«

Aus diesem Grund haben alle Teams mit Ausnahme von *Biotherm* ihre Boote in Kapstadt umfassend geprüft und gewartet. Sämtliche Riggs wurden gezogen und gecheckt, galten sie doch als potenziell schwächster Punkt. Die neuen Foils produzieren bei schneller Fahrt so viel Auftrieb, dass die Boote sich kaum mehr zur Seite neigen, wodurch der Winddruck minimiert würde. Sie halten derart stark gegen die Kräfte von Segeln und Mast, dass dieser an seine Lastgrenze kommen kann. Aber nicht nur dem Rigg gilt höchste Aufmerksamkeit in der Vorbereitung.

Bei Team Malizia gibt es noch eine andere gravierende Baustelle: Das Boot produziert oberhalb von 20 Knoten Geschwindigkeit ein derart schrilles, lautes, alles durchdringendes Kreischen, dass Rosalin Kuiper auf Etappe zwei einen temporären Tinnitus davontrug. Deshalb schleifen die Bootsbauer die nur wenige Millimeter dünnen Achterkanten von Kiel, Foils und Rudern in wechselnden Richtungen schräg an.

Der Seegang schleudert Will Harris immer wieder gegen das Rigg. Um den Aufprall abzupuffern, trägt er sein dickstes Ölzeug

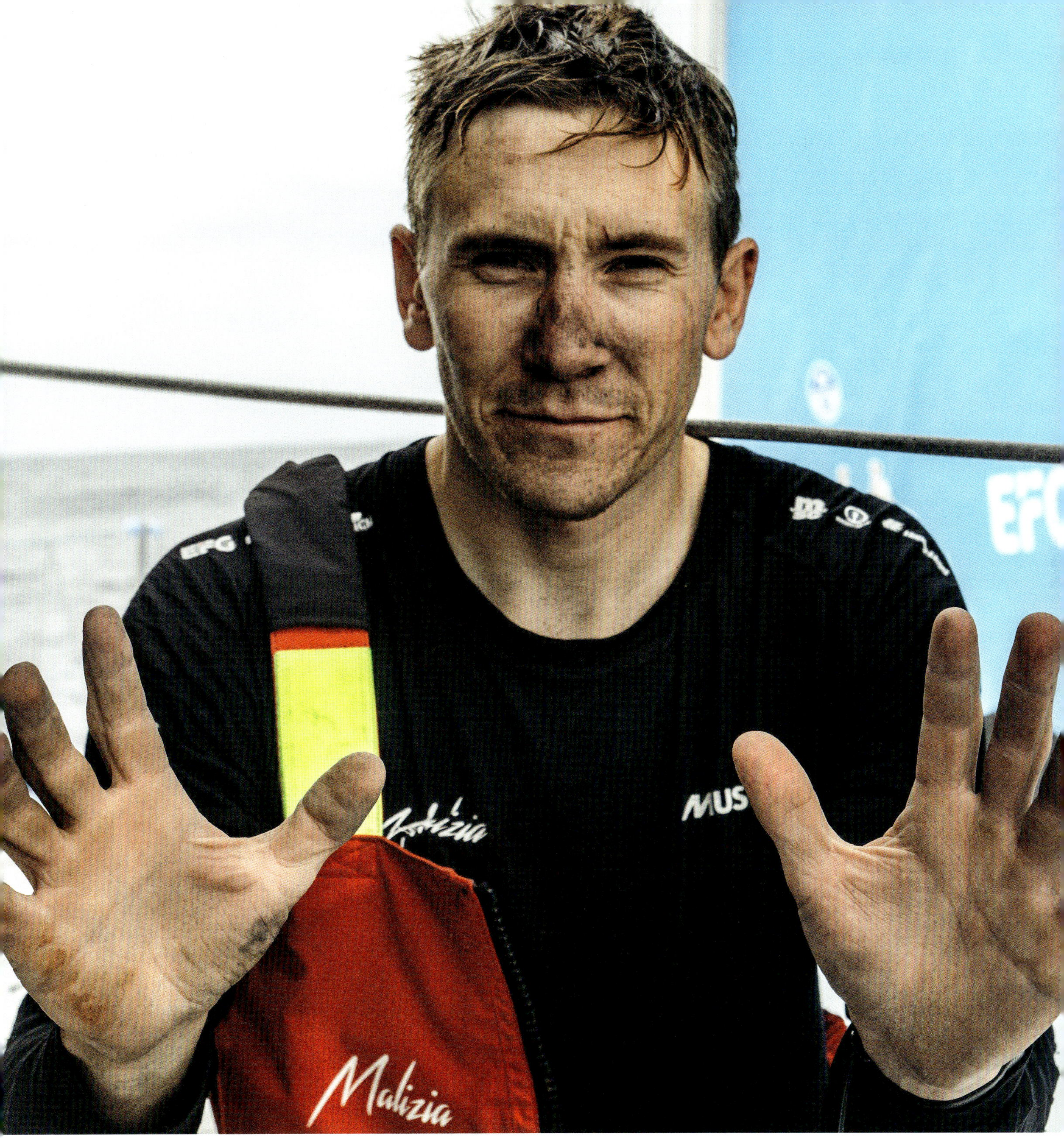

Gezeichnet wie ein Grubenarbeiter. Will Harris in einer kurzen Pause an Deck, Gesicht und Hände vom Kohlefaserstaub bedeckt

Das soll die Vibrationen mindern, die durch Strömungswirbel entstehen und durch den Carbon-Rumpf verstärkt werden – ähnlich dem Korpus einer Gitarre, nur viel lauter. Es hört sich an, als stünde man bei einem Rockkonzert ganz vorn an den Lautsprechertürmen, sagt Will, der sich noch einigermaßen damit abfinden kann. »Ja, aber bei richtig schlechter Musik«, ergänzt Rosie. Als sie nach dem Start von Leg drei die Flautenzone südwestlich der Spitze Afrikas hinter sich lassen, erstmals schnell unterwegs, können sie ihr Glück kaum fassen: Der Krach ist weg, jedenfalls weitgehend. Das Kreischen ist einem sonoren Heulen gewichen.

Dafür zerrt jetzt der Spalt im Mast an den Nerven der *Malizia*-Crew. Jesse hat den Seglern das PDF geschickt. Falls es ihnen gelingt, die dort dargelegte Reparatur durchzuführen, sollte das Rigg halten. Doch der Seegang ist noch immer schrecklich. Wieder ruft Boris seine Teamchefin an. Er fragt sie, ob sie das Risiko, weiter zu segeln, für vertretbar halte. Holly antwortet umgehend: »Ich denke, ihr solltet die Reparatur versuchen und dann sehen, ob ihr damit zufrieden seid. Das ist das Wichtigste. Das ist mein Gefühl.« Boris: »Wenn die Reparatur nicht gelingt, werden wir umkehren müssen, glaube ich.« Holly: »Ja.« Und nach einer kurzen Pause: »Es wäre prima, ein perfektes Boot zu haben und dass alles perfekt funktioniert, klar. Aber es spricht auch viel dafür, das Problem zu beheben und weiterzumachen. Manchmal ist das der noch viel größere Triumph, weißt du?« Boris, verzagt: »Ja.«. Er klingt nicht sehr überzeugt. Holly: »Wir können wieder telefonieren. Schau mal, wie ihr's hinkriegt.«

Es ist Will Harris, der schließlich die Initiative übernimmt. Genervt vom Warten auf bessere Bedingungen, sagt er ungeduldig: »Come on, let's get going!« Es dauert dennoch etliche Minuten, bis er bereit ist. »Das Schwierigste war die Vorbereitung«, sagt er später in einer langen Audio-Nachricht. »Was brauche ich für die Arbeiten? Was ziehe ich an? Wenn du mal oben bist, willst du nicht wieder runter, nur weil du was vergessen hast. Du musst also an alles denken.« Er legt seine Schwerwetterhose an, die an den Knien Schaumpolster hat, dazu Stiefel, Helm und seine dick gefütterte Thermo-Jacke. »Ich dachte, dass sie den Aufprall auf den Mast etwas abpuffern würden. Das hat auch funktioniert. Aber beim Anschleifen der Reparaturstelle wurde mir sooo heiß! Allein das Verkeilen am Mast bringt deinen Herzschlag schon nahe ans Limit. Dann spannst du die Muskeln noch zusätzlich an, um die Verletzungsgefahr zu verringern – und all das in Winterklamotten! Ich konnte spüren, wie mir am ganzen Körper der Schweiß runterlief. Wahrscheinlich einer der heißesten Momente, die ich je erlebt habe.«

Oben auf rund 27 Meter Höhe angekommen, bindet er sich mit einem Zeising fest, mit dem normalerweise Segel an Deck oder am Großbaum festgelascht werden. Mit einem Fuß verhakt er sich hinterm Oberwant. So ist er halbwegs fixiert. »Ich musste dennoch extrem aufpassen, wann die nächste Welle kommt, in welche Richtung sie mich werfen würde. Ein, zwei Mal bin ich überrascht worden von einer Pendelbewegung. Da haut es dich von einer Seite des Masts auf die andere. An einem Punkt bin ich richtig sauer geworden auf die Wellen, weil sie mir nicht gehorcht haben – vermutlich eine Folge der Ermüdung, Erschöpfung und Überhitzung.«

Zum Anrauhen des Masts hat der 29-Jährige einen akkubetriebenen Winkelschleifer dabei. »Der trägt ganz gut was ab. Deshalb musste ich aufpassen, dass ich nicht zu tief in die äußere Kohlefaserschicht schleife und schon gar nicht an die Laschings der Oberwanten komme, die den Mast halten. Das ist nicht einfach, wenn du da oben hängst und das Gefühl hast, jemand würde dich dauernd schütteln.« Am Ende arbeitet er die Stelle mit Schleifpapier per Hand nach. »Das ging ziemlich gut. Nur hab ich mir dabei einen Carbon-Splitter in den Handballen gerammt. Ich konnte ihn mit meinen Zähnen rausziehen. Das war ein Glück, denn wenn er in meiner Hand abgebrochen wäre ... nicht gut!« Die Höhe ist für Will kein Thema. Er ist Kletterer und trainiert daheim regelmäßig, in der Halle oder draußen. Was ihm Sorge bereitet, ist, das Bewusstsein zu verlieren. »Hätte ich mir den Kopf schwer angeschlagen und wäre ohnmächtig geworden, dann hätte ich keine Kontrolle mehr über meinen Körper. Wie sollten mich die anderen da heil wieder runterkriegen, so, wie ich mich gesichert hatte?«

Die Reparatur dauert einen ganzen Tag. Wie viel Kraft die Arbeiten gekostet haben, merken Will und Rosie erst danach

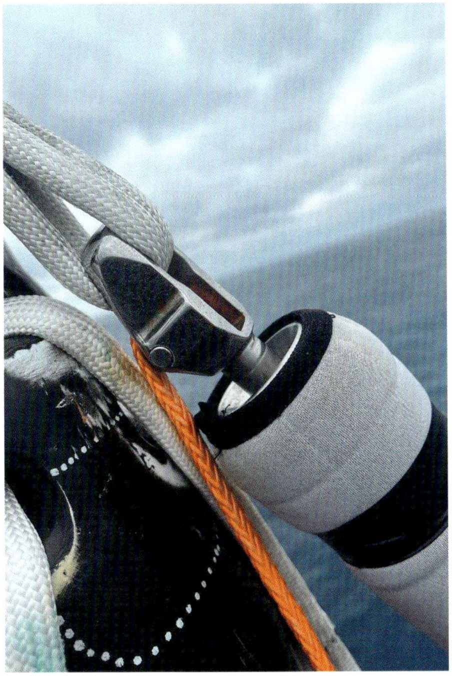 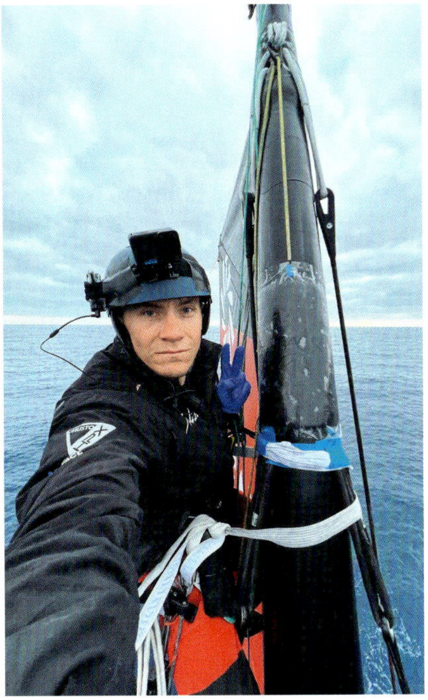 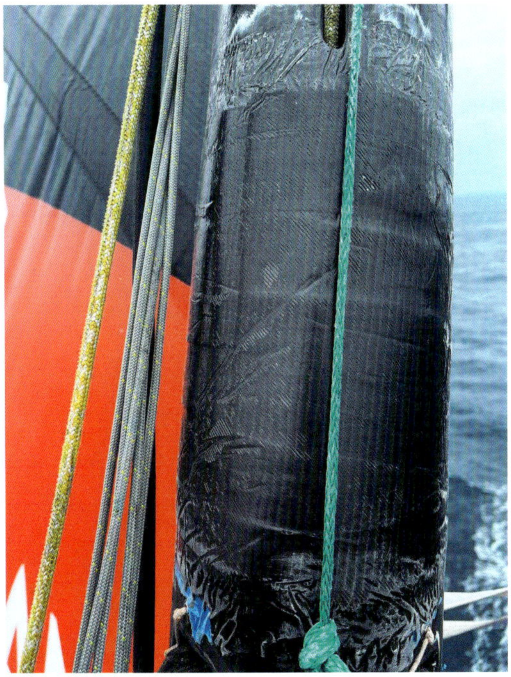

Links: So sieht der Fallhaken aus, der aufgrund einer Fehlkonstruktion des Toppbeschlags unvermittelt brach. Als er fehlte, sägte sich das Fall durch den Mast
Mitte: Will Harris nach dem Aufbringen des ersten Laminat-Pakets, das den Spalt verschließt und den kritischen Bereich wieder auf seine Soll-Stärke bringt
Rechts: Die fertig reparierte Stelle am nächsten Morgen, nach dem Aushärten. Rosalin Kuiper prüfte mit Klopftests die Anhaftung der Carbon-Flicken

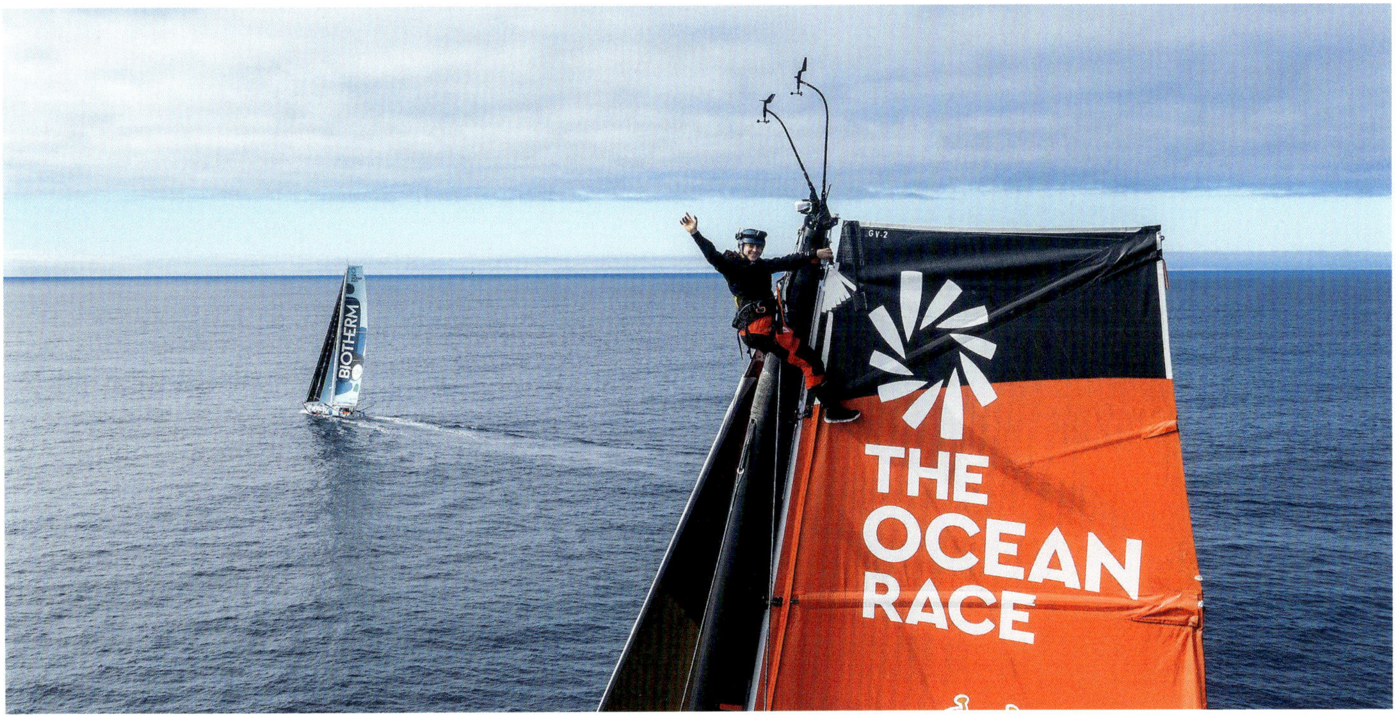

Alles gut. Auch spätere Inspektionen der Reparaturstelle bestätigen den Erfolg der Not-Operation in schwindelnder Höhe – hier in einer Leichtwindzone

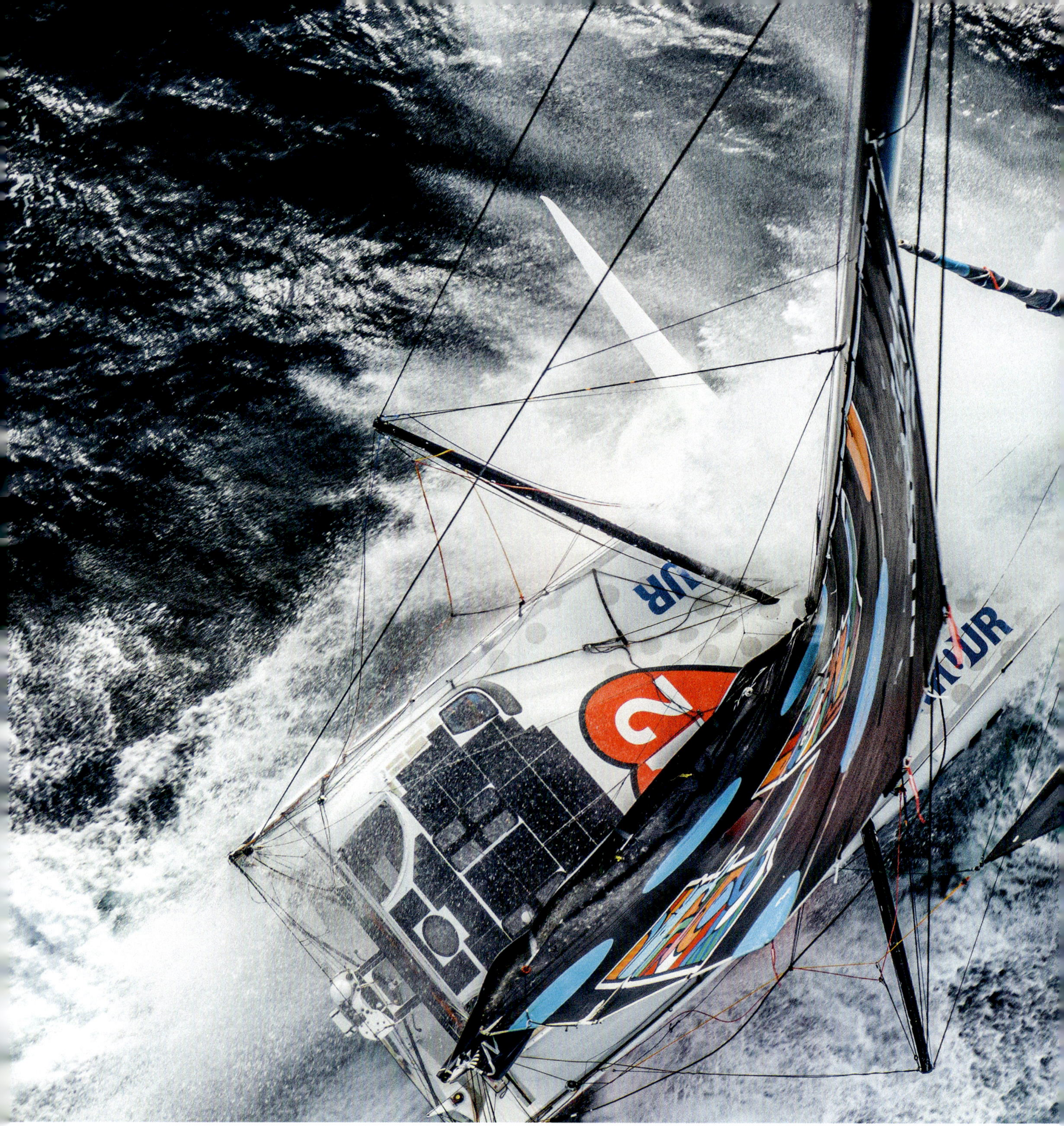

Unter Wasser. Was die Crews sich selbst und ihren Booten abfordern, lässt sich kaum ermessen. Hier bricht *11th Hour Racing* duchs Südmeer

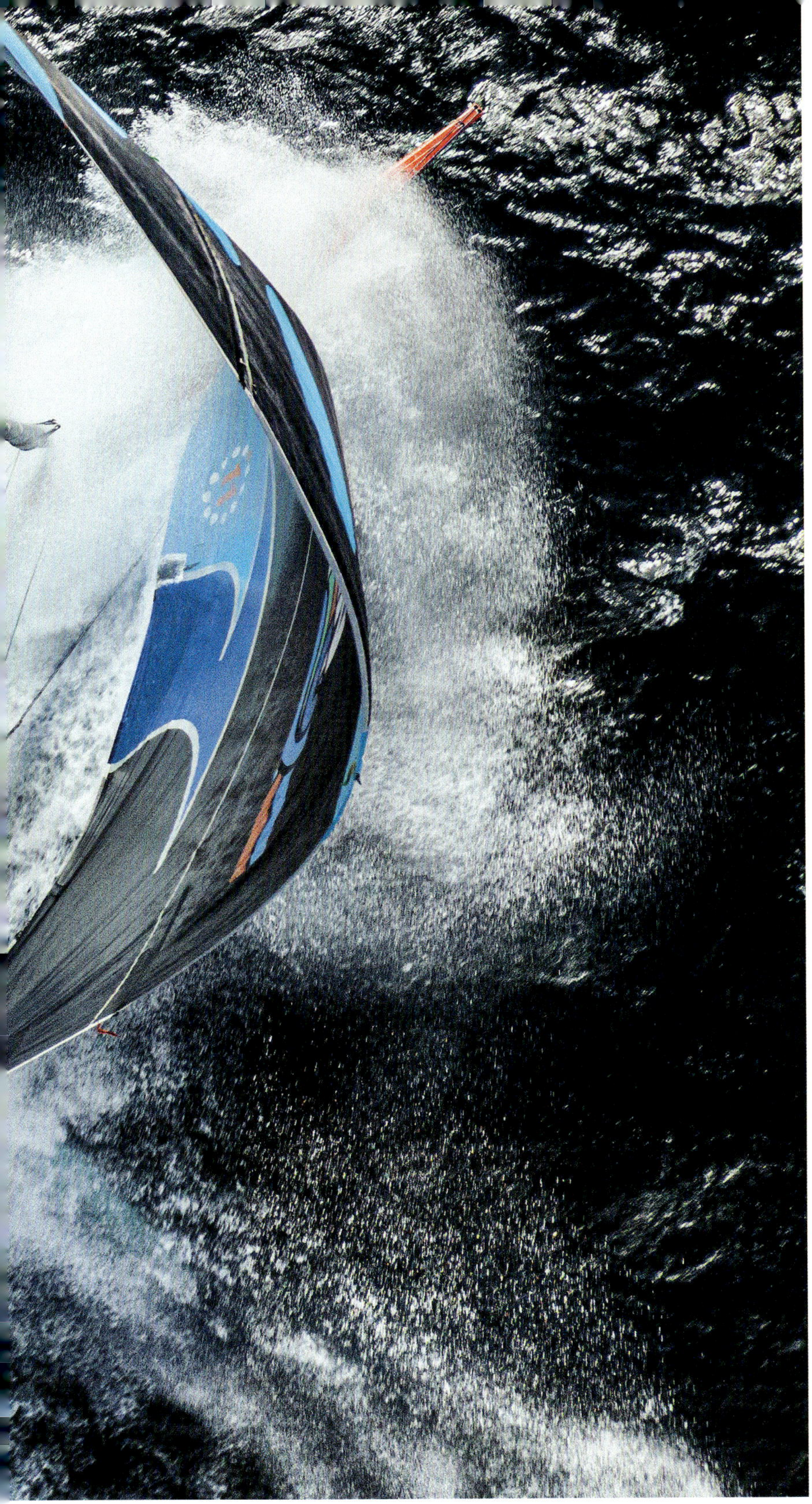

Nach dem Schleifen lässt er sich abseilen, wäscht den Kohlefaserstaub aus dem Gesicht und legt sich eine halbe Stunde zum Schlafen hin. Danach isst er etwas, während die anderen auf dem Boden des Crew-Quartiers die Laminatstreifen vorbereiten – was ebenfalls eine Herausforderung ist, weil die Arbeit sehr präzise ausgeführt werden muss. Allein dafür brauchen Rosie und Boris drei Stunden. Unterdessen segelt Nico Lunven das Schiff alleine.

Dann geht Will wieder in den Mast. »Ich habe nicht damit gerechnet, dass ich oben bleiben würde, bis es dunkel ist, ehrlich gesagt.« Aber so kommt es. Der Seegang ist immer noch lausig. Eine leichte Brise bringt immerhin Fahrt ins Schiff, was dessen Bewegungen etwas stabilisiert. Während des Laminierens nimmt der Wind jedoch weiter zu. *Malizia* setzt hart in die See ein. Will Harris stöhnt. »Ooohhh, halt, halt – große Welle!«

In einem blauen Eimer befördern Rosie und Boris die vorgetränkten Kohlefaser-Flicken nach oben. Während Nico Lunven versucht, das Schiff zu verlangsamen, beschichtet Will die angeschliffene Reparaturstelle mit Spabond, einem extrem haftstarken Strukturkleber. Dann wird es nochmal knifflig für ihn. Er muss drei Pakete von je sechs Lagen Carbon-Gelege genau ausrichten und andrücken – »ohne, dass ich da reingeschleudert werde.« Es ist wie eine komplizierte Zirkusnummer. »Du hast da dieses

»Bei der Vendée Globe hat man normalerweise ein Problem pro Tag. Hier im Ocean Race sind es eher fünf«

Paul Meilhat
Skipper von *Biotherm*

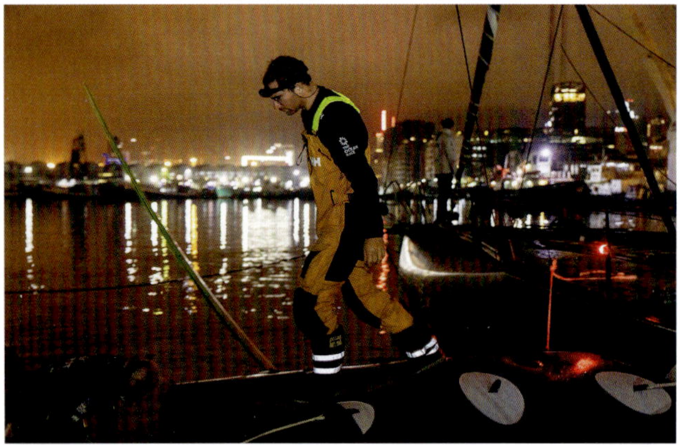

Geknickt. Benjamin Dutreux geht in Kapstadt von Bord, wohin *Guyot* aus Sicherheitsgründen zurückkehren muss. Königsetappe – perdu

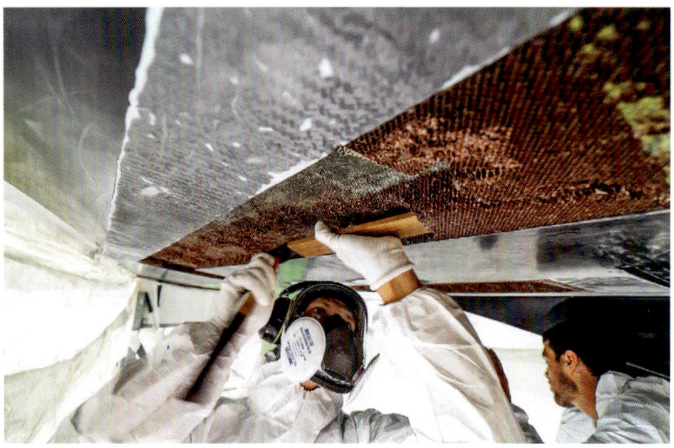

Techniker des Teams legen das weiche Kernmaterial des Rumpfbodens frei. Es war weichgeklopft und muss komplett ausgetauscht werden

schwere Kohlefaserpflaster in der Hand, voll mit frischem Harz, und sollst es kontrolliert auf die geschliffene Stelle bringen.« Auch das Entlüften ist kompliziert. »Ich musste mich selbst und alles, was an Leinen, Karabinern und sonstigem Zeugs an mir hing, von dem Laminat fernhalten. Das hat etwa 45 Minuten gedauert. Und ich hab's so gerade noch geschafft, die Stelle abzukleben, bevor meine Beine komplett übersäuert waren. Am Ende hab ich mich echt beeilt. Das Abkleben hat noch mal 20 Minuten gedauert.« Im Dunkeln nimmt Will ein letztes Video auf. Er hängt neben dem mit blauem Tape gegen das Verrutschen und die Nachtfeuchte abgedeckten Carbonflicken. »Riesenleistung vom Team«, sagt er, der oben den schwersten Job erledigt hat. »Jetzt bin ich gespannt, ob wir ins Rennen zurückkommen können.« In der Koje durchziehen wenig später Krämpfe seine überanstrengte Beinmuskulatur.

Am nächsten Tag schleift Rosie oben im Topp überschüssige Harzreste glatt und klopft mit einem Ringschlüssel die Reparaturstelle ab, um anhand der Geräusche feststellen zu können, ob das Laminat vollflächig anhaftet – was hörbar der Fall ist. »Well done, William!«, ruft sie. »Wenn man einen Job gut hinkriegt, macht einen das so zufrieden!«

Das Boot segelt in frischem Wind bereits wieder mehr als 10 Knoten schnell, nach wie vor ohne Vorsegel, weil die Crew den Mast nicht zu früh

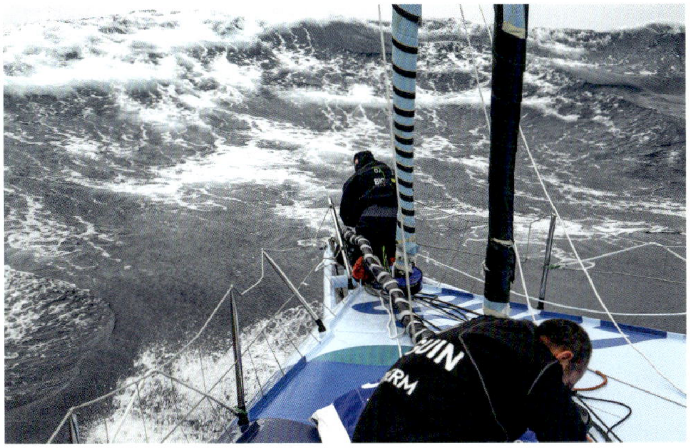

Wellen wie Berge. Paul Meilhat und Damien Seguin auf dem Vorschiff von *Biotherm*, wo die See Bugkorb und Relingsstützen verbogen hat

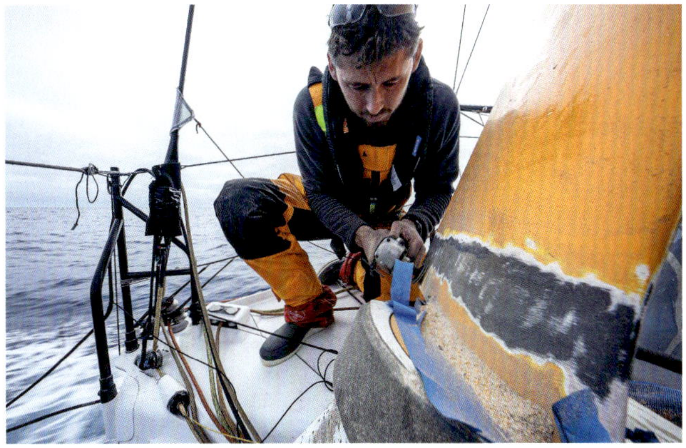

Mit die meisten Schäden nimmt *11th Hour*. Unter anderem reißen die Ruder ein. Jack Bouttell schleift zunächst die Schadstelle frei

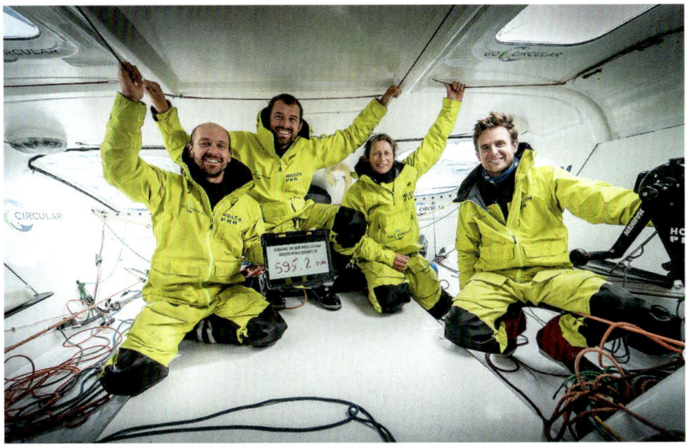

Stolzer Wert. *Holcim – PRB* setzt eine neue Bestmarke für die größte in 24 Stunden zurückgelegte Strecke. Es wird nicht die letzte bleiben

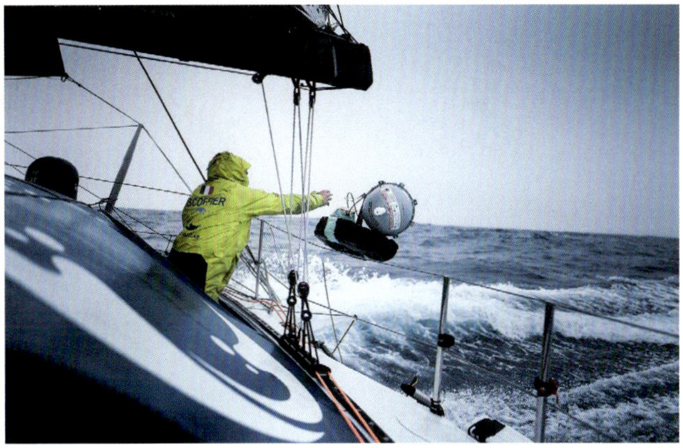

Wichtige Daten. Kevin Escoffier setzt im sonst nur schwer zugänglichen Südmeer eine Messboje aus, die für die Klimaforschung von Bedeutung ist

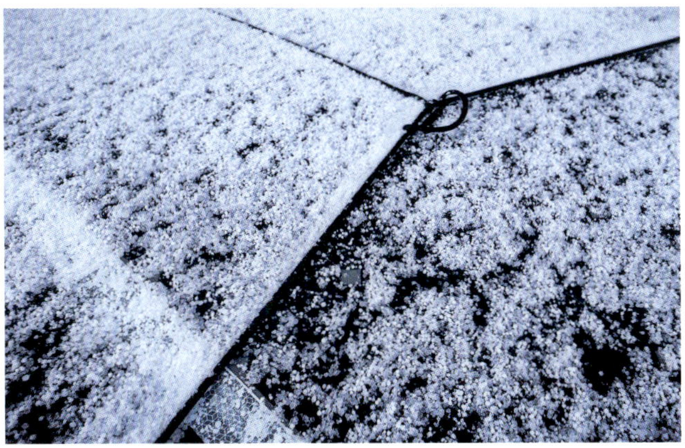

In den hohen Breiten nahe Kap Hoorn ist es so kalt, dass bisweilen Schnee und Graupel aufs Cockpitdach fällt und die Solarzellen abdeckt

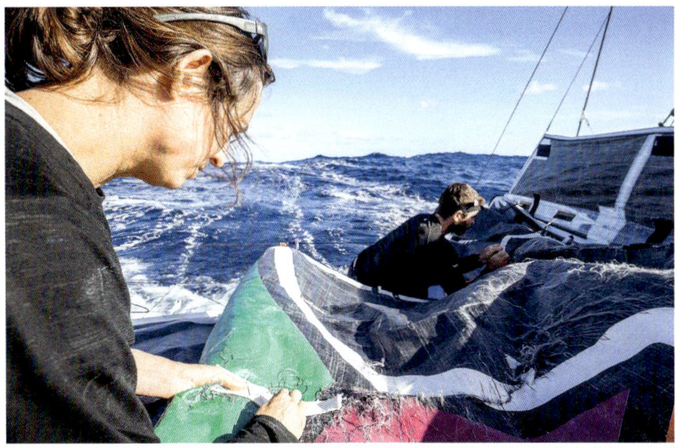

Hinter Kap Hoorn zerlegt es auf *11th Hour* das Großsegel, diesmal fast irreparabel. Justine Mettraux und Charlie Enright flicken um die Wette

belasten will. Noch muss das Epoxidharz in der Kühle des Southern Ocean komplett aushärten. Doch am 3. März, Tag fünf der Etappe hat gerade begonnen, trägt *Malizia* wieder Vollzeug. Sie ist inzwischen Letzte der vier noch verbliebenen Imocas im Rennen.

»Die Mast-Aktion hat meinen Körper ganz schön geschlaucht«, erzählt Rosalin. »Wenn du da oben bist, hast du wegen des Adrenalins Kräfte, die du an Land nie hättest. Danach fühlst du dich kaputt, so als wärst du von einem Laster überrollt worden. Aber es gibt mir auch das Gefühl, lebendig zu sein, und es ist Teil des Sports, den ich liebe: durchhalten, Grenzen verschieben, das Maximum aus mir rausholen, jeden Tag.«

Will Harris, Mann des Moments, sagt: »Wir sind wieder auf Kurs. Wir haben's geschafft. Das Boot macht 25 Knoten. Das Rennen geht definitiv weiter. Wirklich cool!«

Und wie es weitergeht! An Tag acht rückt *Malizia – Seaexplorer* auf Platz drei vor, kurz vor dem Wertungstor auf Höhe Westaustraliens zieht sie an *11th Hour* vorbei und passiert die Wegmarke als Zweite. Im Pazifik beweist sie schließlich ihre wahre Stärke, die sie bereits im Schlussdrittel der zweiten Etappe angedeutet hatte: Wann immer es ungemütlich wird, kann ihr kein anderes Boot folgen, auch nicht die über weite Strecken dominante *Holcim – PRB*. Vom 105. Längengrad an behauptet sich *Malizia* an der Spitze des Feldes.

Roaring-Forties-Trophy

1973/74
Ramon Carlin, Sayula II

1977/78
Cornelis van Rietschoten, Flyer

1981/82
Peter Blake, Ceramco

1985/86
Dirk Nauta, Philips Innovator

1989/90
Peter Blake, Steinlager 2

1993/94
Lawrie Smith, Intrum Justitia

1997/98
Paul Cayard, EF Language

2001/02
John Kostecki, illbruck

2005/06
Mike Sanderson, ABN Amro One

2008/09
Torben Grael, Ericsson 4

2011/12
Franck Cammas, Groupama

2014/15
Ian Walker
Abu Dhabi Ocean Racing

2017/18
Charles Caudrelier
Dongfeng Racing Team

2022/23
Boris Herrmann
Malizia – Seaexplorer

Die Drohnenaufnahmen, die die Crews von Bord schicken, lassen ahnen, wie es da unten, nahe dem 50. Breitengrad, auf den Schiffen zugeht. Auf ihren Foils fliegen sie teils über die Wellen, oft aber krachen sie auch ungebremst hinein, sodass ein Zittern durchs ganze Rigg geht. Bohren sie sich mit dem Bug in die See, hebelt es das Heck hoch, die Ruder tauchen aus, und dann entscheiden Wind und Wellen, auf welche Seite sich das Boot legt. Wird es nach Luv gedrückt, in den Wind, lässt es sich relativ rasch wieder auf Kurs bringen. Das dauert im besten Fall weniger als eine Minute. Schlimmer als ein solcher Sonnenschuss ist eine Patenthalse. Dann liegt das Boot auf der anderen, der falschen Seite: Der Kiel steht nach Lee, verstärkt die Krängung noch, das Groß wird vom Wind herumgerissen und verfängt sich im Backstag. Meist braucht es dann die ganze Crew, bis so ein Schlamassel bereinigt ist, bei dem Segel und Rigg leicht Schaden nehmen können.

Mit ihrem extremen Löffelbug und nach achtern getrimmtem Ballast ist *Malizia* zwar auch nicht ganz gefeit vor solch ungewollten Aktionen, aber weit weniger gefährdet. Und so wächst mit jedem Tag der Respekt und die Anerkennung der Konkurrenz vor dem im Vergleich wuchtig wirkenden VPLP-Design. Selbst Kevin Escoffier, der dem deutschen Imoca noch am ehesten folgen kann, sagt später im kleinen Kreis: »Für die Vendée Globe ist es ein sehr interessantes Konzept.«

Nach Kap Hoorn, in den chaotischen Bedingungen des Südatlantiks, der die Crews noch mehr fodert als das Südpolarmeer, bleibt der erfahrene Skipper und Ingenieur zwar dichtauf. Doch kurz vor Itajaí, im letzten Tief, versagt zwei Mal sein Autopilot. Bei Böen von 40 Knoten bleibt das Schweizer Boot lange auf der Seite liegen, läuft über die achtere Cockpitöffnung teils mit Wasser voll, während Boris, Will, Rosie, Nico und Antoine in ihrem Hochsee-SUV die Front unbehelligt abreiten. Es ist die Vorentscheidung.

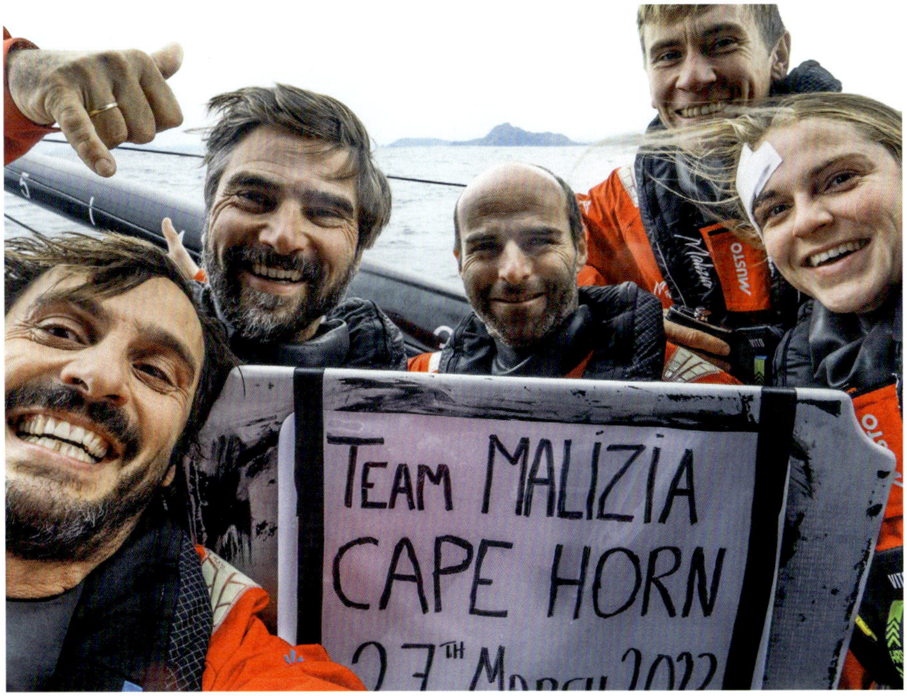

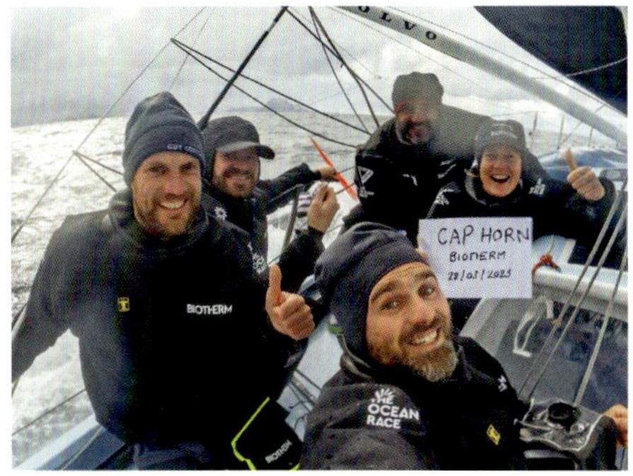

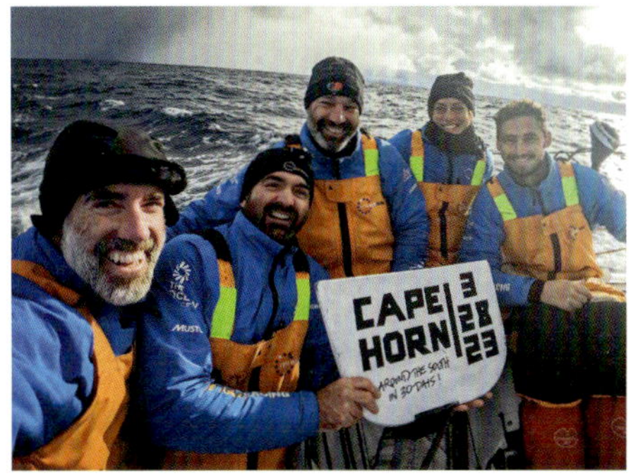

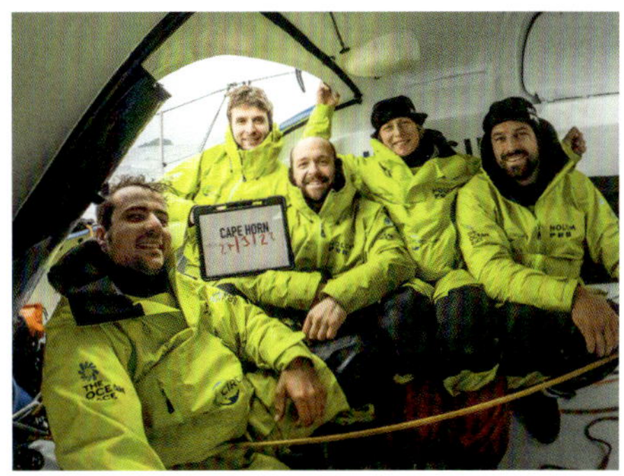

Immer ein Foto wert. Die Passage von Kap Hoorn ist für die Ocean-Race-Teilnehmer wie die Ankunft auf dem Gipfel des Mount Everest. Diesmal war der einsame Felsen sogar für alle zu sehen, eine Seltenheit. Wer glaubte, danach sei das Ärgste geschafft, sah sich jedoch getäuscht. Der Südatlantik brachte noch einmal Sturm und schwere See

Und so geschieht tatsächlich das Wunder, an das der Skipper zu Beginn nicht zu hoffen gewagt hatte: In der Nacht des 34. Tages auf See läuft *Malizia – Seaexplorer* als Erste in Itajaí ein und entscheidet die längste Etappe in 50 Jahren Ocean-Race-Geschichte für sich. Mit unfassbarer Motivation, Resilienz und vollem Einsatz trotzen die Segler dem Schicksal eine selbst von Experten kaum für möglich gehaltene Wendung ab, kitten den Mast und schaffen ein legendäres Comeback.

Trotz des Zeitverlusts durch die Mastreparatur sind sie Erste im Ziel, springen in der Gesamtwertung von Platz vier auf zwei. Und was fast noch besser ist: Sie waren Schnellste zwischen Kapstadt und Kap Hoorn. Damit steht Boris Herrmanns Name jetzt neben denen all der anderen Granden des Rennens, eingraviert auf der prestigeträchtigen Roaring-Forties-Trophy. Ein Erfolg, der ihm für immer bleiben wird, an den sich noch Generationen deutscher Segler nach ihm erinnern werden.

»Das ist kein Fun-Sport, diese Art zu segeln«, sagt er. »Man verlangt sich 'ne ganze Menge ab. Und dann stellt man immer wieder fest: Das schafft man, man kann seine Grenzen verschieben. Und man lernt auch was über sich selbst.«

An Land, in Itajaí, nach mehr als einem Monat der Strapazen, nach Wochen des Bangens, bis zuletzt – zunächst, ob der Mast halten wird, dann, ob der Vorsprung vor *Holcim* reichen wird – ist er so voller Endorphine, dass er auch dann nicht zur Ruhe kommt, als alle Pflichttermine einer so triumphalen Ankunft abgearbeitet sind: Fernseh-Interviews, Preisverleihung, Autogramme, eine erste Online-Pressekonferenz. Das Team hat ihm wie allen aus der Crew ein Zimmer im

Hilton gebucht, etliche Kilometer weg vom Trubel des Race Village, mit Pool, Spa, Zimmerservice. Aber Boris will nicht allein sein, sich nicht zurückziehen. Nicht jetzt. Noch Tage später feiert er in einer kleinen Strandbar südlich von Itajaí bis in die frühen Morgenstunden. So viel, das alles, so groß, so bewegend die Erlebnisse auf dieser, seiner Etappe.

Es ist ja nicht nur der sportliche Erfolg, sind nicht nur die Tiefen und Höhen der Mastreparatur. Auf den am Ende fast 15.000 Seemeilen kann er das Design von *Malizia* validieren, für ihn vielleicht der wichtigste Erfolg.

Und quasi nebenbei setzt sein Team einen neuen Standard für die Berichterstattung von Bord. Die Videos, die Antoine Auriol produziert, sind unerreicht. Als einziger liefert der Deutsch-Franzose von der Crew live kommentierte Drohnenaufnahmen – und wird als selbsternannter »Fly Captain« selbst zum Charakterdarsteller. Mit Rosie zusammen startet Boris mitten im Südpolarmeer mal eben einen Podcast, »Off Watch«, der tiefe Einblicke in das Seelenleben der Segler ermöglicht. Nie zuvor konnten Fans so hautnah dabei sein. Selbst als die Holländerin vor Kap Hoorn in einer Welle aus der Koje und quer durch die Kajüte fliegt, laufen Kameras und Mikrofone. Ihr Verband und ihre Tapferkeit bringen ihr den Spitznamen »Pirate Rosie« ein.

Die Resonanz ist noch größer als bei Boris' Vendée Globe. Während das Interesse der Öffentlichkeit in Frankreich unter den Erwartungen bleibt, lieben seine Fans das Rennen. Gut die Hälfte aller Zugriffe auf die Ocean-Race-Website kommt aus dem deutschsprachigen Raum.

Auf der Team-Party am Abend nach der Zielankunft sagt er: »Es sind so viele kleine Handgriffe nötig, die den Erfolg ausmachen. Jeder einzelne ist scheinbar unbedeutend, wenig glamourös. Aber alle zusammen schaffen etwas Großes.«

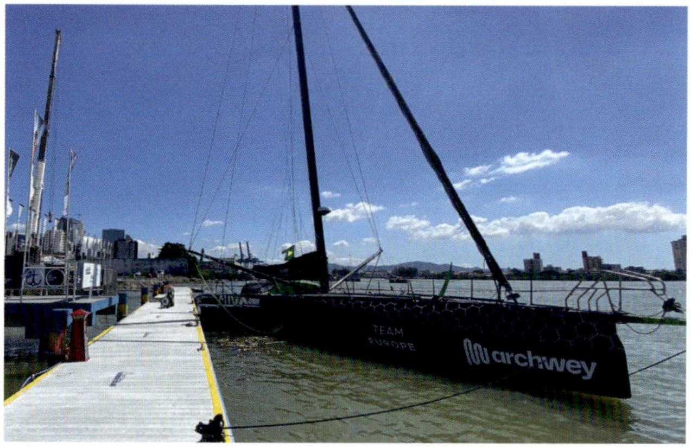

Nach der Reparatur am Rumpf nimmt *Guyot* den direkten Weg gen Itajaí, über den Atlantik. Das Team legt als Erstes im Zielhafen an

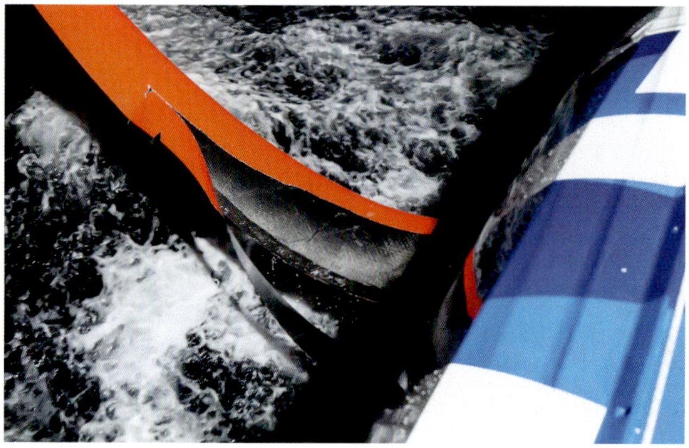

Paul Meilhats Crew auf *Biotherm* kollidiert vor der brasilianischen Küste mit Treibgut und bricht das ohnehin schon angeknackste Foil

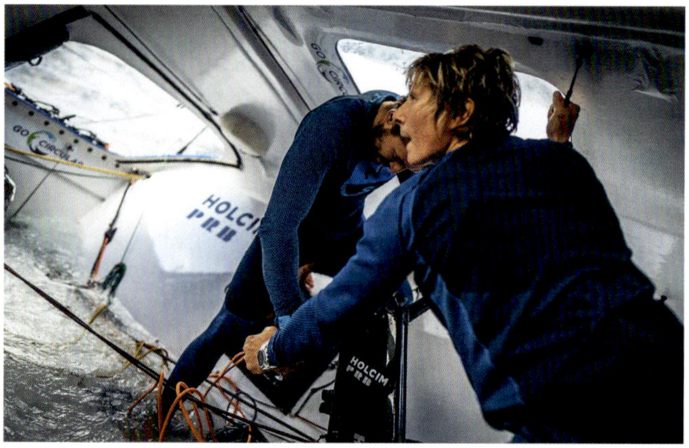

Auch *Holcim – PRB* tut sich schwer. Im letzten Sturm vorm Ziel versagt der Autopilot, das Boot legt sich flach aufs Wasser und läuft achtern voll

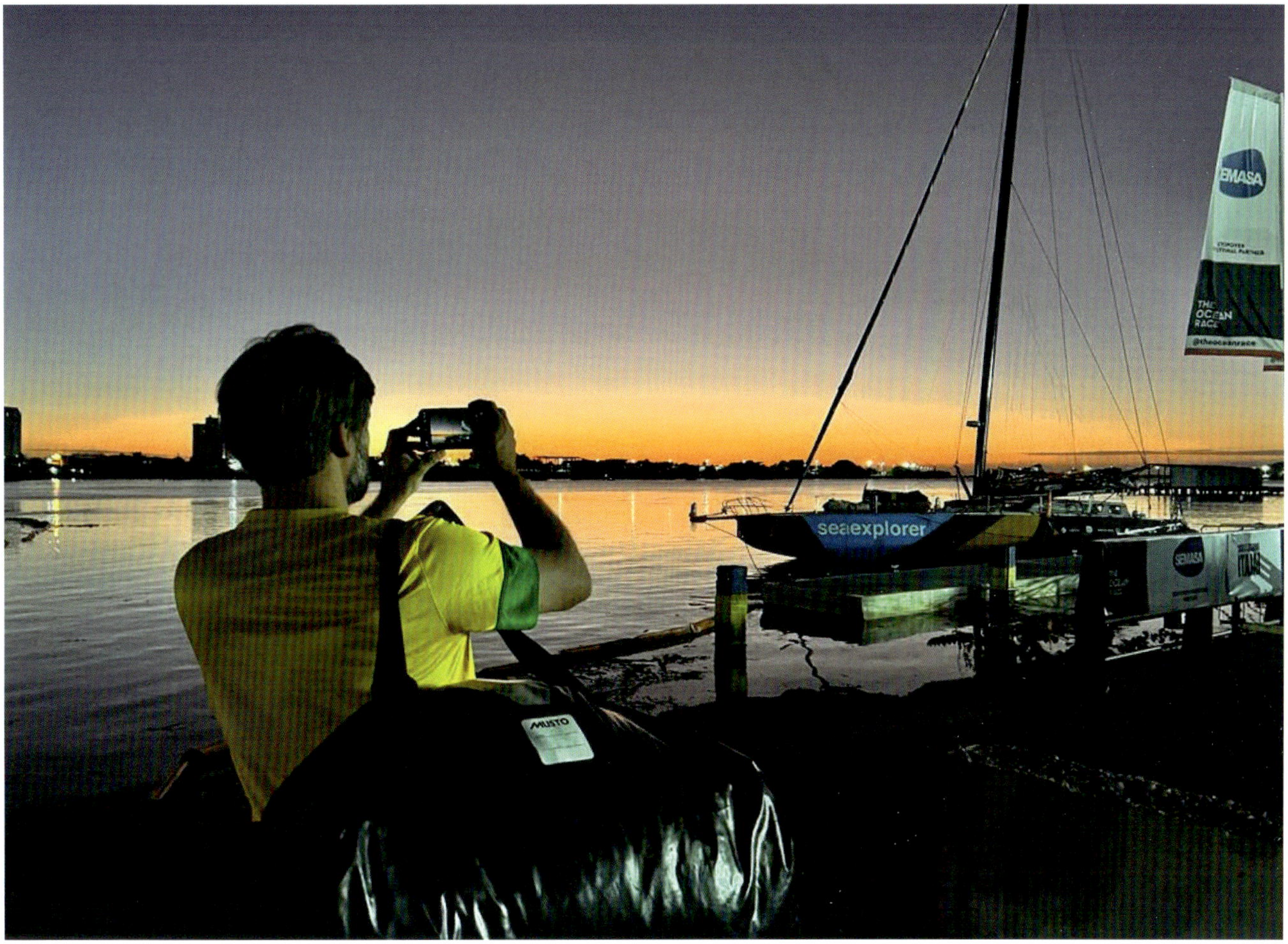

Zeichen einer gewachsenen Verbindung. Boris Herrmann, nach einem Trikot-Tausch bei der nächtlichen Ankunft in den Farben der brasilianischen Nationalmannschaft gekleidet, dreht sich beim Verlassen des Race Village noch einmal zu seiner *Malizia* um und macht im Sonnenaufgang ein Foto

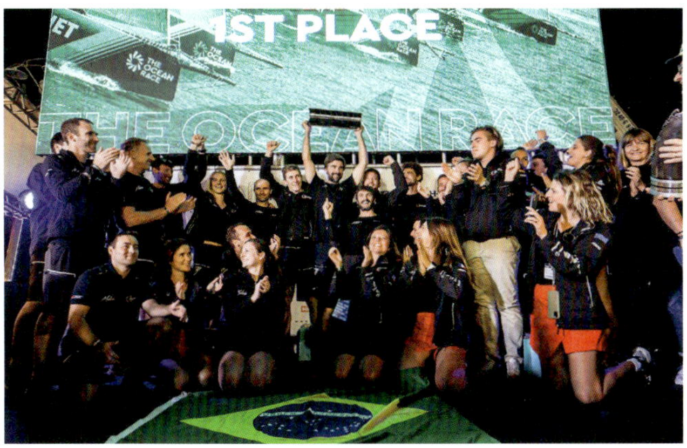

Die wollten sie, und sie holten sie sich. Team Malizia mit der Trophäe des Siegers nach der längsten Etappe in der Geschichte des Ocean Race

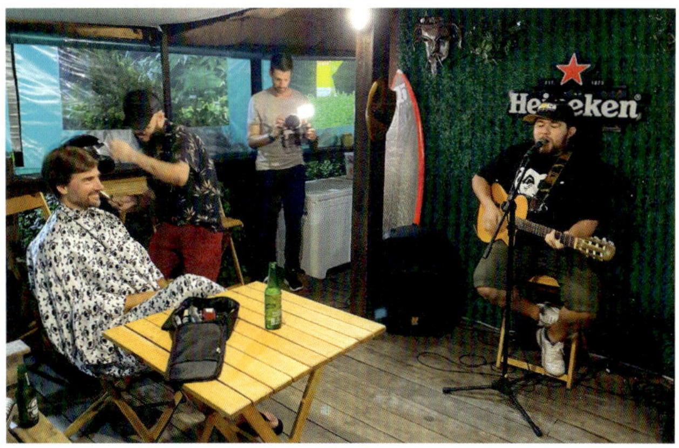

Lokalheld. Der Hamburger findet im Vorbeigehen diese Strandbar und macht sie zur Stammkneipe. Nachts schneidet ihm ein Barber die Haare

Wachstum

Bis Itajaí läuft es nicht für 11th Hour Racing. Dabei zählen Charlie Enright und sein Team zu den Favoriten. Mal haben sie Pech, oft Pannen, nie einen Lauf. Aber sie haben Mental-Coach Anje-Marijcke van Boxtel

▶ Die Psychologin berät Unternehmen bei Transformations- und Wachstumsprozessen, hält Vorträge zu Führungsverhalten und Teambildung. Längst ist sie auch im Hochseesport eine etablierte Größe. Für die 58-jährige Holländerin ist es das dritte Ocean Race in Folge. Zwei Mal hat sie Skipper Bouwe Bekking begleitet. Dessen Team Brunel verhalf sie 2018 bei einer Krisenintervention in Neuseeland auf halber Strecke zu einem kaum mehr für möglich gehaltenen Comeback. 11th Hour Racing war in diesem Rennen das einzige Syndikat, das von Beginn an mit einem voll integrierten Mental-Coach arbeitete.

Anje-Marijcke, nach drei Etappen steht dein Team nur auf Platz drei – dabei konntet ihr euch am längsten vorbereiten. Was geht da in den Köpfen vor?

Wenn man vorn liegt, fühlt man sich großartig, und zwar auf ganzer LInie: von den Seglern bis zu den Mitarbeitern im Nachhaltigkeitsprogramm. Es sind aber die angespannten Momente, wenn die erhofften Ergebnisse ausbleiben, die wie ein Katalysator Wandel bewirken können.

Muss also erst etwas schiefgehen, bevor es richtig gut werden kann?

Nicht notwendigerweise. Es wäre besser, wenn es anders funktionierte. Und ich mache mir ständig Gedanken, wie man das hinkriegt. Aber seien wir mal ehrlich: Es hilft, die Notwendigkeit und Dringlichkeit zu verstehen. Alle können sehen, dass sich etwas ändern muss. Da kann man dann nicht mehr so leicht sagen: »Das haben wir doch immer so gemacht.«

Und, seid ihr an diesem Punkt?

Oh, ja! Wir haben schon in Kapstadt intensiv daran gearbeitet, was wir anders, besser machen können.

Da habt ihr es auch aufs Podium geschafft, mit nicht mal sieben Minuten Rückstand auf Platz zwei. Eigentlich ziemlich gut, oder?

Das ist es, was ich an der Arbeit mit Profisportlern so liebe: Dass sie sich mit dem Status quo nie zufrieden geben, dass sie immer nach Möglichkeiten suchen, sich zu steigern.

Es klappt nur nicht immer ...

Es ist auch schwierig! Wie bewertet man Leistung? Wie führt man ein Team? Wie wird man den unterschiedlichen Charakteren und Bedürfnissen gerecht? Nehmen wir die zweite Etappe als Beispiel: Feiern wir Platz drei, weil wir insgesamt smart gesegelt sind, weil wir um ein Haar gewonnen hätten und weil wir wollen, dass sich alle im Team gut fühlen? Oder schauen wir ganz genau hin, auch dahin, wo wir nicht so toll waren – zum Beispiel beim Schlafmanagement in den letzten 20 Stunden vor der Zielankunft – und versuchen, daraus Konsequenzen zu ziehen für die nächste Etappe, um nicht erneut unter unseren Möglichkeiten zu bleiben?

Und wie lautet deine Antwort?

Beides! Unbedingt beides! Alles, was gut läuft, soll man feiern, schätzen, loben. Das sind etwa 80 Prozent dessen, was ein Team leistet. Es ist aber genauso wichtig, die weniger guten Sachen zur Sprache zu bringen, sie nicht wegzulachen oder unter den Teppich zu kehren. Deshalb war ich wirklich froh, dass Charlie enttäuscht war über Platz drei, als sie ins Ziel kamen. Er ist ein unglaublich netter Kerl, ein großartier Mensch, der sich am wohlsten fühlt, wenn er in einem Team guter Kumpels zusammenarbeitet, denen er viel Raum und Freiheiten lässt. Er ist mit CEO Mark Towill seit Ewigkeiten befreundet, er kennt Simon Fisher und Amory Ross Gott weiß wie lange. Für jemanden wie ihn hätte es näher gelegen, das Positive an der Etappe zu betonen. Aber damit hätte er die kritischen Punkte nur zugedeckt. Stattdessen hat er gezeigt, dass er

»In einem technisch so komplexen Sport wie dem Ocean Race müssen wir ständig dazulernen, beweglich bleiben. Da bist du nie fertig«

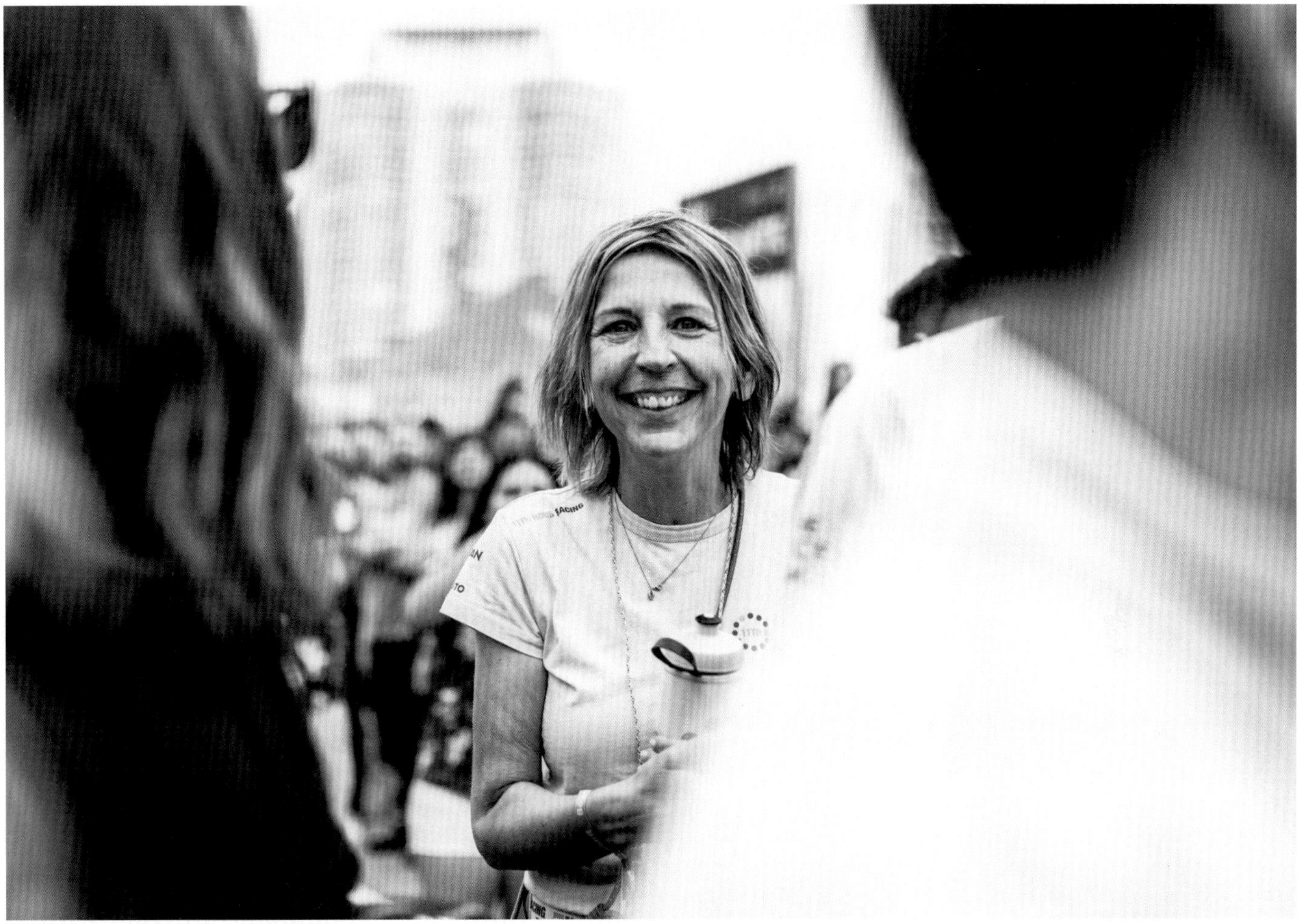

Ted Lasso und Joker des US-Teams. 11th-Hour-Coach van Boxtel hört Seglern und Technikern zu, bestärkt sie, feiert mit ihnen, scheut sich aber auch nicht, die kniffligen, schwierigen, unangenehmen Frage zu stellen

und das Segelteam was haben liegenlassen, und ich meine nicht nur Punkte in der Endabrechnung. Man kann traurig oder wütend sein, wenn das Ergebnis nicht stimmt, und sich gleichzeitig dankbar zeigen über das, was gut gelaufen ist.

Was hast du an dem Punkt unternommen, um das Team zu unterstützen?

Das begann schon vorher. Am Tag vor der Zielankunft saß ich bei unserer Morgenbesprechung mit der gesamten Mannschaft an Land zusammen und sagte: »Leute, so wie es im Moment aussieht, können wir Erste oder Fünfte werden. Wir werden alle sehr enttäuscht sein, wenn es nur zum letzten Platz reicht. Dann könnten wir den Seglern die Schuld dafür geben. Wir könnten sagen: Das und das wäre besser gewesen. Wie konntet ihr nur diesen Kurs wählen!?« Vergessen wir nicht: Viele aus der Technik-Crew sind selbst Segler und streben eine Profikarriere an. Die machen auf ihren Laptops eigene Routings und kennen die taktischen Optionen. Ich habe ihnen gesagt, dass uns das nicht helfen würde, weil die Segler selbst frustriert sein werden. Ich sagte: »Wenn wir so reagieren, geht es mit uns nur bergab. Also seid ehrlich, seid enttäuscht, aber seid *mit* ihnen und nicht *gegen* sie enttäuscht.« Nach dem Anlegen am Steg konnte man das sehen: Alle Techniker haben die Segler umarmt. Das hat geholfen, die Kanäle offen zu halten, sich nicht in eine Ecke zu verziehen, sondern beieinander zu bleiben.

Wie wichtig ist Harmonie?

Sehr wichtig. In Segelteams wie in den Vorstandsetagen von Großunternehmen ist es genau dasselbe: Das Wetter kommt von oben. Oder anders formuliert: Führungsverhalten ist ansteckend. Selbst in Hochleistungsteams wie auf einem Imoca, die nur als kollaborierende, konsultative Expertengruppen funktionieren, hat der Skipper mehr Einfluss auf die Kultur und Stimmung als jeder andere Segler. Und wir wissen aus allen Untersuchungen, die es gibt: Es ist wirklich gut, extrem nett zu sein und zu versuchen, Harmonie in einer Organisation zu schaffen. Aber das hat eine große Kehrseite: Wenn abweichende Meinungen und Kontroversen nicht offen angesprochen werden,

»Ein Segler hat mir mal gesagt: ›Egal, was du machst, du kannst mich nicht ändern. Ich bin halt so.‹ Aber darum geht es nicht. Es geht darum, Automatismen und Annahmen zu durchbrechen, um unser Gehirn neu zu verdrahten«

funktioniert das Team langfristig nicht optimal. Das kann jede Agilität lähmen und für den Erfolg sogar extrem gefährlich sein.

Ist ein autoritärer Führungsstil im Zweifel erfolgreicher?
Nein, keineswegs. Er führt nur auf einem anderen Weg in das gleiche Kontinuum von Konflikten, in dem man nicht mehr gemeinsam wachsen kann. Wir alle kennen Yachten, die über den Ozean treiben, niemand mehr wirklich an Bord, alle in der inneren Emigration, von Crews, die Kämpfe auf den Booten ausfechten, sich anbrüllen oder aus dem Weg gehen, regelrechte Psychokriege führen … Das ist unter Profi-Teams selten; da tappt man eher in die Harmonie-Falle, aber es passiert auch dort.

Wie kommt eine Crew da raus – oder besser gar nicht erst rein?
In einem der letzten Briefings vor dem Start von Etappe drei haben wir ganz offen darüber gesprochen: Wenn unterwegs etwas schiefgeht, und noch etwas, und noch etwas, dann hilft es nicht, darüber Späße zu machen. Es geht darum, kritische Punkte anzusprechen. Zum Beispiel: Wie kriegen mich meine Mitsegler aus einem Stimmungstief raus? Allein schon: Woran erkennen sie, dass es mir gerade nicht so toll geht? Wie sehe ich dann aus, wie verhalte ich mich? Und vor allem: Was brauche ich, was hilft mir an so einem Punkt? Das gilt für jeden einzelnen wie auch fürs ganze Team.
Einer in der Gruppe sagte: »Wir sagen einfach ›Reset‹.« Und Amory Ross hatte die Idee, einen Tennisball an die Cockpitwand zu kleben, als Reset-Knopf. Wird der gedrückt, wissen alle: »Oh, wir haben ein Problem, wir müssen reden.«

Und das hat funktioniert?
Eine Weile. Aber wir hatten sprichwörtlich vom Start weg eine nicht enden wollende Serie technischer Probleme, mit den Segeln, mit der Kielhydraulik, mit den Rudern. Und jedes Mal sind wir zurückgefallen, hatten irgendwann nicht mehr das Gefühl, das Ocean Race zu segeln, sondern nur noch, das Boot zusammenzuhalten. Da half der Reset-Knopf irgendwann nicht mehr, weil man in einer Abwärtsspirale steckt, und die enorme Erschöpfung, die Kälte, der Schlafentzug machen es nicht besser.
In der Kommunikation mit dem Team an Land kommt noch eine andere Komplikation dazu: Wenn was kaputtgeht, tauschen sich die Segler mit den Technikern per WhatsApp aus. Beim vergangenen Ocean Race lief das über E-Mail, und weil die Veranstalter mitlasen, um sicherzustellen, dass keine leistungsrelevanten Informationen weitergegeben werden, hat man mit viel mehr Bedacht formuliert. Heute wird oft aus der Hüfte geschossen, kurz, knapp, da nimmt sich niemand Zeit, darüber nachzudenken, wie eine Nachricht auf der anderen Seite ankommt. Und was ist die Folge? Die Techniker glauben, die Crew an Bord sei stinksauer, was wahrscheinlich in dem Moment auch stimmt. Sie leiden mit den Seeleuten mit und fürchten gleichzeitig, dass die ihnen die Schuld geben an der Misere. Das Ergebnis ist, dass alle den Kopf hängenlassen, dass man sich aus dem Weg geht, anstatt sich gegenseitig offen zu konfrontieren und wirklich zuzuhören.

Wie hast du das Team erlebt, als es nach 15.000 Seemeilen in Itajaí ankam, auf einem geschundenen Boot, mit kaputten Segeln?
Sie waren erschossen, nicht nur müde, sondern mental am Ende, einfach nur froh, dass sie es geschafft haben. Ich muss sagen, dass sie wirklich eine außerordentliche Resilienz gezeigt haben, vor allem, als zum Schluss das Groß noch mal geplatzt ist und sie es tatsächlich wieder zusammenflicken konnten. Wenn man an einem Punkt angelangt ist, an dem man eigentlich nur noch hart arbeitet, um sich ins Ziel zu schleppen, bleibt in deinem Gehirn nicht mehr viel Platz für Spielfreude, für Experimente, für das Ausprobieren neuer Dinge. Das schränkt die Handlungsmöglichkeiten extrem ein. Du kümmerst dich irgendwann nur noch um dich selbst und darum, durchzuhalten. Das ist nie gut.

»Offenheit, Verwundbarkeit sind zwei wichtige Schlüssel. Man muss sie nicht immer zeigen. Aber wer sich einigelt und abkapselt, kann nicht dazulernen«

Wie überwindet ein Team dieses Maß an Erschöpfung und gleichzeitig Enttäuschung?
Das wichtigste ist, in einen Dialog zu kommen. Deshalb habe ich für die Debriefings nach der

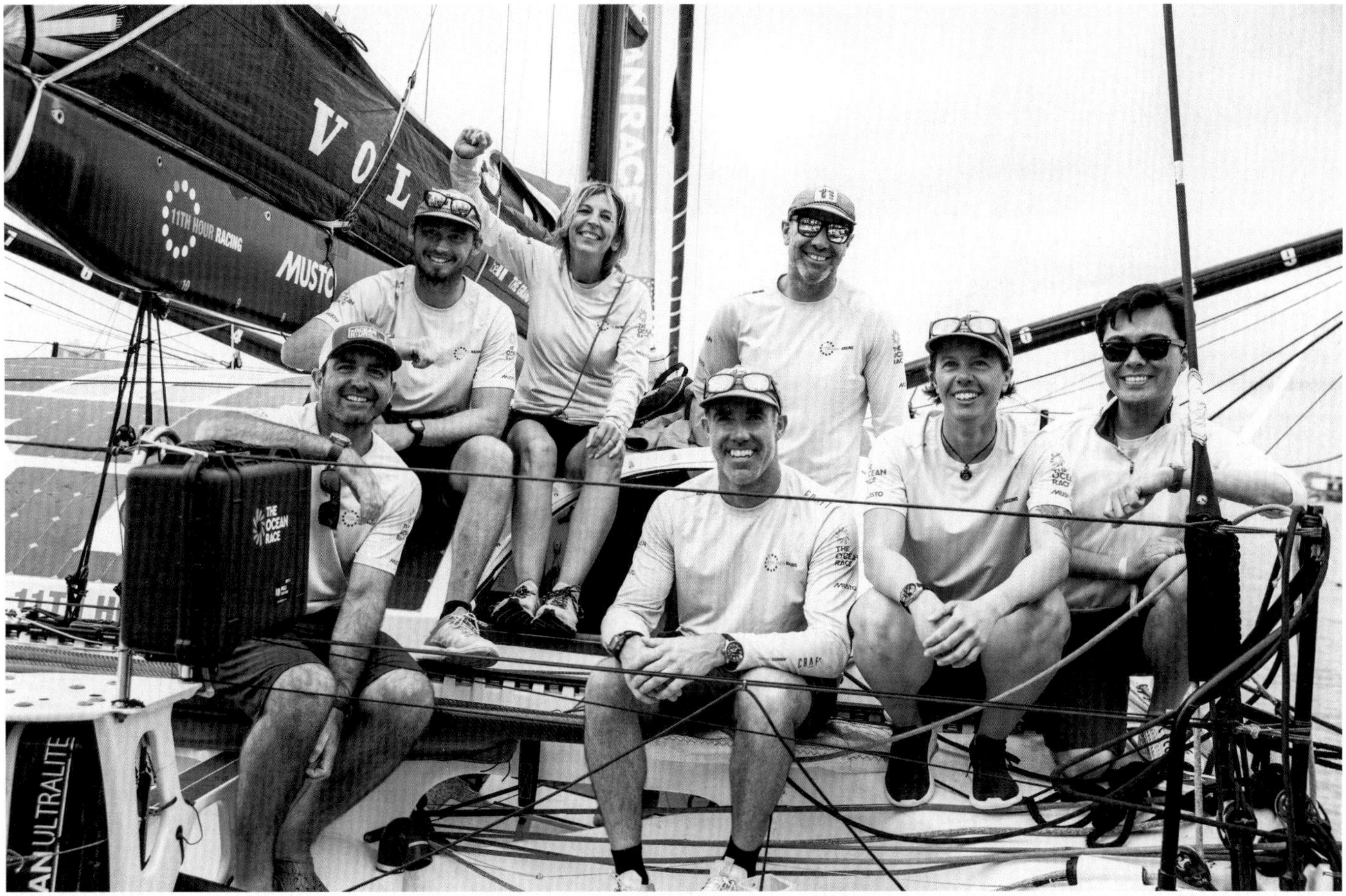

Teil des Teams. Die Holländerin begleitete die Kampagne fast von Beginn an, war beim Training wie beim Bau des Bootes dabei und auch bei allen Etappenstopps während des Rennens

Ankunft kleine Gruppen gebildet, weil man da viel offener kommuniziert: Segler und Segelmacher, Segler und Elektronik-Spezialisten, Segler und Bootsbauer. Und es sollte nicht um das Abarbeiten von To-do-Listen gehen. Ich hatte die Techniker gebeten, sich Fragen an die Segler zu überlegen, nicht nur zu den Schäden, sondern wie genau es dazu kam, was ihnen geholfen hätte. Statt also gemeinsam die Misere zu beschreiben, schauten alle durch die Augen der jeweils anderen auf mögliche Lösungen. Es war faszinierend, das mitzuerleben. Denn dabei entstanden neue Möglichkeiten, neues Problemverständnis, neues Wissen! Und wenn so ein Prozess mal in Gang kommt, dann steigt die Lernkurve exponenziell an.

Es erinnert an die Situation vor fünf Jahren mit Team Brunel in Neuseeland.

Ja. Bouwe schickte mir eine SMS, als das Boot in Itajaí ankam. Er sagte: »Mach Itajaí zu deinem Auckland.« Und das tat ich.

Was hat für 11th Hour Racing den entscheidenden Durchbruch gebacht?

Es sind viele, viele kleine Schritte. Es geht darum, sich selbst kennenzulernen, sich gegenseitig kennenzulernen. Es geht darum, aus starren Denkweisen herauszukommen und immer wieder zu versuchen, eine Wachstumsmentalität zu entwickeln: rumprobieren, lernen, Feedback geben, sich selbst zur Verantwortung ziehen. Und dabei Spaß haben!

Das klingt so einfach. Warum braucht es dann Coaches wie dich?

In der Wirtschaft ist es wie im Hochseesport: Die Leute sind gut in dem, was sie tun, deshalb kommen sie an die Spitze. Manche haben regelrecht Angst, sich zu hinterfragen. Sie denken: Mein Erfolg ist, dass ich bin, wie ich bin. Und das ist der Grund, warum Führung in Organisationen heutzutage so schwierig ist: Weil sich unsere Welt so schnell verändert. Das gilt noch viel mehr im Spitzensport, wo Unbeweglichkeit Rückstand bedeutet. Anstatt also Probleme zu lösen, anstatt zu versuchen, nicht zu verlieren, sind wir dazu übergegangen, Möglichkeiten zu schaffen, wie wir gewinnen können. Das war die größte Veränderung.

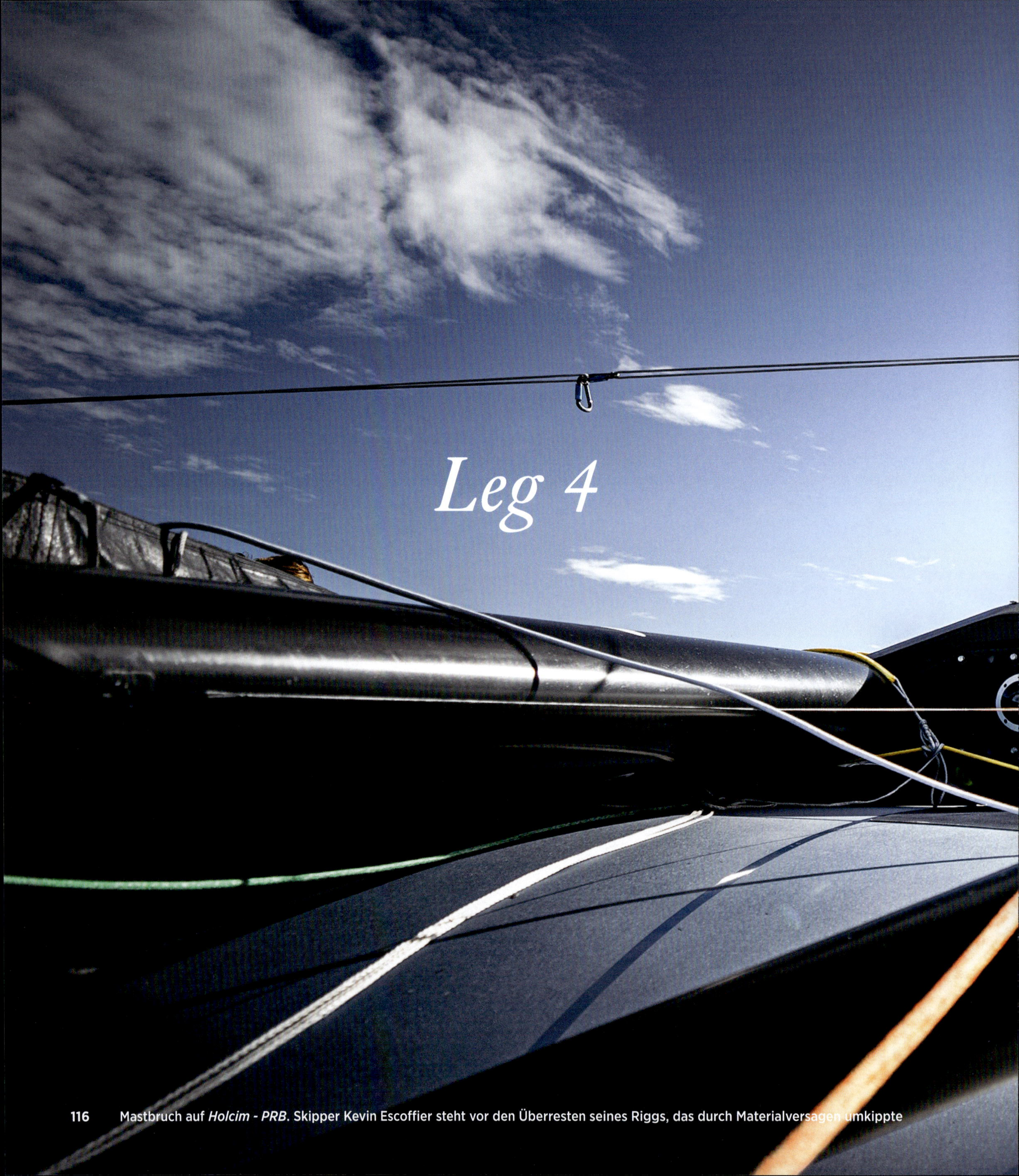

Leg 4

Mastbruch auf *Holcim - PRB*. Skipper Kevin Escoffier steht vor den Überresten seines Riggs, das durch Materialversagen umkippte

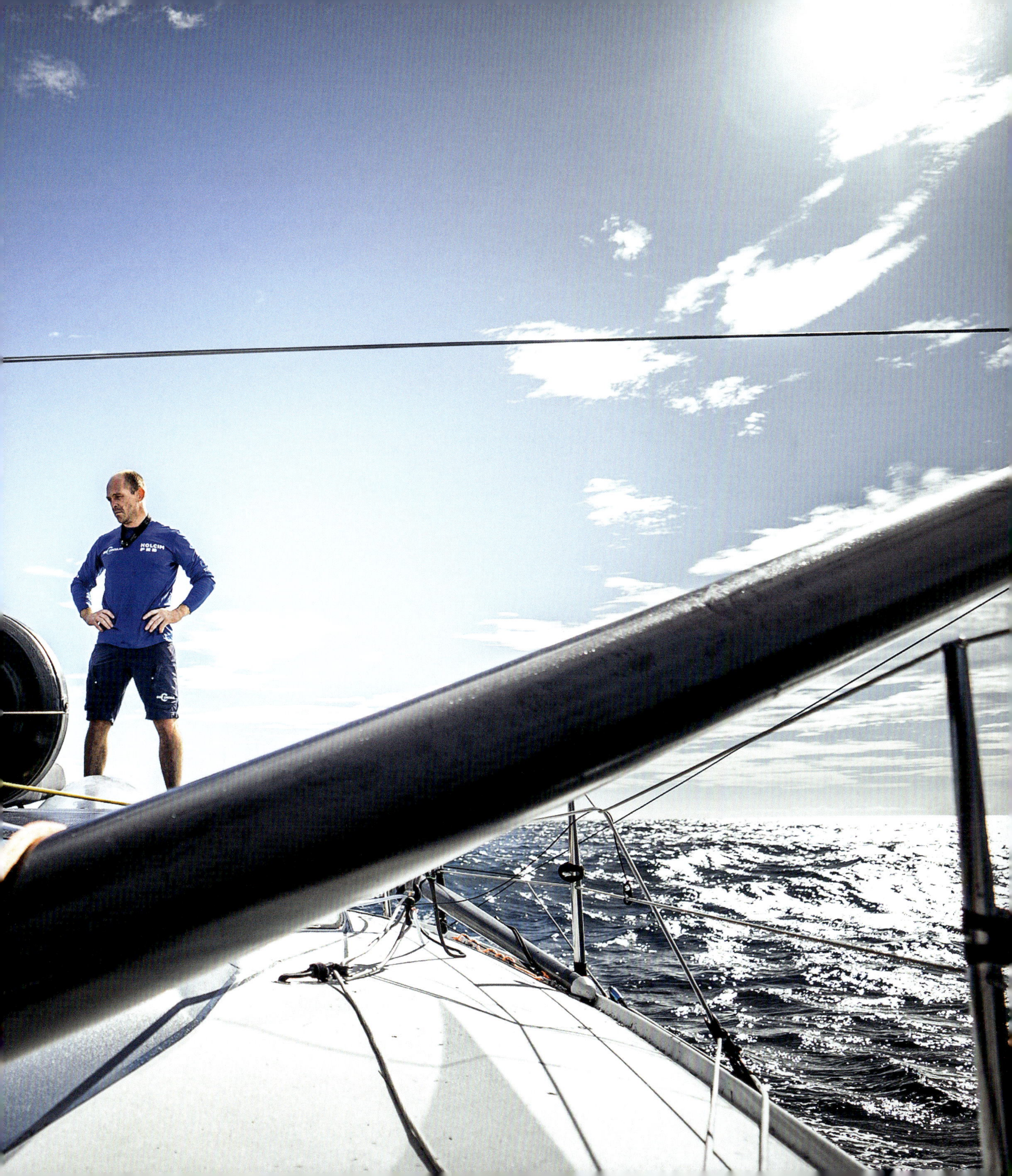

Traum & Albtraum

Für die einen fühlt es sich an wie das Ende. Für andere ist es der Beginn von etwas Großem. Keine Etappe wird den Teams so viel Freude bereiten, aber auch so viel Drama und Schmerz zufügen

▶ Im Rückblick ist es leichter, die Entwicklung zu sehen, die Umkehr, den Trend. Und den Moment, von dem an es einfach immer besser wurde. Es passiert in Itajaí.

Nach drei Wochen Rennpause und Refit steht dort zunächst nur ein weiteres In-Port-Race an, das dritte jener Serie, die eigentlich mehr ein Schaulaufen ist. Wobei das der Bedeutung nicht ganz entspricht. Am Ende, bei einer möglichen Punktegleichheit nach den sieben Hochsee-Etappen, kann diese Wertung den Unterschied machen zwischen Gesamtsieg und einem Leider-nicht-ganz-geschafft.

Man muss sich die Wettfahrten wie eine Aufwärmübung vor dem nächsten Etappenstart vorstellen. Die Kurzstrecken um vier Tonnen herum mit Start und Ziel auf Halbwind-Kurs wirken gleichwohl so artfremd wie das Halten eines Geparden als Hauskatze. Imocas sind für schnelle Ozeanpassagen konzipiert, für Hunderte oder Tausende Seemeilen auf einem Bug, nicht für das Klein-Klein eines Kurses dicht unter Land. »Küstennahe Regatten sind hart auf diesen Booten«, sagt Samantha Davies, die nach der Königsetappe auf *Biotherm* eine Pause einlegt, so wie viele andere auch. »Die Cockpits sind eng, wir haben zu wenig Winschen, zu wenig Hände, und du kannst kaum rausgucken. Wie auch immer die Bedingungen aussehen: Die In-Port-Rennen sind eine echte Herausforderung!«

Charlie Enright wirkt ebenfalls nicht so richtig fröhlich. »Sieht der Vorhersage nach ziemlich kompliziert aus«, sagt er. Es werde also darauf ankommen, beständig zu segeln, wie bisher schon. »Das hat ja ganz gut funktioniert.« Nach zwei zweiten Plätzen in Alicante und Kapstadt teilt sich 11th Hour Racing mit Team Malizia die Führung in der In-Port-Wertung. Ein Sieg aber fehlt dem 38-Jährigen noch, wie überhaupt das Ocean Race bisher nicht nach seinen Erwartungen gelaufen ist. Kompromittiert von Myriaden an technischen Problemen waren er und seine Crew erst am 5. April im Zielhafen der dritten Etappe eingelaufen, drei Tage nach *Malizia*. Das schmerzt.

Der Amerikaner nimmt sich daraufhin eine Auszeit. Kurz nach der Ankunft in Brasilien will er nach Hause fliegen, um Kraft zu tanken, sich zu sammeln. Auf dem Provinzflughafen von Navegantes, nordöstlich von Itajaí gelegen, trifff er zufällig Boris Herrmann im Wartebereich, dessen Flieger ausgefallen ist. Beide respektieren und mögen sich; ihre Teams pflegen eine enge Verbindung. Rasch sitzen sie bei Bier und Snacks zusammen: der Favorit, der sein Potenzial bisher nicht eingelöst hat, und der Visionär, dessen Boot und Crew gerade im Südmeer glänzten. Zwei Skipper an unterschiedlichen Enden des Stimmungsbarometers: Boris ziemlich glücklich, Charlie ziemlich zerknirscht.

Der Austausch habe ihm gut getan, sagt der US-Skipper Wochen später. Er schätzt die Offenheit und Ehrlichkeit des Deutschen, der seine Zweifel nicht verbirgt. In den zwei Stunden, die sie auf ihre Flüge warten, reden sie über die Erfahrungen auf der zurückliegenden Etappe, über technische Systeme und mögliche Verbesserungen, über die Last der Verantwortung,

Fast drei Wochen Aufenthalt in Brasilien tun den Crews gut, den Booten auch. Mensch und Material aber werden bald hart geprüft

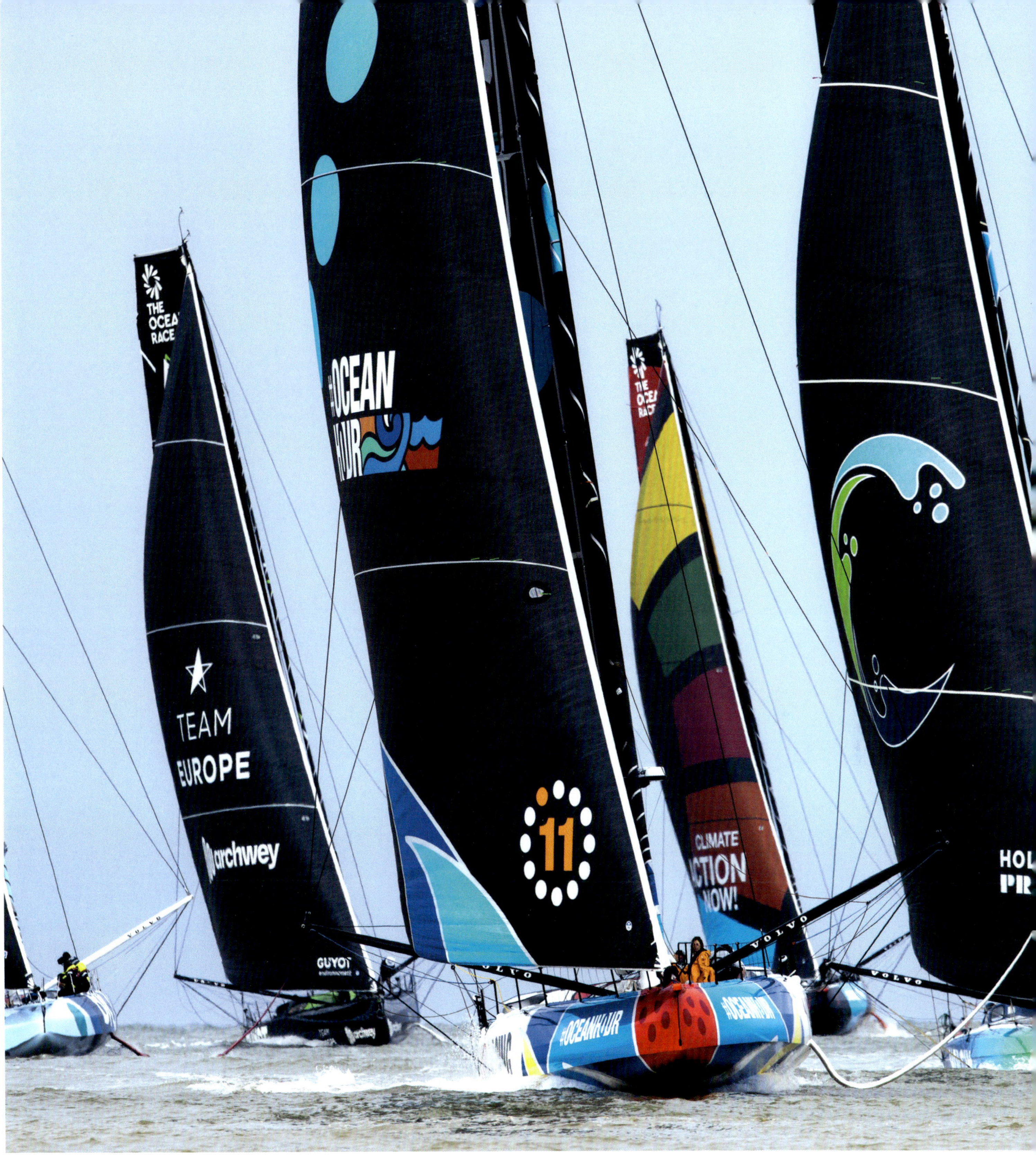

Die zwei Einsen im Segel nimmt Charlie Enright wörtlich: Erster im In-Port-Rennen von Itajaí, Erster in Newport, seiner Heimatstadt

wenn Schäden die Leistung beeinträchtigen oder gar das ganze Rennen in Frage stellen. »Wer weiß, vielleicht war es dieses Gespräch am Flughafen, das etwas verändert hat.«

Am Freitag, den 23. April, steht Charlie Enright wieder an der Pinne. Als die fünf frisch überholten Imocas im brackig-braunen Wasser vor der Flußmündung Itajaís auf das Vorbereitungssignal für den Start des In-Port-Rennens warten, fragt Kommentator Niall Myant-Best den Chef von 11th Hour Racing, Mark Towill, nach seinen Erwartungen. Mark ist Charlies bester Freund, zwei Mal sind sie das Ocean Race gemeinsam gesegelt, 2014/15 auf *Alvimedica*, vier Jahre später auf *Vestas 11th Hour*. So viele Meilen, so viele Höhen und Tiefen. »Wir haben nach der ersten Hälfte des Rennens genau analysiert, wo wir stehen, wie wir uns noch verbessern, wie wir Ziele für die nächsten Etappen definieren und diese erreichen können«, sagt Mark. »Ein Sieg hier würde zweifellos helfen.«

Der Wind weht nur leicht, es setzt starker Strom, ein Regenschauer hat dafür gesorgt, dass die Spionfäden an den Segeln kleben und den Trimm erschweren – nicht einfach, da mit Fahrt im Schiff genau bei Null über die Linie zu gehen. *Malizia*, diesmal geskippert von Will Harris und mit Christopher Pratt in der Crew, kommt zwei Bootslängen zu spät. Boris Herrmann setzt wie geplant seiner Familie zuliebe auf dieser Etappe aus. Auch andere straucheln: *Guyot* lässt sich von *Biotherm* am Startschiff hochluven. *Holcim – PRB* bleibt in der Mitte hängen. Charlie Enright aber macht alles richtig. Er führt von der ersten Sekunde an, wie schon bei seinem Katapultstart in Alicante. Nur stehen diesmal alle Sterne in perfekter Konstellation: Skipper und Crew agieren fehlerfrei. Das Boot, das bei der Ankunft nach der Königsetappe einer Werkbank glich, mit von Epoxidharz, Sikaflex-Kleber und Schleifstaub beflecktem Deck, präsentiert sich wieder in Bestzustand. Mit jedem Manöver wächst der Abstand zum Feld. Es wird das perfekte Comeback.

»Gute Arbeit, Leute!«, ruft Charlie ins Cockpit, als sie die Ziellinie passiert haben. Er klopft zur Bestätigung aufs Kajütdach. Eigentlich kann er ausgelassener jubeln. Aber es ist nur ein erster kleiner Sieg, und wer weiß nach dem bisherigen Rennverlauf schon, wie lange das Glück währt. Auf die Frage eines Reporters, ob Platz eins auch die Position in Newport sein werde, im Ziel der am Sonntag anstehenden vierten Etappe, die in seine Heimatstadt führt, antwortet er ausweichend: »Jeder Tag ist ein neuer Anfang. Heute ist jedenfalls ein guter Tag für uns.«

Beim Hafenrennen von Itajaí ist ein alter Freund aus Studienzeiten als Gast mit an Bord, Xay Rexford Khamsyvoravong, der Bürgermeister von Newport. Mit ihm und Mark Towill segelte Charlie schon vor 20 Jahren im Team der Brown University.

Zweieinhalb Wochen später, am Nachmittag des 10. Mai, wird er ihn zu Hause wiedersehen, erneut als Sieger, diesmal nicht nur eines In-Port-Rennens, sondern einer der längsten und wechselvollsten Etappen des gesamten Rennens. Fast wirkt es geskriptet, wie in einem Hollywood-Epos: Held zieht hinaus in die Welt, strauchelt, berappelt sich, findet sich und kehrt siegreich in die Heimat zurück.

Aber The Ocean Race ist nicht so. Jedenfalls nicht nur so.

»Wieder ins Rennen zu kommen, ist eine komplexe Operation. Aber wir haben einen Plan, und wir haben das Team, ihn umzusetzen«

Kevin Escoffier
Skipper *Holcim – PRB*

Wie wenig selbstverständlich Erfolg in diesem Rennen ist, wie flüchtig, zeigt sich schon zwei Tage später beim Start von Etappe vier. Diesmal will Charlie Enright zuviel. Passte sein Timing am Freitag auf die Sekunde, ist *11th Hour Racing* jetzt zu früh über der Linie, ebenso *Guyot*. Beide müssen zurück und finden sich am Ende des Feldes wieder. Die Crew des US-Boots, innerlich neu aufgestellt von ihrer Mentaltrainerin Anje-Marijcke van Boxtel, lässt sich von dem anfänglichen Fehler freilich nicht in die Defensive bringen. In der zweiten Nacht rückt das Team schon auf Position zwei vor, hinter *Holcim – PRB*, die sie wenige Stunden später kurzzeitig sogar hinter sich lassen.

Das Schweizer Boot liegt, wie so oft, in Führung, als der Mast von oben kommt. Die Etappe ist damit vorbei, das Rennen nach Newport beginnt erst

Holcim-Skipper Kevin Escoffier ist ein Fighter, zudem hat er das Boot mit den wahrscheinlich besten Allround-Eigenschaften. Es ist prädestiniert für die im Atlantik häufig vorherrschen-

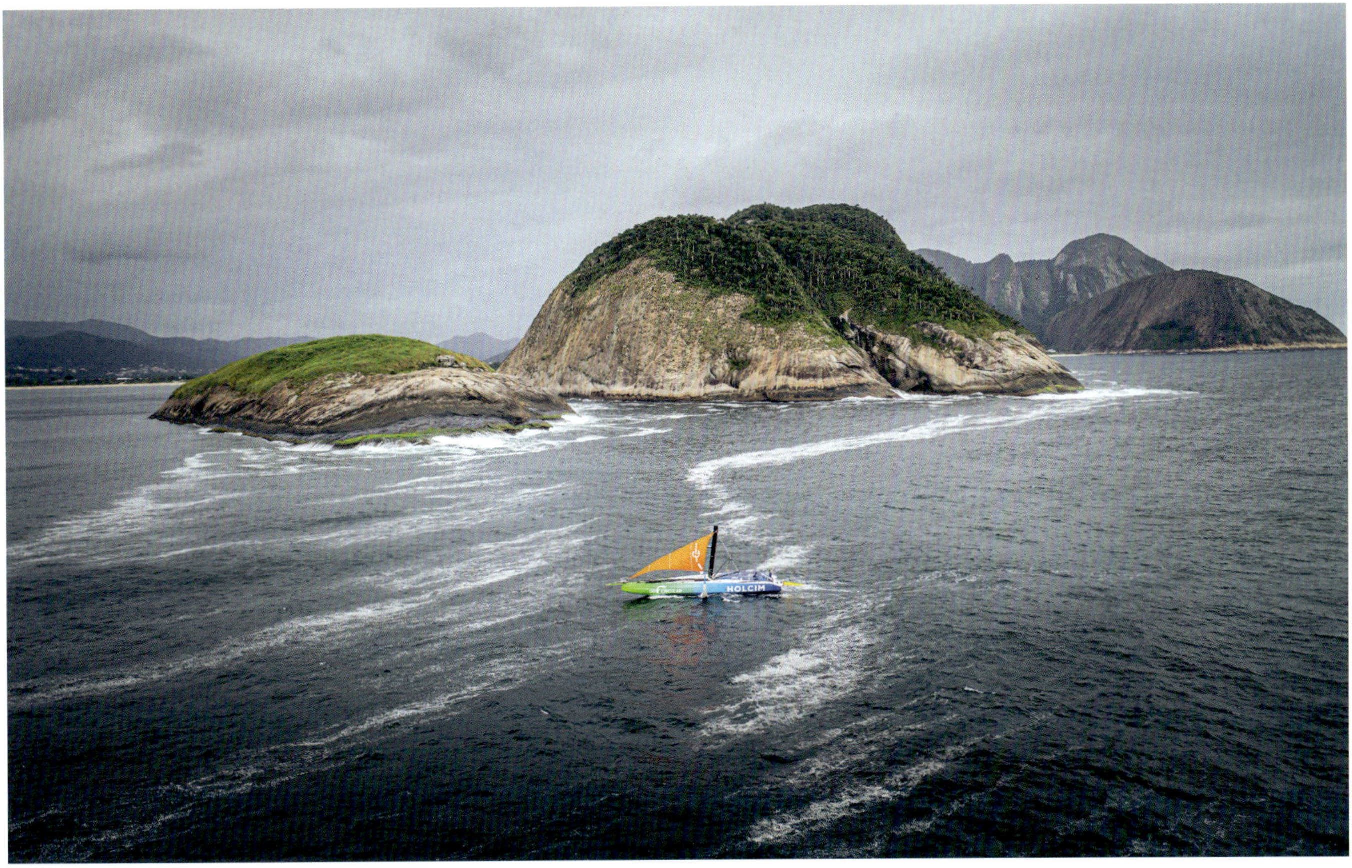

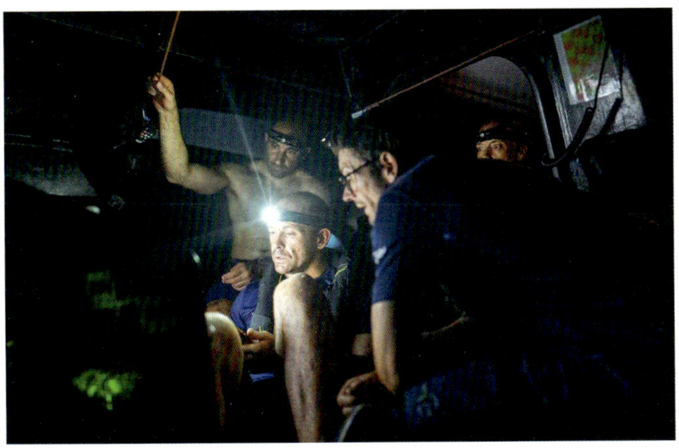

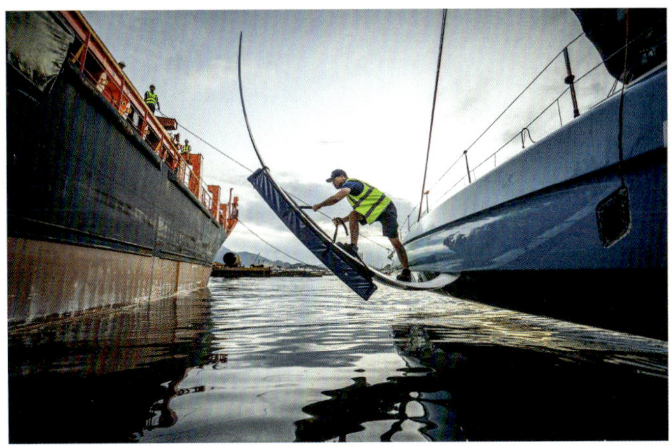

Es liegt eine eigentümliche Ästhetik in dieser Havarie. Im Tempo einer herkömmlichen Fahrtenyacht hangelt sich der Schweizer Imoca unter Notrigg nach Rio. Zuvor beratschlagte die Crew an Bord mit dem Team an Land, wie Boot und Ersatzmast am schnellsten nach Newport gelangen. Am Ende werden beide als Decksfracht verschifft – und treffen gerade rechtzeitig fürs nächste In-Port-Race an der US-Küste ein

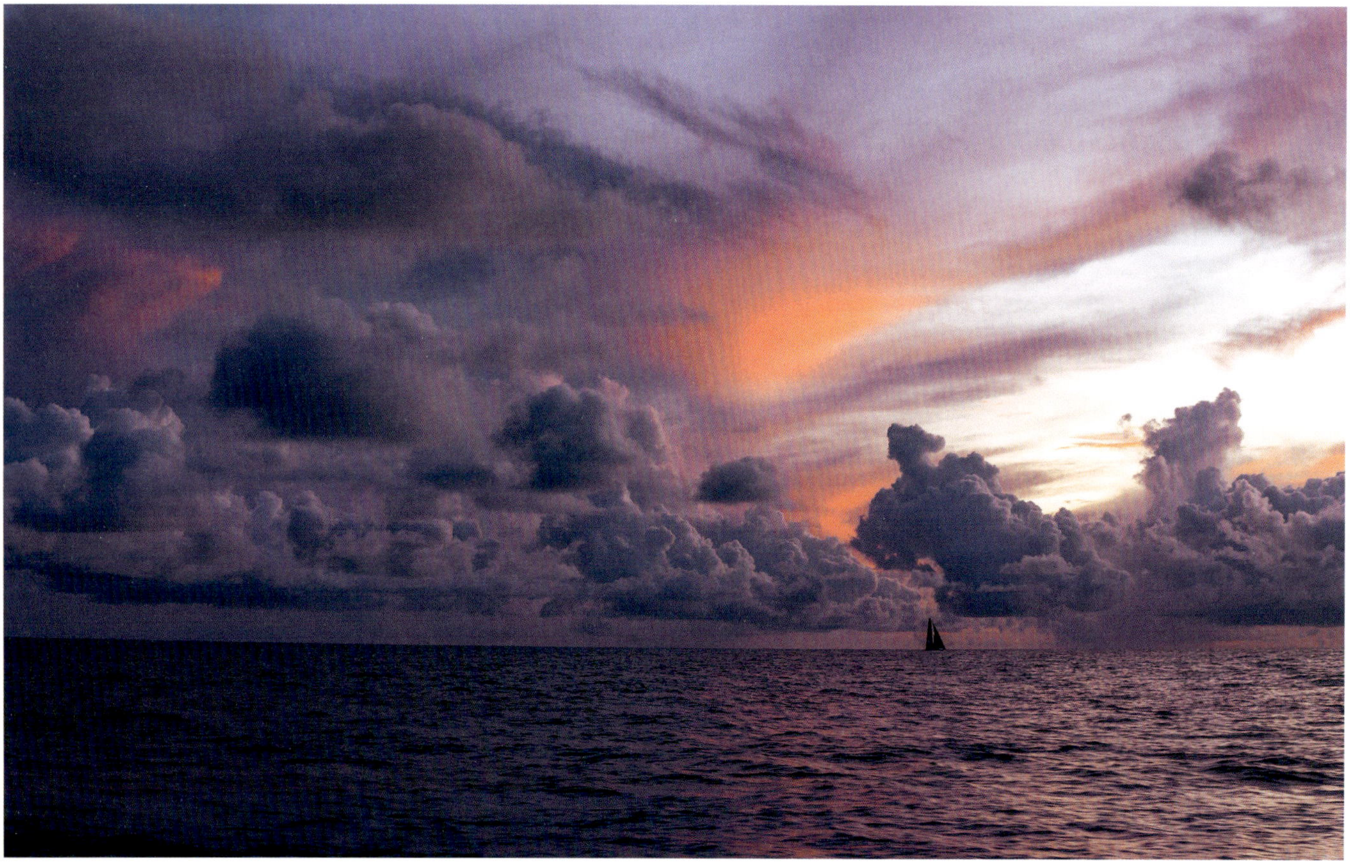

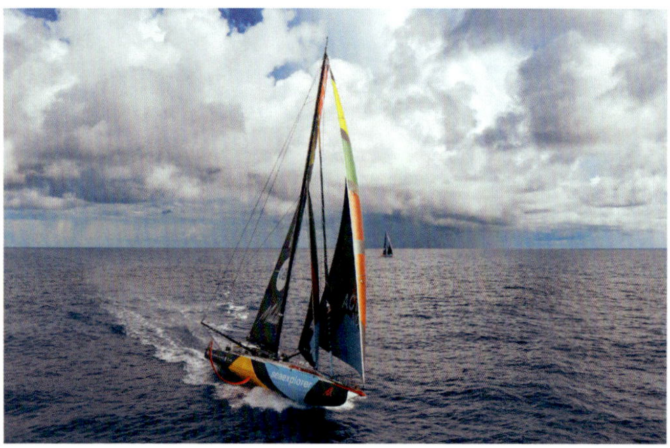

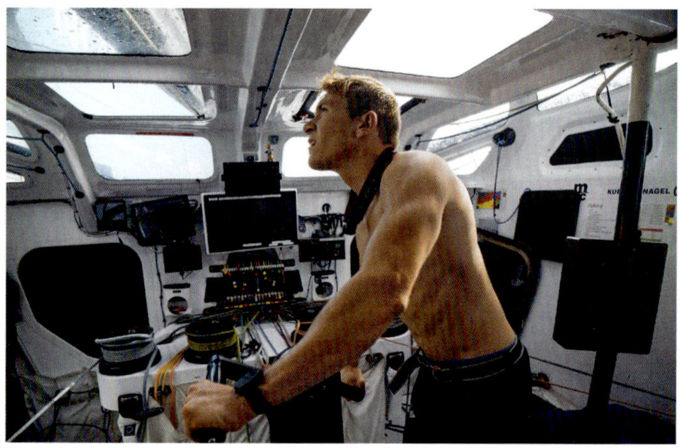

Die Strecke führt die Crews vom brasilianischen Herbst in den nordatlantischen Frühling, vom Südostpassat über den äquatrialen Kalmengürtel in den Nordostpassat. Mehr Abwechslung geht kaum. Nach dem Ausscheiden von *Holcim* machen *11th Hour* und *Malizia* die Pace. Weil Boris Herrmann aussetzt, übernimmt Will Harris wie schon auf Etappe zwei die Skipperrolle auf dem deutschen Boot und gibt eine starke Vorstellung

»Es war ein intensives Rennen, von Beginn an. Zum Schluss noch der schwere Sturm. Platz zwei macht uns sehr glücklich«

Nicolas Lunven, Navigator *Malizia – Seaexplorer*

den Bedingungen. Kaum dämmert der nächste Morgen, holt sich der unter Schweizer Flagge segelnde Franzose die Führung zurück, stets ein paar Grad höher segelnd als die Konkurrenten. Das Feld kreuzt dicht unter der brasilianischen Küste nach Norden, an Fischerbooten und Ölbohrplattformen vorbei. Nach drei Tagen auf See scheint die alte Rangfolge von Leg eins wieder festzustehen: *Holcim* vorneweg, dahinter *11th Hour*, gefolgt von *Malizia*.

Die Ordnung hält allerdings nicht lange. In den frühen Morgenstunden des 27. April zeigt der Bug des Schweizer Bootes auf dem Tracker plötzlich südwärts, nach Lee. Das sieht man im Rennverlauf immer mal wieder. Es könnte auf ein verpatztes Manöver hindeuten, einen Segelwechsel oder auf eine kleine Reparatur. Die Segler drehen dabei kurz das Schiff weg vom Wind, um die Bewegungen im Seegang zu beruhigen oder Druck aus dem Rigg zu nehmen. *Holcim – PRB* bleibt jedoch mehr als eine Stunde auf Südkurs. Und sie trägt kein Rigg mehr.

Bei 4 bis 5 Windstärken und 2 bis 3 Meter Seegang – keineswegs kritischen Bedingungen – ist von einem Moment auf den anderen der Toppbeschlag der J2 gebrochen, dem wichtigsten Vorsegel an Bord. Weil sie häufig wenden muss, hat die Crew kein zweites Vorstag geriggt, etwa das der kleineren J3-Fock. Denn dann hätte sie beim Kreuzen die Genua jedes Mal ein Stück ein- und wieder ausrollen müssen, um am weiter innen stehenden Stag vorbei auf die andere Seite zu kommen – ein Zeitverlust, den die Segler vermeiden wollten, um ihre Führung zu behaupten.

So aber gibt es nach dem Bruch des J2-Beschlags nichts, was den Mast nach vorn sichert. Er kippt, festgehalten von der daran befestigten Videokamera, wie ein gefällter Baum ungebremst nach achtern und aufs Deck. Der Schlag bringt Benjamin Schwartz, der im Cockpit Wache geht, kurz aus der Balance. Ohne Fahrt im Schiff wird es zunächst auf unheimliche Weise still an Bord, bis die ganze Crew mithilft, die Situation unter Kontrolle zu bekommen. Annemieke Bes fragt nach der Axt, um Wanten und Stagen zu kappen. An-Bord-Reporterin Georgia Schofield setzt einen Pan-Pan-Ruf ab, um die anderen Boote zu warnen, Kevin Escoffier hantiert mit Fabien Delahaye an Deck und überlegt, welche Teile des Riggs sich retten lassen. Dazwischen hört man immer wieder die synthetische Stimme des Bordcomputers, der warnt, dass das Boot nicht mehr aufs Ruder reagiert. Es ist eine Szene von gespenstischer Betriebsamkeit.

Am nächsten Morgen steht der Skipper, der bis dahin ein nahezu makelloses Rennen gesegelt ist, auf einem wie leergeräumten Deck. Er ist bleich von den Anstrengungen der Nacht und von dem Rückschlag, den der Mastbruch für ihn bedeutet. Aber er wirkt gefasst: »In der einen Sekunde läuft es perfekt, in der nächsten erlebst du einen Albtraum. So ist das Leben.«

Sein Vorsprung beträgt zu diesem Zeitpunkt noch fünf Punkte vor Team Malizia und sechs Punkte auf 11th Hour. Von daher ist der Vorfall mit Blick aufs Klassement verschmerzbar. Das Problem aber ist nicht Leg vier, es ist die Rückkehr ins Rennen vor der doppelt gewerteten fünften Etappe von Newport nach Aarhus. Während er mit seiner Crew ein Behelfsrigg stellt, an dem die Sturmfock horizontal gesetzt wird, dümpelt die sonst so elegant und dynamisch aussehende *Holcim – PRB* wie mit gebrochenen Flügeln Richtung Rio de Janeiro. Statt 15 bis 25 Knoten, wie sonst auf diesem Kurs, loggt sie nur 3 bis 5 Knoten.

Die Mannschaft an Land, die jetzt die komplizierte Logistik planen muss, nennt Kevin sein »kleines Kommando-Team«, allen voran Marine Derrien, die Managerin, und Loïc Féquet, der technische Leiter. Sie arbeiten schon lange zusammen, sind extrem erfahren, verstehen sich

Außer Havarien bietet die Etappe auch großen Sport. An der Spitze liefern sich *Malizia* und *11th Hour Racing* über Tausende Seemeilen ein packendes Matchrace

blind. Ihnen schreibt der Skipper unter anderem den bisher weitgehend problemfreien Auftritt seines Bootes zu. Aber auch für sie ist der Mastbruch eine Herausforderung. Es gibt zwar ein Ersatzrigg der Imoca-Klasse, das bei Lorima in Westfrankreich eingelagert ist. Aber wohin damit – und wie?

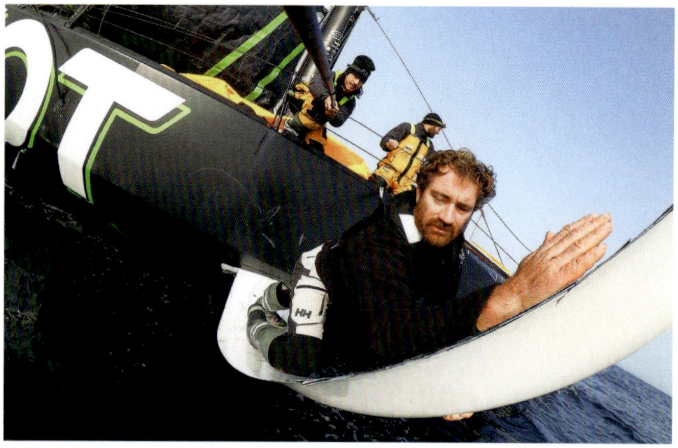

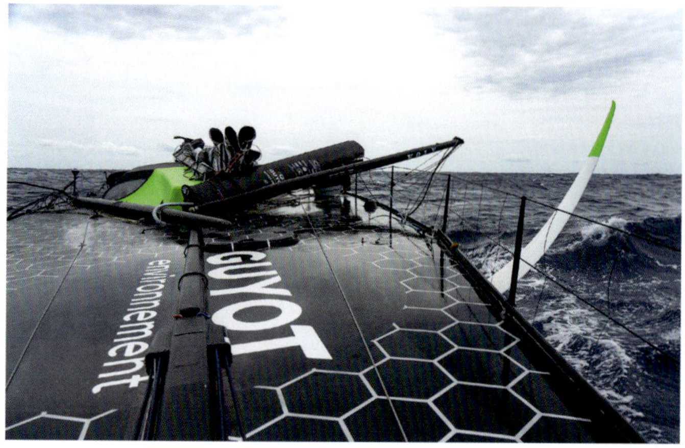

Guyot erleidet im Sturm ebenfalls Mastbruch, und nicht nur das. Foil, Deck, Ruder und die Hauptschotten nehmen starken Schaden, den Benjamin Dutreux inspiziert, als es ruhiger ist auf See. Das Team muss sich von einem Frachter Diesel übergeben lassen, um es nach Halifax zu schaffen. Wie schwer die Bedingungen waren, lässt sich anhand der Bilder nur erahnen. Als *11th Hour Racing* die Sturmfock klarmacht, gehen die Wellen vier, später sechs Meter hoch

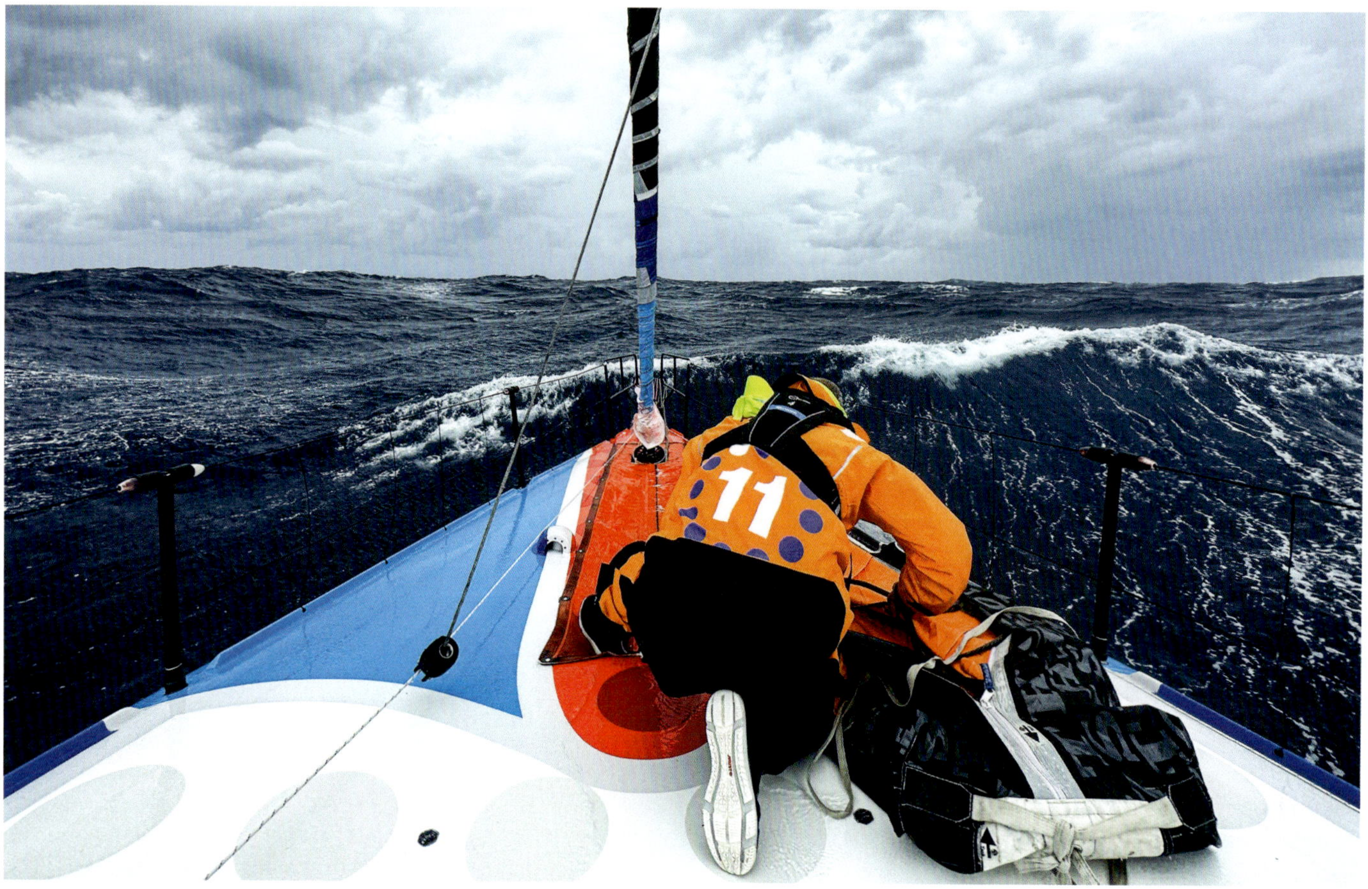

Freudentränen. Charlie Enright, Simon Fisher und Francesca Clapcich erleben den ersten Etappensieg wie eine Erlösung

Will Harris und die Crew der *Malizia* werden knapp Zweite. Sie gönnen ihren Freunden von *11th Hour Racing* den Sieg vor heimischer Kulisse

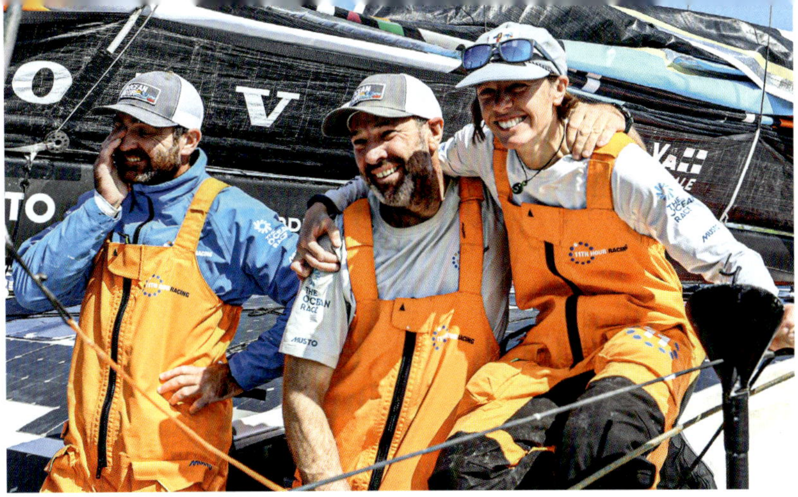

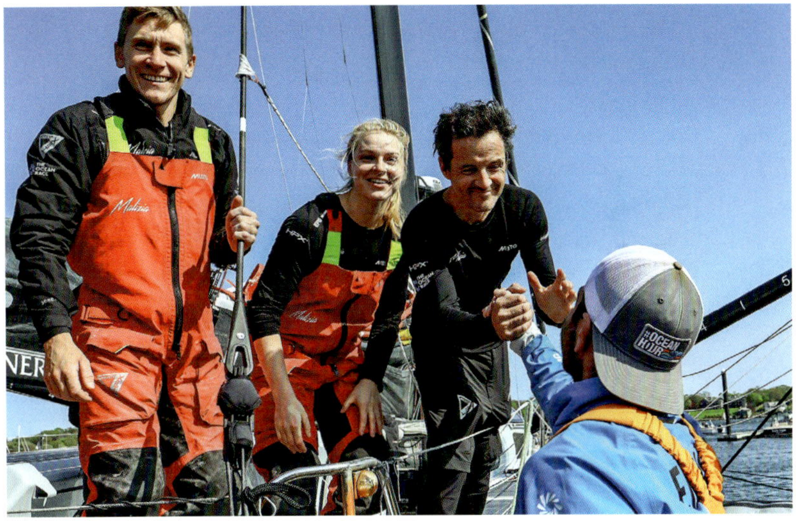

Im besten Fall würde man das verpackt nur rund 400 Kilo schwere und 28 Meter lange Carbonteil per Cargo-Flugzeug mit Bug- oder Heckklappe nach Rio bringen. Dann könnte die Crew dort den Mast stellen, das Boot an die US-Ostküste segeln und einen Punkt retten. Die Charter für eine Boeing 747 mit »Nose Door« beliefe sich allerdings auf bis zu 400.000 Euro, und so ein Transport wäre nicht sofort verfügbar. Deshalb lässt das Team den Profilmast schließlich als Decksfracht von Brest nach Newport verschiffen, das Boot auf gleiche Weise von Rio aus.

Die Nachricht vom Mastbruch macht alle betroffen – auch, weil die Boote die gleichen oder ähnliche Topp-Wirbel verwenden. Es hätte, buchstäblich, jeden treffen können. Boris Herrmann bietet Kevin von Hamburg aus seine Unterstützung an, vermittelt Kontakte zu seinem Sponsor Kühne + Nagel, einem der größten Logistiker weltweit. Robert Stanjek von Guyot environnement – Team Europe drückt, wie viele im Feld, sein Bedauern und sein Mitgefühl aus. Der Mastbruch sei »unglaublich schade. Kevin hat so ein starkes Rennen bestritten.«

Zwölf Tage später, in der Nacht des 9. Mai, nur 600 Seemeilen von Newport entfernt, ist es sein eigenes Boot, das auf dem Tracker stehenbleibt. Noch ein Mastbruch, noch so ein Fiasko. Diesmal aber ist es kein Materialversagen, sondern den stürmischen Bedingungen und einer brutalen Kreuzsee geschuldet (s. Interview S. 126).

Was da los war auf dem Nordatlantik, lässt sich schwer beschreiben. »Hier draußen ist es verrückt«, berichtet Amory Ross von *11th Hour*. Als Führende kommt die Crew des US-Boots noch relativ gut durch das sich verstärkende Tief. »Es steht außer Frage, dass diese Bedingungen das Boot kaputtmachen«, sagt Amo. Die einzige Möglichkeit, auszuweichen, ist, kopfüber in einen wachsenden und wirren Seegang zu laufen. »Wir rasen mit 26 Knoten direkt auf brechende Wellen zu. Nie ist man wachsamer als in Zeiten wie diesen. Es ist heftig im Sitzen, heftig im Stehen, heftig auf den Knien! Um ehrlich zu sein, ist es im Moment ein bisschen beängstigend.« *11th Hour* und *Malizia* gelingt es, dem Schlimmsten zu entgehen. *Guyot* aber schafft es nicht. Außer dem Mast brechen auch die Hauptschotten – und die Herzen der Crew.

Sébastien Simon, der Navigator, postet zwei Tage später auf Facebook das Foto eines Sonnenaufgangs. Es sieht ganz friedlich aus: ein gelber Punkt überm flammenden Horizont, davor die orangerote Sturmfock am Notrigg. »Wahnsinn, wie man selbst an einem harten Morgen die Fähigkeit hat, zu staunen, was die Natur uns zu bieten hat«, schreibt der 33-Jährige.

»Es klaffen schmerzhafte Lücken in dieser Weltumseglung«

Fast acht Jahre hat Robert Stanjek, ehemaliger Starboot-Olympionike, geschuftet, um seinen Traum vom Ocean Race zu verwirklichen. Ein Realitätscheck

▶ Es ist eine dunkle, erbarmungslose Nacht, in der die kohlschwarze *Guyot* durch einen orkanartigen Nordatlantik-Sturm stampft. Ein kleines, aber brutales Tief vor der US-Küste prüft Boot und Team auf Kurs Newport mit bis zu 60 Knoten Wind. Der Golfstromeinfluss sorgt für eine gemeine Kreuzsee. An Bord herrscht trotzdem vorsichtig aufkeimender Optimismus. Skipper Ben Dutreux, Navigator Sébastien Simon, Co-Skipper Robert Stanjek und die bei ihrer dritten Weltumseglung Erfahrenste an Bord, Annie Lush, wissen: Sie müssen noch ein, zwei Stunden durchhalten, dann ist das Tief überstanden.

Mit drei Reffs im Groß, ohne Vorsegel, ist die acht Jahre alte *Guyot* nur 15, 16 Knoten schnell und bisher gut durchgekommen. Stanjek übergibt Großschot und die Rolle des Wachhabenden an Séb Simon und verzieht sich in die Koje. Er nickt weg, in unruhigen Dämmerschlaf, bis ihn Schreie hochfahren lassen: »Oh, nein, nein, nein, oh, nein«, ruft Skipper Benjamin Dutreux.

Robert, wie erinnerst du dich an den Moment?
Ich hatte versucht zu schlafen. Den Mastbruch selbst habe ich gar nicht mitbekommen. Ich bin mit dem Ruf »Dismasted« aufgewacht. Dabei hätte nur noch eine Stunde gefehlt und wir wären raus gewesen aus dem Sturm ...

Wie habt Ihr reagiert?
Mit gutem Krisenmanagement. Ben und ich haben uns angezogen. Ich bin sofort zur Reparaturtasche, habe das große Werkzeug mit an Deck gebracht. Wir haben uns die Situation kurz angeschaut. Das Rigg war komplett durchgebrochen; 24 Meter Mast schwammen im Wasser, ein Vier-Meter-Stumpen stand an Deck. Alles war noch durch Segel, Fallen, Achterstag miteinander verbunden. Wir mussten schnell entscheiden. Der Mast muss bei sechs Meter Welle vom Boot weg. Wenn er im stumpfen Winkel die Bordwand trifft, ist alles in Gefahr. Ich habe Ben klarmachen können, dass wir sofort schneiden müssen.

Gab es Kollateralschäden?
Keine großen. Der Mast hat unser Steuerbordfoil an der Abrisskante beschädigt. Beide Ruderblätter haben was abbekommen. Im Sturm sind auch zwei Schottwände gebrochen. Ob beim Mastbruch oder schon vorher, ist nicht ganz klar. Unser Kompass kann dreidimensionale Kräfte auslesen. Als der Mast geborsten ist, hatten wir 9 g – eine wahnsinnige Last. Möglich, dass die Schotten unmittelbar vorher gebrochen sind und der Mast als Folgeeffekt gekommen ist.

Fast noch größer als der Schaden waren Enttäuschung und Frustration im Team ...
Ich habe es in diesem Moment für völlig unmöglich gehalten, dass wir nach der Delamination auf der Kap-Hoorn-Etappe und nun diesem gigantischen K.o.-Schlag ein zweites Mal ins Rennen zurückkommen können. Ich dachte, das war es jetzt mit dem Ocean Race.

Ihr seid unter Not-Rigg und Motor nach Halifax gefahren. Wann keimte neue Hoffnung auf?
Wir haben Optionen in alle Richtungen geprüft. Dann erhielt ich einen Anruf von Marc Pickel, den ich aus den olympischen Starbootzeiten gut kenne. Er sagte: »Kommt nach Kiel, wir reparieren euer Boot auf der Knierim Werft.« Unser Mastbruch hatte ihn sehr bewegt. Er hat daran geglaubt, dass die Reparatur machbar ist, und mich überzeugt. Ich habe es dann mit unserem Manager Jens Kuphal und Ben besprochen.

Ein beherzter, aber auch ambitionierter Plan.
Ja, das Boot war ja per Frachter nach Hamburg unterwegs, der von 11th Hour Racing zur Verfügung gestellte Mast lag in Lorient. Allein die Logistik, beides in Kiel zusammen zu bringen, war schwierig. Marc hat unterdessen ein erfahrenes Team von Bootsbauern zusammengestellt. Die waren wie eine alte Band, die sich wiedertrifft und mal sechs Tage in irrer Stimmung ein Live-Konzert gibt. Angeleitet wurden sie von

»Ich habe es für völlig unmöglich gehalten, dass wir nach diesem gigantischen K.o.-Schlag ein zweites Mal ins Rennen zurückkommen können«

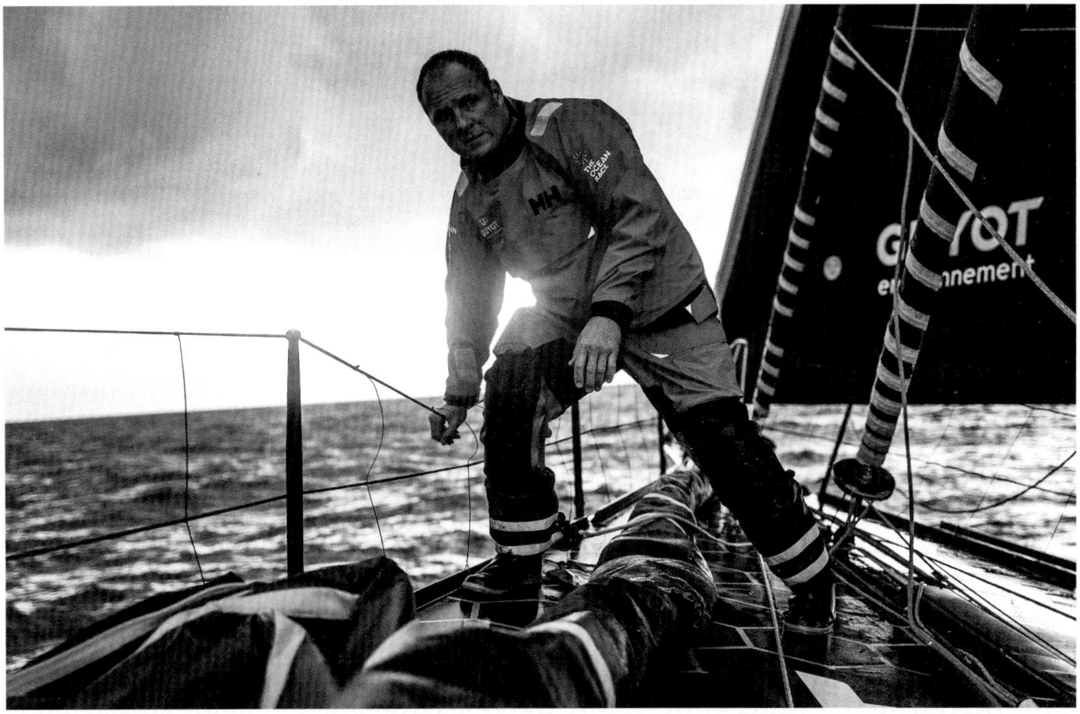

Viel härter hätte Robert Stanjeks Premiere im Ocean Race nicht ausfallen können: Der 42-jährige Berliner ging dreimal durch die Segelhölle – und zurück

Killian Bushe, der schon vier siegreiche Ocean-Race-Yachten gebaut hat. Knierim und so viele andere haben uns unterstützt. Die Franzosen in unserem Team waren sehr beeindruckt, dass so etwas auch in Deutschland funktioniert. Das hat uns viel Rückenwind gegeben und Balance ins Team gebracht. Es waren harte, aber auch beflügelnde zwei Wochen mit mindestens zehn Kehrtwendungen: Wir schaffen es, wir schaffen es nicht, wir schaffen es ...

Was waren die größten Probleme?

Einen Tag hing es an einer Transportgenehmigung für einen Tieflader von Hamburg nach Kiel. Am nächsten war es wieder das Geld. Wir mussten anfangen, ohne zu wissen, ob wir es finanziell hinkriegen, sonst hätten wir es nicht rechtzeitig bis Aarhus geschafft. Dann hat die Werft gesagt, dass die Reparatur der Schäden an den Schotten zeitlich doch nicht machbar ist. Aber es gab auch immer andere Meinungen. Dazu hatte sich unter den Ocean-Race-Teams und bei der Rennleitung eine unfassbare Solidarität entwickelt. Es entstand eine Welle, die uns in die Verantwortung genommen hat, das durchzuziehen. Teammanager Jens' Motto: »Wir müssen noch einmal das Unmögliche möglich machen.«

Was hattet ihr in den knapp 1.000 kumulierten Arbeitsstunden alles zu reparieren?

Die Aufgaben waren vielfältig und aufgrund der kurzen Zeit enorm anspruchsvoll: Es ging um die beiden Schottwände – am Anfang der Zeitachse die Achillesferse. Außerdem das Foil und die beiden Ruderblätter. Plus zwei weitere kleinere Schäden im Schiff, darunter die Kielbox. Und der Ersatzmast musste mit neuem stehendem und laufendem Gut sowie der Elektronik ausgestattet werden.

Einen Tag vor dem Start zu Etappe sechs hattet ihr all das tatsächlich geschafft ...

Wir wurden in Aarhus sehr berührend empfangen. Auf der Etappe haben wir dann gekämpft und gekämpft und gekämpft. Der Fly-by in Kiel war wunderschön, der Lohn für viele Torturen. Am Ende war es wieder der fünfte Rang. Dann aber hatten wir einen kleinen Lauf, haben nicht nur auf Etappe sechs die beste 24-Stunden-Distanz geschafft, sondern auch die Speedrennen in Den Haag und das Hafenrennen gewonnen – ein hübscher Hattrick.

Warum hat Benjamin Dutreux den Start zur Finaletappe gesteuert – sonst dein Job?

Ich hatte das Steuer schon mal beim Inshore-Rennen in Brasilien abgegeben. Das war nicht so gut gelaufen. Wir hatten danach eine kräftigere Aussprache, die nötig war, damit wir uns wieder auf unsere Stärken besinnen können. Aber der Steuermann hat eine hohe mediale Präsenz, von der ich denke, dass Ben sie – gestärkt vom Sieg im Hafenrennen – auch für den Etappenstart haben wollte. Das hat sein Ego gekitzelt. Fair enough! Ich habe ihm angeboten, die Taktik zu machen, aber er wollte Séb dafür. Annie und ich sollten im Schiff die Manöver wegarbeiten, weshalb ich über den Crash mit *11th Hour* wenig sagen kann.

In einer Art »Blackout« habt ihr das US-Boot übersehen und sie mit dem Bugspriet regel-

recht aufgespießt. Was ging dir danach durch den Kopf?
Ich habe mir ein Erdloch gewünscht, in dem ich verschwinden kann. Das Ganze hatte mit Abstand betrachtet zwei Ebenen: Einmal das Desaster, dass wir die Spitzenreiter aus dem Finale genommen haben. Zum anderen, dass wir dem Ocean Race zwölf Tage Spannungsbogen abgeschnitten haben, was sicher auch für die Vermarktung der Folgeauflage wichtig gewesen wäre. Wir waren in Genua sehr dankbar und erleichtert, dass die Jury-Entscheidung zum verdienten Gesamtsieg für 11th Hour Racing geführt hat. Die anderen Teams sind uns dort sehr kameradschaftlich begegnet. Das zeigt die enorme soziale Seite des Ocean Race. Da wird niemand zurückgelassen.

Habt ihr den Unfall intern schon aufgearbeitet?
Wir haben zu wenig darüber gesprochen. Ben hat zwar gesagt, er nimmt die volle Verantwortung auf sich, aber letztlich gab es keine tiefgehende Aussprache.

Als Team habt ihr oft den Eindruck einer französisch-deutschen Zweckehe gemacht …
Das hatte weniger mit den Nationalitäten zu tun als vielmehr mit Soloseglern und Teamseglern. Die Solisten hatten die absolut wichtige technische Imoca-Expertise, die uns fehlte. Aber sie hatten auch Schwierigkeiten, ihre Gedanken zu artikulieren, Sachen zu delegieren oder zu teilen. Die sind schnell allein und dann auch in französischer Sprache unterwegs. Gerade, wenn

»Der Fly-by in Kiel war emotional, wunderschön, der Lohn für viele Torturen. Dann hatten wir auf Etappe sechs die Speedrennen in Den Haag und das Hafenrennen gewonnen …«

es brenzlig wird. Das war nicht immer gut und geschah auch in anderen Bereichen des Teams.

Kannst du das an einem konkreten Beispiel festmachen?
Auf Etappe vier ist die Down-Line fürs Foil gerissen. Da waren wir gerade in einer schnellen Phase gut positioniert. Man hätte reflektieren müssen: Was brauchen wir zur Reparatur? Sollen wir mit 20 Prozent Geschwindigkeitsreduktion weitersegeln, bis ein günstigeres Reparaturfenster auftaucht? Stattdessen konnte ich gar nicht so schnell schauen, wie die Foil-Boxen offen waren. Die Franzosen probierten, eine neue Leine einzuziehen, haben die gebrochene aber falschrum ausgefädelt, was zu weiteren Komplikationen führte. Das war eine nicht durchdachte Aktion zum falschen Zeitpunkt. Letztlich konnten wir die Reparatur nicht sauber zu Ende bringen und sind deshalb mit großen Meilenverlusten wieder auf Kurs gegangen.

Ihr wart drei Nicht-Franzosen: du, Phillip Kasüske, Annie Lush. Hattet ihr keine Chance, euch stärker durchzusetzen?
Ben gehört das Boot. Er ist Skipper. Zweiter Mann in technischer Verantwortung war mit seinem Imoca-Hintergrund Sébastien Simon. Da laufen solche Entscheidungen zack, zack. Als das Kind in den Brunnen gefallen war, haben sie die überhastete Reaktion eingesehen. Die Aktion war sinnbildlich für manche Entscheidung. Sie sind einfach Solosegler. Trotzdem haben wir auch gute Entscheidungen getroffen, waren immer wieder auch ein gutes Team.

Ist dein jahrelanger Traum vom Ocean Race zum Albtraum geworden?
So würde ich es nicht formulieren. Aber sicher klaffen in dieser Weltumseglung schmerzhafte Lücken. Es ist also »unfinished business«. Aber es gibt auch wunderschöne Momente und positive Emotionen. Mein Bild dafür habe ich auf Etappe vier gesehen, als bei uns noch nicht einmal Pannenhalbzeit war: riesige schwarze Wolkenberge mit silbernem Rand, *silver linings*. Das passt gut zu unserer Kampagne. Wir sind Ocean Racer. Wir haben es in global schwierigen Zeiten an die Startlinie geschafft. Dieser Wettkampf ist vielschichtig. In dem Moment, wo du Hilfe brauchst, hört er nicht auf. Er verlagert sich in Logistik, Finanzierung oder technische Bereiche, um wieder zurückzukommen. Wir haben eine andere Geschichte geschrieben als geplant. Es ist auch eine Leistung, wie wir die Situationen gelöst haben.

Die Etappe, die du von allen am meisten wolltest, war die von Kapstadt nach Itajaí. Wie erinnerst du sie?
Sie hatte so gut begonnen! Vor dem Start hatte uns zunächst Renndirektor Phil Lawrence zum Briefing zusammengeholt und gesagt: »Wir haben auf dieser Etappe schon Segler verloren. Ich möchte euch alle in Itajaí sehen.« Wenn du vorher in die Medien geschaut hast, war das wie ein Wettbewerb, wer die gruseligste Überschrift findet. Das hat auch bei uns noch mal den Respekt erhöht. Doch wir waren gut vorbereitet.

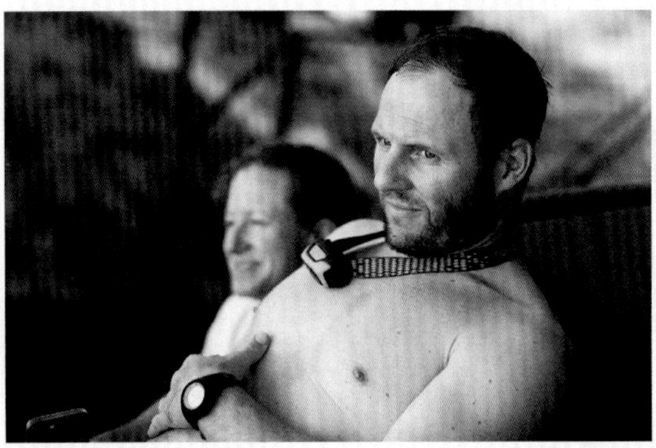

Robert Stanjek und die dreimalige Weltumseglerin Annie Lush brachten wenig technische Imoca-Expertise, aber viel Erfahrung von olympischen und anderen Crew-Einsätzen mit ins Guyot environnement – Team Europe

Dennoch musstet ihr drei Tage nach dem Start aufgeben. Wie kam es dazu?
Wir waren stark ins Rennen gekommen, lagen auf Platz zwei hinter *Holcim – PRB*. Die Wettervorhersage sah danach aus, dass die vorderen Boote ihren Vorsprung sogar ausbauen können. Wir sind dann im ersten sehr starken Tiefdruckgebiet gelandet. In sechs, sieben Meter hohen Wellen waren wir sehr schnell unterwegs, schneller als *Holcim*. Da treffen wahnsinnige Kräfte auf so ein halb foilendes, halb gleitendes Schiff. Ich habe selten solche Bewegungen an Bord erlebt.

Wie kam es zu dem Schaden am Rumpf, der euch zur Umkehr zwang?
Am 1. März um 4 Uhr morgens bin ich zum Wachwechsel aus der Koje geklettert, habe ewig zum Anziehen gebraucht, weil ich durchs Schiff geflogen bin. Die Crew hatte zuvor vom dritten aufs zweite Reff gewechselt. Als ich im Cockpit war, ging Annie runter. Sie gab mir mit Blicken zu verstehen, dass ich mich dafür stark machen solle, wieder auf Reff drei zu gehen. Ich habe das mit Ben diskutiert, aber Reffen bedeutet immer auch Zeitverlust. Da steckte schon Annie den Kopf aus dem Niedergang und sagte: »Jungs, der Rumpfboden in Lee ist delaminiert.« Betroffen war eine etwa drei mal einen Meter große Fläche. Sie besteht aus Sandwichlaminat mit einem leichten Wabenkern, also Karbon, Wabe, Karbon. Wenn sich dieser Verbund löst, dann hast du keine Festigkeit mehr. Der Rumpf hat sich bei Wellenschlag sechs bis acht Zentimeter angehoben und ein sehr bröselndes Geräusch gemacht. Das war ziemlich gruselig.

Wie ist die Entscheidung zur Umkehr gefallen?
Wir habe unser Shore-Team angerufen. Das sind zwei Leute, die 24/7 erreichbar sind und nie zusammen in ein Flugzeug steigen. Die Entscheidung kam eine halbe Stunde später: Umkehren! Es war ein schockierender Rückschlag.

Ihr hattet als Team das kleineste Budget, die geringste Erfahrung und das älteste Boot im Feld. Wie würdest du diese Faktoren in Relation zu den vielen Rückschlägen gewichten?

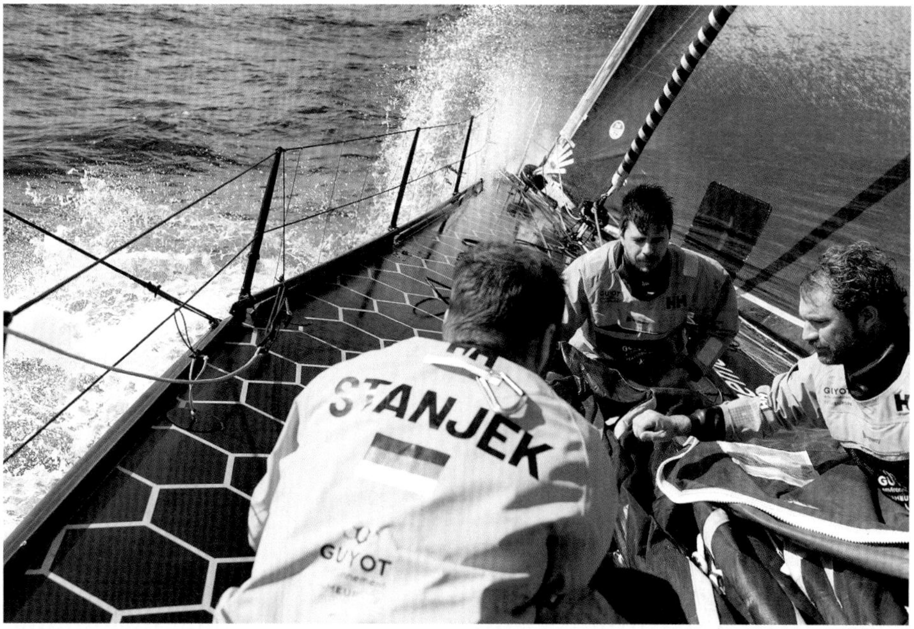

Zwei französische Imoca-Experten und Solosegler und ein deutscher Olympionik und Teamplayer ergaben im Team Guyot oft, aber nicht immer eine geschlossene Mannschaft

Es ist was dran, dass wir als Team an manchen Stellen zu wenig Erfahrung hatten, wenn man uns mit einer Crew wie der von *11th Hour Racing* vergleicht. Ich denke, es gilt genauso im Vergleich zu *Holcim – PRB*. Auch Boris hat eine wahnsinnig erfahrene Truppe an Leuten. Die haben alle mit ihren neuen Booten, für die man eigentlich ein Jahr und länger zur Entwicklung braucht, einen starken Job gemacht. Es gab trotz anderer Erwartungshaltung wenig Ausfälle. Manchmal war es ganz knapp wie bei *Malizia*. Wenn die den Schaden an ihren Foils nur eine Woche später gefunden hätten, dann wären sie mit dem Umbau nicht rechtzeitig fertig geworden fürs Rennen. Oder ihr Riss im Mast durch das ausgerissene Fall; da waren sie ja auch kurz davor, umzudrehen. Manchmal hat man halt diesen Hauch Rückenwind und dazu noch die richtige Mannschaft, so eine Situation zu klären – und manchmal gelingt es nicht ganz (lacht). Da ist gar nicht so viel dazwischen.

Welche guten Erinnerungen nimmst du aus deinem ersten Ocean Race mit?
Wir haben in Alicante vor dem Start ein Bild mit 50, 60 deutschen Leuten gemacht. Ich finde es toll, dass wir über sie und viele weitere jetzt so viel neue Ocean-Race-Erfahrung nach Hause bringen können. Dann ist festzuhalten, dass es in Deutschland das größte Medienecho von allen Ländern gab. Dazu haben Jens, unser Team und sicher auch unsere Dramen beigetragen. Und natürlich Boris und Team Malizia. Ich fand toll, dass er mich in Genua zum Segeln auf *Malizia – Seaexplorer* eingeladen hat.

Plant ihr als Offshore Team Germany einen neuen Ocean-Race-Start, um die Runde um die Welt im zweiten Anlauf zu komplettieren?
Wir atmen erst einmal durch. Sicher wäre es sinnvoll, das viele Erfahrene, das Gelernte, das in guten wie in schlechten Zeiten Erlebte in einer zweiten Kampagne zu nutzen. Falls wir einen Plan machen, muss er vor Weihnachten stehen. So sieht es auch Jens. Das Ocean Race Europe 2025 bietet eine niedrige Eingangsschwelle. Da könnte man was probieren. Doch davor stehen Reflektion, Ruhe und die ORC-WM in Deutschland, auf die wir uns sehr freuen.

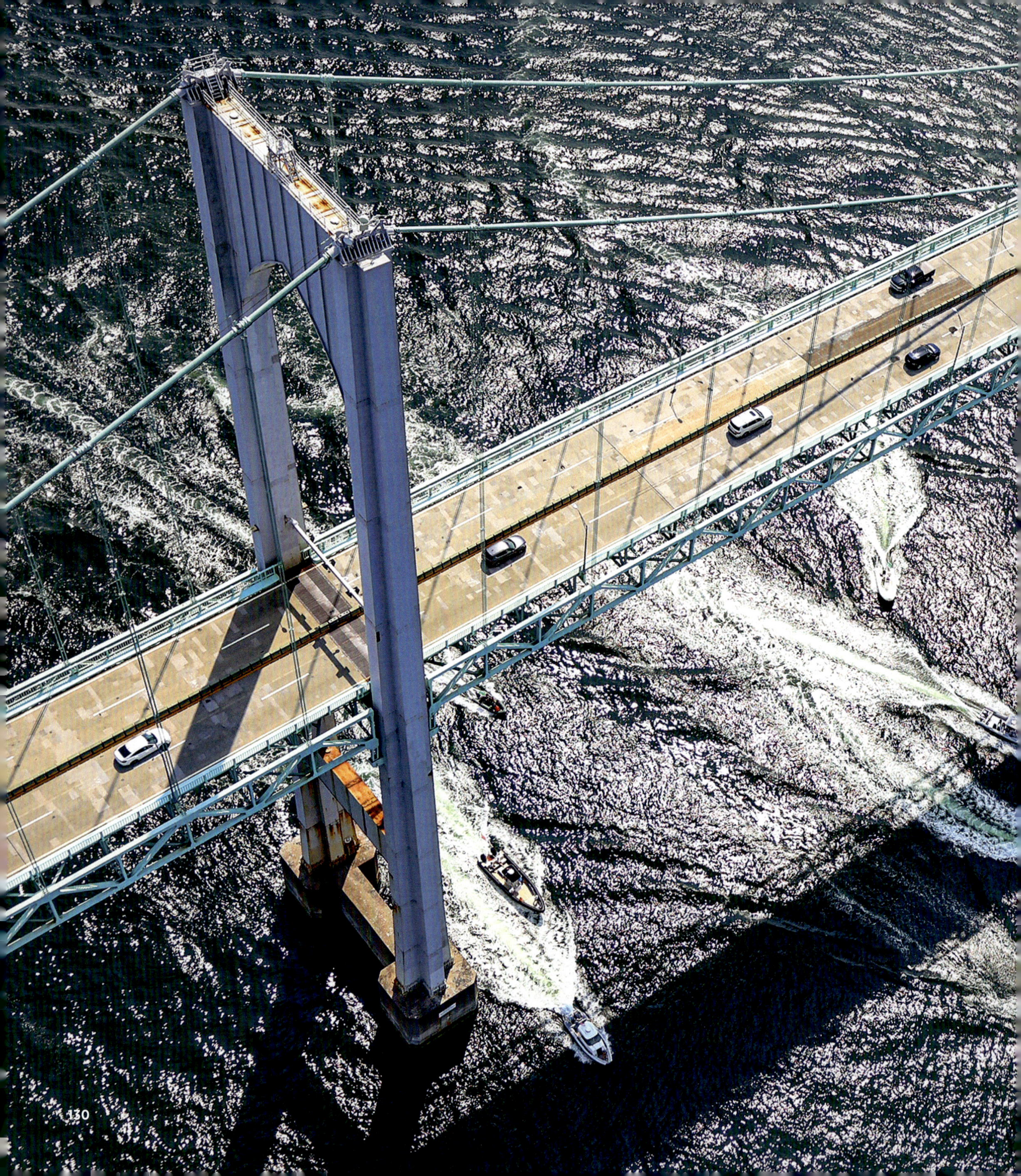

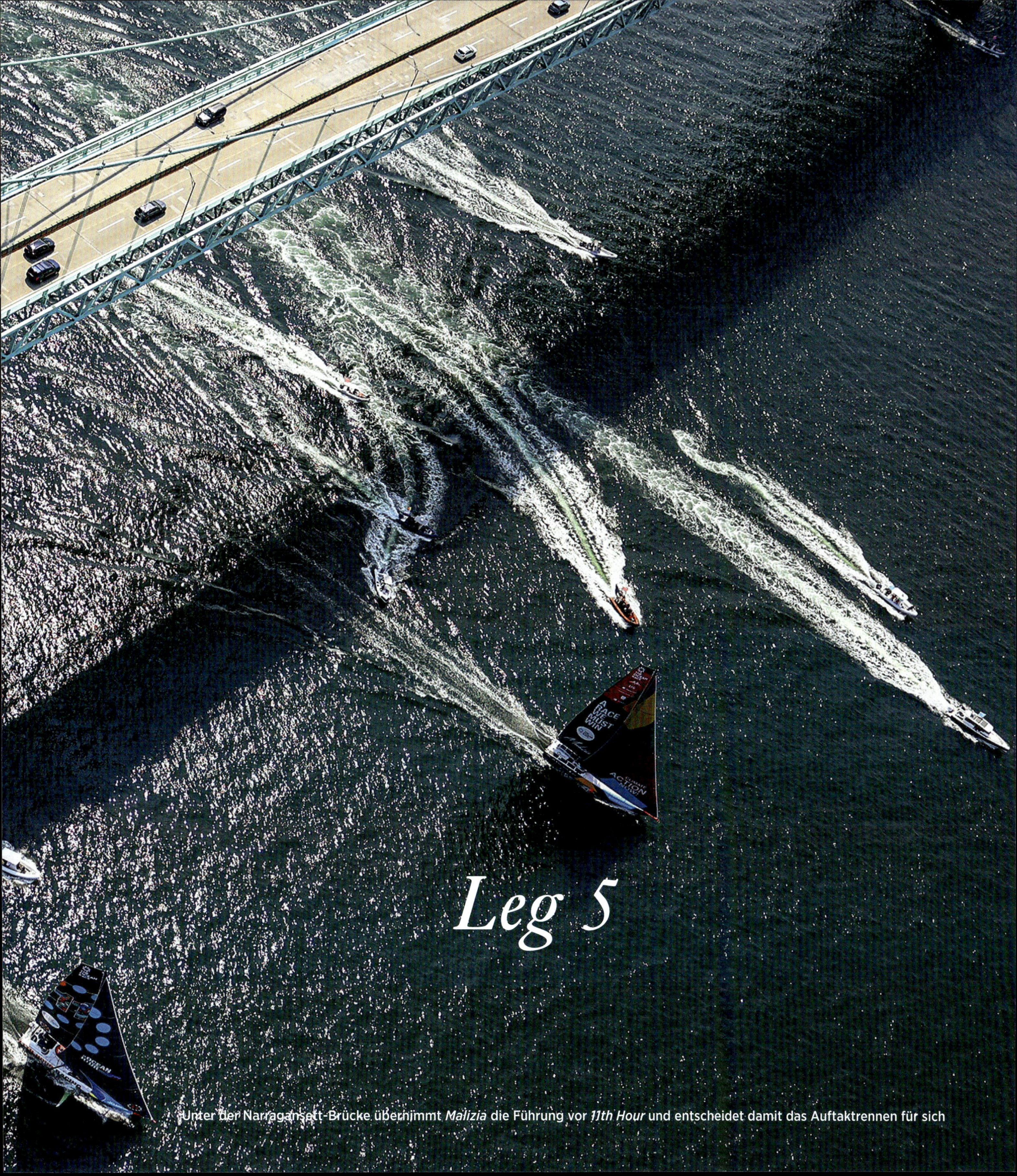

Leg 5

Unter der Narragansett-Brücke übernimmt *Malizia* die Führung vor *11th Hour* und entscheidet damit das Auftaktrennen für sich

Rekordfieber

*Schon im Südmeer stellte **Holcim – PRB** einen neuen 24-Stunden-Bestwert auf. Im Nordatlantik legt Kevin Escoffier die Latte noch höher, auf unfassbare 640 Seemeilen. Dann kommt **Malizia – Seaexplorer***

▶ Auf normalen Yachten, unter normalen Bedingungen, sind 120 Seemeilen pro Tag eine solide Leistung. Viele Weltumsegler, die losfahren, um anzukommen, kalkulieren so überschlägig ihre Routen, mit einer Durchschnittsgeschwindigkeit von etwa 5 Knoten. Wer auf schnellen Booten und mit sportlichem Anspruch unterwegs ist, peilt auf raumen Kursen auch 200er-Etmale an. Wirklich erlebt haben sie aber nur wenige Crews, nicht mal ein Zehntel der Fahrtensegler kommt je in diesen Bereich, der Konzentration und auch eine gewisse Leidensfähigkeit erfordert. Denn 9, 10, 11 Knoten Fahrt über 24 Stunden gibt es selten ohne Seegang, nie ohne Arbeit. Allein schon die Geräuschkulisse des laut rauschenden Kielwassers kann mit der Zeit mürbe machen.

Als John Kostecki mit *illbruck* im Volvo Ocean Race 2001/2002 erstmals auf einer Einrumpfyacht einen Schnitt von mehr als 20 Knoten erreicht, wird die Leistung mit einer Mischung aus Ehrfurcht und Ungläubigkeit kommentiert. Das 60-Fuß-Boot schraubt die fünf Jahre alte Bestmarke von Mehrfach-Rekordhalter Lawrie Smith auf 484 Seemeilen – das Vierfache dessen, wozu eine gewöhnliche Fahrtenyacht in der Lage ist. Gefühlt ist der Unterschied so eklatant wie der zwischen einem Segelflieger und einem kleinen Jet-Fighter.

Vor acht Jahren hatte zuletzt ein Segelboot die Relationen noch einmal deutlich verschoben. Ken Read, auch er ein alter Bekannter aus dem Ocean Race, knackte damals als Erster die 600-Meilen-Marke. Das Werkzeug dafür, der von VPLP konstruierte 100-Fuß-Supermaxi *Comanche*, holte schon zuvor Siege in Serie und galt als die ultimative Hochseerennyacht. Nicht wenigen Experten mangelte es an der Vorstellungskraft, dass ein Einrumpfboot je schneller sein könnte. Für den 24-Stunden-Rekord hatte die Crew in Newport eigens ein perfektes Wetterfenster abgewartet. Der Skipper selbst, heute Chef von North Sails, sagt: »Es ist bemerkenswert selten, dass man überhaupt 24 Stunden lang einen geraden Kurs steuern kann« – ganz zu schweigen davon, dass dabei auch noch weitgehend konstante Windverhältnisse herrschen, die keine Segelwechsel erfordern.

Vom 25. bis 26. Mai bietet sich dem Führungstrio des Ocean Race mitten auf dem Atlantik wieder so ein rarer Moment, ungeplant diesmal, wie ein Geschenk aus heiterem Himmel. *11th Hour*, *Holcim* und *Malizia* gelingt es, sich vor eine Front zu setzen und sich von ihr bis Schottland katapultieren zu lassen. Es weht mit 25 bis 30 Knoten frisch, aber nicht zu stark; der Seegang bleibt relativ moderat. Alle Skipper sehen ihre Chance. Kevin Escoffier, mit neuem Mast unterwegs, nutzt sie am konsequentesten. Obwohl die Windsensoren im Mast ausgefallen sind und auch der am Heck montierte Ersatzgeber keine verwertbaren Daten liefert, schraubt der Franzose sein Etmal Stunde um Stunde nach oben: 623 Seemeilen, 630, 633 … als gäbe es keine Grenze. An Bord von *Holcim – PRB* segelt ein absolutes Dream-Team: Neben Abby Ehler und Sam Goodchild hat Kevin ein weiteres As verpflichtet: Charles Caudrelier, sein Freund, mit dem er 2017/18 auf *Dongfeng* bereits das Ocean Race gewonnen hatte. Caudrelier stieg danach um auf den Ultim-Trimaran *Gitana*, eine noch potentere Klasse als die der Imocas. Er ist nicht leicht zu beeindrucken und ähnlich furchtlos wie Escoffier. »Wir haben es geschafft, nach Gefühl zu segeln«, sagt der. »Das ist nicht ideal, aber

Dass die Imocas schnell sein würden, war klar. Aber wie schnell genau? Seit 26. Mai 2023 steht fest: Folgen kann ihnen keiner

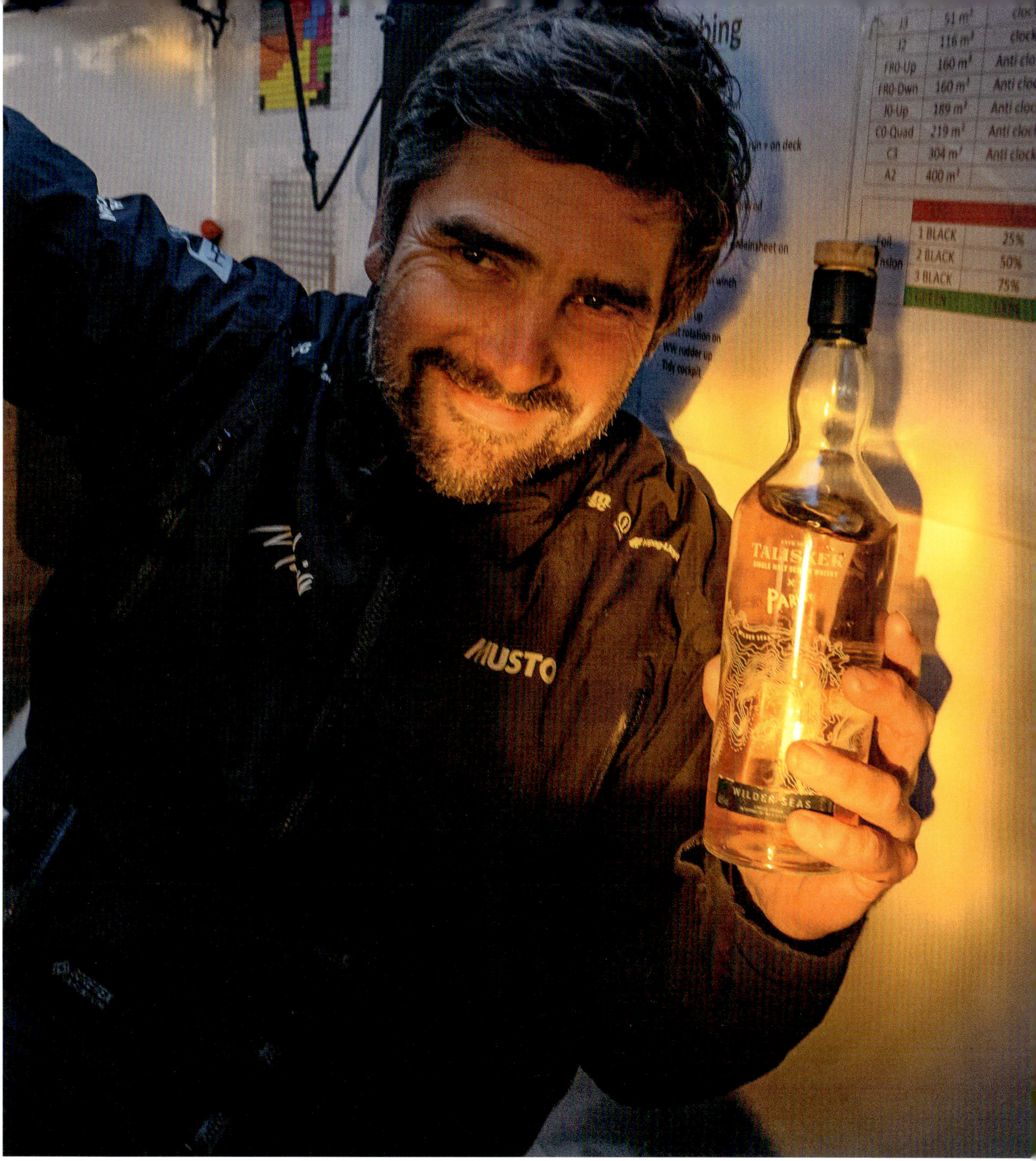

Er hat viele Jahre lang Bestwerte gejagt. Sein jüngster ist sein größter. Boris Herrmann feierte den 24-Stunden-Rekord mit einem Schluck SIngle Malt

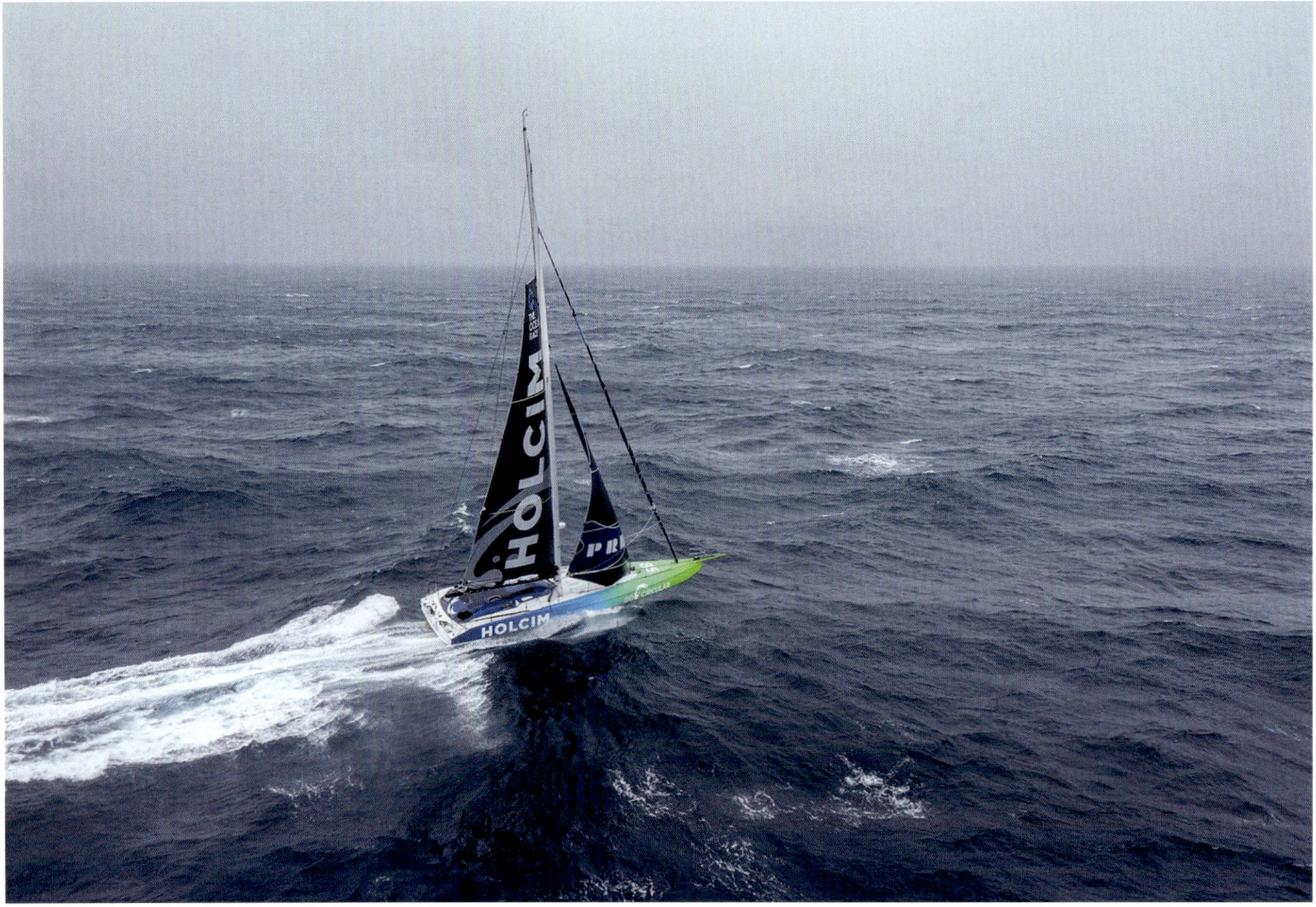

Das ist es, was Ocean-Racer »perfekte Bedingungen« nennen. Im Nordatlantik setzten sich drei Boote, darunter die Schweizer *Holcim – PRB*, vor ein schnell ziehendes Tiefdruckgebiet. Es bringt 25 bis 30 Knoten Mittelwind, mäßig bewegte See und ermöglicht bisher nicht für möglich gehaltene Rekorde

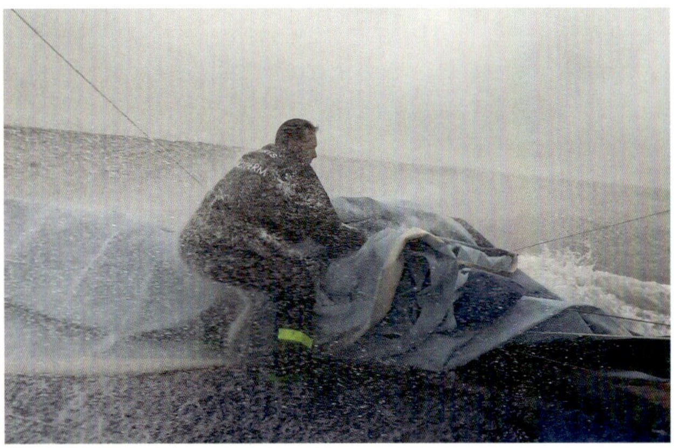

Paul Meilhat verpasst mit *Biotherm* den Atlantik-Express. Er muss auf Amwindkurs weit nach Norden in subpolare Breiten ausweichen

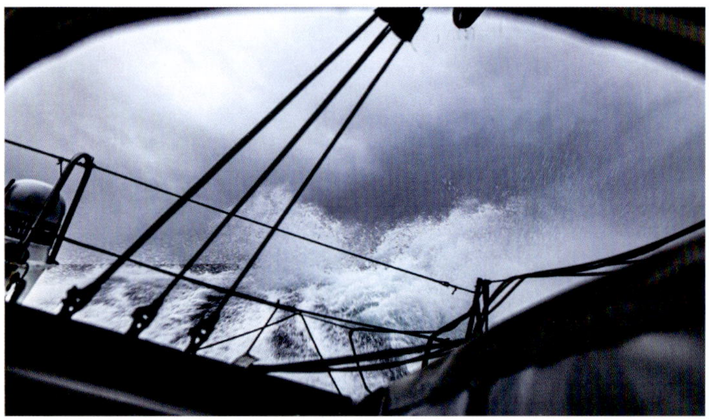

Früh in Führung, Erste im Ziel. *11th Hour* schafft trotz einer Kollision mit einem treibenden Gegenstand das Double und siegt nach Newport auch in Aarhus

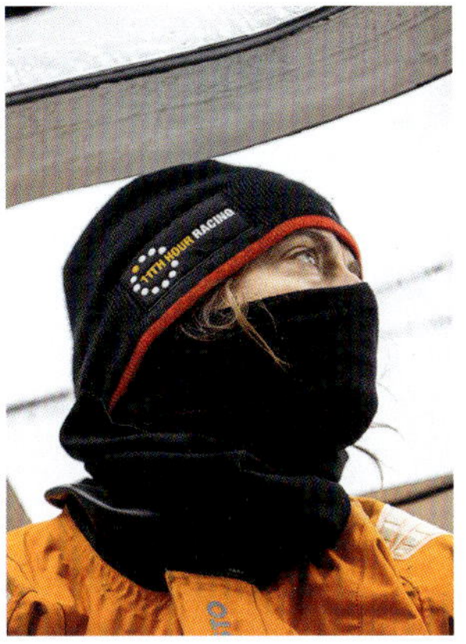

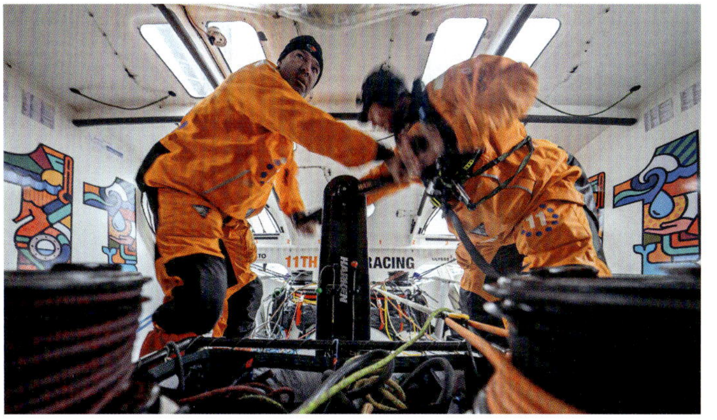

Gestartet sind sie bei Sonnenschein und leichter Brise. Aber schon nach zwei Tagen auf See wird es an Bord ungemütlich. Südlich von Neufundland bringt ein erstes Tief arktische Kaltluft. Justine Mettraux und Simon Fisher legen auch im gekapselten Cockpit ihre Schwerwetterkleidung samt Fleece-Loop und Mütze nicht mehr ab

in Sachen Speed kommen wir ganz gut voran.« Bevor sich der Wind leicht abschwächt, zeigt der GPS-Tracker der Wettfahrtleitung einen phänomenalen 24-Stunden-Höchstwert von 640,91 Seemeilen – neuer absoluter Rekord für das Schweizer Boot! Im März lag dessen Bestmarke noch bei 595,26 Meilen, auch er weltweit in den Medien gefeiert.

Boris Herrmann hat mit *Malizia – Seaexplorer* nicht ganz so gut in die Etappe gefunden. Erst brechen die Gurtbandverstärkungen am Genua-Hals, dann bringt ein kurzes Zögern in der Taktik noch mehr Rückstand. Die Crew liegt südwestlich von Neufundland knapp 70 Meilen achteraus und erkennt da erst, was möglich ist. Von 2009 an lag der Hamburger selbst jahrelang auf der Lauer nach Bestzeiten, damals im Team des Italieners Giovanni Soldini. Herrmann hält heute noch einige Rekorde, etwa den rund Amerika oder auf der Nordostpassage, teils exotischen Routen, die nur wenige Profis ins Visier nehmen. Auch am Transatlantikrekord hat sich der Hamburger lange versucht. Zwei Sommer wartete er in Charleston und New York auf den richtigen Zeitpunkt zum Absprung, doch er kam nie. Jetzt, auf dieser Etappe, mitten im Ocean Race, zu einem nicht frei gewählten Zeitpunkt, passt plötzlich alles.

»Viele haben versucht, diesen Rekord zu kriegen. Ich auch über viele Jahre. Er ist wirklich etwas ganz Besonderes«, sagt Boris. Ähnlich wie zuvor Kevin Escoffier schrauben er und seine Crew mit *Malizia* das Etmal von nun an höher und höher. Navigator Yann Eliès findet die perfekte Umlaufbahn für den raketenartigen Flug über den grauen, rauen Ozean. Mit jeder Stunde wächst die Spannung an Bord – nicht, weil es viel zu tun gäbe. Nur einmal ein- und ausreffen müssen sie, kaum Justierungen an der Stellung von Foils oder Kiel vornehmen. »Wir hätten auch 20 Stunden lang Videos gucken oder schlafen können«, erzählt der Skipper nach der Etappe. Und meint es tatsächlich ernst. »Alex Thomson und François Gabart haben bei ihren Einhand-Rekorden während der Vendée Globe ihre Boote auch lange sich selbst überlassen.« Es zeigt, wie hartgesotten man sein muss, um in diese Bereiche der Seefahrt vorzustoßen – und immer noch schneller sein zu wollen.

Die Fontänen von Gischt, die meterhoch neben dem Boot hochstieben und sich wasserfallartig übers Deck ergießen, sind ein untrügliches Indiz dafür, dass hier etwas in der Luft liegt. Um 22:40 Uhr UTC an diesem 26. Mai, den vermutlich niemand im Team je vergessen wird, durchbricht *Malizia – Seaexplorer* tatsächlich die erst kurz zuvor von *Holcim* aufgestellte Schallmauer. Es ist kaum ein Wimpernschlag, der die Leistungen der beiden Boote trennt: 641,13 Seemeilen lautet der Wert, der unter Boris Herrmanns Namen in die Annalen des Segelsports eingehen wird, nur 0,22 Seemeilen mehr als der von Kevin Escoffier.

Die Kälte, die Nässe, die Geschwindigkeit kosten viel Kraft. Mehr, als viele der Segler nach fast fünf Monaten Renndauer noch in sich haben

An Land bricht Holly Cova in Freudenschreie aus, an Bord brüllen Boris, Rosie, Yann, Antoine und kurze Zeit später auch Will vor Begeisterung. Der britische Co-Skipper hatte geschlafen, als die Nachricht von der Wettfahrtleitung bestätigt wurde. »Von diesem Rekord träumt jeder

Frankfurt – Lorient in einem Tag

Wie enorm die Leistung der neuen Imocas ist, zeigt die Illustration von *Malizias* Rekord-Distanz binnen 24 Stunden. Sie reicht theoretisch von der Main-Metropole bis Südnorwegen, an die Ostgrenze von Polen, nach Korsika oder ins französische Mekka des Hochseesports. Und das alles allein mittels Windkraft

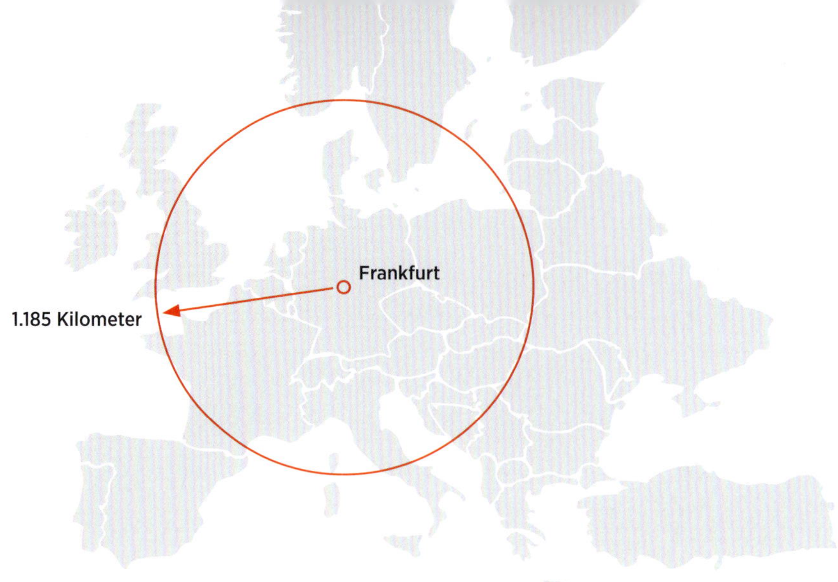

Einrumpf-Rekorde der letzten 30 Jahre und ein absoluter Bestwert

Jahr	Boot	Skipper	Bootstyp	Distanz	Durchschnitt
1994	*Intrum Justitia*	Lawrie Smith	Whitbread 60	428,0 nm	17,8 kn
1997	*Silk Cut*	Lawrie Smith	Whitbread 60	449,1 nm	18,7 kn
2002	*illbruck*	J. Kostecki	Volvo 60	484,0 nm	20,2 kn
2003	*Mari-Cha IV*	B. Miller	One-off 140	511,4 nm	21,3 kn
2005	*ABN Amro 1*	M. Sanderson	Volvo 70	546,1 nm	22,8 kn
2006	*ABN Amro 2*	Seb. Josse	Volvo 70	562,9 nm	23,5 kn
2008	*Ericsson 4*	Torben Grael	Volvo 70	596,6 nm	24,9 kn
2015	*Comanche*	Ken Read	Maxi 100	618,0 nm	25,8 kn
2023	*Malizia-Seaex.*	B. Herrmann	Imoca 60	641,1 nm	26,7 kn
2009	*Banque Pop. V*	P. Bidégorry	Ultim Trimaran	908,2 nm	37,8 kn

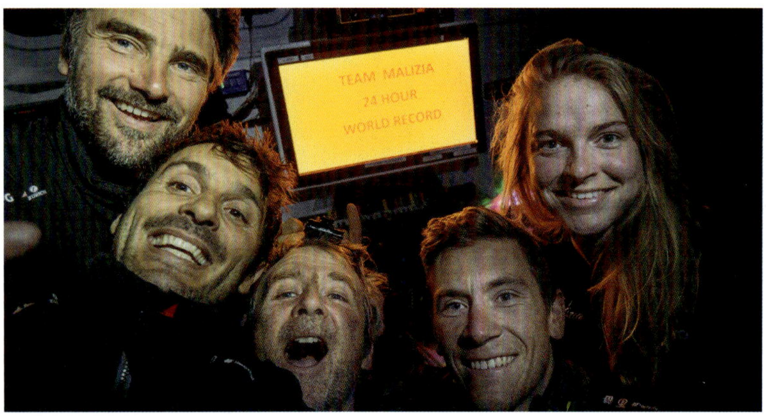

Ratifiziert ist die epochale Fahrt noch nicht, aber die Bestätigung der Wettfahrtleitung reicht, um Boris Herrmann und seiner Crew ein Lächeln ins Gesicht zu zaubern

Segler«, sagt Rosie, und so ist es, zumindest unter den Hochsee-Profis.

Zweieinhalb Tage später sind die Endorphine noch immer nicht ganz abgebaut. *Malizia* läuft als drittes Schiff im Zielhafen Aarhus ein. Trotzdem wird ihr ein derart fulminanter Empfang zuteil, als hätte die Crew gerade die Gesamtwertung des Ocean Race gewonnen. Auf der Bühne wird Boris gefragt, wie lange der Rekord wohl halten werde. »Mindestens 30 Jahre«, sagt er im Überschwang der Gefühle. Später relativiert er die Aussage. Aber dass er da einen epochalen Meilenstein im Atlantik aufgestellt hat, ungefähr auf 57 Grad Nord und 006 Grad West, den zu verschieben schwer werden wird, daran hält er fest. »Nur das schnellste Boot zu haben, ist nicht einmal annähernd genug. Man muss wirklich Glück haben«, betont er. Ken Read, der Rekordhalter von 2015, bestätigt das: »Boris hat so recht!« Für einen Bestwert zählten nicht nur die Meilen durchs Wasser, sondern die Meilen von Punkt zu Punkt auf einer geraden Linie. »Aber so segelt man in Wirklichkeit nicht. Der Wind dreht mal leicht rechts, mal links; so kurvst du immer vor dem Tiefdruckgebiet herum. Und das muss sich auch noch in der richtigen Geschwindigkeit mit dir bewegen!«

So gewaltig erscheint die Leistung dieser im Vergleich kleinen, dank ihrer Foils aber ungemein potenten Boote, dass im Jubel des Augenblicks unbeachtet bleibt, dass der Rekord noch ratifiziert werden muss. Das geschieht durch den World Sailing Speed Record Council, kurz WSSRC, eine Organisation des Weltseglerverbandes mit Sitz in England. Der Rat wurde 1972 gegründet, um Spitzenleistungen unter Segeln korrekt zu erfassen und zu bestätigen. Er hat ein umfassendes Regelwerk entwickelt. Unter Punkt 26.4 heißt es darin zu 24-Stunden-Rekordversuchen: »Damit eine Distanz als Rekord bestätigt werden kann, muss sie mindestens eine Seemeile größer sein als der zuvor bestätigte Rekord.« Der Passus soll Messfehler kompensieren, die bei derart großen Entfernungen nie ganz auszuschließen sind. Möglich also, dass nicht Boris Herrmanns Bestwert anerkannt wird, sondern der zuvor von Kevin Escoffier aufgestellte. Team Malizia hat für diesen Fall vorsorglich schon einmal die Aufnahme ins Guiness-Buch der Rekorde beantragt. So oder so aber steht die Marke von 641,13 Seemeilen als Wettfahrtrekord des Ocean Race fest.

Auch *11th Hour Racing,* die über weite Strecken der Etappe die Führung innehat, überflügelt mit 620 Seemeilen *Comanches* alten Rekord – bis eine Kollision, vermutlich mit einem Wal, das Boot abrupt von 29 Knoten auf nahe Null abstoppt. Amory Ross zieht sich bei dem Aufprall eine Schlüsselbeinfraktur zu, Charlie Dalin ein grün-blaues Auge und eine leichte Gehirnerschütterung – ein glimpflicher Ausgang. Selbst das Boot bleibt intakt, was für die hohen Sicherheitsreserven der Imoca-Klasse spricht, insbesondere für die des One-Design-Kiels, der auf allen Yachten identisch ist. Die Furcht vor Kollisionen fährt dennoch stets mit.

Aber das US-Team kann den Schrecken schnell abschütteln. Im Starkwind nördlich von Schottland und in der Kabbelsee südlich von Norwegen bleiben Charlie Enright und Crew vorn. Erst-

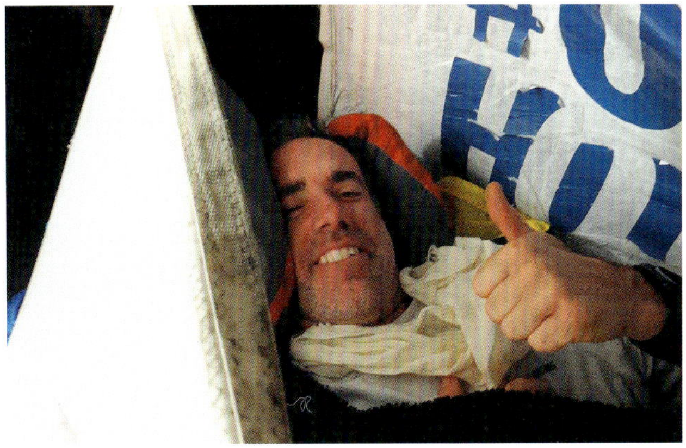

Temporär ausgeknockt. Amory Ross, der An-Bord-Reporter von *11th Hour Racing*, hat sich bei der Highspeed-Kollision das Schlüsselbein gebrochen

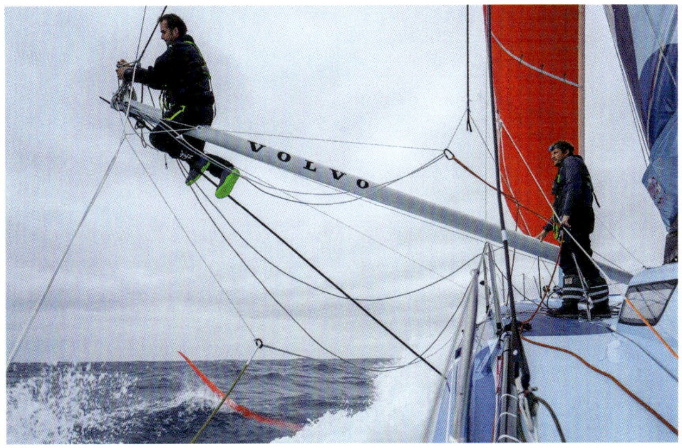

Notdürftig gesichert. Alan Roberts riggt ein Behelfskabel, nachdem das Backbord-Oberwant von *Biotherm* gebrochen ist. Doch das reicht nicht

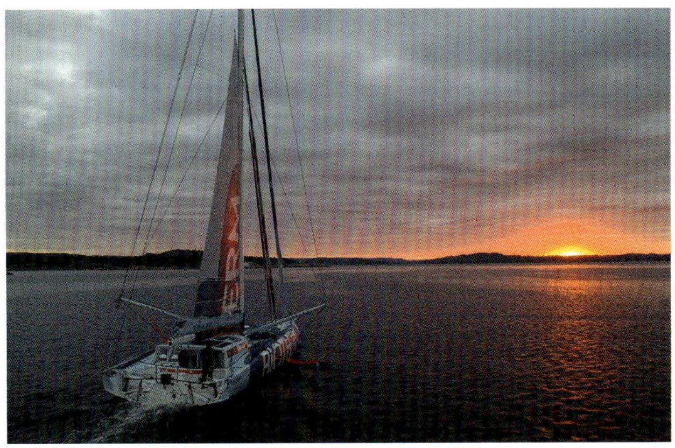

Um sicher und und rechtzeitig nach Aarhus zu kommen, muss die Crew einen Umweg über Norwegen nehmen, wo sie ein neues Want montiert

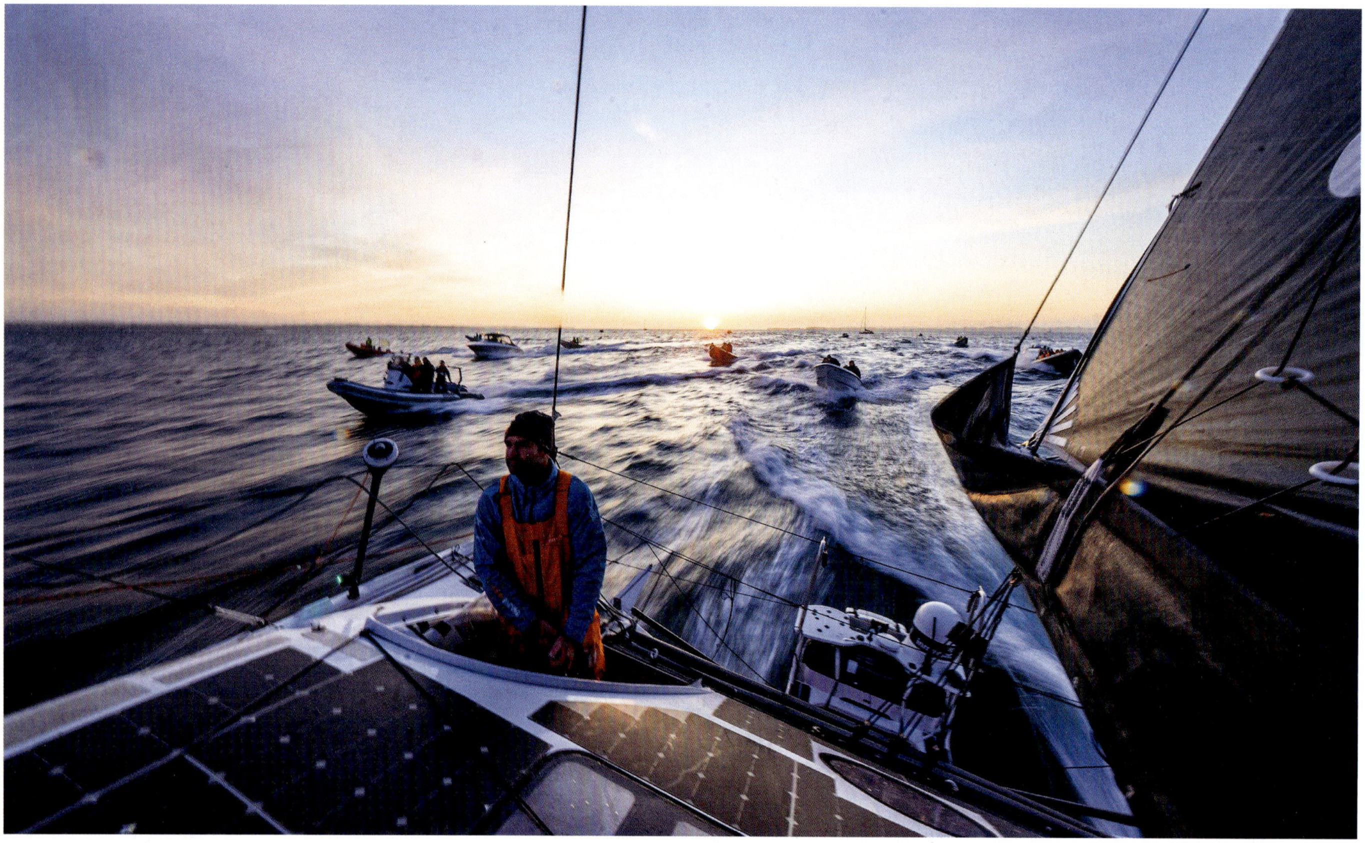

Ankunft zum Sonnenaufgang. Charlie Enright segelt *11th Hour Racing* nach seinem Heimsieg in Newport auch in Aarhus als Erster über die Ziellinie. Damit erfüllt die konsequent vorbereitete US-Kampagne ihren Favoritenstatus – und übernimmt die Führung vor *Holcim – PRB*

mals können sie *Holcim – PRB* bis ins Ziel der Etappe auf Distanz halten. Sie profitieren dabei vom Handicap des Schweizer Bootes, das ohne Windinformationen segelt deshalb den Autopilot nur im weniger leistungsfördernden Kompass-Modus nutzen kann. Dass die Abstände gering bleiben, spricht für die Qualität von Kevin Escoffiers Equipe.

Im Skagerrak und Kattegatt bis hinein in die Bucht von Aarhus bleiben die ewigen Top Drei stets in AIS- oder sogar Sichtweite. Einmal mehr beweist das Ocean Race, dass es keine Einheitsklasse braucht, um enge Zieleinläufe und spannenden Sport zu bieten.

Mit dem Etappensieg, dem zweiten in Folge, geht *11th Hour* im Klassement erstmals an *Holcim* vorbei. »It feels great!«, sagt Charlie Enright. Kevin Escoffier gibt sich den Umständen entsprechend zufrieden. »Platz zwei ist nicht, was ich mir erhofft habe.« Nach dem Mastbruch in Leg 4 und angesichts der minimalen Vorbereitungszeit gehe das Ergebnis aber in Ordnung. »Noch ist alles möglich«, meint er. Nicht aber für ihn. Gerüchte, wonach er eine Mitarbeiterin seines Teams in Newport bedrängt haben soll, machen in Aarhus die Runde. Es gibt keine Zeugenaussagen dazu, keine Anklage, doch der Druck auf den Skipper ist so groß, dass er ihm schließlich nachgibt und das Ruder Benjamin Schwartz überlässt.

Auch Paul Meilhat erfährt ungeahnte Härten, in diesem Fall sportlicher Art. Er verpasst mit seinem technisch angeschlagenen Boot die Kaltfront und fällt 800 Seemeilen zurück, muss wetterbedingt bis auf 60 Grad Nord segeln. Schließlich bricht auch noch ein Oberwant, was die Crew zu einem Reparaturstopp in Norwegen zwingt. Zum In-Port-Race trifft *Biotherm* gerade rechtzeitig in Aarhus ein – und gewinnt!

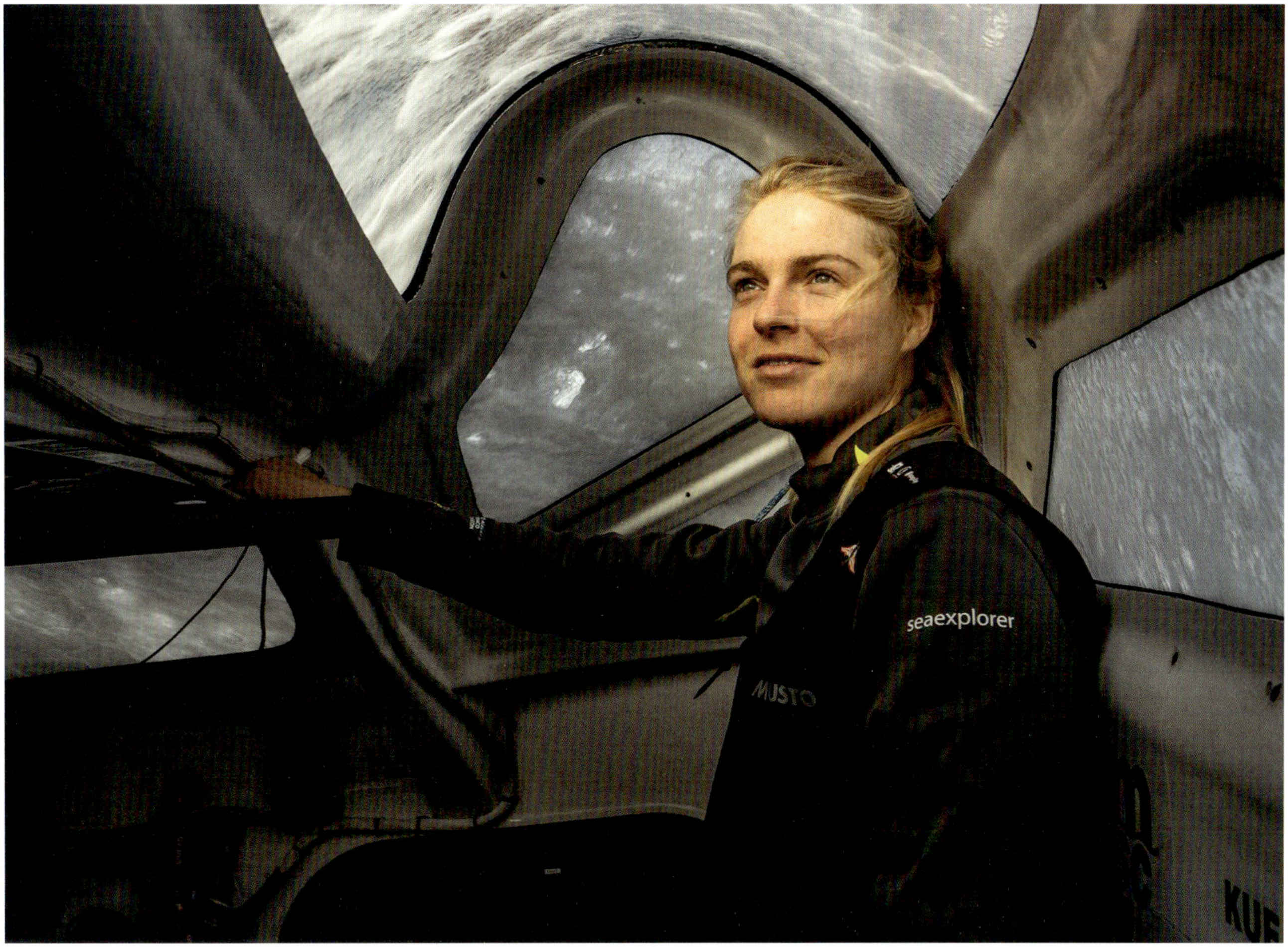

»So lebendig fühle ich mich nur an Bord.« Rosalin Kuiper schaut in der Glaskuppel von *Malizias* Cockpit fasziniert der schaumigen Gischt hinterher, die sich übers Deck ergießt, während das Boot mit 25 bis 30 Knoten über die See jagt. Beunruhigt? »Nee, ich genieße die schnelle Fahrt!«

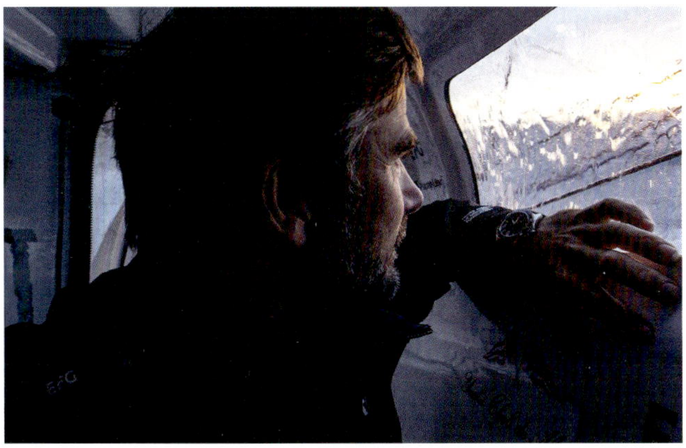

Auch Boris Herrmann nimmt den Moment bewusst wahr. Der Rekord bedeutet ihm viel, »mehr als die Platzierung auf dieser Etappe«

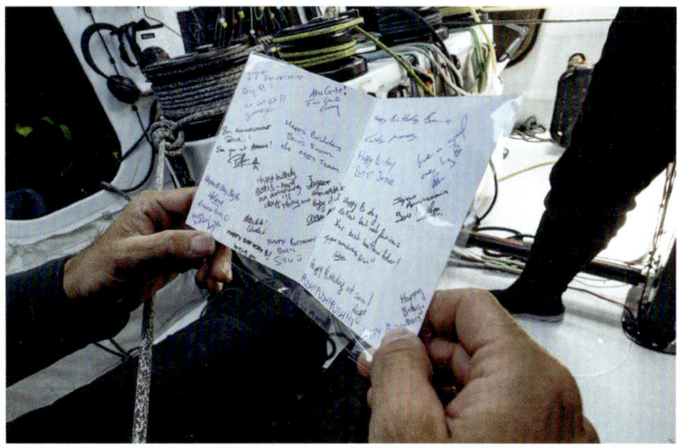

Zwei Tage, nachdem er Segelgeschichte geschrieben hat, feiert er auf See seinen 42. Geburtstag – und freut sich über Glückwünsche vom Team

Leg 6

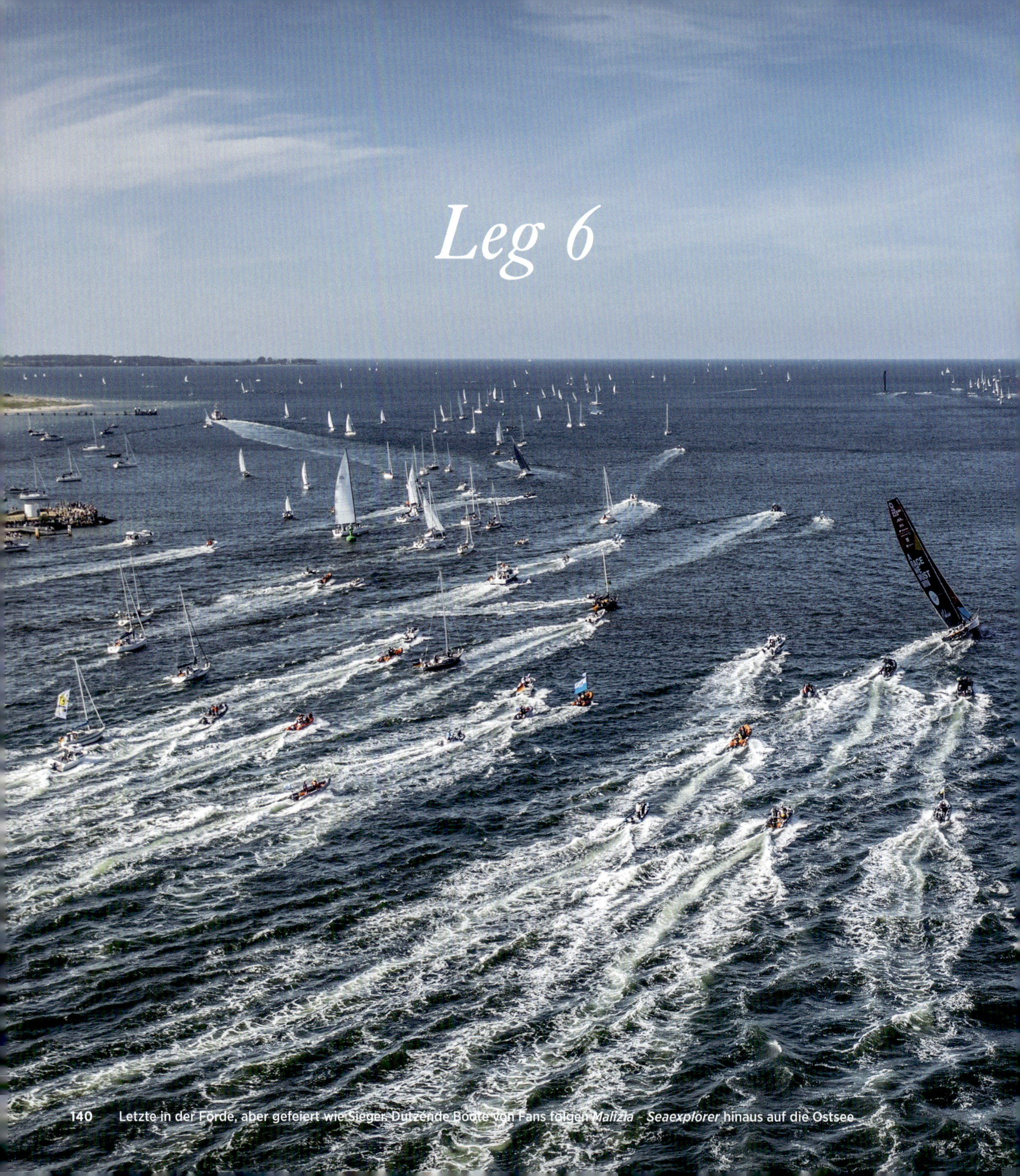

Letzte in der Förde, aber gefeiert wie Sieger. Dutzende Boote von Fans folgen *Malizia – Seaexplorer* hinaus auf die Ostsee

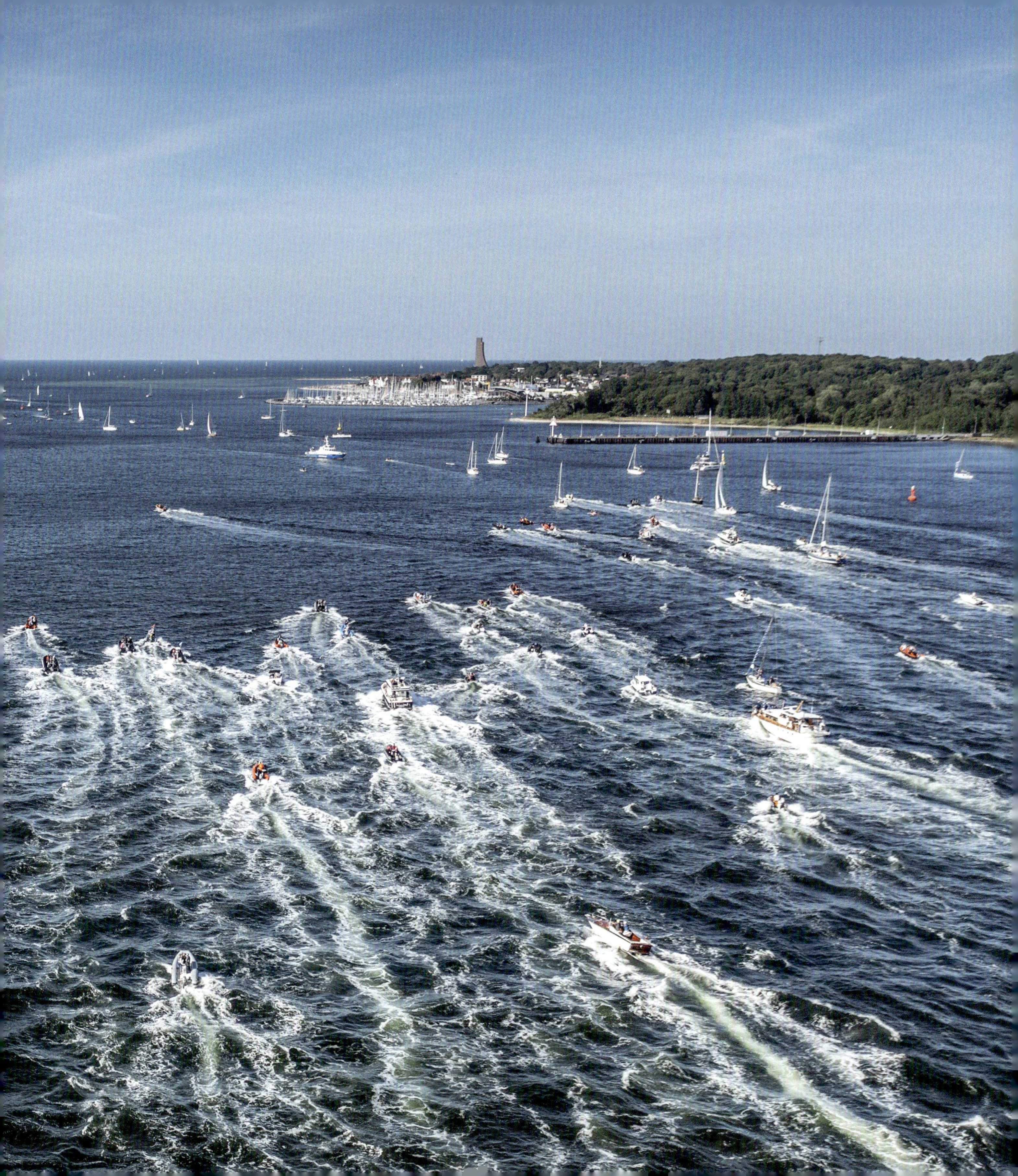

Heimspiel

Von der sechsten Etappe hängt viel ab. Drei Teams können noch gewinnen. Team Malizia lässt auf Ost- und Nordsee wichtige Punkte liegen. Grund zu feiern finden Boris und Rosie dennoch

Geschichte wiederholt sich nicht, jedenfalls nicht genau. Und so stimmt zwar der Ort, das Setting, die allgemeine Begeisterung, nicht aber die Wertung und die Rangfolge an diesem 9. Juni, genau 21 Jahre nach der legendären Ankunft der *illbruck* in der Kieler Förde.

Damals, beim Volvo Ocean Race 2001/2002, lief hier die neunte und letzte Etappe, diesmal ist es das sechste und vorletzte Teilstück der Regatta um die Welt. Damals war Kiel Zielhafen, nicht nur eine Wendemarke. Damals kam das von Michael Illbruck unterstützte Team auf Platz zwei ins Ziel und holte damit den ersten und bislang einzigen Gesamtsieg einer deutschen Kampagne in der Renngeschichte. Diesmal segelt *Malizia – Seaexplorer* als Letzte durchs Spalier, das Hunderte von Booten zu beiden Seiten des gesperrten Fahrwassers bilden. Und an einen Sieg denkt kaum jemand.

Wenn es so bliebe bis Den Haag, wäre die ohnehin nur noch theoretische Chance von Boris Herrmann und seiner Crew auf die Geamtwertung dahin. Kein Sommermärchen, kein Happy End. Teamchefin Holly Cova macht sich Sorgen um die Moral ihrer Segler, vielleicht auch um kritische Kommentare in den Medien, um einen Mangel an Unterstützung durch die Tausenden von Fans, die schon seit Stunden die Ufer säumen. Zu Recht? Nein. Nach zäher Flaute wartet die Förde, diese südsüdwestwärts gerichtete Ausbuchtung der Ostsee, pünktlich zur Ankunft der Flotte mit Kaiserwetter auf: Sonne, Ostwind, strahlend blauer Himmel.Es passt alles – bis auf die Platzierung.

Cova, frisch eingetroffen aus Aarhus, wo die Boote erst am vorigen Nachmittag gestartet waren, entert mit ihrer Entourage die Live-Bühne, die der Wendemarke am nächsten liegt. Sie will die Zuschauer in Wallung bringen, wenn *Malizia* die weiße Boje rundet. »Gebt mir ein M!«, brüllt Cornelius Eich ins Mikro, der sonst die Partner des Teams betreut. »Gebt mir ein A, gebt mir ein L ...« Die Fans stimmen lautstark und ohne zu zögern mit ein. Dutzende von ihnen tragen schwarze Malizia-Shirts, haben Tröten und Transparente dabei. Sie brauchen eigentlich keine Aktivierung. Hier nur dabeizusein, elektrifiziert schon alle. Diese Boote zu erleben, die aussehen wie von einem anderen Planeten und segeln, als gäbe es weder Schwerkraft noch Reibung, ist ein Happening an sich. Platz fünf für Boris wird zelebriert wie weiland *illbrucks* Triumph über alles – in ungetrübter Volksfeststimmung.

Der Skipper hatte sich bei der letzten Crewbesprechung in Dänemark schon vorab bei allen bedankt und die Erwartungen gedämpft. »Es ist kein realistisches Szenario, den Sieg anzupeilen«, sagt er. »Oh doch, ist es!«, widerspricht Will

Kiel bietet eine grandiose Kulisse: 125.000 Menschen wollen das spektakuläre Defilee der Imocas in der Förde sehen

Harris. »Es ist noch alles drin.« Boris: »Alles ist möglich, ja, klar! Aber wenn wir am Ende Dritte werden, sind wir meinem Gefühl nach sehr nah an der Spitze.« »Lasst uns in den kommenden beiden Etappen einfach so stark antreten wie am Anfang des Rennens«, versucht sich Rosalin

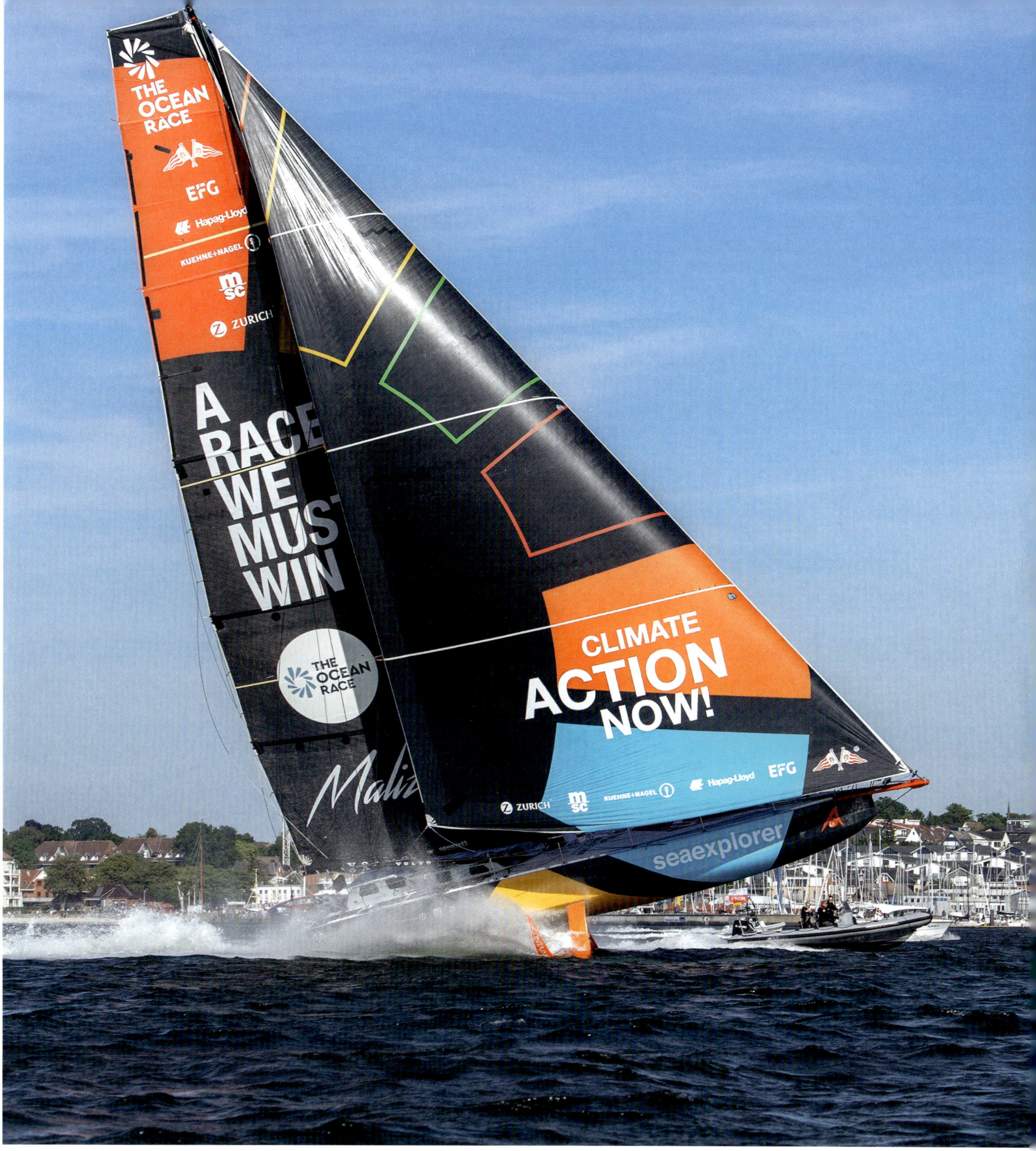

Als Lokalmatador Boris Herrmann zur Wendemarke foilt, zeigt seine *Malizia* in einer Bö ihr Potenzial mit einem sehenswerten »Wheelie«

> *»Ein kleiner Fehler und 11th Hour ist weg. Immer wieder kommen wir an sie ran, haben Hoffnung, und dann … Enttäuschung!«*
>
> **Yoann Richomme**
> ***Holcim – PRB***

Kuiper an einer Kompromissformel. Auch für die Holländerin wird es ein Heimspiel. Sie ist nicht weit weg von Den Haag aufgewachsen und hat schon vor zwei Monaten das Königshaus eingeladen, an Bord zu kommen. Will reicht das noch nicht als Commitment. »Ich denke, jetzt beginnt der Endspurt. Lasst uns die Sache rigoros und präzise angehen.« Einmal mehr trifft der Realitätssinn des erfahrenen, abgeklärten Hamburgers auf den Hunger seiner jungen Teamkollegen.

Er lässt sich auch an der Crewliste ablesen. Boris nimmt auf die vorentscheidende Etappe Axelle Pillain mit an Bord, die als Vertreteung für Rosie im Kader ist und bislang nicht zum Zug kam. Es ist auch ein Dankeschön für ihr unermüdliches Engagement. Benjamin Schwartz und Charlie Enright dagegen holen wie schon für die Transatlantik-Etappe Topleute in ihre Kader: Auf *Holcim – PRB* verstärkt Yoann Richomme die Crew, in der Class 40 überragend und für die Vendée Globe mit einem der vielversprechendsten neuen Imocas am Start. Auf *11th Hour Racing* verstärkt Franck Cammas die Aufstellung, selbst schon als Skipper siegreich im Ocean Race. Nachrücker auf Champions-League-Niveau.

Im anfangs erratischen Leichtwind der ersten Nacht stechen die Joker noch nicht. Die Führung wechselt mehrmals binnen einer Stunde. *Malizia*, nach einem Frühstart zunächst Letzte, verholt sich in der Zeitlupendämmerung einer wolkenlosen Juni-Nacht in einer Privat-Bö wie elektrisch angetrieben auf Platz eins. Nach etlichen weiteren Volten segelt sie im Großen Belt dann wieder achteraus. Unterdessen setzen sich erst *Holcim*, dann *11th Hour* an der Spitze fest. Und es bleibt nichts unversucht. Am Morgen fährt die unter Schweizer Flagge startende *Holcim – PRB* unter Berufung auf die Teilnahme am Ocean Race ins Übungs- und Sperrgebiet Putlos, westlich von Fehmarn. Die Marine lässt freilich keine Diskussion zu und komplimentiert Benjamin Schwartz samt Crew nach Norden.

Unterdessen ist Charlie Enright längst enteilt. Dem US-Boot kommt zugute, dass es wieder die Version-2-Foils trägt, die in Kapstadt wegen Rissen durch das ältere Paar hatten ersetzt werden müssen. Die neuen haben einen stärker abgewinkelten Ellbogen, sodass sie im eingezogenen Zustand und bei wenig Lage nicht ins Wasser reichen. Das verringert den Widerstand. Die Crew segelt aber auch nahezu fehlerfrei.

Als Erste läuft *11th Hour* in die Förde ein und ist schon halb wieder draußen, als sie zwischen Stickenhörn und Heikendorf *Holcim* begegnet – eine Demonstration der Stärke. Dann folgen, eine nach der anderen, *Biotherm*, *Guyot environnement – Team Europe* und schließlich *Malizia – Seaexplorer*, alle mit mehreren Seemeilen Abstand. Man meint fast, einen Seufzer der Erleichterung von Wettfahrtleiter Phil Lawrence zu hören, für den der Kiel Fly-by eine enorme Komplikation darstellt. Zwar werden das Fahrwasser und der Nord-Ostsee-Kanal für anderthalb Stunden gesperrt, um Begegnungen zwischen Berufsschifffahrt und Foilern zu vermeiden. Doch auch so bleibt die Fahrt durch die Förde bei auffrischendem Wind heikel. Werden sich die Freizeitskipper ausreichend freihalten? Mehr als 50 Sicherungsboote begleiten die Imocas. Weiter draußen vor Kiel Leuchtturm aber ist es an den Seglern, Kollisionen zu verhüten. Gefragt, wie er das rieisige Aufgebot an Schaulustigen am und auf dem Wasser finde, sagt *Biotherm*-Skipper Paul Meilhat leicht gestresst: »Ich bin so fokussiert, dass ich kaum was mitkriege Aber es sieht irre aus!« Robert Stanjek von *Guyot,* ohnehin beflügelt von der Möglichkeit, wieder im Rennen zu sein, staunt: »Schau, wie viele Boote – unglaublich!«

Im Kattegatt, zwischen Anholt und Læsø, nimmt die Etappe einmal mehr Fahrt auf. Obwohl Schlusslicht, macht *Guyot* am meisten aus dem frischen Südostwind und holt mit mehr als

Die beiden favorisierten Teams holen wie schon in Newport frische Top-Segler ins Boot. *Malizia* setzt dagegen auf Konstanz

460 Seemeilen in 24 Stunden den Speed-Award. Auch *Malizia* drückt aufs Tempo, wieder einmal kommt das deutsche Boot spät, aber stark. »Morgen ist es schon vorbei«, sagt Rosie und reibt sich die Hände, als wolle sie sich auf einen Faustkampf einstimmen. »Wir sind im totalen Cowboy-Modus«, sagt sie energiegeladen, wäh-

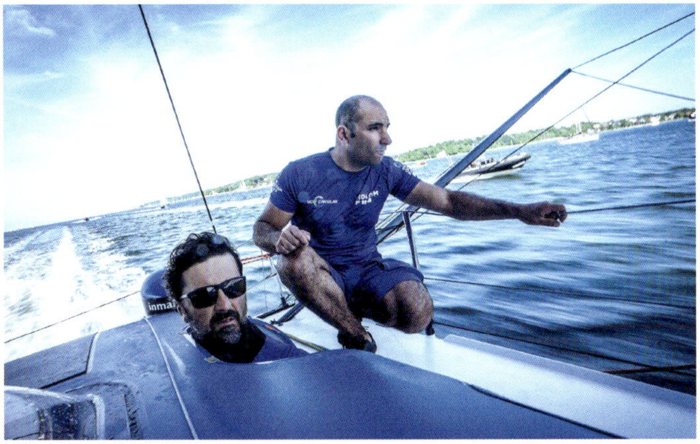

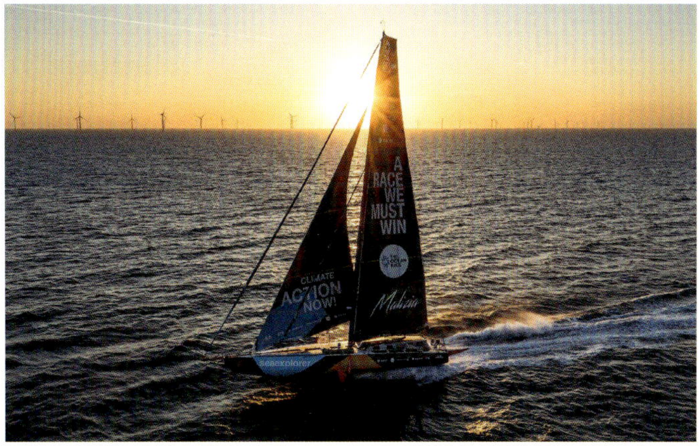

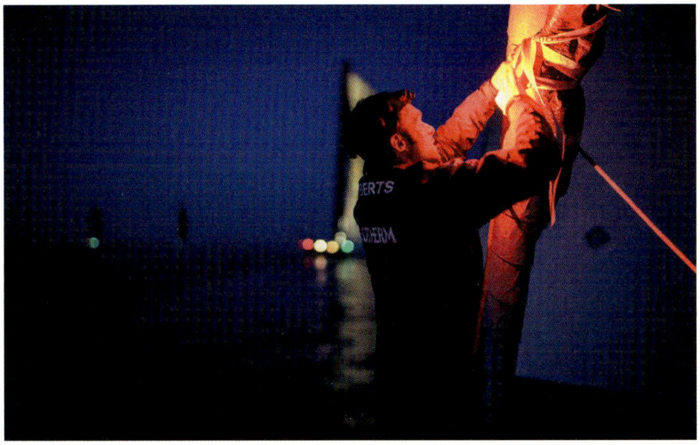

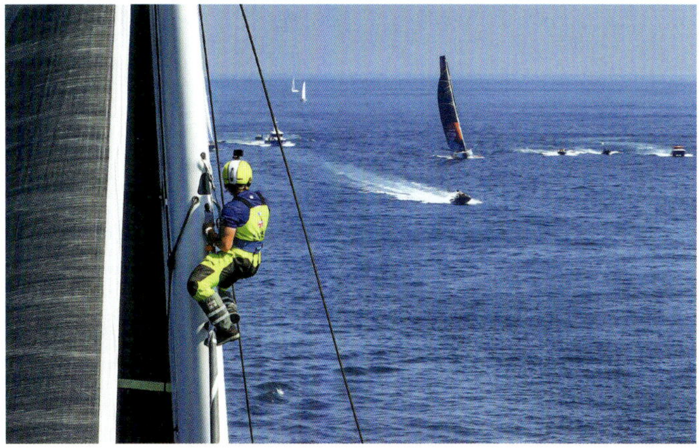

Yoann Richomme und Benjamin Schwartz (o. l.) müssen siegen, um ihre Chancen auf den Gesamtsieg zu wahren. Daraus wird nichts. Beim Kiel Fly-by wie beim Finish in Den Haag reicht es für *Holcim* nur zu Position zwei. Wie so oft braucht *Malizia* lange, um richtig in Fahrt zu kommen. In der Jammerbucht liegt Boris' Boot fast 60 Seemeilen zurück. Leichtwind macht die ersten 24 Stunden tückisch. Auf *Holcim* sucht Abby Ehler vom Mast aus nach Brisenstrichen

rend das Display neben ihr Geschwindigkeiten von 25, 26, 27 Knoten anzeigt und sie in einem Drücker rasch die Schot fieren muss.

Als der Morgen anbricht, rückt *Malizia* kurzzeitig auf Platz zwei vor, kabbelt sich fortan immer wieder mit *Holcim*. Es wird eine Zielankunft in Sichtweite – und für *11th Hour Racing* ein Hattrick: die dritte Etappe nach Itajaí, der dritte Sieg in Folge. Was für ein Lauf! Navigator Simon Fisher beschreibt das kurze Teilstück als »genauso schwierig wie jedes andere, wenn nicht noch härter.« Man habe nie nachlassen dürfen. »Charlie liebt ja, wenn es knallhart zur Sache geht. Das hat er gekriegt. Gut, dass wir den ersten Platz sichern konnten.«

Boris Herrmann deklariert die Wett- als Achterbahnfahrt. »Natürlich hätten wir uns gewünscht, weiter vorn in der Flotte zu sein, vor allem in Kiel. Aber wir konnten wieder an die Spitze segeln. Das war ein erstaunliches Comeback.« Der Hamburger empfängt im Ziel tatsächlich royalen Besuch an Bord: König Willem-Alexander und Königin Máxima klettern auf der Nordsee vom Motorboot auf den Imoca, um die Crew zu beglückwünschen. Da findet die Etappe doch noch ihr märchenhaftes Ende.

Anders als *Brunel*-Skipper Bouwe Bekking, der 2018 in Den Haag den Gesamtsieg wollte und seine Kappe wütend vom Kopf riss, als es nur der dritte Platz wurde, wirkt seine Landsfrau Rosalin überglücklich. Ihre Familie ist gekommen, sogar die Oma. »Ich habe ein Drittel meines Lebens dem Hochseesport verschrieben«, sagt Rosie, der stets gut gelaunte Springinsfeld, diesmal mit Tränen der Rührung im Gesicht. »Heute hier anzukommen, bedeutet mir die Welt.«

Iron Lady

Abby Ehler zählt zu den Galionsfiguren des Ocean Race. Mit Team Holcim – PRB hat die Britin zum vierten Mal die Welt umrundet. Dabei war das anfänglich gar nicht ihr Plan

▶ Sie wollte nicht recht. Schon gar nicht die Südmeer-Etappe. Als Kevin Escoffier der erfahrensten Profiseglerin in der Ocean-Race-Geschichte einen Platz in seinem Team anbot, zögerte sie lange. Schließlich sagte die 46-jährige Athletin zuerst für zwei Teilstrecken zu, dann auch für die Königsetappe und verlängerte später bis Den Haag. Zum einen, weil sie ihren anfänglich enormen Respekt vor den Foilern überwand, zum anderen, weil es so gut lief und weil ihr Skipper ihr technisches Know-how und ihre ruhige Professionalität so sehr zu schätzen wusste.

Drei Mal hatte sie zuvor schon am Rennen teilgenommen: 2001/2002 noch unter ihrem Mädchennamen Abigail Seager mit dem Frauen-Team auf *Amer Sports Two* – damals schon in einer Doppelfunktion aus Boots- und Vorschiffsfrau, die sie bis heute bevorzugt. 2014/2015 segelte sie mit Team SCA auf Platz sechs. Drei Jahre später holte sie mit Team Brunel an der Seite von Haudegen Bouwe Bekking Platz drei. Der holländische Ocean-Race-Veteran musste sich erst an das Segeln mit Frauen gewöhnen. Abby Ehler hat es ihm mit ihrem Können und ihrer unaufgeregten, zielorientierten Art leicht gemacht. Bekking schätzt sie als »technisch versiert und erfahren«.
Ihr Mann, Tom Ehler, stammt aus Flensburg. Die Sportwissenschaftlerin hat ihn 2006 in Schottland geheiratet. Er hatte sich beim bisher einzigen deutschen Ocean-Race-Triumph der *illbruck* 2002 in Kiel auf den ersten Blick in die blonde Weltumseglerin verliebt. Tom war damals als Chef-Marschall für die Sicherung des Zieleinlaufs verantwortlich. Mit Abby teilt er das Glück, aus ihrer Passion für den Seesegelsport eine Profession gemacht zu haben.

Abby, ursprünglich hattest du entschieden, nur die kürzeren Etappen zu segeln, auf keinen Fall rund Kap Hoorn ...
Ich war fest entschlossen, die Marathon-Etappe nicht zu segeln. Das hatte sich bei mir während der Überführung von Guadeloupe nach Europa vor dem Ocean Race manifestiert. Es war so ungemütlich und einfach schrecklich, dass ich dachte, dass ich das auf keinen Fall so lange durchhalten könnte. Dann habe ich Etappe eins bestritten und das Segeln mit der Crew sehr genossen: die positive Art von Kevin. Zu wissen, dass dein Skipper das Boot als Solist auch allein beherrscht, gibt dir ein gutes Gefühl.

Ich traf ihn zum ersten Mal im November 2022, kurz vor der Überführung; im Dezember trat ich Team Holcim-PRB bei. Ich hatte erwartet, dass Kevin als Solosegler einen überwiegend autokratischen Führungsstil haben würde, da er das Boot so gut kennt, doch die Realität hätte nicht weiter von dieser Vorstellung entfernt liegen können. Das Gegenteil ist der Fall: Er kreiert eine sehr offene und ermutigende Atmosphäre. Seine Leidenschaft für diesen Sport und die Kampagne sind ansteckend. Tatsächlich habe ich noch nie jemanden getroffen, der so viel Energie hat wie Kevin. Er ist an Bord zu 100 Prozent bei der Sache, egal ob er ein Segel trimmt, Ballast umstaut oder sich die Zähne putzt. Das ist eine Eigenschaft, die sehr gut zum Hochseesegeln passt, sowohl mit einem Team als auch allein. In den mehr als 45 Tagen, die ich mit Kevin und seinem Team auf See verbracht habe – meist unter beschwerlichen, körperlich sehr anstrengenden Bedingungen – haben wir uns gegenseitig mit größtem Respekt behandelt und uns bei Bedarf gegenseitig Privatsphäre gewährt – was schwierig ist, wenn man in einem Schuhkarton lebt. Kevin hat mich auf positive Weise herausgefordert, zu lernen, zu wachsen und mich als Seglerin zu verbessern. Ich bin unendlich dankbar für diese Gelegenheit, in die Imoca-Klasse einzusteigen, und freue mich sehr darauf, in Zukunft wieder mit ihm zu segeln.

»Ein eigenes Team als Skipperin? Nein. Mich reizt eine Führungsrolle überhaupt nicht. Ich sehe mich eher als Unterstützerin«

»Die größte Sorge auf Imocas ist die vor der brutal schnellen Entschleunigung. Wenn du dich nicht festhältst, ist die Verletzungsgefahr sehr hoch. Es ist einfach der Speed, der das Risiko so erhöht«

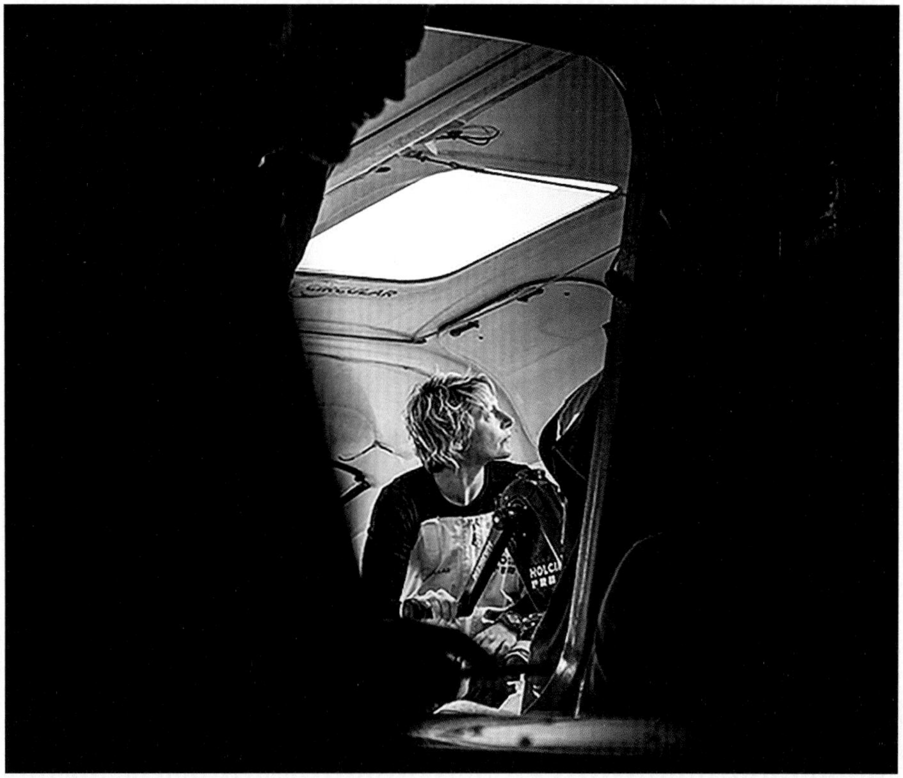

Die Imoca-Welt ist französisch geprägt. Abby Ehler aber hat sich rasch höchsten Respekt erarbeitet

Mit den Etappen 1, 3, 5 und 6 hast du weit mehr als die Hälfte des Rennens bestritten. Hast du's bereut?

Nicht im Geringsten. Naja, mein Körper war nicht so dankbar. Aber ich bin jemand, der Chancen wahrnimmt, wenn sie sich bieten. Ich hätte es bedauert, wenn ich es nicht getan hätte.

Was reizt dich an der technischen Seite des Sports, auf die du dich spezialisiert hast?

Ich mag es einfach. Und Imoca-Segeln ist vom technischen Standpunkt aus wirklich cool. Es gibt im Segelsport zwei verschiedene Typen: Zum einen die Performance-Leute wie ein Charles Caudrelier oder ein Peter Burling. Die wollen Boote schnell machen. Das sind Leute, die das Gefühl dafür haben. Und dann gibt es die eher mechanisch orientierten Segler, zu denen ich gehöre. Die wollen das Boot gern in einem Stück bewahren, Manöverabläufe und Technik optimieren. Ich glaube daran, dass man den richtigen Mix aus diesen Typen braucht, wenn man erfolgreich segeln will.

Manche Fans finden die Imocas weniger fordernd als die VO65. Wie siehst du es?

Der Autopilot ersetzt grundsätzlich nur den Steuermann oder die Steuerfrau. Du musst immer noch trimmen und die Segel setzen, den Wind nutzen, das Beste aus dem Boot holen.

Könnte ein Imoca im Ocean Race ohne Leistungseinbußen von vier Frauen gesegelt werden?

Auf jeden Fall. Das wäre kein Problem.

Für das Streben nach mehr weiblicher Beteiligung stehst du als Protagonistin im Rampenlicht. Ist das Rennen auf gutem Kurs?

Wir sind auf gutem Weg, aber es gibt immer noch viele ernsthafte und auch unterbewusste Vorurteile. Ein Journalist fragte mich, was der Unterschied zwischen den Männern im Team und mir sei. Mir fiel nichts ein, außer dass ich für jeden Toilettengang einen Eimer benutze. Wir wollen Vielfalt? Die gibt es nur mit Einbeziehung. Es reicht nicht, Leute zur Party zu bitten. Du musst sie auch zum Tanzen einladen. Noch im letzten Ocean Race lauteten die Positionsbeschreibungen: Steuermann, Navigator, Trimmer, Pit, Grinder, Mast, Vorschiff, Frau 1 und Frau 2. Die Jungs hatten damit kein Problem ... Aber es wird besser.

Du warst in deiner Karriere oft die erste Frau, die etwas getan hat ...

Das ist mir früher nie aufgefallen. Heute ist es mehr Thema. Es gab dazu einen tollen Werbespot von Mercedes zum internationalen Frauentag 2023 mit dem Titel »One of many«. Da ging es darum, dass Frauen selbst eben nicht immer die Ersten sein wollen, die etwas tun. Viel lieber wären sie eine von vielen Frauen, die es tun.

Leg 7

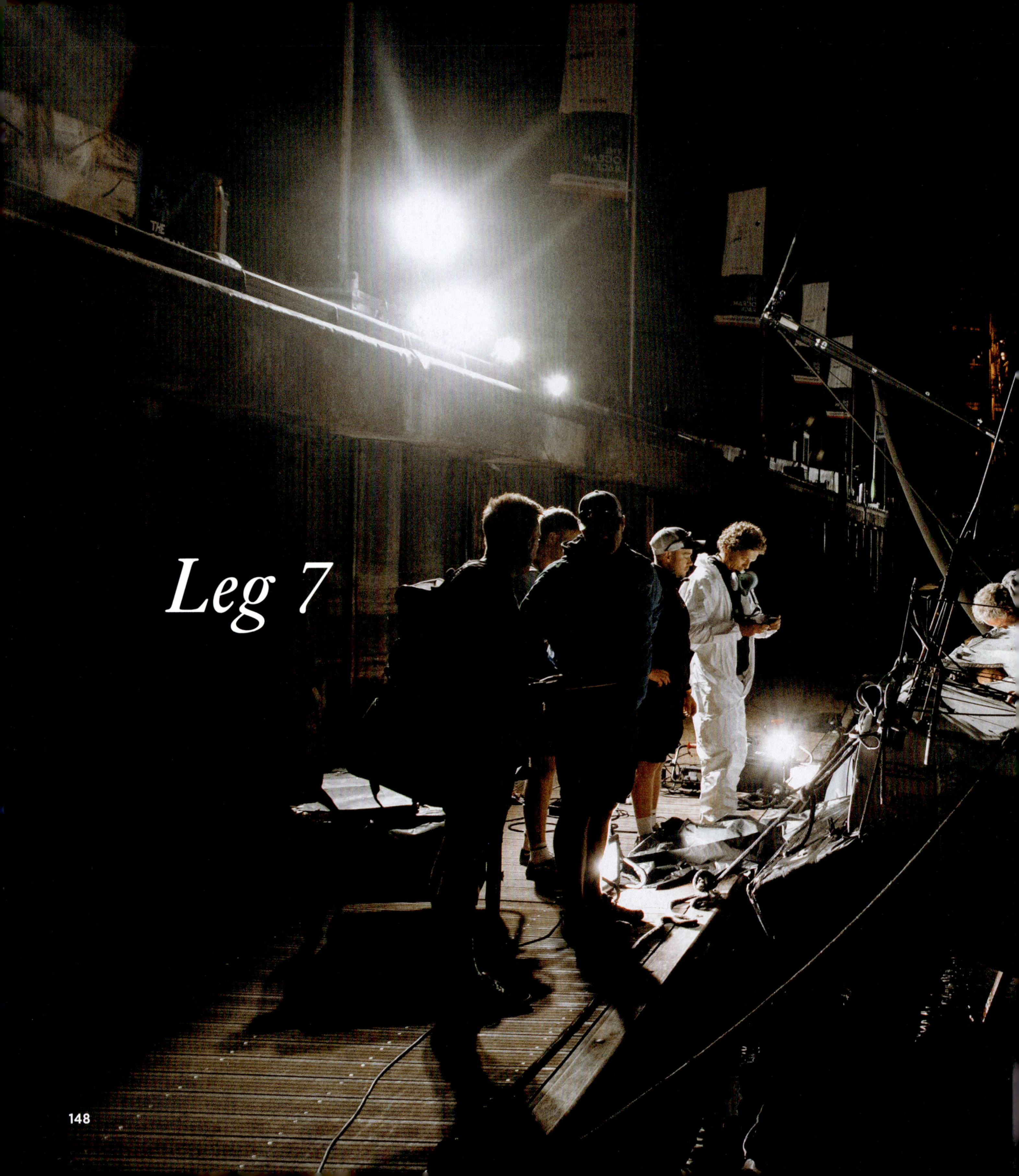

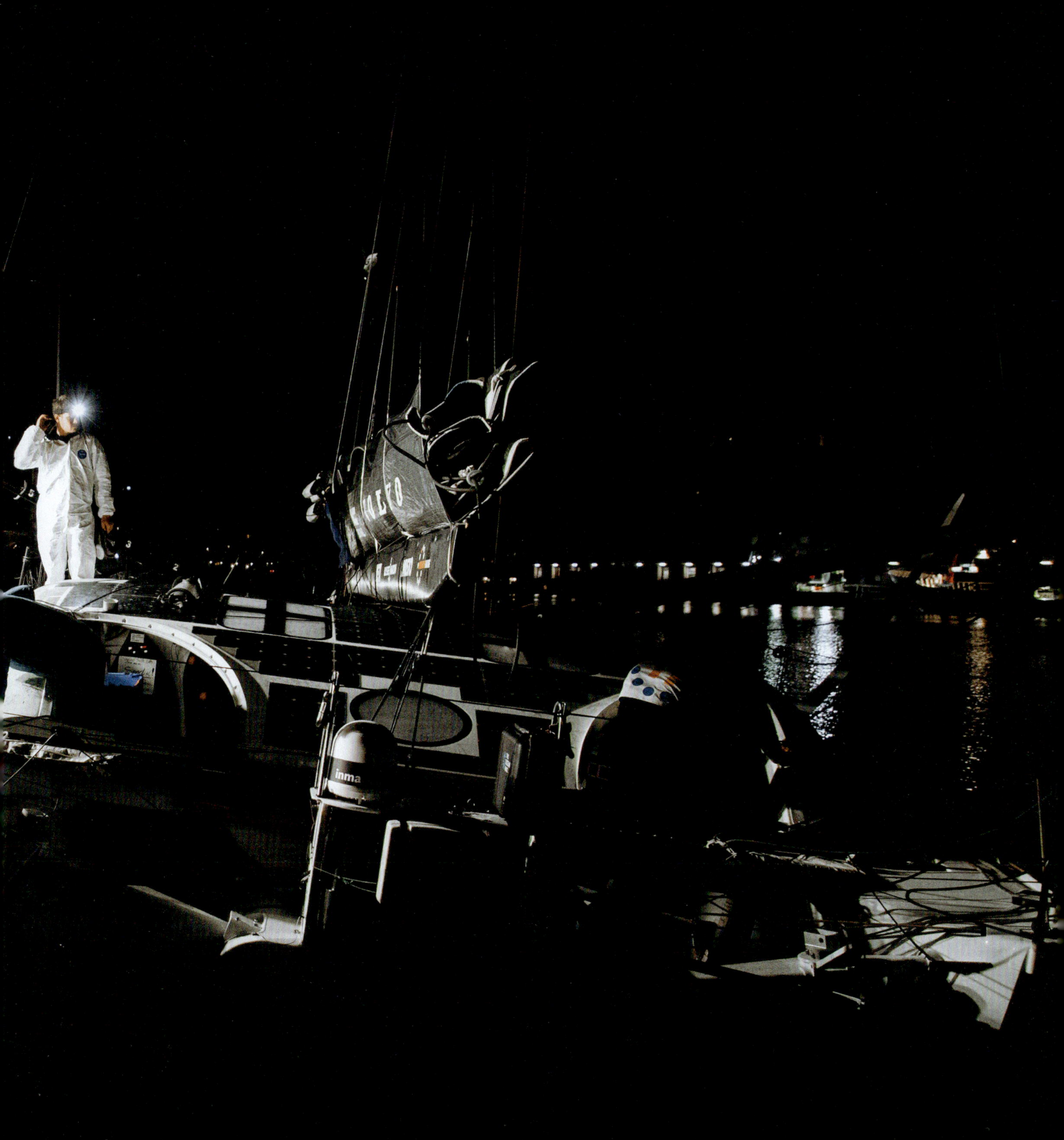

Von einem Crash nach dem Start aus dem Rennen genommen, muss *11th Hour Racing* zurück ans Dock, wo das Team Tag und Nacht arbeitet

Tragik & Triumph

Nach nur 17 Minuten ist die letzte Etappe für zwei Boote bereits vorbei. ***Guyot*** *rammt* ***11th Hour Racing*** *aus dem Rennen. Das US-Team siegt dennoch – nicht nur nach Punkten*

▶ Dass eine Hochseeregatta nicht auf blauem Wasser, sondern am grünen Tisch entschieden wird, kommt selten vor. Ganz ungewöhnlich ist es gleichwohl nicht. Beim MiniTransat 2021 beeinflussten Zeitgutschriften aus der ersten Etappe das Endergebnis. Und auch die Vendée Globe 2020/21 sah einen Sieger, der nicht als Erster über die Ziellinie gesegelt war. Yannick Bestaven triumphierte am Ende aufgrund eines Bonus. Er hatte bei der Suche nach Kevin Escoffier mitgeholfen, nachdem dessen *PRB* binnen Minuten im Indischen Ozean gesunken war. Dafür gibt es Wettfahrtregeln, dafür gibt es Jurys. Wobei kein Segler freiwillig aufgrund eines Schiedsrichterspruchs gewinnen will, solange er den Erfolg selbst in der Hand hat.

Für Charlie Enright und sein Team aber bleibt schon kurz nach dem Start der letzten Etappe keine andere Alternative. Der jähe Einschlag des Bugspriets von *Guyot* in die Backbordseite des US-Boots beraubt der Crew alle Chancen, die Entscheidung sportlich zu suchen, auf dem Kurs. Es ist eine Kollision, die Zigtausende live in Den Haag und weltweit übers Internet verfolgen. Ein Moment blanken, fassungslosen Schocks.

Die Schuldfrage ist offensichtlich: Backbordbug vor Steuerbordbug – ein Fall wie aus dem Regelkundebuch. So ordnen es auch die Eurosport-Kommentatoren ein, beide erfahrene Segler und Trainer: Dee Caffari und Niall Myant-Best. Weil keiner von der *Guyot*-Crew Ausguck geht und Steuermann Benjamin Dutreux von Luv aus nicht unter den Segeln hindurchsehen kann, kracht das französsich-deutsche Team ungebremst ins Heck der Amerikaner, die Wegerecht haben. *Guyot* verliert dabei den Bugspriet und trägt Risse im Laminat davon. Auf *11th Hour Racing* aber wird der Rumpf regelrecht aufgerissen. Ein etwa ein Quadratmeter großes Loch klafft knapp oberhalb der Wasserlinie; selbst die Schottwand des Cockpits, einen Meter weiter innenliegend, wird bei der Kollision durchbrochen. Dass auf beiden Booten niemand zu Schaden kommt, erscheint wie ein Wunder. Nur einen Sekundenbruchteil später und Skipper Charlie Enright wäre wohl getroffen worden.

Die Techniker von 11th Hour verfolgen den Start am Bildschirm. Als es kracht, ordnet Teamchef Mark Towill an: »Biergläser weg, zurück in die Basis!«

Die Videokameras am Heck und in der Plicht des Imocas zeichnen den Crash und was danach folgt minutiös auf. Das trockene Brechen von Kohelfaser wird von hysterischen Schreien übertönt. Es klingt, als wäre Charlie Enright von Sinnen. Doch es ist Jack Bouttel, dem die Nerven durchgehen. Er ist im Cockpit auf der Luvseite, kurz vor der Stelle, in der eben noch Guyots Bugspriet steckte. Mit der Bordwand zerbricht für den in Frankreich lebenden Australier die Chance auf den Sieg, jedenfalls denkt er das. Bouttel, der den Hergang unter Deck nicht unmittelbar mitverfolgen konnte, reagiert danach wieder cool und professionell; er stellt sicher, dass sie nicht noch mit *Malizia* und *Biotherm* kollidieren, aktiviert den Autopiloten und klettert erst dann aus dem Cockpit. Der Blick über die abgerissene Reling auf den riesiegen Splitterbruch macht den versierten Hochseesegler fassungslos. Als er wieder im Cockpit ist, schluchzt er wie ein kleiner Junge, dessen Hund vor seinen Augen überfahren

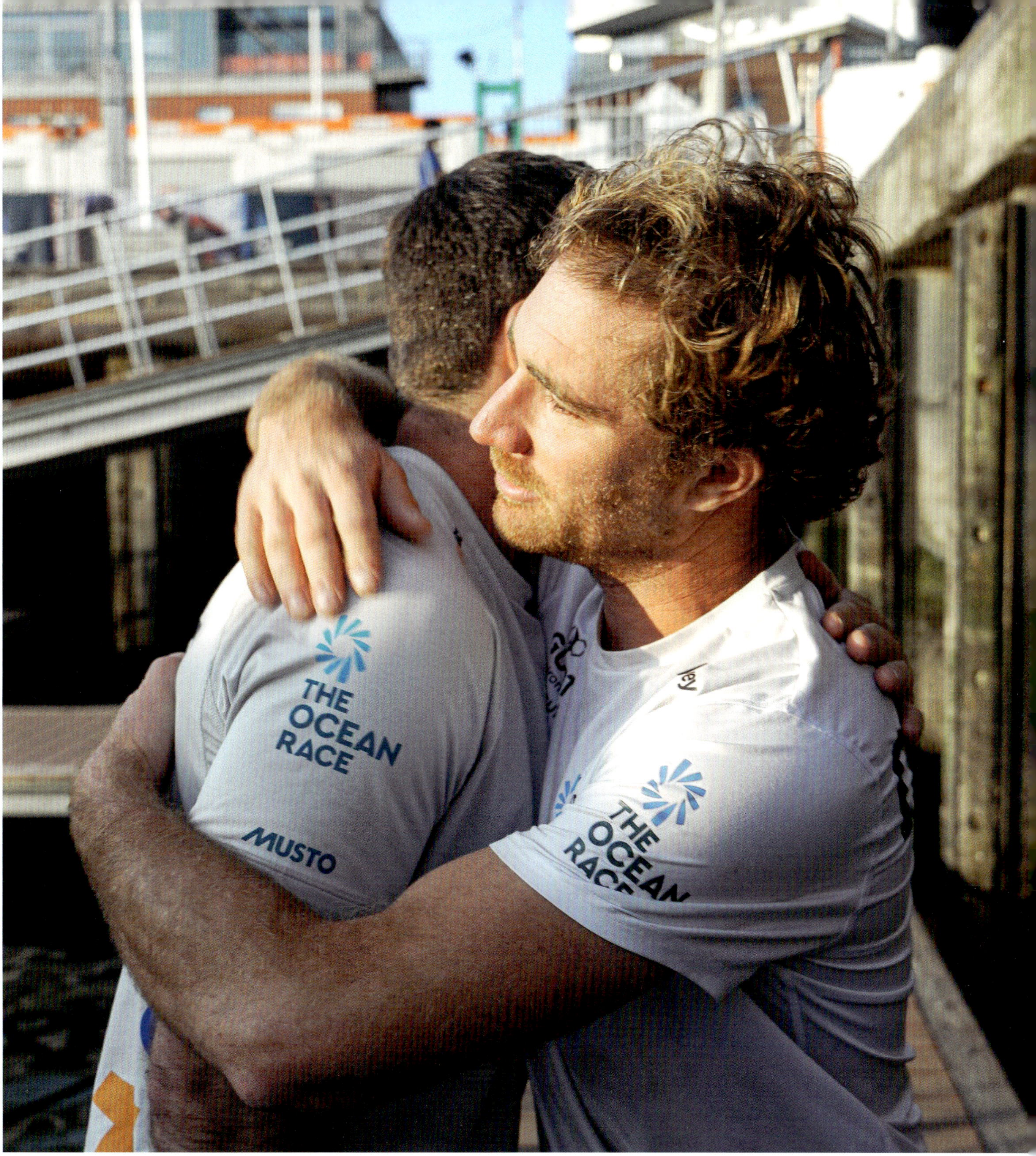

Wer tröstet da eigentlich wen? Benjamin Dutreux, der Verursacher der Kollision, umarmt Charlie Enright, der um den Gesamtsieg bangt

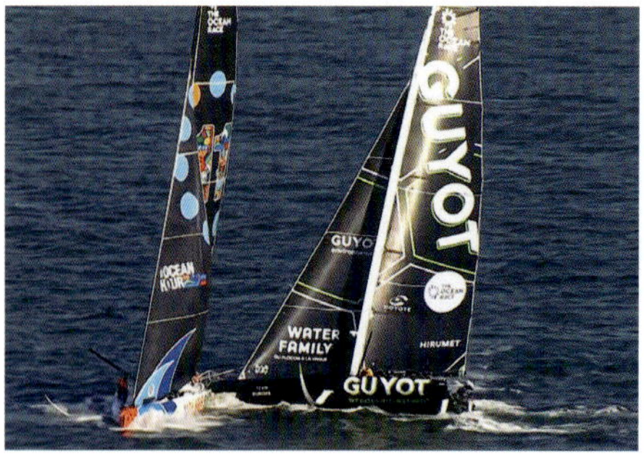

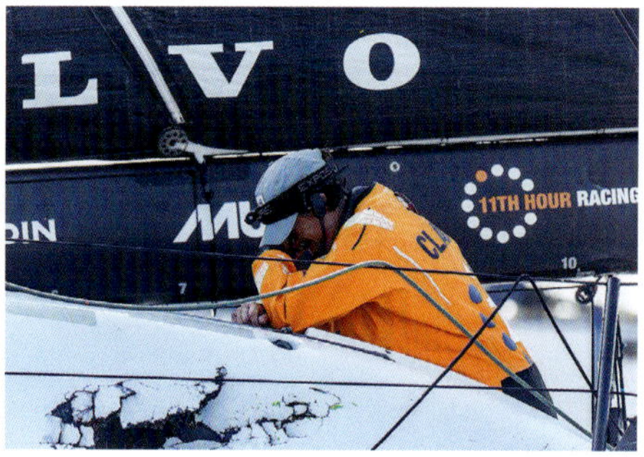

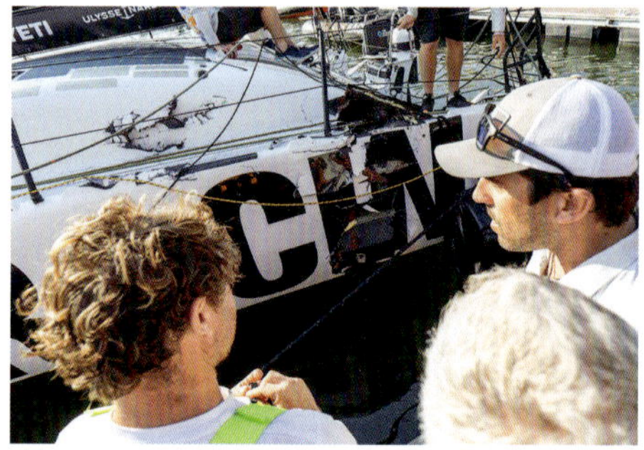

Der Moment, in dem das Unausweichliche geschieht: *Guyot* rammt ihren Bugspriet durch den Rumpf von *11th Hour Racing* und dreht dabei das US-Boot. An Deck weint Francesca Clapcich bittere Tränen (o. M.). Die Italienerin weiß: Der erhoffte Heimsieg in Genua ist durch die Kollision unmöglich geworden. Nachdem beide Boote zurück im Hafen sind, entschuldigt sich Benjamin Dutreux bei 11th-Hour-Teamchef Mark Towill und bietet ihm jede Hilfe an

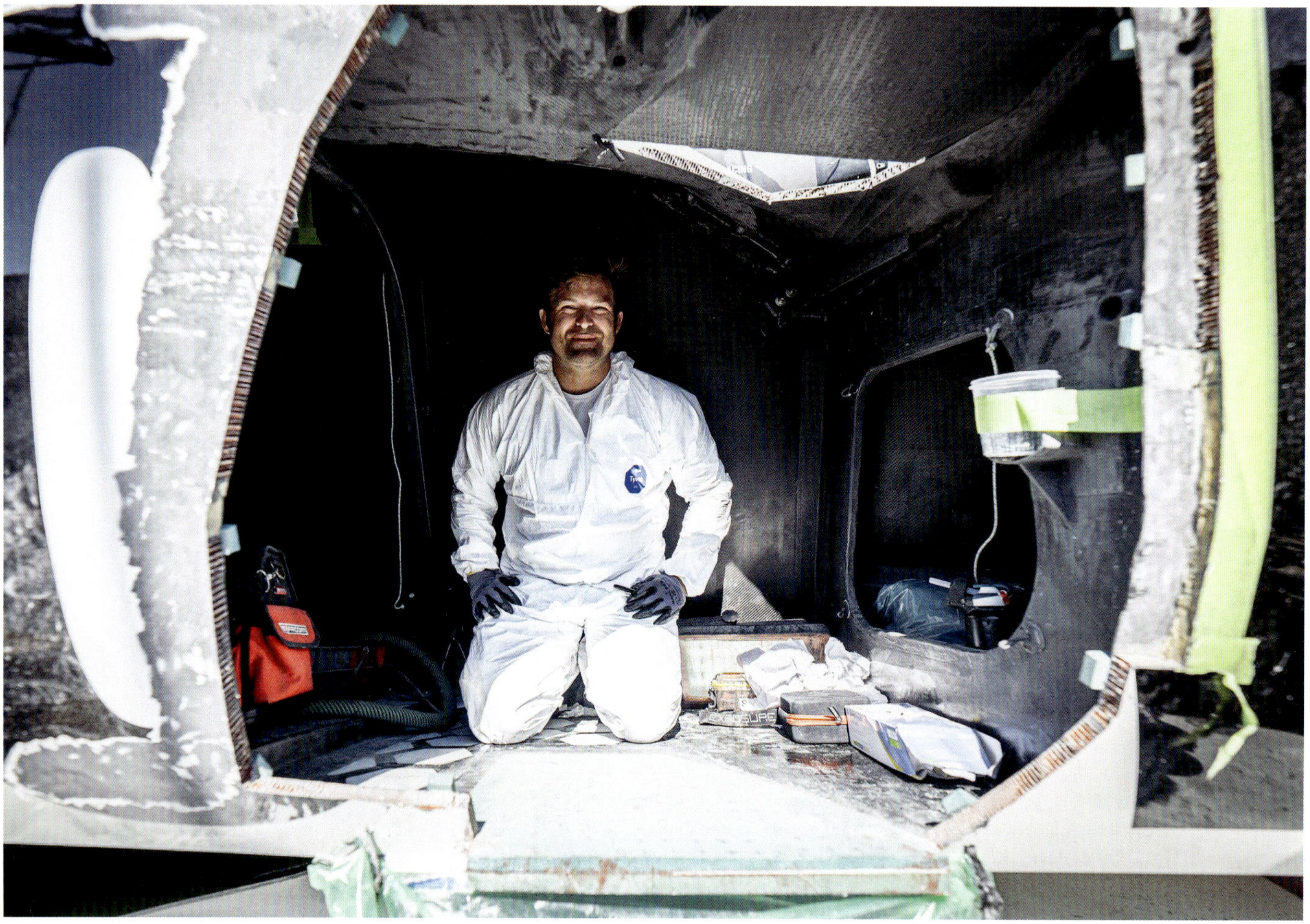

Erstverschlimmerung. Bootsbauer Lucien Moore lächelt zuversichtlich, nachdem die beschädigten Flächen in Rumpf und Deck weitflächig abgetrennt wurden

> *»Erst denkst du: Oh nein! Dann, dass es eine Woche dauern wird, das wieder hinzukriegen. Aber wir haben es in drei Tagen geschafft«*
>
> **James O'Mahoney**
> **Boat Captain *11th Hour***

wurde. Simon Fisher, mit sechs Teilnahmen am Rennen der Routinier, reagiert am besonnensten. Noch bevor er das ganze Ausmaß der Kollision abschätzen kann, legt er über Funk bei der Wettfahrtleitung Protest ein.

Übers Cockpitdach gekrümmt, vergießt Francesca Clapcich bittere Tränen. Sie hatte sich so auf die Ankunft in Genua gefreut, auf die Chance, als erste Italienerin und noch dazu auf heimischem Boden das Ocean Race zu gewinnen. Am Morgen vor dem Auslaufen sagte sie, das Rennen sei »eine große Sache, die viel von uns fordert, uns von unserem Zuhause, unseren Familien und Freunden trennt. Aber wenn ich zurückschaue und darauf, wo wir vor dieser letzten Etappe stehen, dann denke ich auch an alle, die hinter den Kulissen mithelfen, unser weiteres Umfeld. Da wird dir klar: Wir sind eine große Familie.« Sie ahnt nicht, wie recht sie damit hat.

Im ersten Schrecken nach dem Crash ist die Crew wie benommen – so als habe ein riesiger dumpfer Schmerz alle Euphorie des Starts ausgelöscht. Auf den anderen Booten, die wie mechanisch die zweite Runde um die Tonnen absegeln, bevor sie bald im Dunst des Horizonts verschwinden, löst die Havarie ebenfalls Sorge und Betroffenheit aus. Der Unfall nimmt *Holcim* rechnerisch die Möglichkeit, *11th Hour* noch von Position eins zu verdrängen, sofern das führende US-Team von der Jury den üblichen Redress erhält – die durchschnittliche Punktzahl aus den bisherigen Etappen. *Malizia* kann nicht mehr Zweite werden, weil der Abstand zu *Holcim* selbst im günstigsten Fall zu gering ausfällt mit nur noch drei Imocas im Rennen. Eine bizarre Art von Vorentscheidung nach nur 17 Minuten. Und auch wenn es noch zwei Wochen dauern wird, bis die Jury in Genua zusammenkommt, verändert *Guyots* Fehler alles.

Benjamin Dutreux, der am Vortag im Hafenrennen seinen ersten Sieg geholt hatte, fällt von einem Hoch in ein absolut bodenloses Tief. Für ihn ist es bereits der dritte Ausfall. Schon die ersten beiden – die Rumpf-Delamination auf Etappe drei und der Mastbruch auf Etappe vier – werteten Kritiker als Indiz, dass das Team einen Mangel an Erfahrung womöglich mit einem Zuviel an Ehrgeiz kompensiert. Die Kollision empfindet der Solosegler, der als netter, kluger Kerl gilt, als sein größtes Versagen. In einer überschaubaren, klar antizipierbaren Situation hat er, getrieben von der Chance, einen Platz gutzumachen, *11th Hour* schlicht ausgeblendet. Dutreux spricht später selbst davon, dass sein Team »die Schande des Ocean Race« sei. So scharf geht sonst niemand mit ihm ins Gericht, im Gegenteil.

Seine Bestürzung über den eigenen Blackout ist so groß, seine Entschuldigung beim US-Team so ehrlich, ja regelrecht verzweifelt, dass in den Stunden und Tagen nach der Havarie etwas Erstaunliches passiert: nichts! Es gibt keine Beschuldigungen, keine bösartigen Kommentare, weder im Race Village, noch auf Social Media. Was Francesca Clapcich ihre »große Familie« nennt, endet nicht an den Teamgrenzen. Die Solidarität schließt auch jene ein, die den ganzen Schlamassel verschuldet haben. Später, in Genua, werden alle gemeinsam die Sieger feiern und sich erneut in den Armen liegen, diesmal nicht aus Schmerz und Schock, sondern aus Glück und Erleichterung. Es ist die vielleicht bemerkenswerteste Erfahrung dieser sechs Monate währenden Wettfahrt um die Welt.

Zuvor aber ist noch einmal ein mittleres Wunder nötig. So eines, das Guyot selbst geschafft hat, um in Aarhus wieder zurück ins Rennen zu finden. Nur dass 11th Hour keine Werft hat, die sie beim Reparieren des Rumpfes unterstützt. Wie alle anderen ist das Team nur mit kleinem Besteck nach Den Haag gereist. Zu kurz der Aufenthalt, zu kurz die noch verbleibende Etappe. Jetzt, als wirklich alle Hände gebraucht werden, ist nicht einmal die Hälfte der Techniker vor Ort. Ganze zwei von ihnen sind Bootsbauer und Komposit-Experten. Weil Charlie Enright unbedingt mit dem Verdier-Design nach Genua segeln will, um dort am letzten In-Port-Rennen teilzunehmen, werden Rigger, Elektroniker und

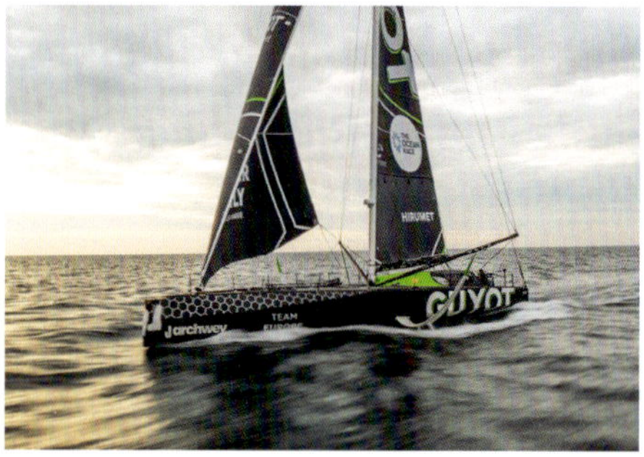
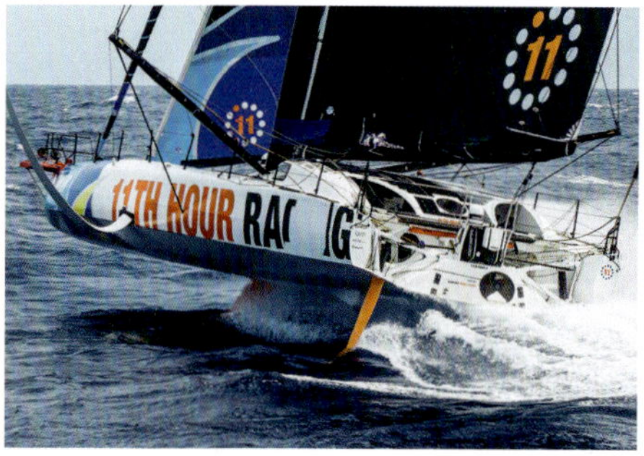
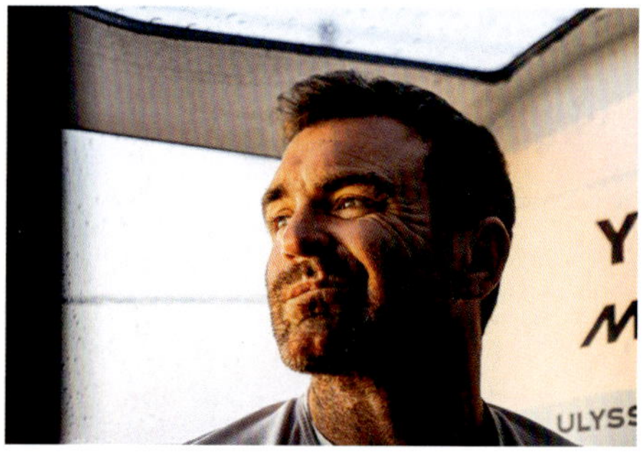

Die beiden havarierten Boote können Den Haag auf eigenem Kiel verlassen. *Guyot* segelt nach Frankreich, in die Basis des Teams, wo der Schaden am Bug instandgesetzt werden soll. Charlie Enright überführt *11th Hour Racing* mit der Regatta-Crew außerhalb der Wertung nach Genua. Die Spuren der Kollision sind aus der Ferne nur noch am partiellen Fehlen des Schriftzugs wahrnehmbar. Das US-Boot trägt sie stolz wie ein Preisboxer die Narbe von einem Cut am Auge

wer sonst noch mithelfen kann, kurzerhand einem Schnelkursus im Laminieren unterzogen. In Sechs-Stunden-Schichten arbeiten sie fortan drei Tage und drei Nächte nahezu rund um die Uhr, die einen an Bord, die anderen an Tischen im Teamzelt und im Werkstatt-Container. An dessen Tür steht auf einem gelben Leuchtzeichen »Believe« – das Motto von Coach Ted Lasso aus der preisgekrönten Streaming-Serie, die seinen Namen trägt. Darin holt ein leicht skurriler US-Trainer in England mit unorthodoxen Methoden eine eigentlich dem Abstieg geweihte Fußballmannschaft aus der Versenkung. Eine moderne Against- all-odds-Erzählung. Auf einem Banner bringt Amy Monckman, die Sprecherin von 11th Hour, den Leitspruch zehn Tage später mit nach Genua, diesmal leicht abgewandelt: BEL11EVE.

Glaube hilft bekanntlich, wo Gewissheit fehlt. Anfangs ist unklar, ob eine Reparatur im Wasser überhaupt möglich sein würde, und falls ja, ob sie rasch genug erfolgen könne. Erste Schätzungen reichen bis zu einer Woche Dauer. Es gelingt dann in der Hälfte der Zeit. Währenddessen liegt der per Neigekiel nach Steuerbord gekippte Imoca am Schwimmsteg, um die Schadenstelle weit genug weg vom Seewasser zu halten. Es ist ein glückliche Fügung, dass kaum Strukturelemente von dem Crash betroffen sind. Wäre der Bugspriet von *Guyot* eine Elle weiter achtern ins Heck gebrochen, wäre womöglich der Mast gekommen.

Die Unterstützung, die 11th Hour erfährt, ist herzerwärmend. Die Sicherheitsleute, die für das Hafenarreal zuständig sind, versorgen die Techniker mit Kaffee, öffnen ihnen ihre Waschräume, winken sie an der Einfahrt wie alte Bekannte durch. Marie, die für die Imoca-Klasse die fantastische Video-Dokumentation »Stopover« produziert, fährt bis ans andere Ende von Den Haag, um bei einem französischen Bäcker die besten Croissants für die Arbeiter zu kaufen. Team Malizia bringt stapelweise Pizza vorbei. So löst sich das Elend der Kollision Stunde um Stunde, Kohlefaserlage um Kohlefaserlage allmählich in Wohlgefallen auf. Und als das US-Boot schließlich ablegt zu seiner letzten Etappe, diesmal außerhalb der Wertung, geleitet mehr als ein Dutzend Yachten und Schlauchboote den ziemlich solide geflickten Boliden auf die Nordsee hinaus. Wie Familie.

Unterdessen segeln die drei im Rennen verbliebenen Imocas ein zähes Flautenrennen, vorneweg *Holcim*, dahinter *Biotherm*, dann *Malizia*, tagelang. Auch entlang der Côte d'Azur ändert sich an der Reihenfolge nichts, nur an den Abständen – bis in der letzen Nacht Nico Lunven eine Idee hat. Weil nichts mehr zu verlieren ist, lotst er das deutsche Boot näher an die Küste. Bald riecht er Pinienduft –ein untrügliches Zeichen, dass der erhoffte Landwind einsetzt. Es ist pure Physik, aber es sieht auf dem Tracker aus wie ein Wunder. Zusammen mit Will bringt Nico in dieser Nacht *Malizia* zurück nach vorn. Ihre Überholspur reicht bis Genua.

»Dieses Rennen stellt die Menschen auf unterschiedliche Art und Weise auf die Probe – körperlich und mental«, hat Charlie Enright in Den Haag gesagt. Jeder der Teilnehmer würde diesen Satz unterschreiben.

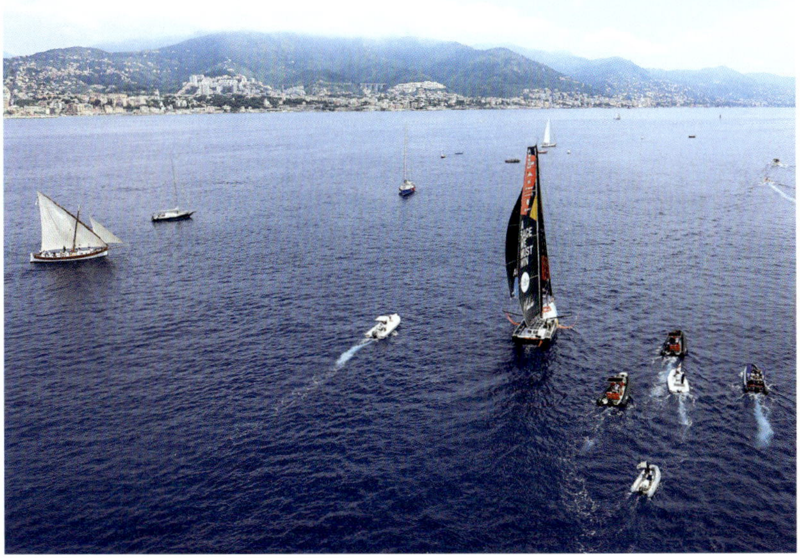

Happy End für Boris Herrmann. Nachdem sein Boot elf Tage lang achteraus segelte, läuft *Malizia – Seaexplorer* als Erste in Genua ein und gewinnt die letzte Etappe. In der Endabrechnung bleibt es für den Ocean-Race-Novizen aber bei Platz drei. Dennoch zeigt er: Sein stabiles Schiff kann auch Leichtwind

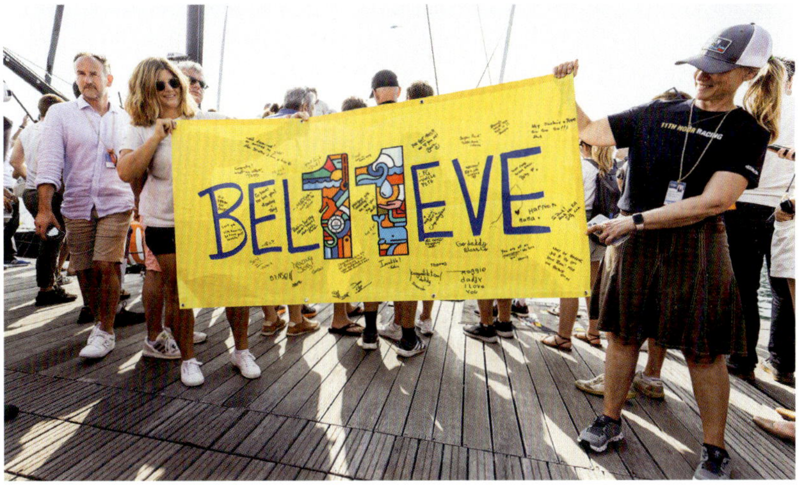

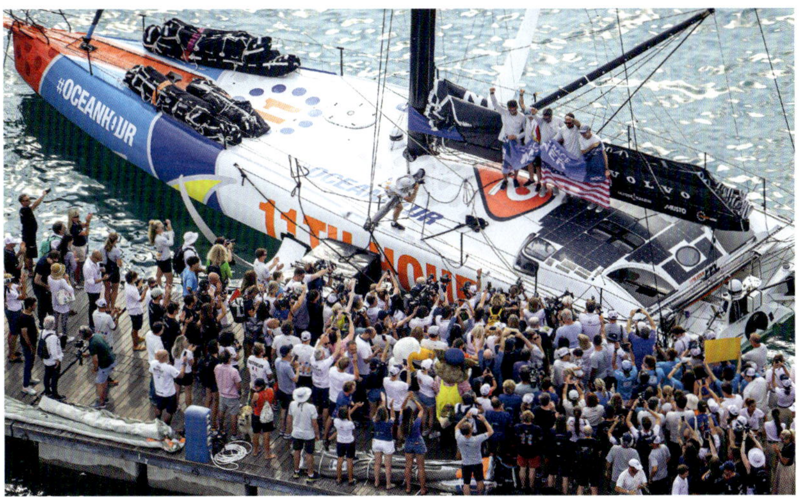

Als *11th Hour* in Genua eintrifft, steht ihr Gesamtsieg bereits fest. Am 1. Juli gewinnt das Team mit dem letzten In-Port-Rennen auch noch diese Wertung

Als Malizia siegt, löst sich die *11th-Hour*-Crew gerade erst von der tunesischen Küste, segelt knapp 500 Seemeilen achteraus. Auf der Cockpitwand haben sie die Tage bis zur Anhörung abgestrichen. Zwei fehen noch, dann ist es soweit. Mark Towill, der das Team in Genua vertritt, spricht mit leicht belegter Stimme von einem »sehr emotionalen Moment«. Die Rivalen von *Holcim – PRB*, Letzte der letzten Etappe, haben kurz zuvor einen Protest gegen das US-Boot eingereicht. Sie wollen einen Regelverstoß Charlie Enrights beim Ausweichen erkannt haben – kein sehr feiner Zug, tatsächlich die einzige Dissonanz in diesem Schlussakkord. Doch ihr Antrag wird sofort abgewiesen. Dann verkündet Wettfahrtleiter Phil Lawrence, dass *11th Hour* wie erwartet vier Punkte für Leg 7 erhält – und erklärt sie damit »zum Gesamtsieger des Ocean Race 2022/23«.

Zu diesem Zeitpunkt sind die Segler schon fast am Ziel. Es weht nur leicht. Charlie hat sein Telefon lautgestellt, alle hören im Cockpit gebannt mit, als Mark Towill die erlösende Nachricht übermittelt. Noch einmal fließen Tränen, aber nicht lange. Sie stoppen das Boot auf, springen ins Wasser, immer wieder. »Wie fühlt sich das an?«, fragt Amory Ross, der An-Bord-Reporter, dessen Schlüsselbeinbruch von Etappe fünf kaum noch schmerzt. »Fühlt sich gut an!«, sagt Charlie Enright strahlend, bevor er erneut einen Salto macht. Es ist, ohne Zweifel, die größte Untertreibung in 50 Jahren The Ocean Race.

»Irre!«

Charlie Enright ist der erste Amerikaner, der das Ocean Race gewonnen hat. Er brauchte zehn Jahre dafür – und seine allerletzten Reserven

▶ **Charlie, Gratulation zum Sieg! Hast du ihn eine Woche danach schon voll realisiert?**
Heute ist der erste Tag vom Rest meines Lebens. Wer weiß, ob der Sieg jemals richtig bei mir ankommt – bisher jedenfalls noch nicht.

Was hast du seit der Preisverleihung gemacht?
Ich bin mit meiner Frau und meinen beiden Kinden ein paar Tage auf Urlaub an die norditalienischen Seen gefahren. Das war sehr entspannt! Jetzt sind wir wieder in den Staaten und für die Ferien auf eine kleine Insel im Long Island Sound gefahren, wo meine Frau aufgewachsen ist. Wir gehen viel segeln.

Was für ein Boot hast du?
Wahrscheinlich zu viele. Wir haben einen 17-Fuß-Boston Whaler, eine 12-Fuß-Jolle von Herreshoff, in der meine Frau amtierende US-Meisterin ist, und einen alten Opti für die Kids. Dann haben wir noch ein 40-Fuß-Fahrtenboot, das wir uns mit einer anderen Familie teilen. Ich muss es nächste Woche übernehmen und hoffe, dass wir eine gute Zeit damit verbringen können.

Du hast zehn Jahre auf den Sieg hingearbeitet. Warst du vorbereitet, eventuell zu verlieren?
Ja, das war ich. Wir hatten es nach der Kollision nicht mehr selbst in der Hand, da muss man sich auf alles einstellen.

Drei Teilnahmen, ein Sieg. Passt das Verhältnis?
Es gibt Leute wie Chris Nicholson, die ihre ganze Karriere mit dem Ocean Race verbringen. Es ist eine beängstigende Aussicht, wenn man keinen Erfolg hat. Zehn Jahre für einen Sieg – auch irre!

War es das wert?
Auf jeden Fall! Wir haben so viel gelernt: sportlich, technisch, persönlich. Bei *Alvimedica* gingen wir naiv an die Sache heran und wussten vieles einfach nicht. In der folgenden Kampagne mit *Vestas 11th Hour* hatten wir mehr Erfahrung und mehr Selbstvertrauen, konnten aber nicht alles umsetzen. Das Rennen jetzt war totales Neuland! Eine andere Bootsklasse, mit den Foils eine andere Art zu segeln, logistisch viel aufwendiger. Das war für Mark und mich als Führungskräfte ein großer Schritt. Früher, in der VO65-Welt, hatten wir Segelteams mit acht bis zehn Leuten, und die Mannschaft an Land bestand aus vier, fünf Mitarbeitern. Jetzt ist das Verhältnis umgekehrt: Wir haben vier bis sechs Segler, zwei Berichterstatter an Bord und dieses riesige technische Team, weil die Boote so viel komplexer sind und es keine Unterstützung bei der Instandhaltung durch den Veranstalter gibt. Am Ende waren wir 35 Leute, fast dreimal so viele wie bei der vorherigen Kampagne.

Bist du in der Imoca-Klasse angekommen?
Ich habe das Gefühl, dass ich sie verstehe. Wir haben bewiesen, dass wir seglerisch ganz vorn dabei sind. Es besteht jedoch kein Zweifel, dass wir immer noch Außenseiter sind. Wenn man sich jemand wie Boris Herrmann anschaut, dann ist er viel mehr Teil der Szene; er kennt jeden, hat eine eigene Basis in Lorient! Meiner Meinung nach wird dieses Rennen nur dann Erfolg haben, wenn man nicht in Frankreich leben muss, um konkurrenzfähig zu sein. Die Zukunft von The Ocean Race ist ziemlich rosig, es wird sicher keine Probleme mit der Zahl der Meldungen für die nächste Ausgabe geben. Wenn man sich die Flaggen der Boote anschaut, sieht es sehr international aus. Aber am Ende sind alle Teams mehr oder weniger französisch geprägt, alle Konstrukteure sind Franzosen, die meisten Imocas werden in Frankreich gebaut. Es wird interessant, zu sehen, wie sich das entwickelt. Ich habe persönlich einiges auf mich genommen, um Fuß zu fassen. Ich habe einen großen Teil der letzten drei Jahre in der Bretagne verbracht.

»Anfangs habe ich nicht viel darauf gegeben, dass wir als Favorit des Rennens gehandelt wurden. Aber dann standen wir mit dem Rücken zur Wand«

Meine Familie ist nie mitgekommen. Sofern es nur so geht, bleibt das Rennen unter seinem Potenzial und wird auch seinen angelsächsischen Wurzeln nicht gerecht.

Du hast dich voll auf das Ocean Race fokussiert, hattest keine Pläne für danach. Warum?

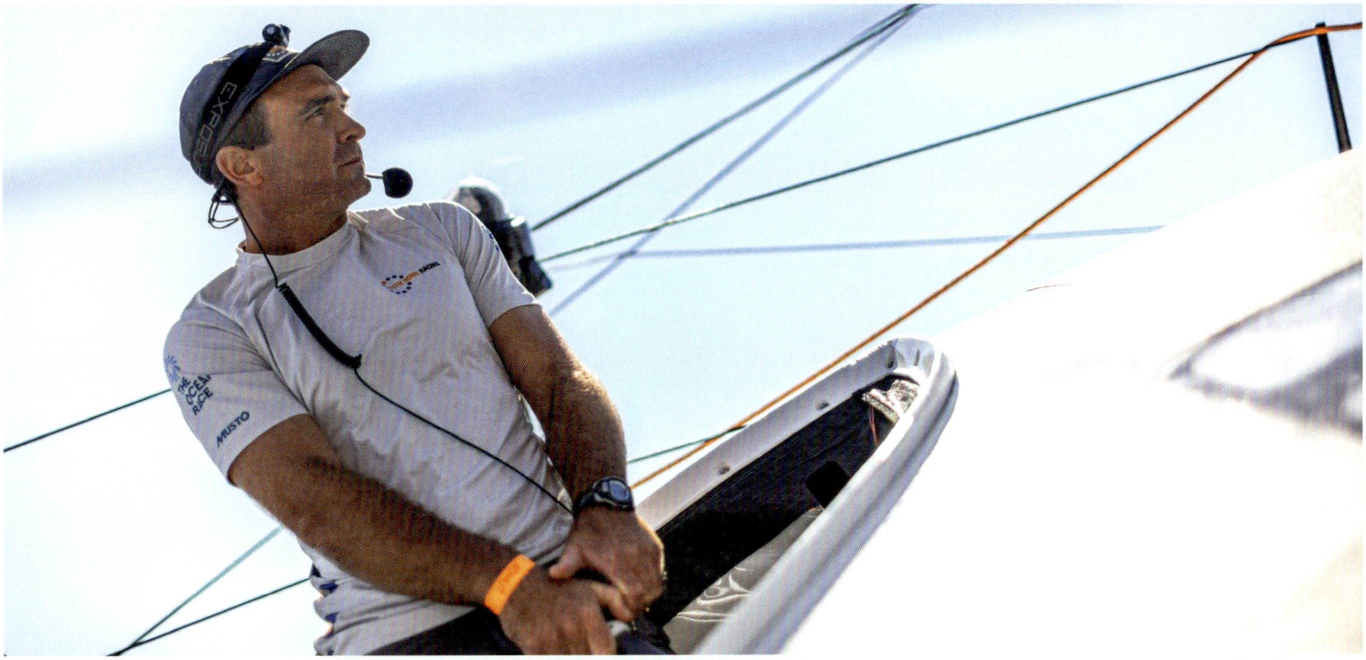

Erst im Rückstand, dann fast vor dem Aus. Leicht hat es sich der US-Skipper bei seinem Sieg von Anfang an nicht gemacht

Ich wollte keine Energie auf die Zukunft verschwenden, wenn wir in der Gegenwart noch so viel zu erreichen haben. Ich fand, dass unsere künftigen Möglichkeiten dadurch einfach so viel besser sein würden.

Und, sind sie das?

Ich weiß es noch nicht. Wir werden uns im September mit unserem Sponsor 11th Hour treffen, um darüber zu sprechen, wie es weitergehen könnte. Sicher ist, dass ich ein wenig segeln werde. Ich würde verrückt werden, wenn ich das nicht täte. Vielleicht starten wir bei den Maxi Worlds und beim Middle Sea Race. Aber erst mal nichts Größeres. Die Priorität liegt nach wie vor bei *11th Hour Racing*. Es ist im übrigen noch gar nicht ganz vorbei. Wir befinden uns in der letzten Phase des Verkaufs unseres Bootes. Wir haben Material und Werkzeug in Containern in Frankreich und in Newport liegen. Alles ist sozusagen schlüsselfertig für ein neues Projekt. So wie wir bisher vorgegangen sind, ist jedes Kapitel stets der Ausgangspunkt für das nächste. Mal sehen. Ich bin auf jeden Fall noch hungrig.

Zwischenzeitlich sahst du ehrlich gesagt ziemlich mitgenommen aus ...

Das stimmt. Besonders nach Etappe drei habe ich definitiv viel Druck gespürt. Anfangs habe ich nicht viel darauf gegeben, dass wir als Favorit des Rennens gehandelt wurden. Aber dann standen wir in Itajaí mit dem Rücken zur Wand. Es war eine Menge harter Arbeit, die uns da rausgeführt hat, und schlicht Alternativlosigkeit. Wie sehr das an mir gezehrt hat, habe ich gemerkt, als wir das Boot nach Genua überführten. Da erst hatte ich Zeit, innezuhalten. Ich habe auf dieser Etappe so tief geschlafen wie noch nie zuvor. Ich wollte die letzte Fahrt auf diesem Boot, mit meiner Crew wirklich genießen, aber ich war so erschöpft, körperlich und geistig. Man sagt ja, dass man schlafen kann, wenn man tot ist. Nun, ich war wohl so gut wie tot!

Warst du überrascht, wie knapp die Abstände zwischen den Booten oft waren?

Nicht unbedingt, denn sie bewegen sich nur so schnell wie das Wetter. Der Seegang ist allerdings ein großer Faktor. Wir wussten, dass wir im Südpolarmeer Probleme haben würden, mitzuhalten. Die älteren Foils, auf die wir in Kapstadt umrüsten mussten, haben auch nicht geholfen. Die neuen sind effizienter, leichter, haben mehr Auftrieb. Aber die 2 bis 3 Knoten, die Boris' *Malizia* dort unten schneller ist als wir, aufholen? Ich weiß nicht! Sein Boot ist wirklich sehr stark!

Zwischen 11th Hour und Team Malizia besteht eine enge Verbindung. Warum?

Es sind einfach klasse Typen. Sie haben keine Angst, ihren eigenen Weg zu gehen, sind in vielem Vorreiter. Ich habe großen Respekt vor ihnen. Sie sind für zwei Rennen um die Welt finanziert, haben glückliche Partner, ein tolles Team. Hut ab! Am Tag vor dem letzten In-Port-Race gab es eine Online-Umfrage, wen die Fans als Sieger sehen wollen. Etwa 80 Prozent stimmten für Malizia, 20 Prozent für uns. Ich habe einen Screenshot gemacht und zu Mark gesagt: »Wir haben noch eine Menge Arbeit vor uns!« Jetzt, wo wir den Sieg in der Tasche haben, können wir uns vielleicht auch noch mehr um die Kommunikation kümmern (*lacht*).

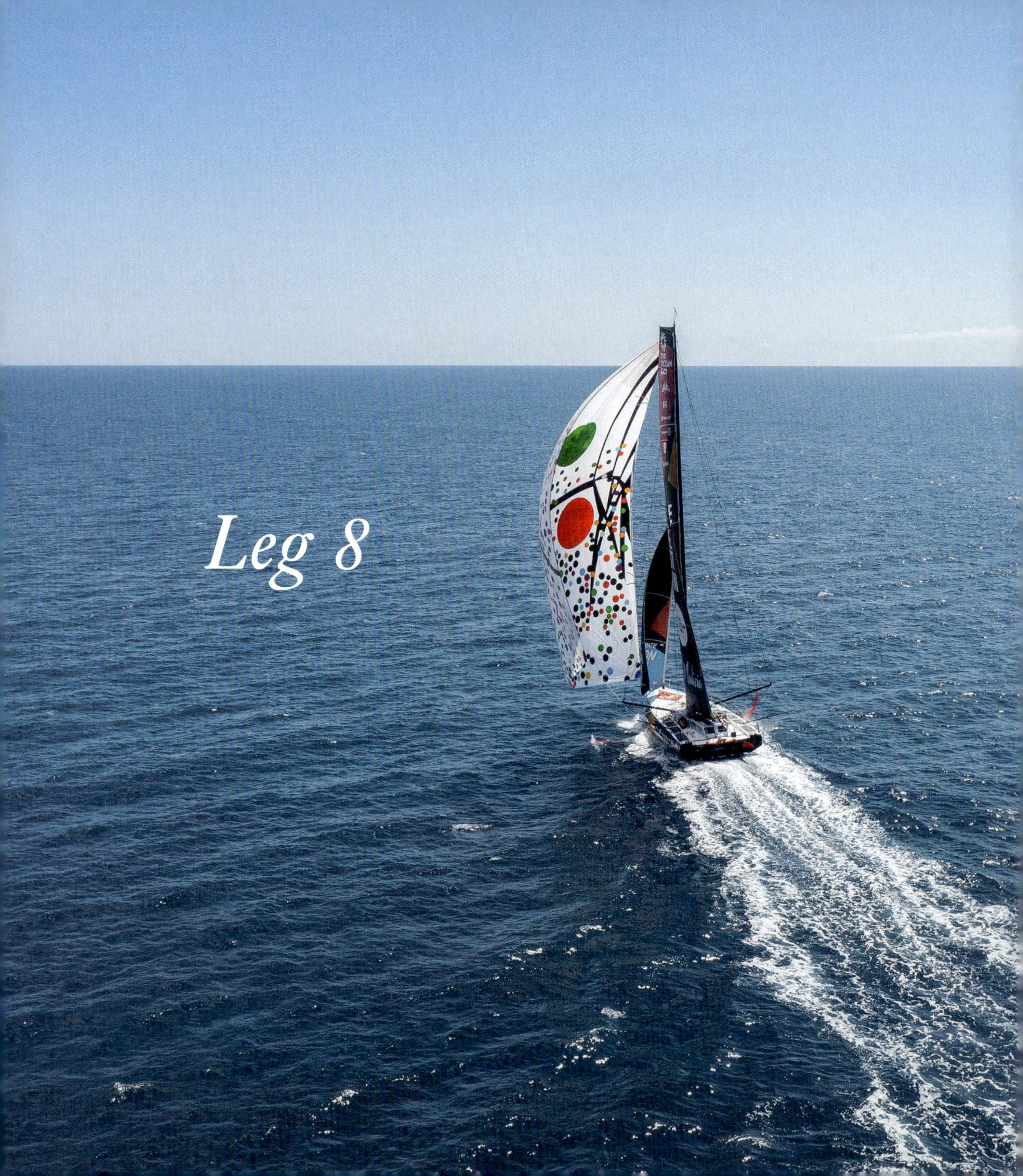

Leg 8

Geht ein Abenteuer wie dieses überhaupt je wirklich ganz zu Ende? Wenn ja, dann jedenfalls nicht mit der Siegerehrung in den Messe-Katakomben von Genua. Dort feiern in scheinbar endlosen Tisch- und Stuhlreihen gut 1.200 Teammitglieder Freunde, Familienangehörige, Sponsoren und sonstige Gäste am 1. Juli den Abschluss von The Ocean Race. Es wird eine würdige, emotionale, für manche ekstatische Nacht. Für Charlie Enright, Mark Towill und alle anderen von 11th Hour Racing erfüllt sich der Traum vom Gesamtsieg, dem Gipfel des Hochseesports. Will Harris von Team Malizia wird als Rookie des Rennens mit dem Hans-Horrevoets-Award ausgezeichnet. Gegen 3 Uhr in der Früh verlagern sich die Feierlichkeiten zur Malizia-Base, wo binnen kurzem Ebbe im mannshohen Kühlschrank herrscht. »Epic Party«, kommentiert Teamchefin Holly Cova den Ausklang am folgenden Tag – eine Beschreibung, der niemand widerspricht. Aber das ist, natürlich, nicht das Ende.

Am gleichen Abend noch lässt Boris Herrmann die Imoca-Gemeinde per WhatsApp-Nachricht wissen, dass *Malizia – Seaexplorer* um 20 Uhr auslaufen werde. Auch *Biotherm* und *Holcim – PRB* machen sich zeitgleich auf zum inoffiziellen Leg 8, dem Törn nach Hause. Boris' Crew hat einen Bordgrill aufgetrieben und am Heckkorb montiert – was man halt so macht, wenn der Ergebnisdruck weg ist. Das deutsche Boot segelt zunächst nach Monaco, dem ideellen Heimathafen der Kampagne. Dort öffnet Teamgründer Pierre Casiraghi den Yacht-Club für ein paar Tage, bevor es nach Lorient geht, zum Sommer-Refit. Und dann bald in die nächsten epischen Rennen. See you soon, guys!

Bildnachweis
Verlag und Autoren haben sich bemüht, die Bildrechte korrekt anzugeben. Sollten berechtigte Ansprüche bestehen, die übersehen wurden, so bitten wir um Entschuldigung und darum, sie dem Verlag zu melden.

Team Malizia:
S. 15 l. o, l.u., r.u.; 29 - Loïc; 60 u. r.; 61 M., u.; 63 r.; 66 u.; 68/69; 97
Antoine Auriol / Team Malizia: S. 6/7; 8/9; 13; 20; 21 M.; 22; 23; 24; 25; 26; 27; 48/49; 57 l.; 64 u.; 78 l. o.; 81 r. M., 86; 88; 95; 98; 99; 101; 103 u., 109 l.; 122; 133; 136 u.; 139; 145 r. o.; 158
ES / Team Malizia: S. 64 o.
Will Harris / Team Malizia: S. 103 o.
Jimmy Horel / Team Malizia: S. 28 – Ricardo; 67; 71; 92/93
JC / Team Malizia: S. 60 u. l.
ML / Team Malizia: S. 28 – Pam, Oakley/Corentin
Ricardo Pinto / Team Malizia: S. 15 l. M.; 28 – Romain, Pierre, Jimmy, Kerstin, Holly, Hugo, Stu, Antoine, Helene, Felix, Clèment, Remy, Lucia; 29 – Hugo, Marie, Cornelius, Jesse, Andreas, Birte, Pierre-Franois, Borja/Rebecca, Marine, Laurenz, Stuart/Beth, Thibaut; 51; 54; 60 o.; 63 l.; 65; 143; 161
Yann Riou – polaRYSE / Team Malizia: S. 21 o., u.; 60 o.;

The Ocean Race:
Sailing Energy / The Ocean Race: Vorsatz, Vorsatzrückseite; 15 l. M., r. M.; 18/19; 36; 43 l. o., 72/73; 76 l. o., r. o.; 77; 89; 91 . u., r. u.; 111 l. u.; 125; 130/131; 145 r. u.; 155 o., u.
Anne Beauge / The Ocean Race: S. 38 r. u., 145 l. u.
Carlo Borlenghi / The Ocean Race: S. 32;
Pierre Bouras / 11th Hour Racing / The Ocean Race: S. 148/149; 152 o. M.
Tiger Brisius / The Ocean Race: S. 151
Brian Carlin / The Ocean Race: S. 2;
Julien Champolion / polaRYSE / Holcim – PRB / The Ocean Race S. 44; 46; 47 r. o., r. u.; 81 l. u., r. u.; 107 l. M., r. u.; 109 r. u.; 110 u.; 147
Alexander Champy-McLean / The Ocean Race: S. 152 o. r.
Vincent Curutchet / Biotherm Racing / The Ocean Race: S. 39
Charlie Dalin / 11th Hour Racing / The Ocean Race: S. 127 o.
Felix Diemer / GUYOUT environnement – Team Europe / The Ocean Race: S. 106 o.;
Charles Drapeau / GUYOT environnement – Team Europe / The Ocean Race: S. 40; 43 l. u., 78 u.; 87; 106 u.; 154 l.
Ronan Gladu / Biotherm / The Ocean Race: S. 38 l. o., r. u., l. o.; 43 r. o.; 107 l. o.; 109 r. o.; 110 M.; 137 M., u.
ILP Vision – Charles Drapeau / GUYOT environnement – Team Europe / The Ocean Race: S. 42; 127;
Harry KH / 11th Hour Racing / The Ocean Race: S. 81 l. o.; 113; 115; 155 M.
Gauthier Le Bec – GUYOT environnement – Team Europe / The Ocean Race: S. 124 o.; 128; 129
PEM / The Ocean Race: S. 119
Sebastian Pinkham / The Ocean Race: S. 15 r. o.;
Yann Riou / polaRYSE / Holcim – PRB / The Ocean Race: S. 134 o.
Amory Ross / 11th Hour Racing / The Ocean Race: S. 4/5; 30/31; 34; 35; 75; 76 u.; 78 r. o.; 81 l. M.; 85; 104; 107 l. u., r. o., r. M.; 109 r. M.; 124 u.; 134 r. u.; 135; 138; 152 u.; 154 M., r.
Sebastien Simon – Gauthier Le Bec – GUYOT environnement – Team Europe: S. 43 r. u.,
Georgia Schofield / polaRYSE / Holcim – PRB / The Ocean Race: S. 47 l. o.; 116; 121; 145 l. o.
The Ocean Race: S. 152 o. l.
YR / Holcim – PRB / The Ocean Race: S. 47 l. u.

Adobe Stock: S. 16/17; 136 o.
Andreas Lindlahr: S. 59 l.; 140/141
Francois Chevalier (Illustrationen): S. 33; 37; 41; 45; 52
Jörg Weusthoff: S. 66 o.
YACHT / Nils Campe: S. 56
YACHT / J. Rieker: S. 57 r.; 59 r.; 90; 91 o., o. r., M.; 111 o., r. u.

Bibliografische Information der Deutschen Nationalbibliothek
Die Deutsche Nationalbibliothek verzeichnet diese Publikation in der Deutschen Nationalbibliografie; detaillierte bibliografische Daten sind im Internet über http://dnb.dnb.de abrufbar.

1. Auflage
ISBN 978-3-667-12764-4

Texte: Jochen Rieker, Tatjana Pokorny
Lektorat: Birgit Radebold
Coverfoto: Antoine Auriol / Team Malizia
Titelrückseite: Sailing Energy / The Ocean Race (o. und u.), Antoine Auriol / Team Malizia (M.)
Einbandgestaltung und Layout: Jörg Weusthoff, Weusthoff & Reiche Design, Hamburg
Druck: Grafisches Centrum Cuno, Calbe
Printed in Germany 2023

Delius Klasing Verlag GmbH, Siekerwall 21, D - 33602 Bielefeld
Tel.: 0521/559-0, Fax: 0521/559-115
E-Mail: info@delius-klasing.de
www.delius-klasing.de

Bei diesem Buch wurden die durch das verwendete Material und die Produktion entstandenen CO_2-Emissionen ausgeglichen, indem der Delius Klasing Verlag das Projekt Klimaschutz mit plastikfreien Ozeanen in Kombination mit dem Gold Standard-Klimaschutzprojekt eines Windparks auf den Philippinen unterstützt. Weitere Informationen zu dem Projekt unter: www.ClimatePartner.com/de/plastikfreie-ozeane sowie www.climatepartner.com/1091
Mit diesen Projekten liefern wir einen Beitrag zu 14 der 17 UN-Nachhaltigkeitszielen.

Klimaneutral
Druckprodukt
ClimatePartner.com/13493-2302-1006

FSC®
www.fsc.org
MIX
Papier aus verantwortungsvollen Quellen
FSC® C043106

Das Buch wurde nach höchsten Ansprüchen an Nachhaltigkeit und Ökologie produziert und wir optimieren ständig weiter:
- Papiere sind FSC® zertifiziert
- Druckfarben und Lacke auf Pflanzenölbasis
- Druckplattenbelichtung komplett chemiefrei
- Klebstoffe lösungsmittelfrei
- 100 % Ökostrom bei Druck und Bindung
- Müllvermeidung und Recycling bei der Produktion
- Kurze Wege, gedruckt in Deutschland
- Verzicht auf Plastikfolie
- Druck- und Inhaltspapier haben eine Cradle-2-Cradle-Zertifizierung und entsprechend somit den C2C-Vorgaben

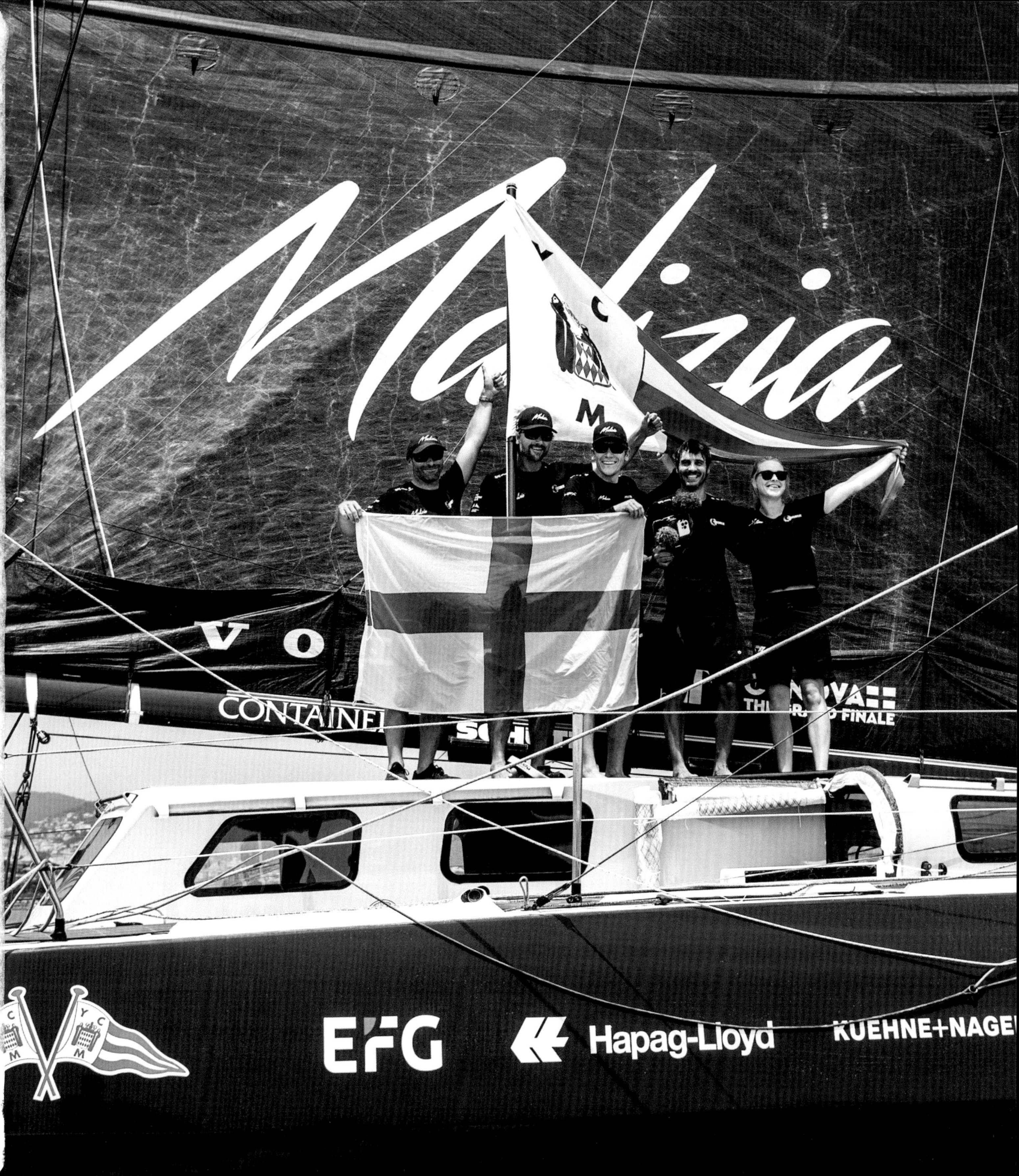
EFG
Hapag-Lloyd

Ergebnisse The Ocean Race 2023

Leg 1 Alicante – Kapverden Distanz auf direktem Kurs: 1.850,7 nm

Platz	Team	Gesegelte Zeit	Abstand zu P1	Gesegelte Distanz	Delta direkter Kurs	Fahrt über Grund
1	Team Holcim – PRB	5d 11h 01:59min		2.314,3 nm	+ 463,6 nm + 25%	17,7 kn
2	11th Hour Racing Team	5d 13h 50:45min	0d 02h 48:46min	2.398,2 nm	+ 547,5 nm + 30%	17,9 kn
3	Team Malizia	5d 16h 35:21min	0d 05h 33:22min	2.306,8 nm	+ 456,1 nm + 25%	16,9 kn
4	Biotherm	6d 08h 47:40min	0d 21h 45:41min	2.337,9 nm	+ 487,2 nm + 26%	15,3 kn
5	Guyot environnement – Team Europe	6d 12h 20:37min	1d 01h 18:38min	2.435,7 nm	+ 585,0 nm + 32%	15,6 kn

Leg 2 Kapverden – Kapstadt Distanz auf direktem Kurs: 4.794,8 nm

Platz	Team	Gesegelte Zeit	Abstand zu P1	Gesegelte Distanz	Delta direkter Kurs	Fahrt über Grund
1	Team Holcim – PRB	17d 19h 00:09min		6.524,8 nm	+ 1.730,0 nm + 36%	15,3 kn
2	Biotherm	17d 19h 16:54min	0d 00h 16:45min	6.284,4 nm	+ 1.489,6 nm + 31%	14,7 kn
3	11th Hour Racing Team	17d 19h 25:40min	0d 00h 25:31min	6.513,3 nm	+ 1.718,5 nm + 36%	15,2 kn
4	Team Malizia	17d 21h 06:49min	0d 02h 06:40min	6.692,0 nm	+ 1.897,2 nm + 39%	15,6 kn
5	Guyot environnement – Team Europe	17d 22h 46:27min	0d 03h 46:18min	6.168,0 nm	+ 1.373,2 nm + 29%	14,3 kn

Leg 3 Kapstadt – Itajaí Distanz auf direktem Kurs: 12.975,6 nm

Platz	Team	Gesegelte Zeit	Abstand zu P1	Gesegelte Distanz	Delta direkter Kurs	Fahrt über Grund
1	Team Malizia	34d 17h 10:28min		14.714,1 nm	+ 1.738,5 nm + 13%	17,7 kn
2	Team Holcim – PRB	34d 22h 46:00min	0d 05h 35:52min	15.041,5 nm	+ 2.065,9 nm + 16%	17,9 kn
3	11th Hour Racing Team	37d 20h 10:23min	3d 02h 59:55min	14.840,4 nm	+ 1.864,8 nm + 14%	16,3 kn
4	Biotherm	37d 22h 41:19min	3d 05h 30:51min	14.351,5 nm	+ 1.375,9 nm + 11%	15,8 kn
5	Guyot environnement –Team Europe	RET				

Leg 4 Itajaí – Newport Distanz auf direktem Kurs: 5.068,6 nm

Platz	Team	Gesegelte Zeit	Abstand zu P1	Gesegelte Distanz	Delta direkter Kurs	Fahrt über Grund
1	11th Hour Racing Team	17d 02h 26:41min		6.089,6 nm	+ 1.021,0 nm + 20%	14,8 kn
2	Team Malizia	17d 02h 58:22min	0d 00h 31:41min	5.947,9 nm	+ 879,3 nm + 17%	14,5 kn
3	Biotherm	17d 19h 49:38min	0d 17h 22:57min	5.942,8 nm	+ 874,2 nm + 17%	13,9 kn
4	Team Holcim – PRB	RET				
5	Guyot environnement – Team Europe	RET				

Leg 5 Newport – Aarhus Distanz auf direktem Kurs: 3.433,8 nm

Platz	Team	Gesegelte Zeit	Abstand zu P1	Gesegelte Distanz	Delta direkter Kurs	Fahrt über Grund
1	11th Hour Racing Team	7d 08h 41:49min		3.873,8 nm	+ 440,0 nm + 13 %	21,9 kn
2	Team Holcim – PRB	7d 13h 07:03min	0d 04:25:14min	3.893,3 nm	+ 459,5 nm + 13 %	21,5 kn
3	Team Malizia	7d 13h 12:50min	0d 04:31:01min	3.869,0 nm	+ 435,2 nm + 13 %	21,4 kn
4	Biotherm (nach Bahnverkürzung)	9d 16h 22:50min*	2d 07:41:01min*	3.265,9 nm *	- 167,9 nm * - 5 % *	14,1 kn
5	Guyot environnement – Team Europe	DNS				

Leg 6 Aarhus – Kiel – Den Haag Distanz auf direktem Kurs: 786,9 nm

Platz	Team	Gesegelte Zeit	Abstand zu P1	Gesegelte Distanz	Delta direkter Kurs	Fahrt über Grund
1	11th Hour Racing Team	2d 18h 11:52min		915,0 nm	+ 128,1 nm + 16 %	13,8 kn
2	Team Holcim – PRB	2d 18h 24:15min	0d 00h 12:23min	912,1 nm	+ 125,2 nm + 16 %	13,7 kn
3	Team Malizia	2d 18h 25:35min	0d 00h 13:43min	903,4 nm	+ 116,5 nm + 15 %	13,6 kn
4	Biotherm	2d 19h 02:21min	0d 00h 40:29min	895,7 nm	+ 108,8 nm + 14 %	13,4 kn
5	Guyot environnement – Team Europe	2d 19h 17:27min	0d 01h 05:35min	913,1 nm	+ 126,2 nm + 16 %	13,6 kn

Leg 7 Den Haag – Genua Distanz auf direktem Kurs: 2.205,3 nm

Platz	Team	Gesegelte Zeit	Abstand zu P1	Gesegelte Distanz	Delta direkter Kurs	Speed
1	Team Malizia	11d 19h 02:51min		2.768,8 nm	+ 563,5 nm + 25 %	9,8 kn
2	Biotherm	11d 20h 39:23min	0d 01h 36:32min	2.795,7 nm	+ 590,4 nm + 27 %	9,8 kn
3	Team Holcim – PRB	11d 21h 16:49min	0d 02h 13:58min	2.832,9 nm	+ 627,6 nm + 28 %	9,9 kn
4	11th Hour Racing Team	RET				
5	Guyot environnement – Team Europe	RET				

RET: Retired (Aufgabe der Etappe)
DNS: Did Not Start (Nicht am Start)

* Zeit und Distanzen nach Bahnverkürzung